Georg Kofler, Michael Lang, Alexander Rust, Josef Schuch,
Karoline Spies, Claus Staringer

Einführung in das Steuerrecht

21., überarbeitete Auflage

Wien 2022

facultas

Bibliografische Information Der Deutschen Bibliothek

Die Deutsche Nationalbibliothek verzeichnet diese Publikation in der Deutschen Nationalbibliografie; detaillierte bibliografische Daten sind im Internet über http://dnb.d-nb.de abrufbar.

facultas Universitätsverlag, 1050 Wien
Satz und Druck: Facultas Verlags- und Buchhandels AG
Printed in Austria
www.facultas.at
ISBN: 978-3-7089-2273-7

VORWORT

Das Skriptum ist als Grundlage für eine erste einführende Lehrveranstaltung in das Steuerrecht konzipiert. An der WU ist dies die Lehrveranstaltung „Einführung in das Steuerrecht", die vom Institut für Österreichisches und Internationales Steuerrecht angeboten wird.

Das Skriptum gliedert sich in 10 Module, die direkt in Sachmaterien einsteigen. Anhand von durchgehenden Fallstudien und zahlreichen kleinen Beispielen sollen die Grundlagen des Steuerrechts und dessen Bedeutung für die Wirtschaft aufgezeigt und das Zusammenwirken der Rechtsvorschriften vom konkreten Anwendungsfall her vermittelt werden.

In der Lehrveranstaltung wird das Skriptum durch Power-Point-Präsentationen unterstützt. Hinweise über das Vorlesungsprogramm sind der Website des Instituts (www.wu.ac.at/taxlaw) sowie der Learn@WU-Plattform (http://learn.wu.ac.at) zu entnehmen. Das Studium des entsprechenden Moduls wird in jeder Vorlesungseinheit vorausgesetzt. Die in der Unterlage enthaltenen Ausführungen werden daher nicht wiederholt, sondern der Stoff wird nach einem ergänzenden didaktischen Konzept vorgetragen. Am Ende jeder Lektion befindet sich ein Verzeichnis weiterführender Literatur, die bei der Ausarbeitung dieses Skriptums als Arbeitsgrundlage herangezogen wurde, sowie ein Fragenkatalog, der der Lernfortschrittskontrolle dient. Das Abkürzungsverzeichnis, das Glossar und das Stichwortverzeichnis sollen die Verwendung der Unterlage erleichtern.

Das Skriptum soll die Lektüre des Gesetzestextes keineswegs ersetzen, sondern in die steuerliche Systematik einführen und auf diese Weise das Verständnis des Gesetzestextes erleichtern. Die maßgebenden Gesetzesvorschriften sind daher im Skriptum nicht abgedruckt, sondern das Skriptum verweist lediglich auf sie. Das Skriptum ist daher immer gemeinsam mit dem Gesetzestext zu verwenden. Auch in der Lehrveranstaltung ist die Verwendung einer unkommentierten Gesetzesausgabe, die alle in der Unterlage behandelten Gesetzestexte einschließlich des OECD-Musterabkommens und des Doppelbesteuerungsabkommens Österreich-Deutschland umfasst, eine unabdingbare Voraussetzung.

Dieses Skriptum ist Ergebnis einer Teamarbeit, die in ganz wesentlichem Ausmaß von den derzeitigen und früheren Mitarbeitern unseres Instituts mitgetragen wurde. An der Gestaltung der 21. Auflage haben sich Valentin Bendlinger, Rainer Borns, Theresa Gessl, Michael Gleiss, Vera Hellebrandt, Michael Hubmann, Yasmin Lawson, Theres Neumüller, Jürgen Romstorfer, Philipp Scharizer und Stefanie Stöcklinger beteiligt. Christian Knotzer sind wir für die Koordination der Arbeiten an dieser Auflage sehr dankbar.

Das gesamte Konzept des Skriptums und der Lehrveranstaltung sowie die ursprüngliche Fassung der ersten fünf Module beruht wesentlich auf den Überlegungen und Vorarbeiten unseres akademischen Lehrers, Kollegen und Freundes Wolfgang Gassner. Er ist – für uns alle völlig unerwartet und nach wie vor unfassbar – am 2.10.2004 gestorben. Ihm hat die Arbeit mit den Studierenden immer große Freude bereitet. Eine solide Vorbereitung der Lehrveranstaltungen war Wolfgang Gassner immer ein großes Anliegen. Ihm wollen wir daher auch die 21. Auflage dieses Skriptums – voll Dankbarkeit für die vielen gemeinsamen Stunden, die wir mit ihm erleben durften – widmen.

Wien, im Oktober 2022

Univ.-Prof. DDr. Georg Kofler, LL.M.
Univ.-Prof. Dr.DDr.h.c. Michael Lang
Univ.-Prof. Dr. Alexander Rust, LL.M.
Univ.-Prof. Dr. Josef Schuch
Univ.-Prof. Dr. Karoline Spies
Univ.-Prof. Dr. Claus Staringer

INHALTSVERZEICHNIS

ABKÜRZUNGSVERZEICHNIS

aA	andere Ansicht
ABGB	Allgemeines Bürgerliches Gesetzbuch
ABl EG	Amtsblatt der EG
Abs	Absatz
AEUV	Vertrag über die Arbeitsweise der Europäischen Union
AfA	Absetzung für Abnutzung
AG	Aktiengesellschaft
Art	Artikel
ATAD	Anti-Tax Avoidance Directive
AVG	Allgemeines Verwaltungsverfahrensgesetz
BAO	Bundesabgabenordnung
BFG	Bundesfinanzgericht
BFGG	Bundesfinanzgerichtsgesetz
BFH	Bundesfinanzhof
BGBl	Bundesgesetzblatt
BMF	Bundesministerium/Bundesminister für Finanzen
BMR	Binnenmarktregelung
BStBl	deutsches Bundessteuerblatt
B-VG	Bundes-Verfassungsgesetz
DBA	Doppelbesteuerungsabkommen
EG	Europäische Gemeinschaft, EG-Vertrag
EndbesteuerungsG	Endbesteuerungsgesetz
ESt	Einkommensteuer
EStG	Einkommensteuergesetz
EStR	Einkommensteuerrichtlinien
etc	et cetera
ET	European Taxation (englischsprachige Fachzeitschrift)
EU	Europäische Union
EU-QuStG	EU-Quellensteuergesetz
EuGH	Europäischer Gerichtshof
EWR	Europäischer Wirtschaftsraum
f	und folgende
ff	und die folgenden
FinStrG	Finanzstrafgesetz
FJ	Finanz Journal (österreichische Fachzeitschrift)
FLAG	Familienlastenausgleichsgesetz
FORG	Finanz-Organisationsreformgesetz
FS	Festschrift
F-VG	Finanz-Verfassungsgesetz
G	Gesetz
GebG	Gebührengesetz
GmbH	Gesellschaft mit beschränkter Haftung
GrESt	Grunderwerbsteuer
GrEStG	Grunderwerbsteuergesetz
hA	herrschende Auffassung
hM	herrschende Meinung
Hrsg	Herausgeber
Immo-ESt	Immobilienertragsteuer
insb	insbesondere
iVm	in Verbindung mit
JBl	Juristische Blätter (österreichische Fachzeitschrift)

KESt	Kapitalertragsteuer
Kfz	Kraftfahrzeug
KG	Kommanditgesellschaft
KommStG	Kommunalsteuergesetz
KöSt	Körperschaftsteuer
KStG	Körperschaftsteuergesetz
KStR	Körperschaftsteuerrichtlinien
LE	Lerneinheit
LiebhabereiVO	Liebhabereiverordnung
lit	litera, Buchstabe
LSt	Lohnsteuer
LStR	Lohnsteuerrichtlinien
Mag.	Magister/Magistra
mwN	mit weiteren Nachweisen
Nr	Nummer
OECD	Organisation for Economic Cooperation and Development
OECD-MA	OECD-Musterabkommen auf dem Gebiet der Steuern vom Einkommen und vom Vermögen, in der Fassung 2017
OG	Offene Gesellschaft
ÖStZ	Österreichische Steuerzeitung (österreichische Fachzeitschrift)
RdW	Recht der Wirtschaft (österreichische Fachzeitschrift)
RFH	Reichsfinanzhof
RL	Richtlinie(n)
Rn	Randnummer
Rs	Rechtssache
RStBl	Reichssteuerblatt
Rz	Randziffer
s	siehe
sog	sogenannt(-e, -er, -es, -en)
SWI	Steuer und Wirtschaft International (österreichische Fachzeitschrift)
SWK	Steuer- und Wirtschaftskartei (österreichische Fachzeitschrift)
TP	Tarifpost
TS	Teilstrich
Tz	Textziffer
ua	unter anderem
UFS	Unabhängiger Finanzsenat, seit 1.1.2014 durch das BFG ersetzt
UGB	Unternehmensgesetzbuch
UmgrStG	Umgründungssteuergesetz
UStG	Umsatzsteuergesetz
VerG	Vereinsgesetz
VfGG	Verfassungsgerichtshofsgesetz
VfGH	Verfassungsgerichtshof
VfSlg	Sammlung der Erkenntnisse des Verfassungsgerichtshofs
vgl	vergleiche
VO	Verordnung
VwGG	Verwaltungsgerichtshofsgesetz
VwGH	Verwaltungsgerichtshof
Z	Ziffer
zB	zum Beispiel

MODUL 1: GRUNDZÜGE DER EINKOMMENSTEUER

Die zentralen Fragen dieses Moduls sind:
- ***Welche Einkünfte unterliegen der Einkommensteuer?***
- ***Welche Aufwendungen und Ausgaben können als Betriebsausgaben und Werbungskosten bei der Einkünfteermittlung abgezogen werden?***
- ***Welche Ausgaben können als Sonderausgaben oder außergewöhnliche Belastungen bei der Einkommensermittlung abgezogen werden?***
- ***Welcher Steuertarif kommt zur Anwendung?***
- ***Welche Absetzbeträge mindern die Steuerschuld?***
- ***Wie erfolgt die Erhebung der Einkommensteuer?***

Tz 1 *Frau Mag. Taxa ist in Wien als selbständige Steuerberaterin tätig und bezieht aus dieser Tätigkeit jährlich Einnahmen in Höhe von 80.000 Euro, denen betrieblich veranlasste Ausgaben und Aufwendungen in Höhe von 20.000 Euro gegenüberstehen. Sie verfügt über ein Sparbuch bei einer österreichischen Bank, das im vergangenen Jahr Zinsen in der Höhe von 1.500 Euro abgeworfen hat. Sie hat vor drei Jahren ein Grundstück in Oberösterreich um 40.000 Euro gekauft und im vergangenen Jahr um 35.000 Euro verkauft. Im vergangenen Jahr hat sie ihren Kirchenbeitrag in der Höhe von 600 Euro gezahlt, was die Kirchenbeitragstelle an die Finanzverwaltung gemeldet hat. Nach einem gewaltigen Hochwasser hat Frau Mag. Taxa im vergangenen Jahr 5.000 Euro für die Anmietung von Trocknungsgeräten und den Kauf einer neuen Waschmaschine ausgegeben. Frau Mag. Taxa und ihr Ehemann haben ein Kind. Der Ehemann ist in Karenz und kümmert sich um die einjährige Tochter. Während des letzten Jahres hat Frau Mag. Taxa Einkommensteuervorauszahlungen in Höhe von 11.500 Euro geleistet.*

I PRINZIPIEN DER EINKOMMENSTEUER

1 Das Leistungsfähigkeitsprinzip

Tz 2 Das Einkommen gilt als Gradmesser für die **wirtschaftliche Leistungsfähigkeit** der Menschen. Die Einkommensteuer will die Leistungsfähigkeit der Menschen erfassen. Dazu regelt das Einkommensteuergesetz (EStG), welche Vermögensmehrungen Einkommen darstellen und somit besteuert werden.

Tz 3 Die Einkommensteuer stellt auf die Leistungsfähigkeit des einzelnen Menschen, der im EStG als natürliche Person bezeichnet wird, ab. Dies kommt in vielfältiger Weise zum Ausdruck, wie ua durch folgende Bestimmungen:

- Ein dem Existenzminimum entsprechender Betrag wird steuerfrei gestellt. Derzeit ist ein Betrag von 11.000 Euro von der Besteuerung ausgenommen (vgl § 33 Abs 1 EStG).
- Der Tarif der Einkommensteuer ist progressiv gestaltet, um jene Einkommensteile, die deutlich über das Existenzminimum hinausgehen, mit einem höheren Steuersatz besteuern zu können. Unter Steuerprogression versteht man die überproportionale Besteuerung von höherem Einkommen (vgl Tz 30).

- Bestimmte Begünstigungen tragen den Lasten des Steuerpflichtigen zB als Alleinerzieher, Alleinerhalter oder als Unterhaltspflichtiger für seine Kinder, Rechnung.

2 Das Universalitätsprinzip

Tz 4 Vor dem Hintergrund des Zieles, das Einkommen als Gradmesser der Leistungsfähigkeit zu besteuern, macht es auch keinen Unterschied, ob das Einkommen im Inland oder im Ausland erzielt wurde. Dementsprechend ist die österreichische Einkommensteuer durch das **Universalitätsprinzip** geprägt und erfasst das gesamte Welteinkommen. Lediglich dann, wenn jemand weder Wohnsitz noch gewöhnlichen Aufenthalt im Inland hat und somit aufgrund mangelnder Anknüpfungspunkte zu Österreich beschränkt steuerpflichtig ist, werden nur die im Inland erzielten Einkünfte der Einkommensteuer unterworfen (**Territorialitätsprinzip**; vgl Tz 276 ff).

3 Das Periodenprinzip

Tz 5 Das Einkommen wird jeweils für ein **Kalenderjahr** ermittelt. Vor dem Hintergrund, dass die Einkommensteuer die gesamte Leistungsfähigkeit eines Menschen erfassen will, müsste sie eigentlich all das besteuern, was der Steuerpflichtige während seines gesamten Lebens erwirtschaftet hat. So lange kann der Fiskus allerdings nicht auf die Steuereinnahmen warten. Außerdem wäre es kaum administrierbar, die gesamte Lebensspanne – also im Regelfall viele Jahrzehnte – einzubeziehen. Daher wird die Leistungsfähigkeit erfasst, die während eines bestimmten Zeitabschnitts, nämlich des Kalenderjahres, gegeben ist. Die Besteuerung des **Jahreseinkommens** ist aber letztlich willkürlich und kann zu Härten führen: Wenn jemand in einem Jahr Verluste erwirtschaftet und im nächsten Jahr ein besonders hohes Einkommen erzielt, würde der progressiv gestaltete Tarif bewirken, dass er höher besteuert wird, als wenn für beide Jahre eine Durchschnittsbetrachtung angestellt werden würde. Daher werden solche und andere Härten dadurch abgemildert, dass unter bestimmten Voraussetzungen als Ausnahme von diesem Periodenprinzip ein **Periodenausgleich** zugelassen wird (vgl Tz 26 f).

II EINKOMMENSBEGRIFF UND EINKUNFTSARTEN

1 Die persönliche Steuerpflicht

Tz 6 Der Einkommensteuer unterliegen nur natürliche Personen (§1 Abs 1 EStG). Bei der persönlichen Steuerpflicht unterscheidet man zwischen der **unbeschränkten und der beschränkten Steuerpflicht**. Unbeschränkt steuerpflichtig sind natürliche Personen, die einen Wohnsitz oder ihren gewöhnlichen Aufenthalt im Inland haben. Folge der unbeschränkten Steuerpflicht ist, dass die natürliche Person mit ihrem Welteinkommen in Österreich steuerpflichtig ist (§ 1 Abs 2 EStG; daher auch **Universalitätsprinzip**). Wer weder Wohnsitz noch gewöhnlichen Aufenthalt in Österreich hat, ist nur mit seinen Einkünften aus dem Inland steuerpflichtig (daher auch **Territorialitätsprinzip**; vgl Tz 276 ff). Diese Personen sind beschränkt steuerpflichtig (§ 1 Abs 3 EStG).

2 Der Katalog der sieben Einkunftsarten

Tz 7 Das Einkommen ist die **Bemessungsgrundlage der Einkommensteuer**. Auf diese wird der Tarif der Einkommensteuer angewendet und die Einkommensteuer berechnet. Das Einkommen wird in § 2 Abs 2 EStG als der Gesamtbetrag der Einkünfte aus den sieben Einkunftsarten nach Ausgleich von Verlusten aus einzelnen Einkunftsarten und nach Abzug der Sonderausgaben (§ 18 EStG), außergewöhnlichen Belastungen (§§ 34 und 35 EStG) und des Freibetrags nach § 105 EStG definiert.

Tz 8 In § 2 Abs 3 EStG werden folgende sieben Einkunftsarten aufgelistet:

Betriebliche Einkünfte	1. Einkünfte aus Land- und Forstwirtschaft (§ 21),	Haupt-einkunftsarten
	2. Einkünfte aus selbständiger Arbeit (§ 22),	
	3. Einkünfte aus Gewerbebetrieb (§ 23),	
Außerbetriebliche Einkünfte	4. Einkünfte aus nichtselbständiger Arbeit (§ 25),	
	5. Einkünfte aus Kapitalvermögen (§ 27),	Neben-einkunftsarten
	6. Einkünfte aus Vermietung und Verpachtung (§ 28),	
	7. Sonstige Einkünfte im Sinne des § 29.	

Die Unterscheidung zwischen **betrieblichen Einkünften** (Gewinneinkünften) und **außerbetrieblichen Einkünften** (Überschusseinkünften) ist für die Ermittlung der Einkünfte wesentlich (vgl Tz 18 f). Weiters werden nach der Subsidiarität **Haupt- und Nebeneinkunftsarten** unterschieden.

3 Die betrieblichen Einkünfte und der Gewerbebetrieb

Tz 9 Die ersten drei Einkunftsarten sind die betrieblichen Einkunftsarten. Voraussetzung dafür, dass eine der ersten drei Einkunftsarten zur Anwendung kommt, ist die Existenz eines Betriebes. Dies ist nach § 23 Z 1 EStG der Fall, wenn eine selbständige, nachhaltige Betätigung vorliegt, die mit Gewinnerzielungsabsicht unternommen wird und sich als Beteiligung am allgemeinen wirtschaftlichen Verkehr darstellt. Der Verwaltungsgerichtshof (VwGH) legt diese Kriterien folgendermaßen aus:

- **Selbständigkeit** liegt vor, wenn der Steuerpflichtige auf eigene Rechnung und Gefahr tätig wird und somit ein Unternehmerwagnis trägt. Dieses Merkmal grenzt den Unternehmer, der betriebliche Einkünfte erzielt, vom Arbeitnehmer ab. Ein Dienstverhältnis, das zu Einkünften aus nichtselbständiger Arbeit führt, liegt vor, wenn der Arbeitnehmer dem Arbeitgeber seine Arbeitskraft schuldet (§ 47 Abs 2 EStG). Der Begriff der Selbständigkeit stimmt mit jenem des § 2 Abs 1 UStG überein (VwGH 7.12.1994, 91/13/0171).
- **Nachhaltigkeit** ist jedenfalls dann gegeben, wenn eine Tätigkeit beruflich, das heißt unter Ausnützung bestimmter Kenntnisse und Fähigkeiten ausgeübt wird. Nachhaltigkeit liegt auch vor, wenn eine Tätigkeit wiederholt ausgeübt wird oder Wiederholungsabsicht besteht. Eine länger andauernde Tätigkeit gilt selbst bei Fehlen von Wiederholungsabsicht als nachhaltig (VwGH 14.9.1988, 87/13/0248; einmaliger Auftrag über eine neunmonatige Berufstätigkeit).
- **Gewinnerzielungsabsicht** liegt vor, wenn die Tätigkeit auf Überschusserzielung und nicht bloß auf Kostendeckung gerichtet ist. Es muss ein Gewinn im Sinne der steuerlichen Gewinnermittlungsvorschriften

angestrebt werden. Zur Gewinnerzielungsabsicht trifft die LiebhabereiVO (BGBl 1993/33) nähere Regelungen, um Verluste im Zusammenhang mit der Einkommenserzielung von Aufwendungen zur Lebensführung abzugrenzen. Werden Aufwendungen in besonderem Maß aus privaten Motiven getätigt (Einkommensverwendung), so spricht man von **Liebhaberei**. Solche Tätigkeiten sind aus einkommensteuerlicher Sicht irrelevant.

> **Beispiel:** Ein Industrieller (und gleichzeitig besonderer Weinkenner) betätigt sich jahrelang regelmäßig am Wochenende auf seinem Weingut im Burgenland als Winzer. Zu diesem Zweck hat er landwirtschaftliche Geräte angeschafft, das Gutsgebäude sowie seinen Weinkeller restauriert und stellt gelegentlich auch Personal ein. Insgesamt hat er viel Geld in sein Weingut gesteckt, ohne dass dieses bisher jemals Gewinne abgeworfen hat. Dies ist auch in einem absehbaren Zeitraum nicht zu erwarten. Aus diesem Grund ist bei der Betätigung als Winzer Liebhaberei im Sinne der LiebhabereiVO anzunehmen. Als Konsequenz können einerseits die im Rahmen der Bewirtschaftung des Weingutes erlittenen Verluste steuerlich nicht berücksichtigt werden. Andererseits ist ein zufällig erwirtschafteter Gewinn auch nicht steuerpflichtig. Eine Abgrenzung der Einkommenserzielung von Liebhaberei-Betätigungen ist erforderlich, um zu verhindern, dass Ausgaben der Lebensführung, die Einkommensverwendung darstellen, als Betriebsausgaben oder Werbungskosten abgezogen werden.

- **Beteiligung am allgemeinen wirtschaftlichen Verkehr** ist anzunehmen, wenn sich die Tätigkeit des Steuerpflichtigen prinzipiell an eine unbestimmte Zahl von Personen richtet, auch wenn der Steuerpflichtige zeitweise nur mit einer begrenzten Zahl von Personen oder gar nur mit einem einzigen Auftraggeber in Verbindung tritt (VwGH 14.9.1988, 87/13/0248).

4 Die Abgrenzung der einzelnen Einkunftsarten

Tz 10 Die drei betrieblichen Einkunftsarten und die verbleibenden vier weiteren Einkunftsarten, die auch als außerbetriebliche Einkunftsarten bezeichnet werden, grenzen sich folgendermaßen voneinander ab:

- **Einkünfte aus Land- und Forstwirtschaft** (§ 21 EStG): Zu den Einkünften aus Land- und Forstwirtschaft gehören insbesondere Einkünfte aus der Urproduktion (Landwirtschaft, Forstwirtschaft), Tierzucht und Tierhaltung mit eigenen landwirtschaftlichen Produkten, Binnenfischerei sowie Einkünfte aus Jagd, wenn diese mit dem Betrieb einer Land- oder Forstwirtschaft in Zusammenhang steht.

- **Einkünfte aus selbständiger Arbeit** (§ 22 EStG): Dazu zählen die Einkünfte aus den freien Berufen wie Künstler, Wissenschaftler, Schriftsteller, Rechtsanwalt, Wirtschaftstreuhänder, Arzt und anderen medizinischen Berufen. Daneben fallen unter diese Einkunftsart zB Einkünfte aus einer vermögensverwaltenden Tätigkeit und die Bezüge, die von

Kapitalgesellschaften an Personen geleistet werden, die zu mehr als 25% am Grund- oder Stammkapital der Gesellschaft beteiligt sind und deren Beschäftigungsverhältnis trotz faktischer Weisungsungebundenheit „sonst alle Merkmale eines Dienstverhältnisses“ aufweist. Diese Weisungsungebundenheit wird bei Gesellschafter-Geschäftsführern angenommen, die zu mehr als 50% beteiligt sind oder über eine Sperrminorität verfügen.

- **Einkünfte aus Gewerbebetrieb** (§ 23 EStG): Dazu zählen betriebliche Einkünfte, sofern die Betätigung weder als Ausübung einer Land- und Forstwirtschaft noch als selbständige Arbeit anzusehen ist (Subsidiarität innerhalb der betrieblichen Einkunftsarten).

  Bei den betrieblichen Einkunftsarten (Einkünfte aus Land- und Forstwirschaft, aus selbständiger Arbeit und aus Gewerbebetrieb) wird die **Veräußerung oder Aufgabe des ganzen Betriebes (Teilbetriebes)** der Einkommensteuer unterworfen (§ 24 EStG). Unter bestimmten Voraussetzungen ist dieser Vorgang steuerlich begünstigt (§ 24 Abs 4 bis 6 EStG und § 37 Abs 2 und 5 EStG, vgl Tz 32 ff).

  Beispiel: Der 50%ige OG-Gesellschafter A (Mitunternehmer, vgl Tz 87) will sich nach seiner 10-jährigen Tätigkeit mit seinen nunmehr 65 Jahren aus dem Möbelgeschäft zurückziehen und verkauft seinen Anteil an seinen Nachfolger B. Bisher bezog A Einkünfte aus Gewerbebetrieb in Form von Gewinnanteilen im Sinne des § 23 Z 2 EStG. Mit dem Verkauf seines Anteils an B entsteht ein Veräußerungsgewinn in Höhe von 12.000 Euro. Dieser zählt zu den Einkünften aus Gewerbebetrieb (§ 23 Z 3 iVm § 24 Abs 1 Z 1 TS 3 EStG). Der Steuerpflichtige hat nun die Möglichkeit, einen Freibetrag gemäß § 24 Abs 4 EStG in Höhe von 3.650 Euro (7.300 * 50%) in Anspruch zu nehmen, das heißt die Bemessungsgrundlage reduziert sich auf 8.350 Euro. Alternativ könnte er unter bestimmten Voraussetzungen von den Progressionsermäßigungen des § 37 EStG Gebrauch machen (siehe dazu Tz 33).

- **Einkünfte aus nichtselbständiger Arbeit** (§§ 25 und 26 EStG): Dazu zählen insbesondere die Einkünfte aus einem bestehenden oder früheren Dienstverhältnis (zB auch Bezüge von Gesellschafter-Geschäftsführern einer GmbH, deren Beschäftigungsverhältnis **alle** Merkmale eines Dienstverhältnisses aufweist), Einkünfte aus Pensionszahlungen oder aus einer gesetzlichen Sozialversicherung, die Bezüge von – aufgrund einer im Gesellschaftsvertrag vereinbarten Sperrminorität – faktisch weisungsungebundenen Gesellschafter-Geschäftsführern einer Kapitalgesellschaft mit einer Beteiligung von bis zu 25% am Grund- oder Stammkapital der Gesellschaft (bei einer Beteiligung von über 25% lägen diesfalls Einkünfte aus selbständiger Arbeit vor, siehe oben) und die Bezüge bestimmter politischer Funktionäre.

Von den Einkünften aus nichtselbständiger Arbeit wird die Einkommensteuer in der Regel in Form der Lohnsteuer erhoben (dazu Tz 41 ff).

- **Einkünfte aus Kapitalvermögen** (§ 27 EStG): Dazu gehören vor allem Gewinnanteile aus der Beteiligung an Kapitalgesellschaften, Erwerbs- und Wirtschaftsgenossenschaften und aus der Beteiligung als echter stiller Gesellschafter (bloße Beteiligung am laufenden Ergebnis des Unternehmens im Gegensatz zur unechten stillen Gesellschaft, bei der auch eine Beteiligung an den stillen Reserven und am Firmenwert eingeräumt wird und somit eine Mitunternehmereigenschaft – vgl zum Begriff Tz 87 – vorliegt), Zinsen aus Bankeinlagen und Darlehen und Zuwendungen von Privatstiftungen. Diese Einkünfte werden unter dem Begriff „Einkünfte aus der Überlassung von Kapital" zusammengefasst. Auch Einkünfte aus realisierten Wertsteigerungen von Kapitalvermögen (§ 27 Abs 3 EStG), Einkünfte aus Derivaten (§ 27Abs 4 EStG) und Einkünfte aus Kryptowährungen (§ 27 Abs 4a EStG) gelten als Einkünfte aus Kapitalvermögen. Zu den Einkünften aus realisierten Wertsteigerungen von Kapitalvermögen zählen alle Einkünfte aus der Veräußerung, Einlösung und sonstigen Abschichtung von Wirtschaftsgütern, deren Erträge Einkünfte aus der Überlassung von Kapital sind.

- **Einkünfte aus Vermietung und Verpachtung** (§ 28 EStG): Hierzu gehören insbesondere Einkünfte aus der Vermietung und Verpachtung von unbeweglichem Vermögen und Sachinbegriffen sowie Urheberrechts- und Lizenzvergütungen.

  Beispiele:
  1. Der Steuerpflichtige vermietet eine Eigentumswohnung. Diese rein vermögensverwaltende Tätigkeit begründet Einkünfte aus Vermietung und Verpachtung.

  2. Der Steuerpflichtige besitzt mehrere Wohnungen in einer Fremdenverkehrsgemeinde, die er durch Vermietung an zahlreiche Sommergäste nutzt. Er hat dadurch einen erheblichen Verwaltungs- und Werbeaufwand. Weiters erbringt er Nebenleistungen (zB Bettwäsche, polizeiliche An- und Abmeldung, Getränke, Bezahlung der Strom- und Gasrechnungen): Der Umfang der Vermögensverwaltung (§ 32 BAO) wird überschritten. Daher liegen Einkünfte aus Gewerbebetrieb vor (vgl VwGH 13.10.1982, 82/13/0125).

- **Sonstige Einkünfte** (§§ 29 bis 31 EStG): Dazu gehören die folgenden taxativ (abschließend) angeführten Einkünfte:

  1. Wiederkehrende Bezüge (§ 29 Z 1 EStG)
  2. Einkünfte aus privaten Grundstücksveräußerungen (§ 30 EStG) und aus Spekulationsgeschäften (§ 31 EStG). Damit wird, ähnlich wie bei der Besteuerung von Kapitalvermögen gemäß § 27 EStG, auch bei Grundstücken die Substanz steuerlich erfasst. Der Spekulationstatbestand des § 31 EStG erfasst all jene

Veräußerungen von Wirtschaftsgütern des Privatvermögens, die keine Steuerpflicht nach § 27 EStG (Kapitalvermögen) oder § 30 EStG (private Grundstücksveräußerungen) nach sich ziehen.
3. Einkünfte aus bestimmten Leistungen (§ 29 Z 3 EStG)
4. Bestimmte Funktionsgebühren (§ 29 Z 4 EStG)

Tz 11 Die Einkunftsarten werden in § 2 Abs 3 EStG **taxativ** aufgezählt. Einkünfte, die nicht unter eine der sieben Einkunftsarten fallen, unterliegen nicht der Einkommensteuer. Einkünfte, die zu einer der sieben Einkunftsarten gehören, sind für die betreffende Einkunftsart wiederum taxativ aufgezählt.

Beispiele:
1. Lotteriegewinne fallen unter keine der sieben Einkunftsarten und unterliegen daher nicht der Einkommensteuer. Sie werden auch nicht von den „sonstigen Einkünften im Sinne des § 29" (§ 2 Abs 3 Z 7 EStG) erfasst, weil damit **nur** die in § 29 EStG abschließend genannten Einkünfte gemeint sind.

2. Die Veräußerung von Privatvermögen (vgl zum Begriff Tz 61) ist nur ausnahmsweise steuerpflichtig, wenn dies ausdrücklich angeordnet wird (vgl § 15 Abs 1 zweiter Satz EStG). Eine Besteuerung erfolgt, wenn der Veräußerungsvorgang unter § 27, § 30 oder § 31 EStG fällt. So sind zB Gewinne aus der Veräußerung eines privaten PKW nicht steuerbar, wenn der PKW vor mehr als einem Jahr angeschafft wurde (vgl § 31 Abs 1 EStG).

5 Die Bedeutung der Abgrenzung der einzelnen Einkunftsarten

Tz 12 Sofern **eine** Einkunftsart anwendbar ist, zählen die Einkünfte zum Einkommen (sofern keine Steuerbefreiung anwendbar ist, vgl Tz 14). Dennoch ist es keineswegs gleichgültig, **welche** Einkunftsart im Einzelfall zum Tragen kommt: Die Regelungen, nach denen die Höhe der Einkünfte ermittelt wird, sind von Einkunftsart zu Einkunftsart unterschiedlich (Tz 18 ff). Weiters gibt es je nach Einkunftsart unterschiedliche Regelungen, ob und in welcher Höhe positive und negative Ergebnisse ausgeglichen werden dürfen (Tz 17). Auch ist es zB nur bei den betrieblichen Einkunftsarten zulässig, unter bestimmten Voraussetzungen positive und negative Ergebnisse periodenübergreifend zu saldieren (Verlustabzug, Tz 26 f). Bei manchen Einkunftsarten kommt auch eine Freigrenze zum Tragen.

Ein **Beispiel** für eine derartige Freigrenze findet sich in § 29 Z 3 EStG: „Einkünfte aus Leistungen, wie insbesondere Einkünfte aus gelegentlichen Vermittlungen und aus der Vermietung beweglicher Gegenstände" sind nicht steuerpflichtig, wenn sie im Kalenderjahr höchstens 220 Euro betragen. Machen diese Einkünfte aber 230 Euro aus, sind sie in voller Höhe steuerpflichtig und nicht nur in Höhe von 10 Euro. Hier wird der Unterschied zwischen einer Freigrenze und einem Freibetrag, der die Bemessungsgrundlage kürzt (vgl zB § 24 Abs 4 EStG), deutlich. Im Falle eines Freibetrages würde nämlich nur die Differenz in Höhe von 10 Euro besteuert werden und nicht der Gesamtbetrag in Höhe von 230 Euro.

6 Die Subsidiarität der Einkunftsarten

Tz 13 Aus den oben erwähnten Gründen ist es von großer Bedeutung, welche Einkunftsart zum Tragen kommt, wenn an sich mehr als eine Einkunftsart anwendbar wäre. Das EStG sieht dazu eine Reihe von **Vorrangregelungen** vor. So sind die letzten drei Einkunftsarten (**Nebeneinkunftsarten**) gegenüber den ersten vier Einkunftsarten (**Haupteinkunftsarten**) nachrangig anzuwenden. Fällt eine Tätigkeit inhaltlich sowohl unter eine der Haupteinkunftsarten als auch unter eine der Nebeneinkunftsarten, so ist diese Tätigkeit unter die Haupteinkunftsart zu subsumieren. Die **Subsidiarität** gilt auch vielfach im Verhältnis der Haupt- und Nebeneinkünfte untereinander, und zwar entsprechend ihrer Reihenfolge in § 2 Abs 3 EStG:

Beispiele:
1. Zinseinkünfte aus einer Darlehensgewährung fallen im Rahmen eines Gewerbebetriebes an: Die Zinsen zählen zu den Einkünften aus Gewerbebetrieb und nicht zu den Einkünften aus Kapitalvermögen. Denn die im § 27 EStG angeführten Einkünfte zählen nur zu den Einkünften aus Kapitalvermögen, „soweit sie nicht zu den Einkünften im Sinne des § 2 Abs 3 Z 1 bis 4 gehören" (§ 27 Abs 1 erster Satz EStG).

2. Die Einkünfte aus einem Sägewerk wären typischerweise den Einkünften aus Gewerbebetrieb zuzuordnen. Ist das Sägewerk aber in einen Forstbetrieb eingegliedert, dann liegt ein forstwirtschaftlicher Nebenbetrieb vor, der dem Hauptbetrieb und somit den Einkünften aus Land- und Forstwirtschaft zuzuordnen ist (vgl § 23 Z 1 EStG).

7 Nicht steuerbare Einkünfte im Unterschied zu steuerbefreiten Einkünften

Tz 14 Wenn Einkünfte unter eine bestimmte Einkunftsart fallen, ist damit noch nicht gesagt, dass sie auch tatsächlich besteuert werden. Gelegentlich wählt der Gesetzgeber nämlich die Technik, den Umfang einer Einkunftsart zunächst weiter zu fassen (die Einkünfte sind grundsätzlich steuerbar), ihn dann aber durch eine ausdrückliche Befreiung wieder einzuschränken. Dies führt zum selben Ergebnis, wie wenn die Einkunftsart von vornherein enger umschrieben worden wäre.

Beispiele:
1. Ein Arbeitnehmer bekommt von seinem Dienstgeber während der Arbeitszeit gratis Getränke. Diese Getränke wären an sich ein Vorteil aus dem Dienstverhältnis, der zu den Einkünften aus nichtselbständiger Arbeit gehört. § 3 Abs 1 Z 18 EStG sieht aber eine Steuerbefreiung vor.

2. Ein Steuerpflichtiger hält in seinem Privatvermögen ein wertvolles Diamantcollier, das er vor zwei Jahren gekauft hat und mit Gewinn verkauft. Da das Diamantcollier weder als Kapitalvermögen im Sinne des § 27 noch als privates Grundstück im Sinne des § 30 EStG zu qualifizieren ist und zwischen Anschaffung und Veräußerung mehr als ein Jahr liegt, ist dieser Vorgang nicht als Spekulationsgeschäft gemäß § 31 EStG steuerbar. Einer Befreiung bedarf es nicht.

8 *Die Synthetik des Einkommensbegriffs*

Tz 15 Die Summe der Einkünfte aus den sieben Einkunftsarten bildet den **Gesamtbetrag der Einkünfte** (§ 2 Abs 2 EStG). Die Ermittlung des Gesamtbetrags der Einkünfte stellt einen wesentlichen Teil der Einkommensermittlung dar, da vom Gesamtbetrag der Einkünfte nur noch die Sonderausgaben (§ 18 EStG), die außergewöhnlichen Belastungen (§§ 34 und 35 EStG) und der Freibetrag (§ 105 EStG) abgezogen werden müssen, um zum Einkommen zu gelangen, auf das dann der Steuertarif anzuwenden ist (vgl Tz 30 ff) Innerhalb einer Einkunftsart können verschiedene Einkunftsquellen vorliegen, wenn der Steuerpflichtige zB mehrere Gewerbebetriebe hat oder mehrere Häuser vermietet. Um zu den Einkünften aus einer bestimmten Einkunftsart zu gelangen, müssen im Regelfall positive Ergebnisse aus den verschiedenen Einkunftsquellen innerhalb der Einkunftsart zusammengerechnet und negative Ergebnisse aus dieser Einkunftsart abgezogen werden. Dies bezeichnet man als **internen oder horizontalen Verlustausgleich**. In weiterer Folge sind dann die positiven Einkünfte der verschiedenen Einkunftsarten zu addieren und Verluste aus anderen Einkunftsarten abzuziehen. Dies wird als **externer oder vertikaler Verlustausgleich** bezeichnet.

Beispiel:

	vertikal	**horizontal**
1. Einkünfte aus Land- und Forstwirtschaft	+10.000	
2. Einkünfte aus selbständiger Arbeit	0	
3. Einkünfte aus Gewerbebetrieb		A +15.000 (Produktion)
	−10.000	B - 5.000 (Handel)
4. Einkünfte aus nichtselbständiger Arbeit	0	
5. Einkünfte aus Kapitalvermögen	+2.000	
6. Einkünfte aus Vermietung und Verpachtung	-1.000	
7. Sonstige Einkünfte (Spekulationsgeschäft)	(-1.000)	
Gesamtbetrag der Einkünfte	21.000	

In einem ersten Schritt werden im Zuge des internen oder horizontalen Verlustausgleiches positive und negative Ergebnisse innerhalb einer Einkunftsart ausgeglichen (siehe Einkünfte aus Gewerbebetrieb). Im Anschluss erfolgt der externe oder vertikale Verlustausgleich zwischen den verschiedenen Einkunftsarten. Für Spekulationsgeschäfte besteht ein Ausgleichsverbot – diese Verluste in Höhe von 1.000 Euro können nur mit Spekulationsüberschüssen ausgeglichen werden (vgl Tz 17).

Tz 16 Das österreichische Einkommensteuerrecht geht von einem **synthetischen Einkommensbegriff** aus: Positive und negative Ergebnisse aus verschiedenen Einkunftsarten werden zusammengefasst und einem einheitlichen Tarif unterworfen. Dieses System unterscheidet sich von einem **Schedulensystem**, das die Einkünfte in verschiedene Kategorien einteilt ohne sie zusammen zu fassen, und diese dann – je nach Kategorie – unterschiedlichen Steuersätzen unterwirft.

Tz 17 Allerdings ist der synthetische Einkommensbegriff keineswegs ausnahmslos verwirklicht: Das EStG kennt eine Reihe von **internen und externen Verlustausgleichsverboten**. Gerade diese verschiedenen, auf unterschiedlicher Ebene eingreifenden Verlustausgleichsverbote führen dazu, dass es wesentlich ist, die hier beschriebene Reihenfolge einzuhalten und zuerst – soweit zulässig – den internen Verlustausgleich und erst dann den externen Verlustausgleich vorzunehmen. Darüber hinaus werden wesentliche Einkünfte – wie große Teile der Einkünfte aus Kapitalvermögen und der Einkünfte aus privaten Grundstücksveräußerungen – aus dem Einkommensbegriff herausgenommen und einem eigenen Steuertarif unterworfen (siehe Tz 34 ff).

> Beispiele:
> 1. Verluste aus Spekulationsgeschäften sind nur mit Spekulationsüberschüssen ausgleichsfähig (§ 31 Abs 4 EStG).
>
> 2. Zinsen auf ein Sparbuch bei einer österreichischen Bank unterliegen der 25%igen KESt (§ 27a Abs 1 Z 1 iVm §§ 93 ff EStG) und müssen aufgrund der Endbesteuerungswirkung des KESt-Abzugs nicht in die Einkommensteuererklärung aufgenommen werden (Tz 45 f).
>
> 3. Verluste aus der Veräußerung von Beteiligungen sowie Derivaten dürfen nur mit Erträgen aus anderen Beteiligungen (Veräußerungsgewinne sowie Dividenden) und Derivaten ausgeglichen werden. Ein Ausgleich mit Zinserträgen aus Geldeinlagen und sonstigen Forderungen bei Kreditinstituten ist nicht gestattet (§ 27 Abs 8 Z 1 EStG). Um diese Verluste geltend machen zu können, ist die depotführende Stelle unter den Bedingungen des § 93 Abs 6 EStG zur Durchführung des Verlustausgleichs verpflichtet. Kommt § 93 Abs 6 EStG nicht zur Anwendung – etwa weil das Depot von einer ausländischen Bank geführt wird – hat der Steuerpflichtige die Möglichkeit, einen Antrag auf Verlustausgleich gemäß § 97 Abs 2 EStG zu stellen.

III EINKÜNFTEERMITTLUNG

1 Die Gewinn- und Überschusseinkünfte

Tz 18 Die Unterscheidung nach den verschiedenen Einkunftsarten ist auch aus einem anderen Grund von Bedeutung: Zwar werden im Rahmen der Ermittlung des Gesamtbetrags der Einkünfte die Einkünfte aus den verschiedenen Einkunftsarten im Regelfall saldiert, jedoch sind die Einkünfte je nach Einkunftsart nach unterschiedlichen Regeln zu ermitteln. Bei den Arten der **Einkünfteermittlung** wird folgendermaßen unterschieden (§ 2 Abs 4 EStG):

- Bei den ersten drei (betrieblichen) Einkunftsarten spricht man von den **Gewinneinkünften**. Die Einkünfte ergeben sich hier aus einer Gewinnermittlung für den einzelnen Betrieb.
- Bei den übrigen vier (außerbetrieblichen) Einkunftsarten spricht man von den **Überschusseinkünften**. Die Einkünfte ergeben sich hier aus dem Überschuss der Einnahmen über die Werbungskosten.

(Betriebliche) Gewinneinkünfte	1. Einkünfte aus Land- und Forstwirtschaft (§ 21), 2. Einkünfte aus selbständiger Arbeit (§ 22), 3. Einkünfte aus Gewerbebetrieb (§ 23),
(Außerbetriebliche) Überschusseinkünfte	4. Einkünfte aus nichtselbständiger Arbeit (§ 25), 5. Einkünfte aus Kapitalvermögen (§ 27), 6. Einkünfte aus Vermietung und Verpachtung (§ 28), 7. Sonstige Einkünfte im Sinne des § 29.

2 *Der Dualismus der Einkünfteermittlung*

Tz 19 Die Unterscheidung zwischen Gewinneinkünften und Überschusseinkünften führt zu einem **Dualismus der Einkünfteermittlung**. Bei den Gewinneinkünften werden grundsätzlich im Wege des Betriebsvermögensvergleichs (Bilanzierung) Wertveränderungen der Wirtschaftsgüter sowie Gewinne aus der Veräußerung von Wirtschaftsgütern und des Betriebes der Einkommensteuer unterworfen (§ 4 Abs 1 EStG). Bei den Überschusseinkünften werden die Einnahmen und die Werbungskosten (§§ 15 f EStG) im Wege der Überschussrechnung einander nach dem Zu- und Abflussprinzip (§ 19 EStG) gegenübergestellt. Wertveränderungen der Wirtschaftsgüter und Einkünfte aus der Veräußerung von Wirtschaftsgütern bleiben – abgesehen von den Einkünften aus privaten Grundstücksveräußerungen (§ 30 EStG), Spekulationsgeschäften (§ 31 EStG) und der Veräußerung von Kapitalvermögen (§ 27 EStG) – im außerbetrieblichen Bereich grundsätzlich außer Ansatz.

Tz 20 Sowohl bei den Gewinneinkünften als auch bei den Überschusseinkünften handelt es sich im Regelfall um Nettogrößen. Dies bedeutet, dass nicht nur die Betriebseinnahmen (bei den Gewinneinkünften) oder die Einnahmen (bei den Überschusseinkünften) erfasst werden, sondern von diesen Größen die Betriebsausgaben (§ 4 Abs 4 EStG) (bei den Gewinneinkünften) oder die Werbungskosten (§ 16 EStG) (bei den Überschusseinkünften) abgezogen werden. Erst der danach jeweils verbleibende Betrag – sei er positiv oder negativ – stellt den Betrag der Einkünfte dar.

> Allerdings wird gelegentlich auch der Bruttobetrag der Besteuerung unterworfen, ohne dass dabei ein Abzug von Aufwendungen zulässig ist. Dies ist etwa bei den Einkünften aus Kapitalvermögen, die den besonderen Steuersätzen nach § 27a Abs 1 EStG unterliegen, der Fall (näher dazu Tz 36).

3 Betriebsausgaben und Werbungskosten

Tz 21 Der Begriff der **Betriebsausgaben** ist in § 4 Abs 4 EStG als „Aufwendungen oder Ausgaben, die durch den Betrieb veranlaßt sind“ definiert. Nach § 16 EStG sind **Werbungskosten** „Aufwendungen oder Ausgaben zur Erwerbung, Sicherung oder Erhaltung der Einnahmen“. Der unterschiedliche Gesetzeswortlaut erweckt den Eindruck, dass als Werbungskosten nur notwendige oder zweckmäßige Aufwendungen abzugsfähig sind (finaler Werbungskostenbegriff), während bei den Betriebsausgaben der kausale Zusammenhang der Aufwendungen mit dem Betrieb entscheidend ist (kausaler Betriebsausgabenbegriff). In der Fachliteratur ist aber dennoch die Auffassung vorherrschend, dass der Maßstab, der bei Betriebsausgaben und Werbungskosten anzulegen ist, um deren Abzugsfähigkeit zu beurteilen, identisch ist (vgl *Quantschnigg/Schuch*, EStG-Handbuch (1993) § 16 Rz 2).

Tz 22 Dies hängt damit zusammen, dass bei allen Aufwendungen in erster Linie danach zu unterscheiden ist, ob sie der **Einkommenserzielung** dienen oder ob sie **Einkommensverwendung** darstellen (vgl Beispiel in Tz 9). Betriebsausgaben und Werbungskosten dienen der Einkommenserzielung und sind daher abzugsfähig; sie sind also bei der Ermittlung der Einkünfte zu berücksichtigen und mindern damit letztlich auch das steuerpflichtige Einkommen. Sie sind von privat veranlassten Aufwendungen zu unterscheiden, die nicht der Erzielung von Einkommen dienen, sondern Einkommensverwendung darstellen und daher auch nicht abzugsfähig sind.

> Die Abgrenzung zwischen den der betrieblichen oder beruflichen Sphäre zuordenbaren – und damit abzugsfähigen – Aufwendungen und nicht abzugsfähigen Privataufwendungen ist in der Praxis äußerst schwierig. Diese Abgrenzungsfragen beschäftigen daher auch regelmäßig die Finanzverwaltung und letztlich auch die Höchstgerichte. Die Rechtsprechung neigt – vermutlich zur Entlastung der Verwaltung von allzu vielen Einzelfallbeurteilungen – mitunter zu sehr groben Typisierungen und lässt zB Mischaufwendungen, die sowohl betrieblichen oder beruflichen als auch privaten Charakter haben, im Regelfall gar nicht zum Abzug zu (kritisch *Jann*, FJ 1994, 110 ff). Wenn daher ein AHS-Lehrer zur Vorbereitung seiner Unterrichtsstunden einen Videorecorder anschafft, wird private (Mit-)Veranlassung unterstellt und die Abzugsfähigkeit verneint (VwGH 28.10.1998, 93/14/0195). Lediglich dann, wenn er einen zweiten Videorecorder angeschafft hat, wird er glaubhaft machen können, dass der Kauf des zweiten Geräts beruflich veranlasst ist (VwGH 20.12.1994, 90/14/0211).

Tz 23 Die sich schon aus der Systematik des EStG ergebende Erforderlichkeit der Abgrenzung zwischen Aufwendungen zur **Einkommenserzielung** und der **Einkommensverwendung** ist in § 20 EStG (nichtabzugsfähige Aufwendungen und Ausgaben) ausdrücklich angesprochen. In dieser Vorschrift finden sich sowohl allgemeine Grundsätze, die wohl nicht eigens angesprochen hätten werden müssen und daher bloß klarstellenden Charakter haben, als auch gesonderte Regelungen für Sachverhalte, die in der Praxis besonders schwierig zu beurteilen waren und deshalb vom

Gesetzgeber ausdrücklich geregelt wurden. Weiters werden auch Sachverhalte geregelt, die der Gesetzgeber gerade nicht nach den allgemeinen Grundsätzen, sondern aus bestimmten Gründen weniger restriktiv oder restriktiver behandelt wissen wollte.

Beispiele:
1. Das Abzugsverbot für „Aufwendungen oder Ausgaben für die Lebensführung, selbst wenn sie die wirtschaftliche oder gesellschaftliche Stellung des Steuerpflichtigen mit sich bringt" (§ 20 Abs 1 Z 2 lit a EStG) betrifft Privatausgaben, die auch dem Beruf dienen und/oder ihn fördern. Bei nicht einwandfreier Trennbarkeit von Berufs- und Privataufwand herrscht ein absolutes Abzugsverbot (zB VwGH 15.11.1995, 94/13/0142 zur Zahnprothese eines Werbesprechers). Es ist oft schwer zu beurteilen, ob eine einwandfreie Abgrenzung möglich ist. Bei gemischter (betrieblicher und privater) Nutzung eines Kfz wird beispielsweise eine Aufteilung von der Rechtsprechung anerkannt (VwGH 10.7.1957, 0800/56). Auch Reisekosten, die klar in eine berufliche und private Sphäre aufgeteilt werden können, sind anteilig abzugsfähig (VwGH 27.1.2011, 2010/15/0197).

2. Die in § 20 Abs 1 Z 2 lit d EStG enthaltene Regelung sieht ein Abzugsverbot für Aufwendungen oder Ausgaben in Zusammenhang mit einem Arbeitszimmer und dessen Einrichtung im Wohnungsverband vor. Bildet hingegen ein im Wohnungsverband gelegenes Arbeitszimmer den Mittelpunkt der Tätigkeit für die betreffende Einkunftsquelle, so sind die darauf entfallenden Aufwendungen und Ausgaben einschließlich der Kosten für die Einrichtung abzugsfähig (VwGH 27.5.1999, 98/15/0100). Liegt kein Arbeitszimmer vor oder bildet dieses nicht den Mittelpunkt der Tätigkeit, erlaubt § 16 Abs 1 Z 7a lit a EStG dennoch den Abzug von Ausgaben für ergonomisch geeignetes Mobiliar eines in der Wohnung eingerichteten Arbeitsplatzes in Höhe von bis zu 300 Euro jährlich (für Arbeitnehmer bis inklusive 2023, vgl § 124b Z 375 EStG).

3. Bestimmte Aufwendungen oder Ausgaben zur Bewirtung von Geschäftsfreunden können nach § 20 Abs 1 Z 3 EStG zur Hälfte abgezogen werden. Um Diskussionen im Einzelfall nach Möglichkeit zu vermeiden, unterstellt der Gesetzgeber unwiderlegbar, dass diese Aufwendungen anteilig der Privatsphäre zuzurechnen sind.

4. Das an Dienstnehmer bezahlte Entgelt darf nur bis zu einem Betrag von 500.000 Euro pro Person und Wirtschaftsjahr beim Arbeitgeber abgezogen werden (§ 20 Abs 1 Z 7 EStG). Der Gesetzgeber vermutet dadurch unwiderlegbar, dass Zahlungen, die diese Grenze überschreiten, Einkommensverwendung des Arbeitgebers darstellen. Dadurch soll einer zunehmenden Vergrößerung des Einkommensgefälles im Bereich der

Erwerbsbezüge entgegen gewirkt werden (vgl zur Verfassungskonformität dieses Abzugsverbots VfSlg 19.933/2014; kritisch *Staringer*, ÖStZ 2015, 81).

IV SONDERAUSGABEN UND AUSSERGEWÖHNLICHE BELASTUNGEN

1 Sonderausgaben

Tz 24 Vom Gesamtbetrag der Einkünfte sind die **Sonderausgaben** (§ 18 EStG) und die **außergewöhnlichen Belastungen** (§§ 34 und 35 EStG) sowie der **Freibetrag** nach § 105 EStG abzuziehen, um zum Einkommen zu gelangen (§ 2 Abs 2 EStG), auf das dann der Tarif (§ 33 EStG) anzuwenden ist.

Den in § 105 EStG geregelten Freibetrag können Inhaber von Amtsbescheinigungen und Opferausweisen in Anspruch nehmen.

Tz 25 Der Gesetzgeber hat meist sozial-, kultur- oder wirtschaftspolitische Ziele verfolgt, als er gewisse Aufwendungen als Sonderausgaben zum Abzug zugelassen hat. Diese Aufwendungen haben gemeinsam, dass sie an sich **Privatausgaben** sind, der Gesetzgeber ihnen aber dennoch einkommensmindernde Wirkung beimisst (einen anderen Charakter hat der Verlustabzug, vgl Tz 26). Wären sie nämlich nicht Privatausgaben, sondern durch eine Einkunftsquelle veranlasst, wären sie ohnehin bereits als Betriebsausgaben oder Werbungskosten abzugsfähig.

1. Um einen Anreiz zur stärkeren Eigenvorsorge zu schaffen, sind Beiträge für eine freiwillige Weiterversicherung einschließlich des Nachkaufs von Versicherungszeiten in der gesetzlichen Pensionsversicherung und vergleichbare Beiträge an Versorgungs- und Unterstützungseinrichtungen der Kammern der selbständig Erwerbstätigen als Sonderausgaben abzugsfähig (vgl § 18 Abs 1 Z 1a EStG).

2. Die Abzugsfähigkeit des Kirchenbeitrags (§ 18 Abs 1 Z 5 EStG; maximal 400 Euro jährlich) berücksichtigt, dass die Kirchen vielfach sozial- und kulturpolitische Aufgaben in der Gesellschaft übernehmen und es daher im Interesse des Staates ist, einen Anreiz zu schaffen, dass an sie hinreichend Beiträge gezahlt werden.

3. Der Sonderausgabencharakter von Steuerberatungskosten (§ 18 Abs 1 Z 6 EStG) kann damit begründet werden, dass ein Anreiz geschaffen werden soll, dass gesetzlich befugte Steuerberater – und nicht etwa „Pfuscher“ – bei der Erstellung der Steuererklärung zugezogen werden, da dies eher die gesetzeskonforme Ermittlung der Grundlagen der Abgabenerhebung und damit auch wieder das Aufkommen des Fiskus sicherstellt.

4. Der Sonderausgabencharakter von Zuwendungen an Universitäten und ähnliche Einrichtungen zur Durchführung von Forschungsaufgaben oder der Erwachsenenbildung dienenden Lehraufgaben (§ 18 Abs 1 Z 7 lit a EStG) hat einen forschungspolitischen Hintergrund.

5. Gemäß § 18 Abs 1 Z 7 lit b EStG sind ua Spenden an Körperschaften, die mildtätige Zwecke verfolgen, Entwicklungs- und Katastrophenhilfe betreiben oder auf dem Gebiet des Tierschutzes tätig sind als Sonderausgabe abzugsfähig. Die Abzugsfähigkeit der in Z 7 lit a und lit b genannten Spenden ist allerdings betraglich mit höchstens 10% des Gesamtbetrages der Einkünfte des Spenders beschränkt – ein darüber hinausgehender Betrag wird nicht berücksichtigt. Bei der Berechnung der 10%-Grenze sind auch Spenden, die vom Spender bereits gemäß § 4a EStG als Betriebsausgaben geltend gemacht wurden, miteinzubeziehen.

Beiträge gemäß § 18 Abs 1 Z 1a und Z 5 EStG sowie Zuwendungen gemäß § 18 Abs 1 Z 7 bis 9 EStG an einen Empfänger, der eine feste örtliche Einrichtung im Inland unterhält, sind allerdings ab 2017 nur dann als Sonderausgaben zu berücksichtigen, wenn dem Empfänger Vor- und Zunamen und das Geburtsdatum des Leistenden bekannt gegeben werden und eine Datenübermittlung von den Empfängern der Beiträge und Zuwendungen an die Abgabenbehörden erfolgt (vgl § 18 Abs 8 EStG). Sinn dieser Datenübermittlung ist die Verringerung des Bearbeitungs- und Überprüfungsaufwands für die Finanzverwaltung, die die vom Empfänger bekannt gegebenen Zahlungen automatisiert im Rahmen der Veranlagung des Leistenden berücksichtigen kann.

Tz 26 Der **Verlustabzug**, auch steuerlicher **Verlustvortrag** genannt, stellt eine weitere wichtige Sonderausgabe dar. Er ist vom Verlustausgleich streng zu trennen. Während der Verlustausgleich positive und negative Ergebnisse einer Besteuerungsperiode ausgleicht (vgl Tz 15 ff), dient der Verlustabzug dem Ausgleich zwischen den Besteuerungsperioden. Der Verlustabzug trägt somit dazu bei, die Härten des Periodenprinzips (vgl Tz 5) abzumildern.

Die Möglichkeit des Verlustabzuges lässt sich aus der Forderung nach einer der wirtschaftlichen Leistungsfähigkeit des Steuerpflichtigen entsprechenden Besteuerung ableiten: Erwirtschaftet ein Unternehmer im Jahr 1 einen Verlust in der Höhe von 100 und im Jahr 2 einen Gewinn in der Höhe von 100, so beträgt sein Gesamteinkommen in der Totalperiode 0. Aufgrund der Einteilung des Gesamtzeitraumes in einzelne Perioden müsste der Steuerpflichtige aber ohne die Möglichkeit des Verlustvortrages einen Gewinn im Jahr 2 voll versteuern. Im Ergebnis würde somit ein Gewinn besteuert werden, der nicht erzielt wurde. Dadurch würde die betriebliche Substanz vermindert werden.

Dasselbe Problem würde sich ergeben, wenn der Unternehmer im Jahr 1 einen Gewinn in der Höhe von 100 und im Jahr 2 einen Verlust in der Höhe von 100 erwirtschaftet. Allerdings müsste der Steuerpflichtige diesfalls selbst mit der Möglichkeit des Verlustabzugs den Gewinn des Jahres 1 voll versteuern, weil beim steuerlichen Verlustvortrag nur Verluste aus vorangegangenen, nicht aber künftigen Jahren abgezogen werden können (vgl Tz 27). Um die Härten des Periodenprinzips in diesen Konstellationen abzumildern, kennt zB das deutsche Ertragsteuerrecht neben einem Verlustabzug auch einen Verlustrücktrag, der den Ausgleich des Verlustes im Jahr 2 mit dem Gewinn des Jahres 1 erlaubt. Das österreichische Steuerrecht bietet dagegen seit jeher nur die Möglichkeit eines Verlustvortrags. Als Liquiditätsstütze für Unternehmen, die angesichts der COVID-19-Pandemie Verluste erwirtschafteten, wird jedoch ausnahmsweise ein Ausgleich von Verlusten des Jahres 2020 mit Gewinnen der Jahre 2018 und 2019 zugelassen (Verlustrücktrag gemäß § 124b Z 355 EStG und § 26c Z 76 KStG).

Der steuerliche Verlustabzug ist nicht mit dem Verlustvortrag im Unternehmensrecht vergleichbar. Im Steuerrecht werden Verluste aus vorangegangenen Perioden vielmehr vom gesondert ermittelten Gesamtbetrag der Einkünfte abgezogen und verringern somit die Steuerlast. Wenn also insgesamt Einkünfte in Höhe von 100 Euro und ein vortragsfähiger Verlust aus Vorjahren in Höhe von 90 Euro vorliegen, kann der Verlust in Höhe von 90 Euro als Sonderausgabe geltend gemacht werden. Es verbleibt somit ein Einkommen in Höhe von 10 Euro (zum Verlustabzug bei Körperschaften siehe Tz 100).

Tz 27 Der **Verlustabzug** gemäß § 18 Abs 6 EStG ist an folgende **Voraussetzungen** gebunden:

- Die Verluste müssen aus einer betrieblichen Einkunftsart stammen.
- Die Verluste müssen in einem vorangegangenen Jahr entstanden sein. Dies grenzt den Verlustvortrag vom Verlustausgleich ab (vgl Tz 15 ff).
- Die Verluste dürfen nicht bereits in den Vorjahren durch Verlustausgleich oder Verlustabzug berücksichtigt worden sein. Der Verlust muss außerdem frühestmöglich verrechnet werden. War ein Ausgleich oder Vortrag der Verluste bereits in vorangegangenen Jahren möglich, so darf der Verlust nicht mehr geltend gemacht werden.
- Der Verlustvortrag gilt als höchstpersönliches Recht und steht grundsätzlich nur jenem Steuerpflichtigen zu, der ihn selbst erwirtschaftet hat.
- Die Verluste müssen entweder durch ordnungsmäßige Buchführung oder bei Steuerpflichtigen, die ihren Gewinn nach § 4 Abs 3 EStG ermitteln (dazu Tz 56 und Tz 75), durch ordnungsgemäße Einnahmen-Ausgaben-Rechnung ermittelt worden sein. Im ersten Fall muss die Gewinnermittlungsmethode des

Betriebsvermögensvergleichs (§ 4 Abs 1 oder § 5 EStG, dazu Tz 54 f) angewendet werden und der Verlust sich aus einer ordnungsmäßigen Buchhaltung errechnen lassen (vgl VfSlg 11.260/1987). Sowohl durch ordnungsmäßige Buchführung als auch durch ordnungsgemäße Einnahmen-Ausgaben-Rechnung ermittelte Verluste sind zeitlich unbegrenzt vortragsfähig.

Der VfGH hat die fehlende Verlustvortragsmöglichkeit bei Einkünften aus Vermietung und Verpachtung als verfassungswidrig angesehen (VfSlg 19.185/2010). Der Gesetzgeber hat darauf reagiert und für Einkünfte aus Vermietung und Verpachtung in § 28 Abs 2 EStG eine zusätzliche Verteilungsmöglichkeit von Absetzungen für außergewöhnliche Abnutzung und andere außergewöhnliche Aufwendungen auf (mittlerweile) fünfzehn Jahre vorgesehen. Obwohl die in § 28 Abs 2 EStG geregelten Verteilungsmöglichkeiten weiterhin keinen Verlustabzug darstellen, hat sie der VfGH mittlerweile als hinreichend äquivalent zum betrieblichen Verlustvortrag qualifiziert (vgl VfGH 2.3.2021, E 1722/2020, Rz 27). Auch die mangelnde Vortragsfähigkeit von negativen Einkünften aus Kapitalvermögen, auf die ein besonderer Steuersatz gemäß § 27a Abs 1 EStG anwendbar wäre, ist verfassungsrechtlich unbedenklich (vgl VfGH 2.3.2021, E 1722/2020, Rz 30 f).

2 *Außergewöhnliche Belastungen*

Tz 28 Unter **außergewöhnlichen Belastungen** versteht man private Ausgaben, denen sich der Steuerpflichtige nicht entziehen kann und die seine Leistungsfähigkeit besonders hart treffen (zB Kosten im Zusammenhang mit einer Erkrankung). Eine außergewöhnliche Belastung liegt gemäß §§ 34 und 35 EStG dann vor, wenn die Belastung außergewöhnlich (Abs 2) ist, zwangsläufig erwächst (Abs 3) und die wirtschaftliche Leistungsfähigkeit des Steuerpflichtigen wesentlich beeinträchtigt (Abs 4). Die Ausgaben sind Kosten der Lebensführung; sie hängen also nicht mit einer Einkunftsquelle zusammen. Der Gesetzgeber lässt sie aber ausnahmsweise – unter ganz bestimmten Voraussetzungen – zum Abzug zu, da ihr Charakter nicht den Kernbereich der privaten Einkommensverwendung trifft.

Tz 29 Entscheidend ist, dass sich der Steuerpflichtige der Belastung „aus tatsächlichen, rechtlichen oder sittlichen Gründen nicht entziehen kann". Nur dann ist sie zwangsläufig erwachsen. Die Belastung ist außergewöhnlich, wenn sie höher ist als jene, die der Mehrzahl der Steuerpflichtigen mit gleichen Einkommens- oder Vermögensverhältnissen erwächst. Die Belastung beeinträchtigt die wirtschaftliche Leistungsfähigkeit nur in dem Ausmaß wesentlich, in dem sie einen Selbstbehalt übersteigt. Die Höhe dieses Selbstbehaltes hängt von der Höhe des Einkommens des Steuerpflichtigen vor Abzug der außergewöhnlichen Belastungen ab und beträgt beispielsweise bei einem (vorläufigen) Jahreseinkommen von 20.000 Euro 10% dieses Einkommens (§ 34 Abs 4 EStG). Bestimmte im Gesetz genannte Gründe können den Selbstbehalt mindern (so etwa ein Kind). Manche Belastungen sind sogar ohne Berücksichtigung des Selbstbehaltes abziehbar (zB Aufwendungen zur Beseitigung von Katastrophenschäden gemäß § 34 Abs 6 TS 1 EStG). Eine außergewöhnliche Belastung muss außerdem vermögensmindernd sein. Ist eine Ausgabe hingegen als Vermögensumschichtung zu qualifizieren, kann keine außergewöhnliche Belastung vorliegen (zB Präventivmaßnahmen gegen Naturkatastrophen).

Beispiele:
1. Bei Überschwemmung des Kellers eines Wohnhauses durch ein Hochwasser stellen die Reinigungs- und Reparaturkosten außergewöhnliche Belastungen dar. Ein Selbstbehalt ist dabei nicht zu berücksichtigen (§ 34 Abs 6 TS 1 EStG).

2. Aufwendungen für eine Berufsausbildung eines Kindes außerhalb des Wohnortes gelten dann als außergewöhnliche Belastung, wenn im Einzugsbereich des Wohnortes keine entsprechende Ausbildungsmöglichkeit besteht (§ 34 Abs 8 EStG). Für eine solche Belastung steht ein Pauschalbetrag in der Höhe von 110 Euro pro Monat zu; ein Selbstbehalt ist nicht zu berücksichtigen.

3. Krankheitskosten sind grundsätzlich außergewöhnliche Belastungen, soweit sie nicht durch Versicherungen gedeckt sind.

4. Aufwendungen, die für eine Blutgruppenuntersuchung im Zusammenhang mit einem Vaterschaftsprozess getätigt wurden, fehlt die Zwangsläufigkeit, weil sie aufgrund des dieses Merkmal ausschließenden – freiwilligen – Verhaltens des Steuerpflichtigen erwachsen (VwGH 1.7.1970, 0699/69).

5. Adoptionskosten stellen bei Vorliegen einer nicht freiwillig herbeigeführten Fortpflanzungsunfähigkeit außergewöhnliche Belastungen dar, deren Zwangsläufigkeit sich aus dem allgemeinen öffentlichen Interesse an Kindern ergibt (VwGH 6.7.2011, 2007/13/0150).

V TARIF UND ABSETZBETRÄGE

1 Der Normaltarif

Tz 30 Der Einkommensteuertarif (§ 33 EStG) ist **progressiv** gestaltet. Die Einkommensteuer ist nach folgender Formel zu errechnen:

Einkommen	Einkommensteuer in Euro	Grenzsteuer-satz
für die ersten 11.000 Euro	0	0%
über 11.000 Euro bis 18.000 Euro	$\frac{(\text{Einkommen} - 11.000) \times 1.400}{7.000}$	20%
über 18.000 Euro bis 31.000 Euro	$\frac{(\text{Einkommen} - 18.000) \times 3.900}{13.000} + 1.400$	30%

über 31.000 Euro bis 60.000 Euro	$\frac{(\text{Einkommen} - 31.000) \times 12.180}{29.000} + 5.300$	42%
über 60.000 Euro bis 90.000 Euro	$\frac{(\text{Einkommen} - 60.000) \times 14.400}{30.000} + 17.480$	48%
über 90.000 Euro (bis 1 Million Euro in den Kalenderjahren 2016 bis 2025)	$\frac{(\text{Einkommen} - 90.000) \times 455.000}{910.000} + 31.880$	50%
über 1 Million Euro (in den Kalenderjahren 2016 bis 2025)	(Einkommen – 1,000.000) x 0,55 + 486.880	55%

Die prozentuelle Belastung des gesamten Einkommens, der sogenannte **Durchschnittssteuersatz**, lässt sich nicht direkt aus dem Gesetz ablesen. § 33 Abs 10 EStG sieht vor, dass bei der Berechnung des Durchschnittssteuersatzes die Einkommensteuer nach Berücksichtigung der Abzüge gemäß § 33 Abs 3a bis 6 EStG (ausgenommen Kinderabsetzbetäge nach § 33 Abs 3 EStG) durch das zu versteuernde Einkommen (gemäß § 2 Abs 2 EStG) zu dividieren ist. Aufgrund der progressiven Steuertarifgestaltung ist der Durchschnittssteuersatz niedriger als der Grenzsteuersatz. Unter dem **Grenzsteuersatz** versteht man jenen Steuersatz, mit dem bei einem gegebenen Einkommen ein zusätzlicher Euro an Einkommen besteuert werden würde. Der Grenzsteuersatz ist für alle Einkommen einer Stufe gleich und beträgt beispielsweise bei einem Einkommen von 20.000 oder 25.000 Euro 30%, bei einem Einkommen von 31.000 Euro aber 42% (vgl dazu die Tabelle oben; wobei ab 1.7.2023 der Steuersatz von 42% auf 40% gesenkt wird). Zudem soll mit dem 1.1.2023 die **kalte Progression** abgeschafft werden (§ 33a EStG). Unter der kalten Progression versteht man das Mehraufkommen an Einkommensteuer, das sich aus dem Umstand ergibt, dass der Steuertarif nicht inflationsangepasst ist. § 33a Abs 4 EStG beschreibt den Mechanismus der automatischen Inflationsanpassung: Zunächst muss für jedes Jahr die durchschnittliche Inflationsrate ermittelt werden. Schließlich werden zwei Drittel der ermittelten Inflationsrate für die Tarifanpassung herangezogen. Darüber hinaus muss die Bundesregierung jährlich zusätzliche Entlastungsmaßnahmen beschließen, die die nach der automatischen Anpassung verbleibende Inflationswirkung abgilt (§ 33a Abs 5 EStG).

2 *Tarifbegünstigungen*

Tz 31 Der Tarif ist an sich unabhängig von der Einkunftsart anzuwenden, da er das gesamte Einkommen betrifft. Allerdings gilt auch hier, dass es kaum eine Regel ohne Ausnahme gibt: Es existieren auch Tarifbegünstigungen, die ausschließlich dann zum Tragen kommen, wenn Einkünfte aus einer bestimmten Einkunftsart vorliegen. Bei den Einkünften aus nichtselbständiger Arbeit werden zB bestimmte sonstige Bezüge, insbesondere der **13. und 14. Monatsbezug** sowie **Abfertigungen** und **Abfindungen** bei Beendigung des Dienstverhältnisses, einem ermäßigten Steuersatz unterworfen (§ 67 EStG).

Die Höhe des begünstigten Steuersatzes hängt von der Höhe der sonstigen Bezüge ab. Es gibt eine Freigrenze von 620 Euro. Die nächsten 24.380 Euro werden mit 6% besteuert und die darauffolgenden 25.000 Euro mit 27%. Der Höchststeuersatz von 35,75% kommt für die nächsten 33.333 Euro zur Anwendung. Der Teil der sonstigen Bezüge, der 83.333 Euro (620+24.380+25.000+33.333) übersteigt, ist gemeinsam mit den laufenden Bezügen im Zuflusszeitpunkt nach dem Regeltarif zu besteuern. Der begünstigte Steuersatz kommt auch dann nicht zur Anwendung, wenn die sonstigen Bezüge das Jahressechstel übersteigen (§ 67 Abs 2 EStG; zur genauen Berechnung vgl *Lang/Shubshizky*, SWK-Spezial Stabilitätsgesetz 2012, 93 ff).

3 Ermäßigungen der Progression

Tz 32 Der progressive Tarif kann sich unter bestimmten Voraussetzungen auch ermäßigen. Als **Ermäßigung der Progression** sieht **§ 37 EStG** unter anderem folgende Möglichkeiten vor:

- Besteuerung zum **halben Durchschnittssteuersatz** (§ 37 Abs 1 EStG),
- **Verteilungsbegünstigung** durch Verteilung der Einkünfte auf drei oder fünf Jahre (§ 37 Abs 2, 3 und 4 EStG).

Tz 33 Tarifbegünstigungen können unterschiedliche Gründe haben. Zum Teil werden durch sie die oft als nicht sachgerecht empfundenen Wirkungen der Abschnittsbesteuerung (Periodenprinzip) abgefedert: Wenn ein Unternehmer seinen Betrieb veräußert oder aufgibt, dann werden mit einem Schlag Gewinne (Unterschiedsbetrag zwischen dem Veräußerungserlös und dem Betriebsvermögen zu Buchwerten) steuerpflichtig, die oft während vieler Jahre langsam durch Wertsteigerung angewachsen sind. Das Einkommen erhöht sich daher in einer Periode um Einkünfte, die wirtschaftlich nicht in einer einzigen Periode entstanden sind. Die in § 37 Abs 2, 3 und 5 EStG vorgesehenen Progressionsermäßigungen versuchen diesem Umstand Rechnung zu tragen. Durch § 37 Abs 4 EStG soll dagegen eine progressionsbedingt übermäßige Besteuerung von Gewinnen land- und forstwirtschaftlicher Betriebe, die aufgrund von extremen Witterungsverhältnissen und Preisausschlägen auf den Agrarmärkten von Jahr zu Jahr starken Schwankungen unterliegen können, vermieden werden.

Beispiel: Der 50%ige OG-Gesellschafter A (Mitunternehmer) will sich nach seiner 10-jährigen Tätigkeit mit seinen nunmehr 65 Jahren aus dem Möbelgeschäft zurückziehen und verkauft seinen Anteil an seinen Nachfolger B. Bisher bezog A Einkünfte aus Gewerbebetrieb in Form von Gewinnanteilen nach § 23 Z 2 EStG. Mit dem Verkauf seines Anteils an B entsteht ein Veräußerungsgewinn in Höhe von 12.000 Euro. Dieser zählt zu den Einkünften aus Gewerbebetrieb (§ 23 Z 3 iVm § 24 Abs 1 Z 1 TS 3 EStG).

A stehen nun folgende steuerliche Gestaltungsmöglichkeiten zur Verfügung, die jedoch nur alternativ in Anspruch genommen werden können:

- Freibetrag gemäß § 24 Abs 4 EStG oder
- Verteilungsbegünstigung gemäß § 37 Abs 2 EStG oder
- Tarifbegünstigung gemäß § 37 Abs 5 EStG.

Der Steuerpflichtige hat nach § 24 Abs 4 EStG die Möglichkeit, einen anteiligen Freibetrag in Höhe von 3.650 Euro (7.300 * 50%) in Anspruch zu nehmen, das heißt die Bemessungsgrundlage würde sich auf 8.350 Euro reduzieren. Diese würden im Jahr der Veräußerung mit dem Normalsteuersatz besteuert werden. Der Freibetrag steht jedoch dann nicht zu, wenn A von den Möglichkeiten der Progressionsermäßigung nach § 37 EStG Gebrauch gemacht hat.
Nach § 37 Abs 2 EStG kann er beantragen, den Veräußerungsgewinn in Höhe von 12.000 Euro gleichmäßig auf drei Jahre zu verteilen und dem Normaltarif zu unterwerfen (4.000 Euro im Veräußerungsjahr und in den zwei darauf folgenden Jahren). Diese Möglichkeit steht jedoch nur dann zu, wenn A nicht die Tarifbegünstigung des § 37 Abs 5 EStG in Anspruch nimmt. Da A das 60. Lebensjahr vollendet hat und seine Erwerbstätigkeit einstellt, könnte er den Veräußerungsgewinn in Höhe von 12.000 Euro nämlich alternativ im Veräußerungsjahr zum halben Durchschnittssteuersatz versteuern (§ 37 Abs 1 TS 1 iVm Abs 5 Z 3 EStG).

4 Sondersteuersatz für Einkünfte aus Kapitalvermögen und Einkünfte aus privaten Grundstücksveräußerungen

Tz 34 Einkünfte aus Kapitalvermögen unterliegen unabhängig davon, ob sie im Abzugsweg oder im Zuge der Veranlagung erhoben werden, in der Regel einem besonderen Steuersatz. Dieser beträgt grundsätzlich **27,5%** (§ 27a Abs 1 Z 2 EStG). Lediglich im Fall von Geldeinlagen und nicht verbrieften sonstigen Forderungen bei Kreditinstituten – ausgenommen Ausgleichzahlungen und Leihgebühren nach § 27 Abs 5 Z 4 EStG – kommt ein besonderer Steuersatz in Höhe von **25%** zur Anwendung (§ 27a Abs 1 Z 1 EStG). Ganz entsprechend einer analytischen Besteuerung sind die Einkünfte weder bei der Ermittlung des Gesamtbetrags der Einkünfte, noch bei der Einkommensermittlung gemäß § 2 Abs 2 EStG zu berücksichtigen und wirken nicht progressionserhöhend (§ 27a Abs 1 EStG). Allerdings unterliegen nicht sämtliche Einkünfte aus Kapitalvermögen der besonderen Besteuerung nach § 27a Abs 1 EStG, wie zB Einkünfte aus privat vergebenen Darlehen oder echten stillen Beteiligungen (vgl § 27a Abs 2 Z 1 und 3 EStG; Tz 10). Darüber hinaus kann anstelle der besonderen Besteuerung gemäß § 27a Abs 1 EStG auf **Antrag** der allgemeine Steuertarif angewendet werden (§ 27a Abs 5 EStG). Die Option zur **Regelbesteuerung** kann nur für sämtliche Einkünfte, die dem besonderen Steuersatz nach § 27a Abs 1 EStG unterliegen, ausgeübt werden. Die

Ausübung der Option ist dann sinnvoll, wenn eine Tarifbesteuerung günstiger als die Sonderbesteuerung ist.

Tz 35 Ähnlich den Einkünften aus Kapitalvermögen sind auch Einkünfte aus der Veräußerung von privaten Grundstücken unabhängig von deren Behaltedauer steuerpflichtig und werden einem Sondersteuersatz in Höhe von 30% unterworfen (§ 30a EStG). Die Einkünfte beeinflussen weder die Ermittlung des Gesamtbetrags der Einkünfte, noch die des Einkommens und wirken nicht progressionserhöhend (§ 30a Abs 1 EStG). Nach § 30a Abs 2 EStG kann aber auf Antrag der Regelsteuersatz angewendet werden. In diesem Fall erfasst die Ausübung der Regelbesteuerungsoption ebenfalls sämtliche dem Sondersteuersatz unterliegende Einkünfte.

Tz 36 Die Sondersteuersätze gelangen auch zur Anwendung, wenn das Kapitalvermögen oder Grundstück (auch Betriebsgebäude) im **Betriebsvermögen** gehalten wird. Das gilt aber zB dann nicht, wenn die Erzielung von Einkünften aus realisierten Wertsteigerungen von Kapitalvermögen und Derivaten einen Schwerpunkt der betrieblichen Tätigkeit des Steuerpflichtigen darstellt oder dieser ein gewerblicher Grundstückshändler ist (vgl § 27a Abs 6 zweiter Satz und § 30a Abs 3 Z 1 EStG). Außerdem kommt es im betrieblichen Bereich bei Grundstücksveräußerungen und realisierten Wertsteigerungen von Kapitalvermögen und Derivaten zu keiner Steuerabgeltung (§ 97 Abs 1 lit a und § 30b Abs 2 iVm Abs 5 EStG), sodass diese Veräußerungsvorgänge zwingend in die Steuererklärung aufzunehmen sind.

Die Anwendung der besonderen Steuersätze nach § 27a Abs 1 und § 30a Abs 1 EStG ist für den Steuerpflichtigen mit dem Nachteil verbunden, dass bei der Ermittlung der Einkünfte mit den (Betriebs-)Einnahmen in unmittelbarem wirtschaftlichem Zusammenhang stehende Werbungskosten oder Betriebsausgaben grundsätzlich nicht abgezogen werden dürfen (§ 20 Abs 2 Z 2 und 3 EStG; eine Ausnahme von diesem Grundsatz sieht etwa § 30 Abs 3 EStG vor). Statt einer Nettogröße wird dann ein Bruttobetrag der Besteuerung zu Grunde gelegt. Optiert der Steuerpflichtige aber zur Regelbesteuerung nach § 30a Abs 2 EStG, kann er Aufwendungen wie Maklerprovisionen, Vertragserrichtungskosten und Kosten für Inserate abziehen. Ähnliches gilt jedoch **nicht** für den Fall der Ausübung der Regelbesteuerungsoption nach § 27a Abs 5 EStG, weil das Abzugsverbot nach § 20 Abs 2 Z 2 EStG nicht auf die tatsächliche Anwendung des besonderen Steuersatzes, sondern dessen Anwendbarkeit abstellt. Deshalb sind in Zusammenhang mit von § 27a Abs 1 EStG erfassten Kapitalerträgen anfallende Kosten – wie etwa Bankspesen oder Depotgebühren – unter keinen Umständen abzugsfähig (vgl auch Tz 46). Ausgenommen von diesem Abzugsverbot sind Aufwendungen, die mit Einkünften aus Kryptowährungen zusammenhängen, wenn zur Regelbesteuerung optiert wird (§ 20 Abs 2 Z 3 lit a EStG).

5 Absetzbeträge

Tz 37 Von dem sich nach Anwendung des Tarifs ergebenden Steuerbetrag sind noch verschiedene Absetzbeträge abzuziehen. Dadurch berücksichtigt der Gesetzgeber die besondere Situation oder besondere Lasten bestimmter Steuerpflichtiger und trägt damit familien- und sozialpolitischen Zielsetzungen Rechnung:

1. Steuerpflichtigen, die Familienbeihilfe beziehen, steht ein **Kinderabsetzbetrag** zu (§ 33 Abs 3 EStG). Dieser wird als Zuschlag mit der Familienbeihilfe ausbezahlt. Der Kinderabsetzbetrag ist daher kein Absetzbetrag, der die Einkommensteuer kürzt. Lebt das Kind nicht in Österreich, sondern in einem anderen Mitgliedstaat der EU, dem EWR oder der Schweiz, wird die Höhe des Absetzbetrags an das Preisniveau des Wohnsitzstaats angepasst (indexiert) (§ 33 Abs 3 Z 2 EStG). Diese Indexierung des Kinderabsetzbetrages sowie die der Familienbeihilfe (§ 8a FLAG) sind Gegenstand eines Vertragsverletzungsverfahrens der Europäischen Kommission gegen Österreich (beim EuGH anhängig unter C-328/20) sowie eines Vorabentscheidungsersuchens des BFG (BFG 16.4.2020, RE/7100001/2020, beim EuGH anhängig unter C-163/20).

2. Steuerpflichtigen, die Familienbeihilfe beziehen, steht außerdem der **Familienbonus Plus** zu (§ 33 Abs 3a EStG). Der Absetzbetrag beträgt bis zur Vollendung des 18. Lebensjahres 166,68 Euro pro Kalendermonat und kann maximal bis zum Betrag der tarifmäßigen Steuer in Abzug gebracht werden. Ab dem 18. Lebensjahr reduziert sich der Betrag auf 54,18 Euro pro Kalendermonat.

3. Alleinverdienern – das sind Steuerpflichtige mit mindestens einem Kind, die mehr als sechs Monate im Kalenderjahr verheiratet oder eingetragene Partner sind und von ihren unbeschränkt steuerpflichtigen Ehegatten oder eingetragenen Partnern nicht dauernd getrennt leben oder die mehr als sechs Monate mit einer unbeschränkt steuerpflichtigen Person in einer Lebensgemeinschaft leben – steht ein **Alleinverdienerabsetzbetrag** zu. Voraussetzung ist, dass der (Ehe-)Partner höchstens 6.000 Euro jährlich verdient. Der Alleinverdienerabsetzbetrag steht nur einem (Ehe-)Partner zu. Der Alleinverdienerabsetzbetrag beträgt derzeit bei einem Kind 494 Euro, steigt mit wachsender Kinderzahl (§ 33 Abs 4 Z 1 EStG) und versucht unter anderem die Folgen der Individualbesteuerung abzumildern: In einer Haushaltsgemeinschaft, in der sich das gesamte Haushaltseinkommen auf beide (Ehe-)Partner verteilt, hat dies auf Grund des progressiven Tarifs bei jedem einzelnen günstigere Auswirkungen auf die gesamte Steuerlast der Haushaltsgemeinschaft, als wenn ein (Ehe-)Partner das gesamte Einkommen alleine bezieht und deshalb in eine sehr hohe Progressionsstufe fällt.

4. Alleinerziehern – das sind Steuerpflichtige, die nicht in einer Gemeinschaft mit einem (Ehe-)Partner leben und Kinder haben – steht ein **Alleinerzieherabsetzbetrag** zu (§ 33 Abs 4 Z 2 EStG).

5. Wenn jemand für ein nicht in seinem Haushalt lebendes Kind unterhaltspflichtig ist, wird diese Last durch einen **Unterhaltsabsetzbetrag** abgegolten (§ 33 Abs 4 Z 3 EStG).

6. Im Bereich der Einkünfte aus **nichtselbständiger Arbeit** wird vom Gesetzgeber unter bestimmten Voraussetzungen ein **Verkehrsabsetzbetrag** und ein **Pensionistenabsetzbetrag** gewährt (§ 33 Abs 5 und 6 EStG). Ein Gewerbetreibender kann diese Absetzbeträge mangels Einkünften aus nichtselbständiger Arbeit nicht in Anspruch nehmen.

7. Steuerpflichtigen, mit niedrigen Einkünften steht ein **Kindermehrbetrag** zu (§ 33 Abs 7 EStG). Voraussetzung ist, dass der Steuerpflichtige entweder an zumindest 30 Tagen im Kalenderjahr steuerpflichtige Einkünfte aus einer Haupteinkunftsart oder ganzjährige Leistungen nach dem Kinderbetreuungsgeldgesetz bezogen hat. Ergibt sich eine Einkommensteuerlast unter 350 Euro (450 Euro ab 2023), gilt bei Vorhandensein eines Kindes, dass die Differenz zwischen 350 Euro (450 Euro ab 2023) und der Einkommensteuer nach § 33 Abs 1 EStG als Kindermehrbetrag zu erstatten ist.

Tz 38 Die Einführung eines **Kinderabsetzbetrages** war letztlich Folge der Rechtsprechung des VfGH: Der VfGH hat aus dem verfassungsrechtlichen Gleichheitsgrundsatz abgeleitet, dass es nicht zulässig ist, Lasten, die den Steuerpflichtigen durch ihre Verpflichtungen gegenüber Kindern entstehen, genauso wenig steuerlich zu berücksichtigen wie andere private Aufwendungen (VfSlg 14.992/1997; dazu *Quantschnigg*, ÖStZ 1997, 453; ÖStZ 1998, 146). Der Staat muss sich an den dadurch entstehenden Aufwendungen beteiligen und eine effektive Steuerentlastung von zumindest der Hälfte des für den Kindesunterhalt aufgewendeten Einkommens sicherstellen. Der VfGH hat es dem Gesetzgeber freigestellt, diese Steuerentlastung durch eine Verringerung der Steuerschuld (zB durch einen **Freibetrag** oder einen **Absetzbetrag**) oder eine Rückerstattung der zu hohen Steuerlast über außersteuerliche Transferzahlungen (wie zB die Familienbeihilfe) zu erreichen (VfSlg 16.026/2000, vgl *Lachmayer*, iFamZ 2020, 154 f).

Die Wirkung eines Absetzbetrages unterscheidet sich von der eines Freibetrages (wie er zB in § 24 Abs 4 EStG bei der Veräußerung eines Betriebes vorgesehen ist; vgl Tz 10) ganz erheblich: Ein **Freibetrag** mindert das steuerpflichtige Einkommen. Der Umfang seiner steuerlichen Entlastungswirkung hängt daher davon ab, in welcher Progressionsstufe sich der Steuerpflichtige befindet. Der **Absetzbetrag** ist an sich von der Progressionswirkung unabhängig, da er unmittelbar den Steuerbetrag reduziert. Er hat daher unabhängig von der Gesamthöhe des jeweiligen Einkommens dieselbe Wirkung. Er wirkt nur dann nicht oder bloß gemindert, wenn der Steuerpflichtige überhaupt kein oder ein zu niedriges Einkommen hat, sodass der sonst zu zahlende Steuerbetrag niedriger als der Absetzbetrag ist. Aus diesem Grund hat sich der Gesetzgeber entschlossen, unter bestimmten Voraussetzungen Teile von manchen Absetzbeträgen sogar gutzuschreiben, wenn sonst die Einkommensteuer negativ wäre („Negativsteuer“, siehe § 33 Abs 8 EStG). Die im EStG vorgesehenen Maßnahmen ähneln in diesen Fällen bereits sehr den für das Sozialrecht typischen Transferleistungen. Das ist beim Kinderabsetzbetrag noch stärker der Fall. Dieser ist zwar im EStG geregelt, wird aber mit der Familienbeihilfe gemeinsam ausgezahlt. Der Kinderabsetzbetrag führt somit im Ergebnis zu keiner Steuerentlastung, sondern zu einer Erhöhung der Familienbeihilfe. Der Familienbonus Plus ist hingegen ein „echter“ Absetzbetrag, weil er nicht (teilweise) gutgeschrieben werden kann, sondern die Tarifsteuer maximal auf 0 Euro vermindert (§ 33 Abs 2 Z 1 EStG).

VI ERHEBUNGSFORMEN DER EINKOMMENSTEUER

1 Die Veranlagung

Tz 39 Die Einkommensteuer wird grundsätzlich im Wege der Veranlagung erhoben (vgl §§ 39 ff EStG). Dies bedeutet, dass der Steuerpflichtige nach Ende des Kalenderjahres verpflichtet ist, eine **Einkommensteuererklärung** abzugeben. Das Finanzamt schreibt ihm dann die Einkommensteuer im Wege eines Einkommensteuerbescheides vor. Vertritt der Steuerpflichtige die Ansicht, dass das Finanzamt das der Einkommensteuer zugrunde liegende Einkommen nicht zutreffend ermittelt hat oder ein anderer Fehler bei der Festsetzung der Einkommensteuer unterlaufen ist, kann er ein Rechtsmittel einbringen (vgl ausführlich Tz 368 ff).

Tz 40 Der Fiskus will aber über die – für die Finanzierung der öffentlichen Ausgaben bedeutsame – Einkommensteuer (wie über jede andere Abgabe) verständlicherweise zeitnah verfügen. Aus diesem Grund kommt es schon während des Kalenderjahres, in dem das Einkommen erzielt wird, zu vierteljährlich fälligen **Vorauszahlungen**, die sich an der geschätzten Höhe des Einkommens oder an der zuletzt festgesetzten Einkommensteuerschuld orientieren. Die Differenz zwischen der im Bescheid festgesetzten Einkommensteuer und den geleisteten Vorauszahlungen führt dann entweder zu einer Abschlusszahlung oder zu einer Gutschrift (vgl § 46 EStG; zu Fragen der Verzinsung vgl Tz 345).

Beispiel: Ein Autor veröffentlicht regelmäßig Bücher sowie Beiträge in Fachzeitschriften und erzielt daraus jährlich Einkünfte aus selbständiger Arbeit in Höhe von 40.000 Euro (Gewinnermittlung nach § 4 Abs 3 EStG). Der Autor ist zu veranlagen (§ 39 Abs 1 EStG) und hat Einkommensteuererklärungen abzugeben (§ 42 Abs 1 Z 3 EStG). Unterjährig wird er verpflichtet sein, Vorauszahlungen auf die Einkommensteuer für das jeweilige Jahr zu entrichten (§ 45 EStG).

2 *Die Lohnsteuer*

Tz 41 Die fiskalisch wichtigste Erhebungsform der Einkommensteuer ist allerdings die Lohnsteuer: Bei den Einkünften aus **nichtselbständiger Arbeit** wird die Einkommensteuer grundsätzlich im Wege des **Abzugs vom Arbeitslohn** erhoben. Dieser ist dann vorzunehmen, wenn der Arbeitgeber im Inland über eine Betriebsstätte verfügt. Existiert keine Betriebsstätte im Inland, kann der (ausländische) Arbeitgeber freiwillig einen Lohnsteuerabzug vornehmen (§ 47 Abs 1 lit b EStG). Die Lohnsteuer lässt sich grundsätzlich wie die Einkommensteuer im Rahmen der Veranlagung berechnen, vor allem im Hinblick auf die Freibeträge und den Tarif, die auf den Lohnzahlungszeitraum entsprechend umgelegt werden. Es greifen allerdings eine Reihe von Sondervorschriften, die insbesondere die sonstigen Bezüge und Zulagen betreffen.

Tz 42 Die Lohnsteuer ist zwar eine Erhebungsform der Einkommensteuer des Arbeitnehmers, dennoch trifft den **Arbeitgeber** die Verpflichtung, die Lohnsteuer zu berechnen, einzubehalten und an das Finanzamt abzuführen. Steuerschuldner bleibt jedoch der Arbeitnehmer. Vom Steuerschuldner ist der Arbeitgeber als Entrichtungspflichtiger zu unterscheiden. Der Arbeitnehmer erhält nur den Nettobetrag ausbezahlt, die Besteuerung seines Arbeitslohnes ist bereits erfolgt. Den Arbeitgeber trifft für die Lohnsteuer die Haftung, das heißt er hat gegenüber dem Finanzamt für den zutreffenden Einbehalt der Lohnsteuer einzustehen. Der Arbeitnehmer **kann** als Steuerschuldner aber unmittelbar in Anspruch genommen werden, wenn er und der Arbeitgeber vorsätzlich zusammenwirken um sich einen gesetzeswidrigen Vorteil zu verschaffen, der eine Verkürzung der Lohnsteuer bewirkt (§ 83 Abs 3 EStG). Daneben **ist** der Arbeitnehmer zB dann unmittelbar in Anspruch zu nehmen, wenn (vgl § 83 Abs 2 EStG iVm § 41 EStG):

- er andere Einkünfte bezogen hat, deren Gesamtbetrag 730 Euro übersteigt,
- im Kalenderjahr gleichzeitig zwei oder mehrere lohnsteuerpflichtige Einkünfte bezogen worden sind,
- eine Veranlagung auf Antrag durchgeführt wird.

Tz 43 Eine Verpflichtung des Dienstnehmers zur Abgabe einer Einkommensteuererklärung besteht im Wesentlichen nur dann, wenn neben den lohnsteuerpflichtigen Diensteinkünften weitere Einkünfte bezogen werden oder lohnsteuerpflichtige Bezüge aus mehreren Dienstverhältnissen zufließen (§ 42 Abs 1 Z 3 iVm § 41 Abs 1 Z 1 und 2 EStG). Es kommt dann zur **Veranlagung** (§ 41 Abs 1 EStG). Dabei finden die Einkommensteuervorschriften mit der Maßgabe Anwendung, dass die lohnsteuerlichen Begünstigungen aufrecht bleiben und die Lohnsteuer auf die Einkommensteuer angerechnet wird. Für den Lohnsteuerpflichtigen besteht allerdings auch die Möglichkeit, das Einkommen nach § 41 Abs 2 Z 1 EStG freiwillig zu veranlagen, wenn dies für ihn vorteilhaft ist (sog Antragsveranlagung). Darüber hinaus hat das Finanzamt von Amts wegen unter anderem dann eine antragslose Arbeitnehmerveranlagung vorzunehmen, wenn bis Ende des Monats Juni keine Abgabenerklärung für das vorangegangene Veranlagungsjahr eingereicht wurde und folgende Voraussetzungen vorliegen (§ 41 Abs 2 Z 2 EStG):

- Der Abgabenpflichtige hat nicht auf die Vornahme einer antragslosen Veranlagung verzichtet.
- Aufgrund der Aktenlage ist anzunehmen, dass der Gesamtbetrag der zu veranlagenden Einkünfte ausschließlich aus lohnsteuerpflichtigen Einkünften besteht (§ 41 Abs 2 Z 2 lit a TS 1 EStG).
- Aus der Veranlagung resultiert eine Steuergutschrift (§ 41 Abs 2 Z 2 lit a TS 2 EStG).
- Aufgrund der Aktenlage ist nicht anzunehmen, dass die zustehende Steuergutschrift höher ist als jene, die sich aufgrund der übermittelten Daten gemäß § 18 Abs 8, § 35 Abs 8 und § 84 EStG ergeben würde (§ 41 Abs 2 Z 2 lit a TS 3 EStG).

> **Beispiel:** Ein Sekretär ist bei einem österreichischen Unternehmen angestellt. Da er Einkünfte aus nichtselbständiger Arbeit (§ 25 EStG) bezieht, ist sein Arbeitgeber verpflichtet, die Lohnsteuer zu bemessen und an das Finanzamt abzuführen. Der Steuerpflichtige wird sein Einkommen jedoch freiwillig veranlagen (Antragsveranlagung), wenn sich daraus für ihn Vorteile ergeben. Kann der Sekretär beispielsweise außergewöhnliche Belastungen geltend machen, bekommt er in der Folge die zu viel bezahlte Steuer vom Fiskus zurück.

3 Die Kapitalertragsteuer (KESt)

Tz 44 Eine weitere für das Steueraufkommen höchst bedeutsame Erhebungsform der Einkommensteuer ist die **Kapitalertragsteuer (KESt)**: Die Einkommensteuer auf bestimmte **inländische Einkünfte** aus Kapitalvermögen wird durch Abzug vom Kapitalertrag erhoben. Der Schuldner der Kapitalerträge oder ein Intermediär (auszahlende oder depotführende Stelle) hat die KESt in Höhe von **27,5%**, im Fall von Einkünften aus Geldeinlagen bei Kreditinstituten in Höhe von **25%**, einzubehalten. Der KESt unterliegen die Kapitalerträge ohne jeden Abzug (vgl Tz 46). Die KESt ist daher **vom Bruttobetrag** der Kapitaleinkünfte zu berechnen. KESt wird zB eingehoben von:

- Inländischen Gewinnanteilen (Dividenden) aus Aktien und GmbH-Anteilen sowie gleichartigen Bezügen aus Anteilen an inländischen Erwerbs- und Wirtschaftsgenossenschaften,
- Zinserträgen aus Geldeinlagen bei inländischen Kreditinstituten,
- Kapitalerträgen aus Forderungswertpapieren, die über ein inländisches Kreditinstitut gehalten werden,
- Einkünften aus realisierten Wertsteigerungen von Kapitalvermögen und Einkünften aus Derivaten, wenn die Abwicklung über ein Depot bei einem inländischen Kreditinstitut erfolgt,
- Laufenden Einkünften aus Kryptowährungen, wenn ein inländischer Schuldner oder inländischer Dienstleister (§ 95 Abs 2 Z 3 EStG) vorliegt, der die Kryptowährungen oder sonstigen Entgelte gutschreibt; Einkünfte aus realisierten Wertsteigerungen von Kryptowährungen, wenn ein inländischer Dienstleister (§ 95 Abs 2 Z 3 EStG) vorliegt, der die Realisierung abwickelt.

Inländische Einkünfte aus Kapitalvermögen liegen vor, wenn sich bei Einkünften aus der Überlassung von Kapital die auszahlende Stelle im Inland befindet; bei einigen Einkünften darüber hinaus auch dann, wenn der Schuldner der Kapitalerträge Wohnsitz, Geschäftsleitung oder Sitz im Inland hat oder inländische Zweigstelle eines ausländischen Kreditinstituts ist. Bei Einkünften aus realisierten Wertsteigerungen von Kapitalvermögen und bei Einkünften aus Derivaten richtet sich die Beurteilung danach, ob sich eine auszahlende oder depotführende Stelle im Inland befindet (vgl § 93 Abs 2 EStG). Obwohl der Schuldner der Kapitalerträge, die depotführende Stelle oder die auszahlende Stelle zum Abzug der KESt verpflichtet sind, ist weiterhin der Empfänger der Kapitalerträge Steuerschuldner.

> **Beispiel:** Emil bezieht Dividenden aus einer 1%igen Beteiligung an der S-AG, die ihren satzungsmäßigen Sitz im Inland hat. Diese Kapitalerträge stellen Gewinnanteile aus Aktien dar und unterliegen grundsätzlich der Kapitalertragsteuer (§ 93 Abs 1 EStG). Da die S-AG als Schuldner der Kapitalerträge ihren Sitz im Inland hat, liegen jedenfalls inländische Einkünfte aus Kapitalvermögen vor (§ 93 Abs 2 Z 1 zweiter Satz EStG). Die S-AG ist als Schuldner der Kapitalerträge verpflichtet, die KESt durch Abzug einzubehalten und abzuführen (§ 95 Abs 1 ff iVm § 96 EStG). Schuldner der KESt ist trotzdem Emil; er ist der Empfänger der Kapitalerträge (§ 95 Abs 1 EStG).

Auch **ausländische Kapitalerträge** können der KESt unterliegen, und zwar dann, wenn sie von einer inländischen Stelle ausbezahlt werden. Ausländische Kapitalerträge, die nicht von einer inländischen Stelle ausbezahlt werden, unterliegen nicht der KESt. Solche Einkünfte aus Kapitalvermögen unterliegen aber dem besonderen Steuersatz in Höhe von 27,5% oder 25% (§ 27a Abs 1 EStG). Dies führt zur Gleichbehandlung ausländischer Einkünfte aus Kapitalvermögen mit entsprechenden KESt-pflichtigen inländischen Einkünften aus Kapitalvermögen.

Tz 45 Die KESt ist in weiten Bereichen nicht bloß eine Erhebungsform der Einkommensteuer, sondern hat sich zum Teil verselbständigt. Bei bestimmten der KESt unterliegenden Einkünften gilt die Einkommensteuer durch die Einbehaltung der KESt als abgegolten; diese Kapitaleinkünfte sind somit **endbesteuert** (§ 97 EStG). Folge der Steuerabgeltung (§ 97 Abs 1 EStG) ist, dass die Kapitalerträge nicht in die Einkommensteuererklärung aufgenommen werden müssen. Die Endbesteuerung kommt bei natürlichen Personen etwa bei Einkünften aus der Überlassung von Kapital sowie gegebenenfalls bei Einkünften aus realisierten Wertsteigerungen von Kapitalvermögen und Einkünften aus Derivaten (wenn diese nicht im Rahmen eines Betriebs anfallen, vgl hierzu bereits Tz 36) zur Anwendung.

Die Endbesteuerung führt also dazu, dass bestimmte Einkünfte nicht mit dem Normaltarif der Einkommensteuer von bis zu 55%, sondern lediglich mit der KESt in Höhe von 27,5% oder 25% belastet sind. Allerdings kürzen Ausgaben (wie zB Depotgebühren) nicht die Bemessungsgrundlage, da die KESt von den Bruttoerträgen einbehalten wird (vgl auch Tz 36).

Die Motive für die Einführung der Endbesteuerung sind vielschichtig. Von Bedeutung ist sicherlich, dass der faktische Erfassungsgrad von Dividenden und Zinsen bei der Einkommensteuer – bei Bankzinsen nicht zuletzt auch aufgrund des Bankgeheimnisses – nicht sehr hoch war, solange diese Kapitalerträge in die Einkommensteuererklärung aufzunehmen waren (vgl *Heidinger*, ÖStZ 1992, 17 ff). Systematisch lässt sich die niedrige Besteuerung der Dividenden mit dem System der Körperschaftsteuer begründen, die wirtschaftlich eine Art Vorerhebung der Einkommensteuer des Gesellschafters darstellt. Dies könnte es rechtfertigen, bei Ausschüttungen nicht mehr den vollen Einkommensteuertarif vorzusehen. Für Zinsen kann die Rechtfertigung darin gesehen werden, dass das Kapitalvermögen, das zu Zinseinkünften führt, selbst als Einkommen erwirtschaftet und versteuert wurde und außerdem Zinsen wirtschaftlich auch eine Inflationsabgeltung für den schleichenden Wertverlust des den Zinsen meist zugrunde liegenden Nominalkapitals darstellen (dazu *Gassner*, JBl 1994, 289 ff). Der Gesetzgeber sieht allerdings auch in anderen Bereichen keine Steuerfreistellung bloßer Inflationsabgeltungen vor. Um allfälligen gleichheitsrechtlichen Bedenken gegen die begünstigte Besteuerung dieser Kapitalerträge den Boden zu entziehen, wurde dieses Besteuerungssystem durch ein eigenes Bundesverfassungsgesetz, das Endbesteuerungsgesetz (BGBl 11/1993), verfassungsrechtlich „abgesichert". Damit sind diese Regelungen im Wesentlichen der Kontrolle durch den VfGH entzogen, was zumindest rechtspolitisch bedenklich ist (vgl *Gassner*, ÖStZ 1993, 4 ff; *Lang*, ÖStZ 1993, 247 ff).

Tz 46 Der Gesetzgeber hat allerdings die Möglichkeit eröffnet, die der Endbesteuerung unterworfenen Einkünfte aus Kapitalvermögen auf Antrag des Steuerpflichtigen **in die Tarifbesteuerung einzubeziehen** (§ 97 Abs 1 EStG iVm § 27a Abs 5 EStG). Dies ist sinnvoll, wenn die Einkünfte bei Anwendung des Tarifs einer geringeren Steuerbelastung unterlägen als bei Anwendung des besonderen Steuersatzes. Bei Ausübung der Option wird im Rahmen der Veranlagung die KESt auf die zu erhebende Einkommensteuer angerechnet und ein übersteigender Betrag rückerstattet. Allerdings eröffnet die Veranlagung nicht die Möglichkeit, Aufwendungen, die mit den Einkünften unmittelbar zusammenhängen, abzuziehen. Das Abzugsverbot für diese Aufwendungen (§ 20 Abs 2 Z 2 EStG, vgl Tz 36), das ebenfalls durch eine eigene Verfassungsbestimmung „abgesichert" ist (§ 2 EndbesteuerungsG), greift auch in diesem Fall und bei Vornahme des Verlustausgleichs nach § 93 Abs 6 oder § 97 Abs 2 EStG (zum Verlustausgleich vgl Tz 17). Ausgaben, die mit Einkünften aus Kryptowährungen zusammenhängen, unterliegen nicht dem Abzugsverbot, wenn zur Regelbesteuerung optiert wird (§ 20 Abs 2 Z 3 lit a EStG).

Beispiele:

1. Ein Angestellter bezieht Zinseinkünfte aus Bankeinlagen bei einer inländischen Bank in der Höhe von 1.000 Euro. Da die Bank ihren Sitz im Inland hat, bezieht der Angestellte inländische

Einkünfte aus Kapitalvermögen (§ 93 Abs 2 Z 1 EStG). Die Bank behält als Schuldner der Kapitalerträge die KESt in der Höhe von 250 Euro (25%) ein und entrichtet sie an das Finanzamt (§§ 95 f EStG). Der Angestellte erhält den Nettobetrag in Höhe von 750 Euro auf sein Konto gutgeschrieben. Er muss die Zinseinkünfte nicht in seine Steuererklärung aufnehmen, weil die darauf entfallende Einkommensteuer aufgrund des KESt-Abzugs als abgegolten gilt (§ 97 EStG). Allfällig angefallene Kontoführungsgebühren kann der Angestellte nicht abziehen (§ 20 Abs 2 Z 2 EStG); die KESt wird vom Bruttobetrag (von 1.000 Euro) berechnet.

2. Ein Steuerpflichtiger bezieht Einkünfte aus selbständiger Arbeit in Höhe von 3.000 Euro und darüber hinaus über ein privates Bankkonto Zinseinkünfte in Höhe von 4.000 Euro. Von letzteren wurde durch die Bank die 25%ige KESt in Höhe von 1.000 Euro abgezogen und an das Finanzamt abgeführt. Weil die Summe der Einkünfte des Steuerpflichtigen lediglich 7.000 Euro beträgt, würde die Einkommensteuer unter Anwendung des progressiven Steuertarifs 0 Euro betragen (§ 33 EStG). Da die Zinseinkünfte bei Anwendung des Tarifs also einer geringeren Steuerbelastung unterlägen als bei Anwendung des besonderen Steuersatzes, sollte der Steuerpflichtige einen Antrag auf Anwendung des allgemeinen Steuertarifs stellen. Der die Einkommensteuerschuld übersteigende KESt-Betrag in Höhe von 1.000 Euro könnte damit rückerstattet werden (§ 27a Abs 5 EStG).

4 Einkünfte aus privaten Grundstücksveräußerungen und die Immobilienertragsteuer (Immo-ESt)

Tz 47 Ähnlich den Einkünften aus Kapitalvermögen sind **Einkünfte aus der privaten Veräußerung von Grundstücken**, unabhängig von deren Behaltedauer, einem besonderen **Steuersatz in Höhe von 30%** unterworfen (vgl Tz 35). Auf Antrag ist jedoch wie bei der KESt eine Regelbesteuerung nach dem allgemeinen Tarif möglich (vgl § 30a Abs 2 EStG). Vom Begriff des Grundstücks sind neben Grund und Boden auch Gebäude (inkl Superädifikate, also Gebäude auf fremden Grund) und Rechte, die den Vorschriften des bürgerlichen Rechts über Grundstücke unterliegen (grundstücksgleiche Rechte; darunter fällt nach VwGH 10.9.2020, Ra 2019/15/0066 nur das Baurecht), erfasst. Von der Besteuerung nach § 30 EStG befreit sind Veräußerungen von Eigenheimen und Eigentumswohnungen, wenn diese seit ihrer Anschaffung oder Herstellung (Fertigstellung) mindestens zwei Jahre durchgehend oder innerhalb der letzten zehn Jahre vor der Veräußerung mindestens fünf Jahre durchgehend als Hauptwohnsitz gedient haben und dieser tatsächlich aufgegeben wird. Ebenfalls befreit sind die Veräußerung selbst hergestellter Gebäude, soweit sie in den letzten zehn Jahren nicht zur Einkünfteerzielung genutzt wurden, sowie Veräußerungen in Folge eines behördlichen Eingriffs oder zur Vermeidung eines drohenden Eingriffs (vgl § 30 Abs 2 EStG).

Tz 48 Die **Einkünfte aus privaten Grundstücksveräußerungen** entsprechen dem Unterschiedsbetrag zwischen dem Veräußerungserlös und den gegebenenfalls zu adaptierenden Anschaffungskosten (ausführlich zur Adaptierung der Anschaffungskosten *Herzog*, Die neue Immobilienbesteuerung ab 1.4.2012, SWK 2012, 563 ff). Die Einkünfte sind um die für die Mitteilung oder Selbstberechnung gemäß § 30c EStG anfallenden Kosten und um anlässlich der Veräußerung entstehende Minderbeträge aus Vorsteuerberichtigungen gemäß § 6 Z 12 EStG zu vermindern. Sonstige Kosten der Veräußerung, wie etwa Maklergebühren, kürzen den Veräußerungsgewinn nicht. Dieses Abzugsverbot gilt allerdings nicht, wenn zur Regelbesteuerung optiert wird (§ 20 Abs 2 Z 3 lit b EStG). Verluste aus privaten Grundstücksveräußerungen sind mit Gewinnen aus solchen Grundstücksveräußerungen ausgleichsfähig; ein danach verbleibender Verlustüberhang ist aber nur zu 60% und ausschließlich mit Einkünften aus Vermietung und Verpachtung, die mit einem Grundstück zusammenhängen (§ 28 Abs 1 Z 1 und 4 EStG), ausgleichsfähig (§ 30 Abs 7 EStG). Der auf 60% gekürzte Verlust ist entweder gleichmäßig auf das Jahr der Verlustentstehung und die folgenden vierzehn Jahre zu verteilen oder auf Antrag nur im Verlustentstehungsjahr zu berücksichtigen. Diese Regelungen über den eingeschränkten Verlustausgleich gelten selbst dann, wenn der Steuerpflichtige zur Besteuerung mit dem Regelsteuersatz optiert (vgl Tz 35).

Tz 49 Die **Erhebung der Steuer auf Einkünfte aus privaten Grundstücksveräußerungen** erfolgt entweder durch Abfuhr der selbst berechneten **Immobilienertragsteuer** durch den Parteienvertreter oder durch Leistung einer besonderen Vorauszahlung samt anschließender Veranlagung (§ 30b Abs 4 iVm § 42 Abs 1 Z 5 EStG). Eine Verpflichtung zur Selbstberechnung und Abfuhr der Immobilienertragsteuer besteht dann, wenn der Parteienvertreter im Sinne des Grunderwerbsteuergesetzes (vgl Tz 162) die auf den Verkauf entfallende Grunderwerbsteuer selbst berechnet (§ 30b Abs 1 iVm § 30c Abs 2 Z 2 EStG). Die Immobilienertragsteuer ist bis zum 15. Tag des auf den Monat des Zuflusses zweitfolgenden Kalendermonats zu leisten. Die Parteienvertreter haften für die Entrichtung der Steuer (§ 30c Abs 3 EStG). Mit der Entrichtung der Immobilienertragsteuer gilt die Einkommensteuer auf Einkünfte aus privaten Grundstücksveräußerungen als abgegolten (§ 30b Abs 2 EStG), womit die Immobilienertragsteuer der Kapitalertragsteuer ähnelt.

5 *Abzugsteuer auf Einkünfte aus Anlass der Einräumung von Leitungsrechten*

Tz 50 Einkünfte in Zusammenhang mit der **Einräumung von Leitungsrechten** unterliegen einer **Abzugsteuer in Höhe von 10%** (§ 107 EStG). Ein Leitungsrecht im ertragsteuerlichen Sinn ist das einem Infrastrukturbetreiber (zB Elektrizitäts- oder Erdgasunternehmen) eingeräumte Recht, Grund und Boden zur Errichtung und zum Betrieb von ober- und unterirdischen Leitungen im öffentlichen Interesse zu nutzen. Zu den Einkünften aus Leitungsrechten zählen sämtliche von den Grundstückseigentümern oder Grundstückbewirtschaftern für die Rechtseinräumung erhaltene Zahlungen. **Bemessungsgrundlage** der Abzugsteuer ist der bezahlte Betrag exklusive Umsatzsteuer. Steuerschuldner ist der Empfänger der Einkünfte. Die Abzugspflicht trifft, ähnlich wie bei der KESt, den Schuldner der Einkünfte (das heißt den Infrastrukturbetreiber). Der Abzugsverpflichtete haftet für die Entrichtung der Steuer und hat diese bis zum 15. Februar des Folgejahres an sein Finanzamt abzuführen. Bis zu diesem Zeitpunkt ist vom

Abzugsverpflichteten auch eine Anmeldung über FinanzOnline vorzunehmen (§ 107 Abs 6 bis 8 EStG). Die Abzugsteuer ist eine Steuer **mit Abgeltungswirkung**. Die Einkünfte wirken auf das übrige Einkommen nicht progressionserhöhend, es sei denn, die Regelbesteuerung wird beantragt (§ 107 Abs 11 EStG).

Tz 51 *Das Schema der Einkommensteuerermittlung für Frau Mag. Taxa lautet:*

Steuerberaterin:	EK gem § 22	+ 60.000,00 Euro	(80.000-20.000 Betriebsausgaben gem § 4 Abs 4 EStG)
		– 3.900,00 Euro	Gewinnfreibetrag (vgl Tz 79)
Zinsen:	EK gem § 27	(+ 1.500,00 Euro)	§ 93 Abs 2 Z 1 EStG: KESt § 97 EStG: endbesteuert
Grundstück:	§ 29 Z 2 iVm § 30	(– 5.000,00 Euro)	§ 30 Abs 7 iVm § 2 Abs 2 EStG: nicht ausgleichsfähig
Gesamtbetrag der Einkünfte:		+ 56.100,00 Euro	
Sonderausgaben		– 400,00 Euro	§ 18 Abs 1 Z 5 EStG: 400 Euro Kirchenbeitrag; SA-Pauschale nach § 18 Abs 2 EStG steht letztmalig für 2020 zu (§ 124b Z 286 EStG) und wird nicht vorausgesetzt
außergew. Belastungen		– 5.000,00 Euro	§ 34 Abs 6 TS 1 EStG: Hochwasser
Einkommen nach § 2 Abs 2 EStG		+ 50.700,00 Euro	
ESt gem § 33 Abs 1 EStG		13.574,00 Euro	(50.700 – 31.000) * 12.180 / 29.000 + 5.300 = 13.574,00
Absetzbeträge		– 1.994,00 Euro	§ 33 Abs 3a EStG: 1.500 Euro Familienbonus Plus § 33 Abs 4 Z 1 EStG: 494 Euro Alleinverdiener
Einkommensteuerschuld		11.580,00 Euro	
Vorauszahlungen (siehe Tz 40)		– 11.500,00 Euro	§ 45 iVm § 46 Abs 1 Z 1 EStG
Abschlusszahlung		80,00 Euro	

Die Abschlusszahlung in Höhe von 80,00 Euro ist durch Frau Mag. Taxa spätestens ein Monat nach Bekanntgabe des Einkommensteuerbescheides zu entrichten (vgl § 210 BAO).

VII WEITERFÜHRENDE LITERATUR

- *Kanduth-Kristen/Laudacher/Lenneis/Marschner/Peyerl*, Jakom, EStG 2022, 15. Auflage.
- *Beiser*, Steuern – Ein systematischer Grundriss, 19. Auflage, 2021, 29-118, 213-215.
- *Doralt*, Steuerrecht 2022, 23. Auflage, 2022, 5-31; 85-105.
- *Doralt/Ruppe*, Grundriss des österreichischen Steuerrechts, Band I, 12. Auflage, 2019, 19-127, 175-193, 260-281, 300-407.

VIII WIEDERHOLUNGSFRAGEN

1. Welche der folgenden Aussagen treffen/trifft zu?

- ○ Bei den ersten drei Einkunftsarten (Land- und Forstwirtschaft, selbständige Arbeit, Gewerbebetrieb) spricht man von den Gewinneinkünften oder betrieblichen Einkünften.

- o Die vier Einkunftsarten gemäß § 2 Abs 3 Z 4-7 EStG bezeichnet man auch als Nebeneinkunftsarten oder außerbetriebliche Einkünfte.
- o Die Gewinnermittlung erfolgt für alle sieben Einkunftsarten nach einem einheitlichen Schema.
- o Bei den Gewinneinkünften sind die Werbungskosten zu berücksichtigen.
- o Die Überschusseinkünfte ergeben sich aus dem Überschuss der Einnahmen über den Gewinn.

2. Welche Ermäßigungen der Progression sieht das EStG vor?

3. Was ist der Unterschied zwischen Einnahmen und Einkünften?

4. Was versteht man unter dem Begriff „Dualismus der Einkünfteermittlung"?

5. Frau Müller betreibt als Einzelunternehmerin ein Modefachgeschäft. Daraus erzielte sie im abgelaufenen Jahr Umsatzerlöse in Höhe von 500.000 Euro. Im selben Zeitraum fielen im Rahmen ihres Unternehmens Betriebsausgaben in Höhe von 200.000 Euro an. Weiters vermietet sie eine in ihrem Privatbesitz befindliche Wohnung, wofür ihr im abgelaufenen Jahr Einnahmen in Höhe von 10.000 Euro zugeflossen sind. In Zusammenhang mit der Wohnung entstanden Frau Müller Werbungskosten in Höhe von 2.000 Euro. Welche der folgenden Aussagen in Hinblick auf Art und Höhe der Einkünfte treffen/trifft zu? Kreuzen Sie die richtige(n) Antwort(en) an!

- o Frau Müller bezieht Einkünfte aus selbständiger Arbeit in Höhe von 300.000 Euro.
- o Frau Müller bezieht Einkünfte aus Gewerbebetrieb in Höhe von 500.000 Euro.
- o Frau Müller bezieht Einkünfte aus Gewerbebetrieb in Höhe von 300.000 Euro.
- o Frau Müller bezieht Einkünfte aus Gewerbebetrieb in Höhe von 308.000 Euro.
- o Frau Müller bezieht Einkünfte aus Vermietung und Verpachtung in Höhe von 8.000 Euro.

6. Worin besteht der Unterschied zwischen Verlustausgleich und Verlustabzug?

7. Unter welchen Voraussetzungen sind Einkünfte aus privaten Grundstücksveräußerungen steuerpflichtig und welchem Steuersatz unterliegen sie?

8. Welche(r) der nachfolgenden Begriffe bezeichnen/bezeichnet eine Erhebungsform der Einkommensteuer?

- o Verlustabzug
- o Lohnsteuerabzug
- o Veranlagung
- o Betriebsausgabenabzug
- o Kapitalertragsteuerabzug

9. Welche der folgenden Aussagen zur Kapitalertragsteuer (KESt) und zur Endbesteuerung nach dem EStG treffen/trifft zu? Kreuzen Sie die richtige(n) Antwort(en) an!

- o Endbesteuerung bedeutet, dass die Einkommensteuer mit der Entrichtung der KESt abgegolten ist und die betroffenen Einkünfte daher nicht in das zu veranlagende Einkommen aufgenommen werden müssen.
- o Dividenden, die aus dem Ausland bezogen werden, unterliegen dem Regeltarif.
- o Gewinne aus der Beteiligung an einer inländischen echten stillen Gesellschaft gelten nicht als endbesteuert und müssen veranlagt werden.
- o Der Steuerpflichtige hat die Möglichkeit, Kapitalerträge, die der Endbesteuerung unterworfen sind, auf Antrag in seine Einkommensteuererklärung aufzunehmen.
- o Gewinne aus Beteiligungen als unechter stiller Gesellschafter unterliegen der KESt und sind damit endbesteuert.

10. Wie erfolgt die Erhebung der Einkommensteuer bei Einkünften aus nichtselbständiger Arbeit?

- o Der Arbeitgeber berechnet die Lohnsteuer und führt sie an das Finanzamt ab (Abzug vom Arbeitslohn).
- o Der Arbeitnehmer berechnet die Lohnsteuer und führt sie an das Finanzamt ab (Abzug vom Arbeitslohn).
- o Der Arbeitnehmer muss immer eine Einkommensteuererklärung abgeben.
- o Der Arbeitnehmer muss nur dann eine Einkommensteuererklärung abgeben, wenn er neben den Einkünften aus nichtselbständiger Arbeit weitere Einkünfte bezieht oder ihm Bezüge aus mehreren Dienstverhältnissen zufließen.
- o Steuerschuldner der Lohnsteuer ist der Arbeitgeber.

MODUL 2: DIE STEUERLICHE GEWINNERMITTLUNG

Die zentralen Fragen dieses Moduls sind:
- ***Wie erfolgt die steuerliche Gewinnermittlung?***
- ***Welche Besonderheiten kennzeichnen die einzelnen steuerlichen Gewinnermittlungsarten?***
- ***Wie werden Wirtschaftsgüter im Steuerrecht bewertet?***
- ***Welche Investitionsanreize gibt es im Steuerrecht?***

Tz 52 *Frau Mag. Taxa erwirbt einen Aktenschrank um 1.000 Euro sowie einen gläsernen Schreibtisch für den Empfangsbereich ihrer Kanzlei um 1.500 Euro. Weiters kauft sie einzelne Bücher für ihr Unternehmen, die jeweils nicht mehr als 300 Euro kosten. Darüber hinaus erwarb sie eine Beteiligung an einer österreichischen GmbH um 50.000 Euro, die seit dem letzten Jahr aufgrund einer anhaltenden wirtschaftlichen Flaute 10.000 Euro an Wert verloren hat. Wie wirken sich diese Sachverhalte einkommensteuerrechtlich aus?*

I DER STEUERLICHE GEWINN BEI DEN BETRIEBLICHEN EINKUNFTSARTEN

Tz 53 Bei den ersten drei Einkunftsarten (vgl Tz 8) – den **betrieblichen Einkunftsarten** – wird der **Gewinn** ermittelt (§ 2 Abs 4 Z 1 EStG), während bei den übrigen vier Einkunftsarten – den **außerbetrieblichen Einkunftsarten** – der **Überschuss der Einnahmen über die Werbungskosten** ermittelt wird (§ 2 Abs 4 Z 2 EStG). Die Gewinnermittlung ist sehr stark vom Periodisierungsgedanken geprägt. Dies bedeutet, dass **Betriebseinnahmen und -ausgaben** im Regelfall nicht der Periode zugeordnet werden, in der sie gezahlt werden, sondern jener Periode, der sie nach wirtschaftlichen Gesichtspunkten zuzuordnen sind. Für die außerbetrieblichen Einkünfte gilt hingegen das **Zufluss-Abfluss-Prinzip** (§ 19 EStG). Die vereinfachte Gewinnermittlung nach § 4 Abs 3 EStG (vgl Tz 56 und Tz 75 ff) stellt hier insofern eine Ausnahme dar, als für sie auch das Zufluss-Abfluss-Prinzip anzuwenden ist. Davon abgesehen gelten für die Gewinnermittlung nach § 4 Abs 3 EStG dieselben Regelungen wie für die Gewinnermittlung nach § 4 Abs 1 EStG.

Tz 54 Gemäß **§ 4 Abs 1 EStG** ist der **Gewinn** der durch doppelte Buchführung zu ermittelnde Unterschiedsbetrag zwischen dem Betriebsvermögen am Schluss des Wirtschaftsjahres und dem Betriebsvermögen am Schluss des vorangegangenen Wirtschaftsjahres, vermehrt um Entnahmen und vermindert um Einlagen. Die Gewinnermittlung hat daher grundsätzlich durch Bilanzierung (§ 125 BAO, Betriebsvermögensvergleich) zu erfolgen.

Die Technik der Gewinnermittlung im Steuerrecht entspricht damit der des Unternehmensrechts (UGB). So wie beim Jahresabschluss nach Unternehmensrecht sind daher auch für die steuerliche Gewinnermittlung eine Bilanz auf den Abschlussstichtag und eine Gewinn- und Verlustrechnung für das Wirtschaftsjahr zu erstellen.

Tz 55 Bei Steuerpflichtigen, die nach § 189 UGB oder anderen bundesgesetzlichen Vorschriften der **Pflicht zur Rechnungslegung** unterliegen (vgl Tz 71) und die **Einkünfte aus Gewerbebetrieb** (§ 23 EStG) beziehen, wird die Gewinnermittlung nach § 4 Abs 1 EStG durch **§ 5 Abs 1 EStG** modifiziert: Für sie sind zusätzlich die unternehmensrechtlichen Grundsätze ordnungsmäßiger Buchführung maßgebend (vgl Tz 71 ff).

Tz 56 Eine vereinfachte Form der Gewinnermittlung sieht **§ 4 Abs 3 EStG** vor: Wenn **keine gesetzliche Verpflichtung** zur Rechnungslegung besteht und Bücher auch **nicht freiwillig** geführt werden, darf als Gewinn der **Überschuss der Betriebseinnahmen über die Betriebsausgaben** angesetzt werden (vgl Tz 75 ff).

Tz 57 In all diesen Fällen wird der Gewinn für ein **Wirtschaftsjahr** ermittelt. Das Wirtschaftsjahr deckt sich grundsätzlich mit dem Kalenderjahr (§ 2 Abs 5 zweiter Satz EStG). Buchführende Land- und Forstwirte und rechnungslegungspflichtige Gewerbetreibende (§ 5 EStG) dürfen jedoch ein vom Kalenderjahr **abweichendes Wirtschaftsjahr** haben (§ 2 Abs 5 dritter Satz EStG). Das Wirtschaftsjahr umfasst aber auch in diesen Fällen jedenfalls einen Zeitraum von zwölf Monaten. Kürzer darf das Wirtschaftsjahr ("Rumpfwirtschaftsjahr") nur sein, wenn ein Betrieb eröffnet oder aufgegeben wird (§ 2 Abs 6 Z 1 EStG) oder das Wirtschaftsjahr – sofern zulässig – auf einen anderen Stichtag umgestellt wird (§ 2 Abs 6 Z 2 EStG). Im Falle eines abweichenden Wirtschaftsjahres ist der Gewinn bei der Ermittlung des Einkommens des Steuerpflichtigen für jenes Kalenderjahr zu berücksichtigen, in dem das Wirtschaftsjahr endet (§ 2 Abs 5 letzter Halbsatz EStG).

> Die Änderung des Wirtschaftsjahres – verbunden mit der Zwischenschaltung eines „**Rumpfwirtschaftsjahres**" – kann Einfluss darauf haben, welchem Kalenderjahr der Gewinn zugerechnet wird. Angesichts der Progressivität des Tarifs (vgl Tz 30) kann dies erhebliche steuerliche Auswirkungen haben. Naheliegender Weise wird dies auch bei Steuerplanungsüberlegungen berücksichtigt. Eine Umstellung ist daher nur dann zulässig, wenn gewichtige betriebliche Gründe vorliegen und das Finanzamt vorher bescheidmäßig zugestimmt hat. Dabei darf das Finanzamt nicht willkürlich vorgehen, sondern muss zustimmen, wenn solche gewichtigen betrieblichen Gründe vorliegen. Ausdrücklich hat der Gesetzgeber aber klargestellt, dass die Erzielung eines Steuervorteils nicht als gewichtiger betrieblicher Grund gilt (§ 2 Abs 7 EStG).

II DIE UNTERSCHIEDLICHEN GEWINNERMITTLUNGSARTEN

1 Die Gewinnermittlung nach § 4 Abs 1 EStG

Tz 58 Im Zentrum der Gewinnermittlung steht die Vorschrift des § 4 Abs 1 EStG, die einen Vergleich des Betriebsvermögens am Schluss des Wirtschaftsjahres mit dem

Betriebsvermögen am Schluss des vergangenen Wirtschaftsjahres vorsieht und diese Differenz – neutralisiert um Einlagen und Entnahmen (vgl Tz 60) – als Gewinn bezeichnet. So wie sich das Eigenkapital nach UGB durch Erträge und Aufwendungen verändert, verändert sich das Betriebsvermögen steuerlich um **Betriebseinnahmen und Betriebsausgaben**. Die **Betriebsausgaben** sind im Gesetz als Aufwendungen oder Ausgaben, die durch den Betrieb veranlasst sind, definiert (vgl Tz 21). Allerdings sind nur jene durch den Betrieb veranlassten Aufwendungen steuerlich abzugsfähig, die nicht unter ein Abzugsverbot fallen (insbesondere § 20 EStG), nicht als Aufwendungen für ein Wirtschaftsgut von der Aktivierungspflicht erfasst werden und nicht durch den Betriebsausgabenkatalog (§ 4 Abs 4 bis Abs 12 EStG) und durch die §§ 5 bis 14 EStG modifiziert werden. Umgekehrt sind als steuerpflichtige **Betriebseinnahmen** alle Zugänge in Geld oder Geldeswert zu erfassen, die durch den Betrieb veranlasst sind. Betriebseinnahmen können durch eine Steuerbefreiung (insbesondere § 3 EStG) steuerfrei gestellt werden.

Tz 59 Das Betriebsvermögen besteht aus den einzelnen Wirtschaftsgütern. **Wirtschaftsgüter** sind alle im wirtschaftlichen Verkehr nach der Verkehrsauffassung selbständig bewertbaren Güter jeder Art (VwGH 12.1.1983, 82/13/0174). Selbständige Bewertungsfähigkeit wird dann angenommen, wenn für ein Gut im Rahmen des Gesamtkaufpreises eines Unternehmens ein besonderes Entgelt angesetzt wird (VwGH 18.9.1964, 1226/63). Im Unternehmensrecht wird der Begriff des „Vermögensgegenstandes" verwendet. Allerdings ist davon auszugehen, dass es sich dabei weitgehend um eine bloß terminologische Unterscheidung handelt, die materiell nicht oder nur kaum relevant ist.

Tz 60 Das Betriebsvermögen verändert sich weiters analog zum UGB erfolgsneutral um **Entnahmen und Einlagen**, das heißt der Gewinn wird durch Entnahmen nicht gekürzt und durch Einlagen nicht erhöht. Entnahmen sind alle nicht betrieblich veranlassten Abgänge von Werten und Einlagen sind alle Zuführungen von Wirtschaftsgütern aus dem außerbetrieblichen Bereich (§ 4 Abs 1 dritter und vierter Satz EStG).

> **Beispiel:** Wenn der Unternehmer während eines Jahres ein bisher privat verwendetes Fahrzeug seinem Betrieb widmet, erhöht sich dadurch das Betriebsvermögen. Wird der Gewinn durch Vergleich des Betriebsvermögens berechnet, würde sich der zu ermittelnde Unterschiedsbetrag dadurch erhöhen. Die Neutralisierung dieser Einlage bewirkt, dass der Unternehmer die durch die Einlage des Fahrzeugs verursachte Erhöhung des Betriebsvermögens nicht versteuern muss.

Tz 61 Beim **Betriebsvermögensvergleich** sind nur Wirtschaftsgüter des Betriebsvermögens anzusetzen. Wirtschaftsgüter des Privatvermögens bleiben unberücksichtigt. Ihre Nutzung kann zu außerbetrieblichen Einkünften, nicht aber zu Gewinneinkünften führen. Bei der Zuordnung eines Wirtschaftsgutes zum Betriebs- oder Privatvermögen werden folgende Kategorien unterschieden:

- **Notwendiges Betriebsvermögen**: Das sind alle Wirtschaftsgüter, die objektiv erkennbar zum Einsatz im Betrieb bestimmt sind und ihm auch tatsächlich dienen.

  Beispiele: Die Registrierkassen des Lebensmittelhändlers, die Hebebühnen der KFZ-Mechanikerin oder die Produktionsmaschinen im Fertigungsbetrieb.

- **Notwendiges Privatvermögen**: Das sind alle Wirtschaftsgüter, die objektiv erkennbar der privaten Bedürfnisbefriedigung dienen.

  Beispiele: Der Ehering oder die privaten Wohnräume des Unternehmers.

- **Sonstiges Privatvermögen**: Das sind alle Wirtschaftsgüter, die weder zum notwendigen Betriebsvermögen noch zum notwendigen Privatvermögen gehören und vom Steuerpflichtigen nicht als gewillkürtes Betriebsvermögen behandelt werden.

- **Gewillkürtes Betriebsvermögen**: Wirtschaftsgüter, die weder notwendiges Privatvermögen noch notwendiges Betriebsvermögen sind, jedoch vom Steuerpflichtigen durch Widmung (Einlage) zum Betriebsvermögen erklärt werden. Voraussetzung ist allerdings, dass das Wirtschaftsgut in irgendeiner Weise dem Betrieb förderlich ist (vgl VwGH 12.12.1995, 94/14/0091). Gewillkürtes Betriebsvermögen kann nur der § 5-Gewinnermittler (rechnungslegungspflichtiger Gewerbetreibender) haben (§ 5 Abs 1 EStG und Tz 71 ff).

  Beispiel: Wertpapiere, die in die Bücher aufgenommen werden.

Tz 62 Bei **gemischter Nutzung**, also bei Nutzung von Wirtschaftsgütern sowohl für betriebliche als auch für private Zwecke, erfolgt die Zuordnung grundsätzlich nach dem Überwiegensprinzip. Nur bei unbeweglichem Vermögen (zB Gebäude) erfolgt eine anteilige Zuordnung zum Betriebs- und Privatvermögen. Die Aufteilung unterbleibt jedoch, wenn der betrieblich oder privat genutzte Anteil des Gebäudes weniger als 20% oder mehr als 80% beträgt (sogenannte „80/20 Regel“) oder es zu einer zeitlich abwechselnden Nutzung derselben Grundstücksteile kommt. Für die untergeordnete private Nutzung von Betriebsvermögen ist eine Entnahme zu berücksichtigen, für die untergeordnete betriebliche Nutzung von Privatvermögen sind die auf die betriebliche Nutzung entfallenden Aufwendungen als Betriebsausgaben abzugsfähig.

Beispiele:
1. Bewegliches Wirtschaftsgut, das zu 60% betrieblich, zu 40% privat genutzt wird: Wirtschaftsgut zur Gänze Betriebsvermögen, weil überwiegend betrieblich genutzt. Die 40%ige private Nutzung führt zu einer Kürzung der auf das Wirtschaftsgut entfallenden Betriebsausgaben um 40% (Nutzungsentnahme).

2. Bewegliches Wirtschaftsgut, das zu 40% betrieblich, zu 60% privat genutzt wird: Wirtschaftsgut zur Gänze Privatvermögen, weil überwiegend privat genutzt. Die 40%ige betriebliche Nutzung führt zu einer 40%igen Berücksichtigung der mit dem Wirtschaftsgut zusammenhängenden Aufwendungen als Betriebsausgaben (Nutzungseinlage).

3. Gebäude, das zu 40% betrieblich (zB erster Stock), zu 60% privat (zB zweiter Stock) genutzt wird: Wirtschaftsgut zu 40% Betriebsvermögen, zu 60% Privatvermögen. Da das Gebäude nur zu 40% Betriebsvermögen darstellt, werden auch nur 40% der zusammenhängenden Ausgaben als Betriebsausgaben berücksichtigt und es erfolgt keine Nutzungseinlage. Werden beispielsweise 40% der Gebäudefläche als Werkstatt und 60% der Gebäudefläche als Wohnfläche genutzt, folgt daraus, dass 40% der Heizkosten als Betriebsausgaben abzugsfähig sind.

4. Gebäude, das zu 85% betrieblich, zu 15% privat genutzt wird: Wirtschaftsgut zur Gänze Betriebsvermögen, da die 20%-Grenze nicht überschritten wird. Die private Nutzung führt allerdings zu einer Kürzung der auf das Gebäude entfallenden Betriebsausgaben um 15% (Nutzungsentnahme).

Tz 63 Will man – wie in § 4 Abs 1 EStG angeordnet – den Unterschiedsbetrag zwischen dem Betriebsvermögen am Schluss des Wirtschaftsjahres und am Schluss des vorhergehenden Wirtschaftsjahres ermitteln, muss man das Betriebsvermögen bewerten. Dazu bedarf es **gesetzlicher Bewertungsregeln**. § 6 EStG unterscheidet dazu auf der Aktivseite zwischen (abnutzbarem und nicht abnutzbarem) **Anlagevermögen** und **Umlaufvermögen**. Als Anlagevermögen sind Gegenstände auszuweisen, die bestimmt sind, dauernd dem Geschäftsbetrieb zu dienen (§ 198 Abs 2 UGB), während Umlaufvermögen nicht bestimmt ist, dem Geschäftsbetrieb dauernd zu dienen (§ 198 Abs 4 UGB). Zum Umlaufvermögen gehören Wirtschaftsgüter mit einer Nutzungsdauer von weniger als einem Jahr (vgl VwGH 25.6 1998, 96/15/0251).

Tz 64 Nach § 6 Z 1 und Z 2 EStG sind die **Anschaffungs- und Herstellungskosten** für die Bewertung des Anlage- und des Umlaufvermögens maßgeblich. Das EStG definiert diese Begriffe aber nicht. Für unternehmensrechtliche Zwecke erfolgt dies in § 203 Abs 2 und 3 UGB folgendermaßen: „Anschaffungskosten sind die Aufwendungen, die geleistet werden, um einen Vermögensgegenstand zu erwerben und ihn in einen betriebsbereiten Zustand zu versetzen, soweit sie dem Vermögensgegenstand einzeln zugeordnet werden können." Gemäß § 203 Abs 3 UGB sind Herstellungskosten „Aufwendungen, die für die Herstellung eines Vermögensgegenstandes, seine Erweiterung oder für eine über seinen ursprünglichen Zustand hinausgehende wesentliche Verbesserung entstehen". Die herrschende Auffassung geht davon aus, dass die Anschaffungs- und Herstellungskosten im Steuerrecht gleich wie im Unternehmensrecht auszulegen sind (vgl mwN *Urnik/Urtz/Fellinger/Niedermoser* in *Straube/Ratka/Rauter* [Hrsg] UGB II/RLG[3] § 203 Tz 58 ff [Stand 1.12.2021].

Tz 65 Die **Absetzung für Abnutzung (AfA)** ist hingegen im Steuerrecht eigenständig definiert (§§ 7 und 8 EStG) und deckt sich weder mit der planmäßigen noch mit der außerplanmäßigen Abschreibung des Unternehmensrechts: Nach § 7 Abs 1 EStG sind „bei Wirtschaftsgütern, deren Verwendung oder Nutzung durch den Steuerpflichtigen zur Erzielung von Einkünften sich erfahrungsgemäß auf einen Zeitraum von mehr als einem Jahr erstreckt (abnutzbares Anlagevermögen), [...] die Anschaffungs- oder Herstellungskosten gleichmäßig verteilt auf die betriebsgewöhnliche Nutzungsdauer abzusetzen (lineare Absetzung für Abnutzung)." Neben der linearen Absetzung für Abnutzung in §7 Abs 1 EStG sieht der durch das Konjunkturstärkungsgesetz 2020 (KonStG 2020) neu eingeführte § 7 Abs 1a EStG eine degressive Absetzung für Abnutzung vor. Nach § 7 Abs 1a EStG kann die Absetzung für Abnutzung „auch in fallenden Jahresbeträgen nach einem unveränderlichen Prozentsatz von höchstens 30% erfolgen (degressive Absetzung für Abnutzung)." Von der degressiven Absetzung für Abnutzung sind nach § 7 Abs 1a Z 1 EStG Wirtschaftsgüter, für die in § 8 EStG eine Sonderform der Absetzung für Abnutzung vorgesehen ist, außer Kraftfahrzeuge mit einem CO_2-Emissionswert von 0 Gramm pro Kilometer (lit a), unkörperliche Wirtschaftsgüter, die nicht den Bereichen Digitalisierung, Ökologisierung und Gesundheit/Life-Science zugeordnet sind (lit b), gebrauchte Wirtschaftsgüter (lit c), sowie bestimmte Anlagen die der Förderung, dem Transport oder der Speicherung fossiler Energieträger dienen (lit d) ausgenommen. § 8 EStG enthält Sonderregelungen für die Absetzung für Abnutzung. So sieht § 8 EStG zB für Gebäude und Personenkraftwagen fixe Abschreibungssätze vor. Der Übergang von der degressiven zur linearen Absetzung für Abnutzung ist jeweils zu Beginn eines Wirtschaftsjahres zulässig (§ 7 Abs 1a Z 2 erster Satz EStG). Ein Übergang von der linearen zur degressiven Absetzung für Abnutzung ist dagegen nicht zulässig (§ 7 Abs 1a Z 2 letzter Satz EStG).

Tz 66 Der **Teilwert** wird in § 6 Z 1 EStG eigenständig definiert: „Teilwert ist der Betrag, den der Erwerber des ganzen Betriebes im Rahmen des Gesamtkaufpreises für das einzelne Wirtschaftsgut ansetzen würde; dabei ist davon auszugehen, dass der Erwerber den Betrieb fortführt." Er entspricht dem beizulegenden Wert oder dem Tageswert nach UGB (§ 189a Z 3 UGB; siehe auch *Loser/Urnik/Urtz* in *Straube/Ratka/Rauter* [Hrsg] UGB II/RLG[3] § 204 Tz 22/2 [Stand 1.12.2021]).

Tz 67 § 6 EStG sieht folgende **Hauptregeln der Bewertung** vor:

- Wirtschaftsgüter des **abnutzbaren Anlagevermögens** sind nach § 6 Z 1 EStG mit den Anschaffungs- oder Herstellungskosten, vermindert um die Absetzung für Abnutzung, zu bewerten. Alternativ **kann** der niedrigere Teilwert angesetzt werden. Liegt der Teilwert über dem Buchwert, so darf der höhere Teilwert grundsätzlich nicht angesetzt werden (**uneingeschränkter Wertzusammenhang**; § 6 Z 1 letzter Satz EStG, zu den Ausnahmen vgl Tz 73).

  Beispiel: Eine Maschine des Betriebsvermögens mit einer Restnutzungsdauer von fünf Jahren und einem Restbuchwert von 20.000 Euro hat zum Bilanzstichtag aufgrund einer Neuentwicklung nur mehr einen Marktwert von 10.000 Euro. Der Steuerpflichtige **kann** in der Steuerbilanz neben der Absetzung für Abnutzung eine Teilwertabschreibung auf 10.000 Euro vornehmen.

- Wirtschaftsgüter des **nicht abnutzbaren Anlagevermögens** und des **Umlaufvermögens** sind nach § 6 Z 2 lit a EStG mit den Anschaffungs- oder Herstellungskosten zu bewerten. Alternativ **kann** eine Abschreibung auf den niedrigeren Teilwert erfolgen. Ein höherer Teilwert **kann** (Aufwertungswahlrecht) bis maximal zur Höhe der Anschaffungs- oder Herstellungskosten angesetzt werden (**eingeschränkter Wertzusammenhang**, § 6 Z 2 lit a dritter Satz EStG).

  Beispiel: Handelswaren, die im Umlaufvermögen der Bilanz ausgewiesen sind, wurden vor zwei Jahren um 2.000 Euro angeschafft und vor einem Jahr wegen eingebrochener Absatzmärkte auf 1.000 Euro abgeschrieben. Zum 31.12. ist der Wert der Handelswaren auf 3.000 Euro gestiegen. Der Steuerpflichtige kann die Handelswaren in der Steuerbilanz wahlweise bis zu den Anschaffungskosten (2.000 Euro), aber nicht darüber hinaus aufwerten.

- **Verbindlichkeiten** sind in sinngemäßer Anwendung der Bewertungsregel für nicht abnutzbares Anlagevermögen und Umlaufvermögen zu bewerten (§ 6 Z 3 EStG). Das heißt, dass sämtliche Bewertungsvorschriften für Wirtschaftsgüter der Aktivseite mit umgekehrtem Vorzeichen für Wirtschaftsgüter der Passivseite zur Anwendung kommen. Verbindlichkeiten sind mit dem Erfüllungsbetrag zu bewerten. Ein höherer Wert **kann** angesetzt werden. Wurde ein höherer Wert angesetzt, so kann in der Folge ein niedrigerer Wert angesetzt werden, mindestens aber der Erfüllungsbetrag.

  Beispiel: Eine Verbindlichkeit, die mit 20.000 Euro in der Bilanz zu Buche steht, erhöht sich wegen einer Indexanpassung auf 20.500 Euro. Die Steuerpflichtige kann die Verbindlichkeit wahlweise um 500 Euro gewinnmindernd erhöhen.

Bei Wirtschaftsgütern, Derivaten und Kryptowährungenim Sinne des § 27 Abs 3 bis 4a EStG sind Teilwertabschreibungen und Veräußerungsverluste vorrangig mit positiven Einkünften aus realisierten Wertsteigerungen dieser Wirtschaftsgüter zu verrechnen. Sind die Teilwertabschreibungen und Veräußerungsverluste höher, so darf der verbleibende negative Überhang nur zu 55% ausgeglichen werden (§ 6 Z 2 lit c EStG). Damit soll verhindert werden, dass Veräußerungsverluste und Teilwertabschreibungen auf Kapitalanlagen Einkünfte mindern, die dem Progressionstarif unterliegen, während die Veräußerung der Kapitalanlagen selbst mit einem bloß 27,5%igen Steuersatz besonders besteuert wird (§ 27a Abs 1 Z 2 EStG; siehe auch *Moshammer*, SWK 2011, 715 ff).

Tz 68 **Rückstellungen** können gebildet werden, wenn mit einem Aufwand gerechnet wird, der wirtschaftlich dem abgelaufenen Wirtschaftsjahr zuzuordnen ist. Dieser Aufwand ist entweder dem Grunde nach bereits sicher, der Höhe nach jedoch noch ungewiss oder mit einer gewissen Wahrscheinlichkeit voraussehbar. Bei Rückstellungen handelt es sich um Fremdkapital. Rückstellungen dürfen laut § 9 Abs 1 EStG **nur** gebildet werden **für**:

- **Pensionen** und **Abfertigungen** (§ 9 Abs 1 Z 1 und 2 iVm § 14 EStG)
- **Sonstige ungewisse Verbindlichkeiten** (§ 9 Abs 1 Z 3 EStG)
- **Drohende Verluste aus schwebenden Geschäften** (§ 9 Abs 1 Z 4 EStG)

Aufwandsrückstellungen (die nach § 198 Abs 8 Z 2 UGB in gewissem Umfang zulässig sind) können demnach im Steuerrecht nicht gebildet werden.

> **Beispiel:** Rückstellungen für unterlassene Aufwendungen für die Instandhaltung eigener Maschinen, die im folgenden Wirtschaftsjahr innerhalb von 3 Monaten nachgeholt werden.

Pauschale Rückstellungen für Anwartschaften auf Abfertigungen, laufende Pensionen und Anwartschaften auf Pensionen sowie drohende Verluste aus schwebenden Geschäften dürfen ebenfalls nicht gebildet werden (§ 9 Abs 3 EStG e contrario). Durch das 2. COVID-19-Steuermaßnahmengesetz (2. COVID-19-StMG) besteht die Möglichkeit der, dem Steuerrecht sonst grundsätzlich fremden, Bildung pauschaler Rückstellungen für sonstige ungewisse Verbindlichkeiten. Diese können unter Voraussetzung der allgemeinen Bewertungsgrundsätze des § 201 Abs 2 Z 7 UGB gebildet werden (§ 9 Abs 3 letzter Satz EStG). Eine pauschale Rückstellung liegt dann vor, wenn keine konkreten Umstände (öffentlich-, privatrechtliche oder wirtschaftliche Umstände) für die Bildung nachgewiesen werden können, sondern Rückstellungen nach allgemeinen Erfahrungssätzen (zB aufgrund von durchschnittlichen jährlichen Schadenersatzverpflichtungen oder aufgrund der allgemeinen Wirtschaftslage) gebildet werden.

Tz 69 Durch das 2. COVID-19-StMG wurde auch § 6 Z 2 lit a EStG um eine Möglichkeit zur pauschalen Forderungswertberichtigung ergänzt. Diese ist ebenfalls unter Voraussetzung der allgemeinen Bewertungsgrundsätze des § 201 Abs 2 Z 7 UGB zulässig (§ 6 Z 2 lit a vierter Satz EStG) . Die bereits davor bestehende Möglichkeit, der sog **„pauschalen Einzelwertberichtigung“**, wonach pauschale Erfahrungssätze für genau determinierte Forderungsgruppen herangezogen werden dürfen, bleibt weiterhin bestehen (EuGH 14.9.1999, Rs C-275/97, *De+ES*).

> **Beispiel:** Die Forderungen eines Versandhauses sind in vier verschiedene Kundenkategorien geteilt. Je nach Kundenkategorie besteht erfahrungsgemäß ein anderes Ausfallrisiko. Für jede Kundenkategorie kann eine pauschale Einzelwertberichtigung steuerwirksam vorgenommen werden. Lassen sich die Kundenkategorien nicht klar abgrenzen, kann eine gemeinsame pauschale Forderungswertberichtigung steuerwirksam vorgenommen werden.

Tz 70 Für die Bewertung von **Entnahmen** ist der **Teilwert** im Zeitpunkt der Entnahme maßgeblich (§ 6 Z 4 EStG). Lediglich Grund und Boden ist mit dem Buchwert im Zeitpunkt der Entnahme anzusetzen, da die stillen Reserven auch im Privatvermögen steuerhängig bleiben (vgl Tz 47). **Einlagen** sind grundsätzlich mit dem **Teilwert** im Zeitpunkt der Einlage anzusetzen (§ 6 Z 5 lit d EStG). Wirtschaftsgüter, Derivate und

Kryptowährungen im Sinne des § 27 Abs 3 bis 4a EStG sind stets mit dem Anschaffungspreis anzusetzen, es sei denn, der Teilwert im Einlagezeitpunkt ist niedriger (§ 6 Z 5 lit a EStG). Grundstücke im Sinne des § 30 Abs 1 EStG sind mit den Anschaffungs- und Herstellungskosten, erhöht um Herstellungsaufwendungen und vermindert um die Absetzung für Abnutzung anzusetzen. Ist der Teilwert zum Zeitpunkt der Einlage niedriger, so ist dieser anzusetzen (§ 6 Z 5 lit b EStG). Dies gilt nicht für Gebäude und grundstücksgleiche Rechte im Sinne des § 30 Abs 1 EStG, die zum 31. März 2012 nicht steuerverfangen waren. Jene sind stets mit dem Teilwert zum Zeitpunkt der Einlage anzusetzen (§ 6 Z 5 lit c EStG).

2 *Die Besonderheiten nach § 5 EStG*

Tz 71 Jene Steuerpflichtigen, die **Einkünfte aus Gewerbebetrieb** beziehen **und** nach § 189 UGB **rechnungslegungspflichtig** sind, fallen unter § 5 EStG. Beide Voraussetzungen müssen kumulativ gegeben sein. Für einen Steuerpflichtigen, der Einkünfte aus Land- und Forstwirtschaft oder selbständiger Arbeit bezieht, kann § 5 EStG daher nicht zur Anwendung kommen. Rechnungslegungspflichtig nach § 189 UGB sind:

- Kapitalgesellschaften (zB AG und GmbH, siehe § 189 Abs 1 Z 1 UGB),
- Personengesellschaften, die in den Anwendungsbereich der Bilanz-RL fallen (alle unmittelbaren oder mittelbaren Gesellschafter mit ansonsten unbeschränkter Haftung sind tatsächlich nur beschränkt haftbar, siehe § 189 Abs 1 Z 2 lit a UGB),
- unternehmerisch tätige Personengesellschaften, für die keine natürliche Person unbeschränkt haftet (zB GmbH & Co KG, bei der die GmbH die einzige Komplementärin ist, siehe § 189 Abs 1 Z 2 lit b UGB),
- und gewerblich tätige Unternehmer, die mehr als 700.000 Euro Umsatzerlöse im Geschäftsjahr erzielen (siehe § 189 Abs 1 Z 3 UGB).

Tz 72 Nach § 5 EStG sind die **unternehmensrechtlichen Grundsätze ordnungsmäßiger Buchführung** anwendbar, es sei denn, zwingende Vorschriften des EStG treffen abweichende Regelungen. Da der Gewerbetreibende, der seinen Gewinn nach § 5 EStG ermittelt, im Regelfall auch eine Bilanz nach UGB zu erstellen hat, muss er die dafür relevanten unternehmensrechtlichen Vorschriften auch der steuerrechtlichen Gewinnermittlung zugrunde legen. Dabei wird vom **„Maßgeblichkeitsgrundsatz"** gesprochen, weil die unternehmensrechtlichen Grundsätze ordnungsmäßiger Buchführung auch für die steuerrechtliche Gewinnermittlung maßgeblich sind. Die Steuerbilanz wird folglich im Rahmen der so genannten **Mehr-Weniger-Rechnung** aus der Bilanz nach UGB abgeleitet.

Tz 73 Eine Reihe von Bewertungsspielräumen sind jedenfalls bei jenen Steuerpflichtigen, die auch § 5 EStG zu berücksichtigen haben, eingeschränkt:

- Wirtschaftsgüter des **Anlagevermögens** sind mit den Anschaffungs- oder Herstellungskosten, vermindert um die Absetzung für Abnutzung, zu bewerten. Nach § 6 Z 1 EStG (abnutzbares Anlagevermögen) und § 6 Z 2 lit a EStG (nicht abnutzbares Anlagevermögen) **kann** der niedrigere Teilwert angesetzt werden. Der rechnungslegungspflichtige Gewerbetreibende **muss** hingegen aufgrund des Maßgeblichkeitsprinzips und des im Unternehmensrecht geltenden **Niederstwertprinzips** (§ 204 Abs 2 UGB) die Abschreibung auf einen niedrigeren beizulegenden Wert (§ 189a Z 3 UGB) vornehmen, wenn die Wertminderung von Dauer ist. Wirtschaftsgüter des **Finanzanlagevermögens können** auch dann entsprechend abgewertet werden, wenn die Wertminderung voraussichtlich nicht von Dauer ist (§ 204 Abs 2 letzter Satz UGB). Beim nicht abnutzbaren Anlagevermögen **kann** ein höherer Teilwert bis maximal zur Höhe der Anschaffungs- oder Herstellungskosten angesetzt werden (§ 6 Z 2 lit a EStG), während der Ansatz des höheren Teilwerts (Wertaufholung) im UGB grundsätzlich verpflichtend ist (§ 208 Abs 1 UGB). § 208 Abs 2 UGB bestimmt jedoch, dass die Zuschreibungsverpflichtung gemäß Abs 1 leg cit bei Abschreibungen des Geschäfts(Firmen)werts nicht gilt. Nach § 6 Z 13 EStG gelten diese Regelungen auch für die steuerliche Gewinnermittlung. Nach § 6 Z 13 zweiter Satz EStG ist dabei nach einer Umgründung (siehe Tz 87f) mit steuerlicher Buchwertfortführung auf die ursprünglichen Anschaffungskosten vor der Umgründung abzustellen.

> **Beispiel:** Eine Maschine des Betriebsvermögens mit einem Restbuchwert von 20.000 Euro hat zum Bilanzstichtag aufgrund einer Neuentwicklung nur mehr einen Marktwert von 10.000 Euro. Da die Wertminderung von Dauer ist, muss gemäß § 204 Abs 2 UGB unternehmensrechtlich eine außerplanmäßige Abschreibung auf 10.000 Euro erfolgen. Diese Abwertung auf den niedrigeren Teilwert ist auch für die Gewinnermittlung nach § 5 Abs 1 EStG maßgeblich. Auch hier muss folglich der niedrigere Teilwert angesetzt werden. Kommt es in den nächsten Jahren zu einer Werterhöhung, so ist nach § 208 Abs 1 UGB eine Zuschreibung auf den höheren beizulegenden Wert vorzunehmen. Damit muss auch bei der Gewinnermittlung nach § 5 Abs 1 EStG eine Zuschreibung erfolgen (§ 6 Z 13 EStG).

- Wirtschaftsgüter des **Umlaufvermögens** sind mit den Anschaffungs- oder Herstellungskosten zu bewerten. Nach § 6 Z 2 lit a EStG **kann** eine Abschreibung auf den niedrigeren Teilwert erfolgen, während dies bei der Gewinnermittlung nach § 5 EStG erfolgen **muss** (**strenges Niederstwertprinzip**, § 207 UGB). Ein höherer Teilwert **kann** bis maximal zur Höhe der Anschaffungs- oder Herstellungskosten angesetzt werden (§ 6 Z 2 lit a EStG), während der Ansatz des höheren Teilwerts (Wertaufholung) im UGB grundsätzlich **verpflichtend** ist (§ 208 Abs 1 UGB).

> **Beispiel:** Handelswaren, die im Umlaufvermögen der Bilanz ausgewiesen sind, wurden vor zwei Jahren um 2.000 Euro angeschafft und vor einem Jahr wegen eingebrochener Absatzmärkte auf 1.000 Euro abgeschrieben. Zum 31.12. ist ihr Wert auf 3.000 Euro gestiegen. Gemäß § 208 Abs 1 UGB muss un-

ternehmensrechtlich eine Zuschreibung auf den höheren beizulegenden Wert erfolgen. Nach dem Maßgeblichkeitsgrundsatz hat auch steuerlich eine Zuschreibung zu erfolgen.

- **Verbindlichkeiten** und **Rückstellungen** sind in sinngemäßer Anwendung der Bewertungsregel für das nicht abnutzbare Anlagevermögen und Umlaufvermögen anzusetzen(§ 6 Z 3 EStG). Verbindlichkeiten sind demnach mit dem Erfüllungsbetrag zu bewerten. Während der § 4 Abs 1-Gewinnermittler einen höheren Teilwert ansetzen **kann**, **muss** dies der § 5-Gewinnermittler tun (**strenges Höchstwertprinzip,** § 211 Abs 1 UGB).

  Beispiel: Eine Verbindlichkeit, die mit 20.000 Euro in der Bilanz zu Buche steht, erhöht sich wegen einer Indexanpassung auf 20.500 Euro. Das strenge Höchstwertprinzip des UGB verpflichtet zu einer Bewertung mit dem höheren Rückzahlungsbetrag. Aufgrund der Maßgeblichkeit muss bei der Gewinnermittlung nach § 5 Abs 1 EStG daher ebenfalls der höhere Rückzahlungsbetrag angesetzt werden.

Tz 74 Daneben gibt es weitere **Besonderheiten**, die § 5-Gewinnermittler zu beachten haben und die für § 4 Abs 1-Gewinnermittler nicht gelten, zB:

- Nach § 4 Abs 1 EStG ist nur notwendiges Betriebsvermögen zulässig, nach § 5 EStG hingegen auch **gewillkürtes Betriebsvermögen** (näher Tz 61).
- § 5-Gewinnermittler können – ebenso wie buchführende Land- und Forstwirte – ein **abweichendes Wirtschaftsjahr** haben (§ 2 Abs 5 dritter Satz EStG), andere unter § 4 Abs 1 EStG fallende Gewinnermittler hingegen nicht.

3 Die Besonderheiten nach § 4 Abs 3 EStG

Tz 75 § 4 Abs 3 EStG sieht eine **vereinfachte Gewinnermittlung** vor. Voraussetzung ist, dass der Steuerpflichtige nicht gesetzlich zur Buchführung verpflichtet ist und auch nicht freiwillig Bücher führt. Die Verpflichtung zur Buchführung/Rechnungslegung kann sich aus den §§ 124 und 125 BAO ergeben: § 124 BAO normiert, dass diejenigen, die nach dem UGB oder anderen gesetzlichen Vorschriften zur Führung von Büchern oder Aufzeichnungen verpflichtet sind, diese Verpflichtungen auch im Interesse der Abgabenerhebung zu erfüllen haben. Soweit sich eine Verpflichtung zur Buchführung nicht schon aus § 124 BAO ergibt, kann sie auch durch § 125 BAO begründet werden. So sieht § 125 BAO für land- und forstwirtschaftliche Betriebe oder wirtschaftliche Geschäftsbetriebe (§ 31 BAO) eine Umsatzgrenze von 700.000 Euro vor, bei deren Überschreiten in zwei aufeinander folgenden Kalenderjahren jedenfalls Bücher zu führen sind. Für all jene Gewinnermittler, die nicht nach diesen Vorschriften zur Buchführung/Rechnungslegung verpflichtet sind, sieht § 4 Abs 3 EStG im Ergebnis eine Art Wahlrecht vor: Hat sich der Steuerpflichtige dazu entschlossen, Bücher zu führen, ermittelt er seinen Gewinn nach § 4 Abs 1 EStG. Nimmt er davon Abstand, fällt er unter § 4 Abs 3 EStG.

- Im Anwendungsbereich des § 4 Abs 3 EStG braucht der Steuerpflichtige **keinen Betriebsvermögensvergleich** durchzuführen, sondern kann sich darauf beschränken, den Überschuss der Betriebseinnahmen über die Betriebsausgaben anzusetzen („**Einnahmen-Ausgaben-Rechner**").
- Die Betriebseinnahmen und die Betriebsausgaben sind aufzuzeichnen und am Ende des Jahres zusammenzurechnen.
- Mangels Betriebsvermögensvergleichs ist auch **keine Teilwertabschreibung** zulässig (VwGH 28.10.1981, 604/78). § 8 Abs 4 EStG sieht aber eine Absetzmöglichkeit für außergewöhnliche technische oder wirtschaftliche Abnutzungen vor.
- Für Gewinnermittler nach § 4 Abs 3 EStG gilt das **Zufluss-Abfluss-Prinzip** des § 19 EStG, wobei bestimmte Vorauszahlungen nach § 4 Abs 6 EStG gleichmäßig zu verteilen sind.
- Eine Ausnahme vom Zufluss-Abfluss-Prinzip bilden **Investitionen in das Anlagevermögen**, die auch bei der Gewinnermittlung nach § 4 Abs 3 EStG in ein Anlageverzeichnis aufgenommen werden müssen und – wenn es sich um abnutzbare Wirtschaftsgüter handelt – während der Nutzungsdauer planmäßig abzuschreiben sind (§ 7 Abs 3 EStG). Darüber hinaus hat bei Zugehörigkeit zum Umlaufvermögen bei Grundstücken sowie einigen nicht der unmittelbaren Weiterverarbeitung dienenden Edelmetallen (zB Gold, Silber) eine Absetzung erst bei Ausscheiden aus dem Betriebsvermögen zu erfolgen (vgl § 4 Abs 3 vierter Satz EStG).
- Verluste im Sinne des § 18 Abs 6 EStG (vgl Tz 26 f) können zeitlich unbegrenzt berücksichtigt werden, wenn diese auf einer ordnungsgemäßen Einnahmen-Ausgaben-Rechnung beruhen.

III INVESTITIONSBEGÜNSTIGUNGEN

Tz 76 Das EStG kennt auch eine Reihe von **Investitionsbegünstigungen**. In welchem Umfang sie gewährt werden, hängt von der jeweiligen steuerpolitischen Grundhaltung des Gesetzgebers ab. Entscheidend ist, in welchem Ausmaß der Gesetzgeber überhaupt über Investitionsanreize Wirtschaftspolitik machen möchte, und inwieweit er sich dazu ertragsteuerrechtlicher Normen bedient. Dementsprechend ändert sich diese steuerpolitische Grundhaltung auch über die Jahre immer wieder.

Tz 77 **Prämien** wirken unabhängig von der jeweiligen Gewinnsituation des Steuerpflichtigen, da sie die Einkommensteuer kürzen. Sie finden sich auch gelegentlich im EStG (vgl zB die Forschungsprämie in § 108c EStG oder die Lehrlingsausbildungsprämie in § 108f EStG), obwohl es sich um reine Transferleistungen handelt.

> Beispiele:
> 1. Bei einem Gewinn von 100.000 Euro und einem Durchschnittssteuersatz von 38% ergibt sich eine vorläufige Steuerbelastung von 38.000 Euro (38% von 100.000 Euro). Die Gewährung einer Prämie in Höhe von 4.000 Euro kürzt die vorläufige Steuerlast und führt zu einer endgültigen Steuerbelastung von 34.000 Euro.

2. Bei einem Verlust in Höhe von 100.000 Euro fällt keine Steuer an. Dennoch wird die Prämie dem Steuerpflichtigen gutgeschrieben und kann ausbezahlt werden.

Tz 78 Vielfach sieht das EStG **Freibeträge** in Form der Zulässigkeit des Abzugs fiktiver Aufwendungen vor. Im Gegensatz zur Prämie kürzt der Freibetrag die Bemessungsgrundlage.

Beispiel: Bei einem Gewinn von 100.000 Euro kürzt ein Freibetrag von 1.000 Euro die Bemessungsgrundlage von 100.000 Euro auf 99.000 Euro.

Tz 79 Natürlichen Personen, die Einkünfte aus betrieblichen Einkunftsarten (Land- und Forstwirtschaft, selbständige Arbeit, Gewerbebetrieb) beziehen, steht unabhängig von der verwendeten Gewinnermittlungsart ein **Gewinnfreibetrag** zu (§ 10 EStG). Durch den Gewinnfreibetrag können bei der Gewinnermittlung – abhängig von der Bemessungsgrundlage und abgesehen von wenigen Ausnahmen – zwischen 4,5% und 15% des steuerlichen Gewinnes abgesetzt werden. Der Gewinnfreibetrag ist jedoch mit 45.950 Euro pro Kalenderjahr und Steuerpflichtigen begrenzt (§ 10 Abs 1 Z 2 letzter Satz EStG).

Es ist zwischen dem Grundfreibetrag und dem investitionsbedingten Gewinnfreibetrag zu unterscheiden. Für Gewinne **bis zu 30.000 Euro** steht der Gewinnfreibetrag in der Höhe von 15% ohne Nachweis von Investitionen zu (§ 10 Abs 1 Z 3 EStG, **investitionsunabhängiger Grundfreibetrag**). Das bedeutet, der Steuerpflichtige kann den Grundfreibetrag unabhängig von Investitionen in die begünstigten Wirtschaftsgüter in Anspruch nehmen. Der Grundfreibetrag in Höhe von maximal 4.500 Euro (30.000 * 0,15) stellt das Gegenstück zur Sechstelbegünstigung von unselbständig Erwerbstätigen dar (vgl Tz 31) und ist somit eine reine Steuerentlastungsmaßnahme.

Übersteigt der Gewinn 30.000 Euro, so steht dem Steuerpflichtigen zusätzlich zum Grundfreibetrag ein **investitionsbedingter Gewinnfreibetrag** zu (§ 10 Abs 1 Z 4 EStG). Voraussetzung dafür ist, dass der Steuerpflichtige in bestimmte begünstigte abnutzbare Wirtschaftsgüter oder Wohnbauanleihen investiert (vgl § 10 Abs 3 und 4 EStG). Der Gewinnfreibetrag steht für einen Gewinn bis 145.000 Euro (nach Abzug des Grundfreibetrags in Höhe von 30.000 Euro) in Höhe von 13% zu. Danach vermindert sich der Gewinnfreibetrag für die nächsten 175.000 Euro auf 7% und für die nächstfolgenden 230.000 Euro auf 4,5% (§ 10 Abs 1 Z 2 EStG). Der Gewinnfreibetrag kann – bei Nachweis von Investitionen – somit höchstens 45.950 Euro betragen.

Beispiele:
1. Ein Steuerpflichtiger erzielt einen Gewinn (Einkünfte aus Gewerbebetrieb) in der Höhe von 22.000 Euro und tätigt Investitionen in begünstigte Wirtschaftsgüter in Höhe von 1.000 Euro. Der Steuerpflichtige kann einen Grundfreibetrag in Höhe von 3.300 Euro (22.000 * 0,15) geltend machen. Übersteigt der

Gewinn 30.000 Euro nicht, steht der Gewinnfreibetrag unabhängig davon zu, ob die Gewinne in begünstigte Wirtschaftsgüter investiert werden. Der endgültige Gewinn nach Absetzung des Gewinnfreibetrags beträgt 18.700 Euro (22.000 – 3.300).

2. Eine Steuerpflichtige erzielt einen Gewinn (Einkünfte aus Gewerbebetrieb) in Höhe von 200.000 Euro und tätigt Investitionen in begünstigte Wirtschaftsgüter in Höhe von 1.000 Euro. Zunächst steht der Steuerpflichtigen unabhängig von den getätigten Investitionen ein Grundfreibetrag in der Höhe von 4.500 Euro (30.000 * 0,15) zu. Darüber hinaus könnte sie einen investitionsbedingten Gewinnfreibetrag in Höhe von 20.600 (145.000 * 0,13 + 25.000 * 0,07) in Anspruch nehmen. Da allerdings nur Investitionen in begünstigte Wirtschaftsgüter in Höhe von 1.000 Euro erfolgten, beträgt der investitionsbedingte Gewinnfreibetrag nur 1.000 Euro. In Summe steht der Steuerpflichtigen somit ein Gewinnfreibetrag in Höhe von 5.500 (4.500 + 1.000) zu. Der endgültige Gewinn nach Absetzung des Gewinnfreibetrags beträgt 194.500 Euro (200.000 – 5.500).

Tz 80 Vom Gewinnfreibetrag gem § 10 EStG ist der mit der ökosozialen Steuerreform (ÖkoStRefG 2022 I) eingeführte **Investitionsfreibetrag** (§ 11 EStG) zu unterscheiden. Der Investitionsfreibetrag kann für ein nach dem 31.12.2022 angeschafftes oder hergestelltes Wirtschaftsgut des abnutzbaren Anlagevermögens **im Jahr der Anschaffung zusätzlich zur AfA** (Tz 65) als Betriebsausgabe abgezogen werden. Zur Inanspruchnahme des Investitionsfreibetrags ist es notwendig, dass das Wirtschaftsgut eine betriebsgewöhnliche Nutzungsdauer von mindestens vier Jahren hat (§ 11 Abs 2 TS 1 EStG) und es inländischen Betrieben oder inländischen Betriebsstätten zuzurechnen ist, die der Erzielung von betrieblichen Einkünften dienen (§ 11 Abs 2 TS 2 EStG). Der Investitionsfreibetrag beträgt 10% der Anschaffungs- oder Herstellungskosten der Wirtschaftsgüter. Ist ein Wirtschaftsgut dem Bereich Ökologisierung zuzuordnen, steht der Investitionsfreibetrag in Höhe von 15% zu. Insgesamt darf der Investitionsfreibetrag nur von Anschaffungs- oder Herstellungskosten in Höhe von **höchstens 1.000.000 Euro** pro Wirtschaftsjahr in Anspruch genommen werden. Für bestimmte Wirtschaftsgüter kann gem § 11 Abs 3 EStG kein Investitionsfreibetrag geltend gemacht werden, zB Wirtschaftsgüter, die zur Deckung eines investitionsbedingten Gewinnfreibetrags (§ 10 Abs 1 Z 4 EStG) herangezogen werden, geringwertige Wirtschaftsgüter, gebrauchte Wirtschaftsgüter oder Anlagen, die der Förderung, dem Transport oder der Speicherung fossiler Energieträger dienen.

Tz 81 Die Möglichkeit der **Übertragung stiller Reserven** (§ 12 EStG) führt bloß zu einem Steueraufschub: Würde der Austausch eines alten durch die Anschaffung eines neuen Wirtschaftsgutes regelmäßig zur Aufdeckung der stillen Reserven führen, könnte dies Investitionen erschweren oder gänzlich verhindern. Daher können die stillen Reserven des alten Wirtschaftsgutes unter bestimmten Voraussetzungen auf ein neues Wirtschaftsgut übertragen werden, indem die Anschaffungskosten des neuen Wirtschaftsgutes um die übertragenen stillen Reserven des alten Wirtschaftsgutes gekürzt werden

(§ 12 EStG). Die Übertragung stiller Reserven kann lediglich von natürlichen Personen in Anspruch genommen werden.

> **Beispiel:** Bei der Veräußerung einer seit 10 Jahren zum Anlagevermögen gehörenden Fertigungsmaschine entsteht ein Veräußerungsgewinn von 400 Euro. Wird nun eine neue Maschine um 10.000 Euro gekauft, können die zuvor ermittelten stillen Reserven von den Anschaffungskosten abgezogen werden. Damit ergeben sich steuerliche Anschaffungskosten der neuen Maschine von 9.600 Euro. Die 400 Euro stillen Reserven müssen in diesem Jahr nicht versteuert werden, allerdings sind die steuerlichen Abschreibungsbeträge der neuen Maschine aufgrund der niedrigeren steuerlichen Anschaffungskosten, die die Basis für die AfA sind, in der Zukunft geringer.

Tz 82 Nach § 13 EStG dürfen Investitionen in abnutzbares Anlagevermögen mit Anschaffungskosten von nicht mehr als 800 Euro bereits im Jahr der Anschaffung sofort als Betriebsausgaben geltend gemacht werden (sogenannte „Abschreibung für **geringwertige Wirtschaftsgüter**"). Ab 1.1.2023 wird dieser Wert auf 1.000 Euro erhöht. Die Abschreibung geringwertiger Wirtschaftsgüter erfolgt unabhängig von der jeweilig vorliegenden Gewinnermittlungsart.

Tz 83 *Hinsichtlich der steuerlichen Behandlung des Aktenschrankes und des Schreibtisches ist vorab zu prüfen, nach welcher Vorschrift Frau Mag. Taxa ihren Gewinn ermittelt. Ermittelt sie ihren Gewinn nach § 4 Abs 3 EStG, so werden die Vermögenszugänge grundsätzlich nach dem Zufluss-Abfluss-Prinzip behandelt. Da es sich jedoch beim Kauf des Aktenschrankes und des Schreibtisches um Investitionen in das Anlagevermögen handelt, muss sie ein Anlageverzeichnis führen und beide Wirtschaftsgüter über deren Nutzungsdauer verteilt abschreiben. Ermittelt Frau Mag. Taxa ihren Gewinn nach § 4 Abs 1 EStG, so findet das Zufluss-Abfluss-Prinzip keine Anwendung. Sowohl der Aktenschrank als auch der Schreibtisch müssen aktiviert und ihrer Nutzungsdauer entsprechend gemäß §§ 7 und 8 EStG abgeschrieben werden. Gleiches gilt im Fall der Gewinnermittlung nach § 5 Abs 1 EStG.*

Hinsichtlich der für ihr Unternehmen gekauften Bücher kommt § 13 EStG zur Anwendung, wonach sie unabhängig von der Gewinnermittlungsart eine Sofortabschreibung auf die Bücher in voller Höhe vornehmen darf.

Bei der Beteiligung an der österreichischen GmbH stellt sich die Frage nach einer Teilwertabschreibung: Diese ist im Falle einer Einnahmen-Ausgaben-Rechnung nach § 4 Abs 3 EStG nicht erlaubt. Bei der Gewinnermittlung nach § 4 Abs 1 EStG gilt das Wahlrecht in § 6 Z 2 lit a EStG, wonach der geringere Teilwert angesetzt werden kann. Bei der Gewinnermittlung nach § 5 Abs 1 EStG ist die Beteiligung zwingend abzuwerten, wenn die Wertminderung dauerhaft ist. Finanzanlagevermögen kann aber auch abgewertet werden, wenn eine nur vorübergehende Wertminderung eintritt (§ 204 Abs 2 UGB iVm § 6 Z 2 lit a EStG).

IV WEITERFÜHRENDE LITERATUR

- *Beiser*, Steuern – Ein systematischer Grundriss, 19. Auflage, 2021, 120-182.

- *Doralt*, Steuerrecht 2022, 23. Auflage, 2020, 5-73.
- *Doralt/Ruppe*, Grundriss des österreichischen Steuerrechts, Band I, 12. Auflage, 2019, 127-281.
- *Bertl/Egger/Gassner/Lang/Nowotny* (Hrsg) Die Maßgeblichkeit der handelsrechtlichen Gewinnermittlung für das Steuerrecht, 2002.

V WIEDERHOLUNGSFRAGEN

1. Was versteht man unter den Begriffen „Betriebseinnahmen" und „Betriebsausgaben"?

2. Welche der folgenden Aussagen treffen/trifft zu, wenn der Teilwert einer Maschine des Anlagevermögens dauerhaft unter dem Buchwert liegt?

- o Der § 5-Gewinnermittler muss eine Abschreibung vornehmen.
- o Der § 4 Abs 1-Gewinnermittler muss eine Abschreibung vornehmen.
- o Der § 4 Abs 1-Gewinnermittler kann eine Abschreibung vornehmen.
- o Der § 4 Abs 1-Gewinnermittler darf keine Abschreibung vornehmen.
- o Der § 5-Gewinnermittler darf keine Abschreibung vornehmen, weil das betroffene Wirtschaftsgut nicht zum Umlaufvermögen gehört.

3. Für wen gilt bei der einkommensteuerrechtlichen Gewinnermittlung das Maßgeblichkeitsprinzip?

- o Für den buchführenden Land- und Forstwirt.
- o Für den buchführenden Steuerberater.
- o Für den Tischler mit Umsatzerlösen in Höhe von 219.000 Euro.
- o Für den selbständigen Steuerberater mit Umsatzerlösen in Höhe von 470.000 Euro.
- o Für den Schuhfabrikanten mit Umsatzerlösen in Höhe von 740.000 Euro.

4. Kreuzen Sie die richtige(n) Antwort(en) an. Für einen § 4 Abs 1-Gewinnermittler sind folgende Wirtschaftsgüter Teil des Betriebsvermögens:

- o Wirtschaftsgüter, die objektiv erkennbar zur privaten Bedürfnisbefriedigung bestimmt sind.
- o Alle Wirtschaftsgüter, die weder notwendiges Privatvermögen noch sonstiges Privatvermögen darstellen.
- o Wirtschaftsgüter, die weder notwendiges Betriebsvermögen noch notwendiges Privatvermögen darstellen, für den Betrieb förderlich sind und in die Bücher aufgenommen wurden.
- o Bewegliche Wirtschaftsgüter, die zu 60% betrieblich und zu 40% privat genutzt werden, zur Gänze.
- o Ein Bürogebäude, dessen Gesamtnutzfläche zu 60% betrieblich, zu 40% privat genutzt wird, zu 60%.

5. Was versteht man unter dem „Höchstwertprinzip"?

6. **Im Umlaufvermögen der Hadrian GmbH befinden sich Handelswaren mit einem Buchwert von 5.000.000 Euro. Der beizulegende Wert dieser Waren beträgt am Bilanzstichtag 4.500.000 Euro. Welche der unten angeführten Aussagen zur Bewertung der Handeslwaren sind richtig?**
   - o Der unternehmensrechtliche Begriff „beizulegender Wert" entspricht in der Regel dem steuerrechtlichen Begriff des „Teilwertes".
   - o Der beizulegende Wert ist ein steuerrechtlicher Begriff, während der Teilwert ein unternehmensrechtlicher Begriff ist.
   - o Die Hadrian GmbH kann die Handelswaren steuerwirksam auf den niedrigeren Wert abwerten.
   - o Die Hadrian GmbH muss die Handelswaren steuerwirksam auf den niedrigeren Wert abwerten.
   - o Die Hadrian GmbH darf keine Teilwertabschreibung vornehmen, da sie ihren Gewinn nach § 4 Abs 3 EStG (Einnahmen-Ausgaben-Rechnung) ermittelt.

7. **Worin liegt der Unterschied zwischen einer Prämie und einem Freibetrag?**

8. **Was versteht man unter dem Maßgeblichkeitsprinzip für Steuerpflichtige, die ihren Gewinn nach § 5 Abs 1 EStG ermitteln?**

9. **Welche der folgenden Aussagen treffen/trifft zu?**
   - o Die Gewinnermittlung nach § 5 EStG besagt, dass der Gewinn unter Berücksichtigung allgemein anerkannter Bilanzierungsgrundsätze ermittelt werden muss.
   - o § 5 EStG besagt, dass ein Steuerpflichtiger zu Beginn des Wirtschaftsjahres festlegen muss, welche der unternehmensrechtlichen Grundsätze ordnungsmäßiger Buchführung für seine Gewinnermittlung maßgeblich sind.
   - o § 5 EStG besagt, dass bei der Gewinnermittlung zwingend unternehmensrechtliche Bilanzierungsgrundsätze herangezogen werden müssen, es sei denn steuerrechtliche stehen diesen entgegen.
   - o Die Gewinnermittlung nach § 5 EStG besagt, dass Gewinne nach dem Zufluss-Abfluss-Prinzip zugerechnet werden.
   - o Die Gewinnermittlung nach § 5 EStG besagt, dass Aufwendungen und Erträge unabhängig vom tatsächlichen Zahlungsstrom verwirklicht werden.

10. **Die Obelix GmbH & Co KG betreibt ein Handelsunternehmen in Wien und erwirtschaftete in den letzten 5 Jahren Umsatzerlöse zwischen 300.000 Euro und 380.000 Euro pro Jahr. Einziger Komplementär ist eine GmbH. Welche der nachfolgenden Aussagen treffen/trifft auf den dargestellten Sachverhalt zu? Kreuzen Sie die richtige(n) Antwort(en) an!**
    - o Für die Obelix GmbH & Co KG besteht keine Rechnungslegungspflicht, da die Umsatzgrenze des § 189 UGB nicht erreicht wird.
    - o Für die Obelix GmbH & Co KG besteht keine Rechnungslegungspflicht, da sie eine freiberufliche Tätigkeit ausübt.

- Die für die Verpflichtung zur Rechnungslegung ausschlaggebende Umsatzgrenze liegt für die Obelix GmbH & Co KG bei 150.000 Euro.
- Für die Obelix GmbH & Co KG gilt das Maßgeblichkeitsprinzip nach § 5 Abs 1 EStG nicht.
- Für die Obelix GmbH & Co KG gilt das Maßgeblichkeitsprinzip nach § 5 Abs 1 EStG.

MODUL 3: DIE BESTEUERUNG UNTERSCHIEDLICHER RECHTSFORMEN

Die zentralen Fragen dieses Moduls sind:
- ***Wie werden die vom Unternehmensrecht zur Verfügung gestellten Rechtsformen im Ertragsteuerrecht behandelt?***
- ***Wie wird das Einkommen einer Körperschaft bemessen und besteuert?***
- ***Welche Sonderausgaben sieht das Körperschaftsteuergesetz vor?***
- ***Wie erfolgt die Erhebung der Körperschaftsteuer?***
- ***Wie wirkt sich das Trennungsprinzip zwischen Körperschaft und Gesellschaftern aus?***
- ***Wie werden Leistungsbeziehungen zwischen einer Körperschaft und den Gesellschaftern dieser Körperschaft steuerlich behandelt?***
- ***Wie werden ausgeschüttete Gewinne von Körperschaften bei deren Gesellschaftern (natürliche Personen oder Körperschaften) steuerlich behandelt?***
- ***Wie wird ein Wechsel der Rechtsform steuerlich behandelt?***

Tz 84 *Frau Mag. Taxa überlegt, ob sie ihre Steuerberatungskanzlei weiterhin als Einzelunternehmerin betreiben oder ob sie gemeinsam mit anderen Steuerberatern eine Kapitalgesellschaft oder eine Personengesellschaft gründen und künftig als Geschäftsführerin einer derartigen Gesellschaft tätig sein soll. Neben betriebswirtschaftlichen Aspekten sind auch rechtliche Aspekte zu beachten.*

I DIE UNTERSCHIEDLICHEN RECHTSFORMEN

1 Die Körperschaftsteuer: Einkommensteuer juristischer Personen

Tz 85 Natürliche Personen unterliegen mit ihrem Einkommen der Einkommensteuer, Körperschaften (zB GmbH, AG) der Körperschaftsteuer. Die Körperschaftsteuer ergänzt insofern die Einkommensteuer, als sie sicherstellt, dass Rechtsträger, die nicht der Einkommensteuer unterliegen, auch besteuert werden. Sowohl die Einkommensteuer als auch die Körperschaftsteuer besteuern den Ertrag und werden deshalb als **Ertragsteuern** bezeichnet. Wie bei der Besteuerung des Einkommens natürlicher Personen macht es auch für Körperschaften, welche ihren Sitz oder Ort der Geschäftsleitung im Inland haben, keinen Unterschied, ob diese ihr Einkommen aus Tätigkeiten im Inland oder Ausland erzielen. Das **Universalitätsprinzip** (vgl Tz 6) gilt nämlich auch für Körperschaften (unbeschränkte Körperschaftsteuerpflicht). Lediglich dann, wenn eine Körperschaft weder ihren Sitz noch ihren Ort der Geschäftsleitung im Inland hat, werden – dem **Territorialitätsprinzip** (vgl Tz 276) folgend – nur die im Inland erzielten Einkünfte der Körperschaftsteuer unterworfen (beschränkte Körperschaftsteuerpflicht, vgl Tz 227 ff).

Tz 86 Hinter vielen Körperschaften stehen natürliche Personen, denen das von der Körperschaft erwirtschaftete Ergebnis als Gesellschafter zugutekommt. Folglich ist eine

wirtschaftliche Doppelbesteuerung vorprogrammiert. Tritt eine Körperschaft am Markt auf und erzielt Gewinne, so werden diese Gewinne zunächst der Körperschaftsteuer unterworfen. Werden diese Gewinne in weiterer Folge an die Gesellschafter (zB als Dividende) ausgeschüttet, so werden die bereits mit der Körperschaftsteuer belasteten Gewinne noch einmal bei den Gesellschaftern besteuert (**Trennungsprinzip**, vgl Tz 103). Diesem Umstand trägt der Gesetzgeber jedoch Rechnung, indem er zum einen den Körperschaftsteuersatz mit 25% (24 % für 2023 und 23 % ab 2024; ÖkoStRefG 2022 I) deutlich niedriger als den höchsten Grenzsteuersatz der Einkommensteuer von 55% festgesetzt hat und zum anderen die Ausschüttungen der Körperschaften nicht der vollen Einkommensteuer unterwirft, sondern in diesem Fall einen 27,5%igen Kapitalertragsteuersatz vorsieht.

2 *Die Besteuerung der Personengesellschaft*

Tz 87 Da Personengesellschaften für Zwecke des Körperschaftsteuerrechts nicht als Körperschaften gelten, unterliegen sie auch nicht der Körperschaftsteuer. Die Personengesellschaft selbst ist **kein Ertragsteuersubjekt** (§ 1 Abs 2 Z 3 iVm § 3 KStG). Daher wird nicht die Personengesellschaft besteuert, sondern ausschließlich deren Gesellschafter. Die Gewinne, die eine Personengesellschaft erwirtschaftet, werden zwar auf Ebene der Gesellschaft ermittelt (die Personengesellschaft ist damit Gewinnermittlungssubjekt), die Besteuerung der Gewinne erfolgt aber anteilig bei den Gesellschaftern (vgl § 188 BAO). Personengesellschaften werden somit nach dem **Transparenzprinzip** behandelt (für ertragsteuerliche Zwecke wird durch sie auf die Gesellschafter „durchgegriffen"). **Betrieblich tätige Personengesellschaften** werden im Ertragsteuerrecht als **Mitunternehmerschaften** und ihre Gesellschafter als Mitunternehmer bezeichnet. § 23 Z 2 EStG verweist dazu auf die Offene Gesellschaft (OG) und die Kommanditgesellschaft (KG). Weiters können auch bloße Miteigentumsgemeinschaften (zB Erbengemeinschaft, eheliche Gütergemeinschaft) sowie Gesellschaften bürgerlichen Rechts (GesbR) eine Mitunternehmerschaft begründen.

> **Beispiel:** Herr Meier und Frau Müller sind beide zu 50% als voll haftende Gesellschafter an einer Offenen Gesellschaft (OG) beteiligt. Die OG betreibt ein Spielwarengeschäft, welches im Veranlagungsjahr 2021 einen Gewinn von 2 Mio Euro abwirft. Ihren Gewinnanteil von 1 Mio Euro bekommen Herr Meier und Frau Müller allerdings erst im Veranlagungsjahr 2022 von der OG ausbezahlt. Die Gewinne, die auf Ebene der OG erwirtschaftet werden, sind in der Periode ihres Entstehens (Veranlagungsjahr 2021) Herrn Meier und Frau Müller sofort zuzurechnen und stellen bei diesen Einkünfte aus Gewerbebetrieb nach § 23 Z 2 EStG dar. Sie werden bei beiden Gesellschaftern der Einkommensteuer unterworfen und zum jeweiligen progressiven Steuersatz versteuert (vgl Tz 30). Für die ertragsteuerrechtliche Behandlung ist es ohne Bedeutung, ob Herr Meier und Frau Müller die Gewinne, welche die Personengesellschaft erwirtschaftet, gleich oder zu einem späteren Zeitpunkt (zB Veranlagungsjahr 2022) entnehmen. Aufgrund des

Transparenzprinzips werden die Gewinne im Zeitpunkt ihres Entstehens (Veranlagungsjahr 2021) bei den Gesellschaftern erfasst; die Entnahme ist daher nicht mit einer Ausschüttung aus einer Körperschaft vergleichbar. Anders als die Ausschüttung einer Körperschaft unterliegt die Gewinnentnahme aus einer Personengesellschaft nicht der KESt.

Tz 88 Die ertragsteuerliche Behandlung der Personengesellschaft unterscheidet sich somit völlig von der ertragsteuerlichen Behandlung einer Körperschaft und ist eher mit jener einer natürlichen Person, die ein Einzelunternehmen betreibt, zu vergleichen. Zwar wird der Gewinn des Einzelunternehmens durch eine natürliche Person ermittelt. Dies beruht allerdings nicht auf einer gesonderten Unterwerfung des Einzelunternehmens unter die Ertragsteuer, sondern auf der Erhöhung des Einkommens der natürlichen Person in Form des Gewinns des Einzelunternehmens. Ähnliches gilt, wenn zwei oder mehrere Personen zur Führung eines Unternehmens eine Personengesellschaft gründen: Der Gewinn dieses Unternehmens wird in einem gesonderten Verfahren ermittelt (vgl Tz 325), um ihn dann **anteilig bei den Gesellschaftern zu besteuern** (siehe § 21 Abs 2 Z 2, § 22 Z 3 und § 23 Z 2 EStG).

Kommt es zu Leistungsbeziehungen zwischen der Personengesellschaft und dem Gesellschafter, so gilt nach herrschender Lehre und Rechtsprechung folgender Grundsatz: Zwischenbetriebliche Leistungen zwischen Personengesellschaft und Gesellschafter werden anerkannt, wenn sie unter fremdüblichen Bedingungen erfolgen. Tritt der Gesellschafter allerdings als Privater in eine Leistungsbeziehung (zB Überlassung von Wirtschaftsgütern, Gewährung eines Darlehens, Erbringung von Arbeitsleistung) zur Personengesellschaft und bezieht dafür Vergütungen, so sind diese Zuwendungen Bestandteil seines Gewinnes und daher bei der Personengesellschaft nicht abzugsfähig. Wenn ein Gesellschafter einer Personengesellschaft die Geschäftsführeraufgaben übernommen hat, wird die dafür vereinbarte Vergütung ebenfalls beim Gesellschafter als Gewinnanteil der Einkommensteuer unterworfen. Ist hingegen ein Gesellschafter einer Körperschaft auch Geschäftsführer, dann vermindert seine Geschäftsführervergütung – soweit sie angemessen ist – das Einkommen der Körperschaft. Beim geschäftsführenden Gesellschafter der Körperschaft ist diese Vergütung entweder im Rahmen der Einkünfte aus selbständiger Tätigkeit oder nichtselbständiger Tätigkeit (abhängig von der Höhe seiner Beteiligung, vgl Tz 10) zu erfassen.

Beispiel: Herr Meier gewährt der Spielwaren OG ein Darlehen aus seinem Privatvermögen und bezieht dafür monatliche Darlehenszinsen in Höhe von 700 Euro. Ein ebenfalls von Herrn Meier in der Rechtsform eines Einzelunternehmens betriebenes Transportserviceunternehmen überlässt der Spielwaren OG einen ihrer Firmenwagen, damit diese Spielwarenlieferungen in größerem Ausmaß durchführen kann. Dafür hat die Spielwaren OG ein branchenübliches Mietentgelt in Höhe von 300 Euro an Herrn Meier zu bezahlen.

Die von der Spielwaren OG an Herrn Meier geleisteten Darlehenszinsen sind als Vorweggewinn (Gewinnvorab) zu qualifizieren und mindern den Gewinn der Spielwaren OG nicht. Die Mietzahlungen der Spielwaren OG an Herrn Meier für den im Rahmen des Transportserviceunternehmens überlassenen Mietwagen werden hingegen als zwischenbetriebliche Leistung anerkannt und stellen daher keinen Bestandteil des Gewinns der Spielwaren OG dar.

3 Der Wechsel der Rechtsform

Tz 89 Das Steuerrecht lässt vielfach einen Wechsel zwischen den Rechtsformen zu, ohne dass dies zu (zusätzlichen) steuerlichen Belastungen führt. Maßgebend dafür ist das **Umgründungssteuerrecht**, auf dessen Grundlage unter bestimmten Voraussetzungen beispielsweise ein Betrieb eines Einzelunternehmers in eine Körperschaft, deren Gesellschafter er ist oder dadurch wird, „eingebracht" werden kann. Gäbe es diese Regelungen nicht, müsste ein derartiger Vorgang – nach allgemeinen einkommensteuerlichen Vorschriften – als Veräußerung des Betriebes an die Körperschaft betrachtet werden (§ 6 Z 14 EStG). Dies würde zur Aufdeckung und Versteuerung der **stillen Reserven** führen (vgl Tz 10). Das Umgründungssteuerrecht unterdrückt in derartigen Fällen die Aufdeckung der stillen Reserven und stellt sicher, dass die Buchwerte des Betriebes von der Körperschaft weitergeführt werden können. Die Regelungen des Umgründungssteuerrechts verhindern somit eine Versteinerung des Wirtschaftslebens, die gegeben sein könnte, wenn eine einmal getroffene Rechtsformentscheidung aufgrund bestehender steuerlicher Belastungen beibehalten werden müsste. Sie erleichtern daher einen Rechtsformwechsel.

Tz 90 Unter **Umgründungen** versteht man Vorgänge, bei denen sich der Rechtsträger eines Unternehmens ändert, sein Vermögen jedoch unverändert fortbesteht (vgl *Walter*, Umgründungssteuerrecht[13] (2021) Tz 1). Bei einer bloß formwechselnden Umgründung (auch formwechselnde „Umwandlung", nicht zu verwechseln mit der Umwandlung nach Art II UmgrStG) führt die Änderung der Rechtsform eines Unternehmens zu keiner Änderung der Identität des Rechtsträgers und damit zu keiner Übertragung von Vermögen. Eine solche formwechselnde Umgründung liegt etwa bei einer Umwandlung einer OG in eine KG (und umgekehrt) oder bei Umwandlung einer AG in eine GmbH (und umgekehrt) vor und hat keine ertragsteuerlichen Folgen. Bei einer übertragenden Umgründung kommt es hingegen stets zu einem Übergang von Vermögen eines übertragenden auf einen übernehmenden Rechtsträger. Nach den Grundsätzen des allgemeinen Steuerrechts würde es in diesen Fällen zu einer Gewinnrealisation durch Tausch oder Liquidation kommen. Dies wird durch das UmgrStG für bestimmte Umgründungsvorgänge (Art I: Verschmelzung, Art II: Umwandlung, Art III: Einbringung, Art IV: Zusammenschluss, Art V: Realteilung, Art VI: Spaltung) – insbesondere durch die Buchwertfortführung als auch durch die Steuerneutralität von Buchgewinnen und -verlusten – unterbunden, sofern die Voraussetzungen des Umgründungssteuergesetzes erfüllt sind.

II DAS SUBJEKT DER KÖRPERSCHAFTSTEUER

1 Die juristischen Personen des privaten Rechts

Tz 91 Der Körperschaftsteuer unterliegen **Körperschaften**. Aus § 1 KStG wird abgeleitet, was unter Körperschaften für Zwecke des KStG zu verstehen ist. Zunächst gelten „juristische Personen des privaten Rechts" (§ 1 Abs 2 Z 1 KStG) als Körperschaften. Das KStG knüpft insoweit an das Zivilrecht an. Als Körperschaften des KStG gelten demnach zB Kapitalgesellschaften (AG, GmbH), Genossenschaften, Vereine, Sparkassen und Privatstiftungen.

2 Betriebe gewerblicher Art von Körperschaften öffentlichen Rechts

Tz 92 Körperschaften des öffentlichen Rechts (die Republik Österreich, die Länder, die Gemeinden, aber auch die Wirtschaftskammer Österreich, die Arbeiterkammern sowie die Österreichische Hochschülerschaft) unterliegen nur in eingeschränktem Umfang der Körperschaftsteuer (§ 1 Abs 3 Z 2 iVm § 21 Abs 2 und 3 KStG). Dies gilt jedoch nicht für **Betriebe gewerblicher Art** (§ 1 Abs 2 Z 2 iVm § 2 KStG), die von den Körperschaften des öffentlichen Rechts betrieben werden. Sie sind unbeschränkt steuerpflichtig. Dahinter steht der Gedanke der Wettbewerbsneutralität: Wenn die öffentliche Hand selbst am Markt auftritt, dann soll sie mit ihrem Betrieb gewerblicher Art auch wie jeder andere private Marktteilnehmer, zu dem sie schließlich in Wettbewerb tritt, behandelt werden.

> **Beispiel:** Die Gemeinde Kirchling betreibt ein Hallenbad, das mit seinen Leistungen am Markt auftritt und somit mit privaten Hallenbädern im Wettbewerb steht. Unter den Voraussetzungen des § 2 Abs 1 KStG gilt dieses Hallenbad als Betrieb gewerblicher Art. Die Einkünfte unterliegen in vollem Umfang der Körperschaftsteuer. Körperschaftsteuersubjekt hinsichtlich dieser Einkünfte ist das Hallenbad selbst und nicht die Gemeinde Kirchling. Die Gemeinde Kirchling unterliegt als Körperschaft des öffentlichen Rechts nur mit bestimmten Einkünften der Körperschaftsteuer (vgl § 1 Abs 3 Z 2 iVm § 21 Abs 2 und 3 KStG).

3 Befreiungen von der unbeschränkten Steuerpflicht

Tz 93 Der Gesetzgeber hat sich aus unterschiedlichen Motiven heraus entschlossen, einzelne Körperschaften von der unbeschränkten Körperschaftsteuerpflicht zu befreien. Ein **Katalog von befreiten Körperschaften** findet sich in **§ 5 KStG**. Beispielsweise sind Körperschaften, die „der Förderung gemeinnütziger, mildtätiger oder kirchlicher Zwecke" dienen, von der unbeschränkten Körperschaftsteuerpflicht befreit (§ 5 Z 6 KStG, §§ 34 ff BAO). Hintergrund der Regelung ist vor allem, dass die Tätigkeit dieser Rechtsträger (oft handelt es sich dabei um Vereine) nicht im Individualinteresse eines Mitglieds, sondern im Interesse der Allgemeinheit liegt.

Tz 94 Konsequenterweise können aber auch derartige Körperschaften mit ihren „wirtschaftlichen Geschäftsbetrieben“ der unbeschränkten Körperschaftsteuerpflicht unterliegen (näher § 45 BAO), weil sie insoweit auch am Markt auftreten und mit privaten Anbietern, die ebenso eine Ertragsteuerbelastung zu tragen haben, im Wettbewerb stehen.

III BEMESSUNGSGRUNDLAGE, TARIF UND ERHEBUNG DER KÖRPERSCHAFTSTEUER

1 Einkommensbegriff und Einkommensermittlung

Tz 95 Der Körperschaftsteuer unterliegt das Einkommen der Körperschaft (§ 7 Abs 1 KStG). Das KStG definiert das Einkommen in § 7 Abs 2 KStG in Anlehnung an das EStG. Soweit im KStG keine Sonderregelungen angeführt sind, kommen die Vorschriften des EStG zur Anwendung.

Tz 96 Für Körperschaften, die auf Grund der Rechtsform nach unternehmensrechtlichen Vorschriften zur Rechnungslegung verpflichtet sind, ergibt sich aus § 7 Abs 3 KStG eine bedeutsame Besonderheit: All ihre Einkünfte sind zwingend als **Einkünfte aus Gewerbebetrieb** (§ 23 EStG) zu qualifizieren. Dies bedeutet zB für Aktiengesellschaften, Gesellschaften mit beschränkter Haftung oder Genossenschaften, dass sie nur Einkünfte aus Gewerbebetrieb erzielen. Demnach ermitteln sie ihren Gewinn nach § 5 Abs 1 EStG (vgl Tz 55).

> Eine AG oder eine GmbH kann daher kein Privatvermögen besitzen. Ihr gesamtes Vermögen ist Bestandteil des Betriebsvermögens. Daher sind Veräußerungsgewinne, die eine AG oder GmbH erzielt, wenn man von wenigen Ausnahmen (vgl § 10 Abs 3 KStG; dazu Tz 267) absieht, als Einkünfte aus Gewerbebetrieb steuerpflichtig (vgl aber VwGH 20.6.2000, 98/15/0169).

Tz 97 Körperschaften, die gesetzlich nicht zur Buchführung verpflichtet sind, wie das zB bei den sogenannten „kleinen“ Vereinen (vgl § 21 und § 22 VerG) der Fall ist, können hingegen Einkünfte aus verschiedenen Einkunftsarten haben.

> **Beispiel:** Ein nicht gemeinnütziger Verein hat keinen Betrieb, vermietet jedoch einzelne Wohnungen an private Mieter. Die Mieteinkünfte sind gemäß § 28 Abs 1 Z 1 EStG der Besteuerung zu unterwerfen.

Tz 98 In der Praxis spielen auch **Privatstiftungen** eine große Rolle. Sie sind ebenfalls juristische Personen des privaten Rechts und damit Körperschaftsteuersubjekte. Privatstiftungen sind zwar auf Grund gesetzlicher Vorschriften zur Rechnungslegung verpflichtet, doch hat sie der Gesetzgeber ausdrücklich von der Regelung des § 7 Abs 3 KStG ausgenommen (§ 5 Z 11 iVm 13 Abs 1 Z 1 KStG). Sie können daher auch **Einkünfte aus verschiedenen Einkunftsarten** erzielen.

Tz 99 Ob bei Körperschaften auch die Annahme von **„Liebhaberei"** (vgl Tz 9) denkbar ist, ist umstritten (*Gassner*, ÖStZ 1984, 138; *Schuch*, RdW 1997, 300). An sich kann eine Körperschaft selbst keine persönlichen Neigungen entfalten. Eher werden persönliche Neigungen des Gesellschafters das Gewinnstreben einer Körperschaft beeinflussen. Dennoch nehmen Rechtsprechung und Verwaltungspraxis an, dass auch bei Körperschaften Liebhaberei vorliegen kann (vgl VwGH 22.9.1987, 86/14/0196; Liebhaberei-VO, BGBl 1993/33). In diesem Fall fehlt es an einer steuerlich relevanten Einkunftsquelle. Verluste können steuerlich nicht verwertet werden und zufällig erwirtschaftete Gewinne werden nicht besteuert (vgl Tz 9)

> **Beispiel:** Eine GmbH betreibt einen Antiquitätenhandel, der schon seit vielen Jahren zu Verlusten führt. Die Führung des Betriebes ist durch das Interesse des Alleingesellschafters an Antiquitäten begründet. Die Annahme von Liebhaberei liegt nahe. Eine Verrechnung der Verluste mit späteren Gewinnen, die erzielt werden könnten, wenn die GmbH ihr Tätigkeitsfeld verändert, ist daher nicht möglich.

2 Sonderausgaben

Tz 100 **§ 8 Abs 4 KStG** enthält einen eigenen taxativen **Sonderausgabenkatalog**, der zwar an das EStG angelehnt ist, in einigen Punkten aber davon abweicht. Freiwillige Zuwendungen an spendenbegünstigte Einrichtungen (§ 18 Abs 1 Z 7 iVm § 4a Z 1 EStG) können zB ebenso wie bei natürlichen Personen (vgl Tz 24 ff) als Sonderausgaben abgezogen werden (§ 8 Abs 4 Z 1 KStG). Auch der Verlustabzug ist bei Körperschaften gemäß § 8 Abs 4 Z 1 KStG iVm § 18 EStG möglich, wenngleich der abzugsfähige Betrag mit 75% des Gesamtbetrags der Einkünfte des jeweiligen Wirtschaftsjahrs beschränkt ist (§ 8 Abs 4 Z 2 lit a KStG). Der verbleibende Anteil des Verlustabzuges kann in den nächsten Wirtschaftsjahren – unter Beachtung der Vortragsgrenze – vorgetragen werden. Aus steuerplanerischen Gründen wäre es naheliegend, den Verlustvortrag erfolgloser Gesellschaften dadurch zu „verwerten", dass die Gesellschaftsanteile an jemanden übertragen werden, der mit dieser Gesellschaft einen völlig neuen Unternehmensgegenstand verfolgen will und sein steuerpflichtiges Einkommen dann um die in früheren Perioden von der verlustträchtigen Gesellschaft erlittenen Verluste kürzen möchte. Derartigen steuerplanerischen Gestaltungen versucht der „Mantelkauf"-Tatbestand des § 8 Abs 4 Z 2 lit c KStG vorzubeugen.

3 Tarif

Tz 101 Der Körperschaftsteuersatz beträgt **25% (24 % für 2023 und 23 % ab 2024; ÖkoStRefG 2022 I)**. Im Falle von Verlusten oder zu geringen Gewinnen wird eine Mindeststeuer von 5% eines Viertels der gesetzlichen Mindesthöhe des Grund- oder Stammkapitals für jedes volle Kalendervierteljahr des Bestehens der unbeschränkten Steuerpflicht erhoben, welche in den Folgejahren auf die Körperschaftsteuer angerechnet wird (näher und zu Abweichungen § 24 Abs 4 KStG).

Beispiel: Eine GmbH erwirtschaftet in einem Geschäftsjahr ausschließlich Verluste. Die GmbH hat dennoch **Mindestkörperschaftsteuer** gemäß § 24 Abs 4 KStG zu entrichten. Die Höhe der Mindestkörperschaftsteuer beträgt 5% eines Viertels der gesetzlichen Mindesthöhe des Stammkapitals (das sind grundsätzlich 35.000 Euro) pro Kalendervierteljahr. Daraus ergibt sich für eine GmbH eine Mindestkörperschaftsteuer von 437,50 Euro pro Kalendervierteljahr, das sind 1.750 Euro pro Kalenderjahr. Im Falle einer AG, deren gesetzliches Mindestkapital 70.000 Euro beträgt, fällt eine jährliche Mindestkörperschaftsteuer in Höhe von 3.500 Euro an.

4 Erhebung der Körperschaftsteuer

Tz 102 Für die Erhebung der Körperschaftsteuer gelten ähnliche Regeln wie für die Einkommensteuer (vgl Tz 39). Nach Ende des Veranlagungszeitraums hat die Körperschaft ihre Körperschaftsteuererklärung abzugeben, auf deren Basis das Finanzamt ein Veranlagungsverfahren durchführt und den Körperschaftsteuerbescheid erlässt. Vierteljährlich hat die Körperschaft Vorauszahlungen auf die Körperschaftsteuerschuld zu leisten, die auf die endgültig zu zahlende Körperschaftsteuer angerechnet werden (§ 24 KStG).

IV KÖRPERSCHAFT UND GESELLSCHAFTER

1 Einkommensverwendung

Tz 103 Zahlreiche Besonderheiten ergeben sich aus der Beziehung zwischen einer Körperschaft und ihren Gesellschaftern: Körperschaft und Gesellschafter werden steuerlich, ähnlich wie im Zivilrecht, als getrennte Rechtsträger und Steuersubjekte behandelt. Bei der Einkommensermittlung gilt das **Trennungsprinzip**. Dementsprechend sind auch Rechtsgeschäfte zwischen Gesellschafter und Gesellschaft anzuerkennen. Werden aber dem Gesellschafter Vorteile zugewendet, die ihre Begründung im Beteiligungsverhältnis („causa societatis") und der damit möglichen Einflussnahme des Gesellschafters auf die Gesellschaft haben, liegt Einkommensverwendung der Körperschaft vor. Die durch die Gesellschafterposition bewirkte Vermögensminderung der Gesellschaft ist dann keine abzugsfähige Betriebsausgabe, sondern als verdeckte Gewinnausschüttung nicht abzugsfähig (§ 8 Abs 2 KStG). Umgekehrt erhöhen Vermögenszuführungen durch den Gesellschafter (Einlagen) auch nicht das steuerliche Einkommen der Körperschaft. Es liegt eine (verdeckte) Einlage vor, wenn der Gesellschafter der Gesellschaft Vermögen zuwendet und diese Zuwendung ihre Begründung im Gesellschaftsverhältnis hat (§ 8 Abs 1 KStG). Einlagen und Gewinnausschüttungen sind steuerneutral, gleichgültig ob sie offen, das heißt den dafür vorgesehenen Formen des Unternehmensrechts entsprechend (also zB eine Einlage im Wege einer Kapitalerhöhung oder eine Gewinnausschüttung aufgrund eines Ausschüttungsbeschlusses der Gesellschafter), oder verdeckt erfolgen.

Beispiele:

1. Die A-AG schüttet Dividenden aus, darüber hinaus gewährt sie einem Hauptgesellschafter ein zinsenloses Darlehen. Die Dividende stellt eine offene Gewinnausschüttung dar. In Höhe der fremdunüblich anfallenden Zinsen für das Darlehen liegt eine verdeckte Gewinnausschüttung vor. Sowohl die offene als auch die verdeckte Gewinnausschüttung sind nicht abzugsfähig und vermindern daher nicht das Einkommen der Körperschaft. Um diese Wirkung zu erreichen, sind die entgangenen Zinsen dem Einkommen der Körperschaft hinzuzurechnen. Beim Gesellschafter sind die Dividenden und die „ersparten" Zinsen Kapitalerträge. Die Gesellschaft hat daher die KESt in Höhe von 27,5% einzubehalten (vgl § 27a Abs 1 Z 2 EStG, siehe auch Tz 44 ff).

2. Ein weiterer Hauptgesellschafter verkauft der Körperschaft eine Liegenschaft unter ihrem Verkehrswert. In diesem Fall liegt eine verdeckte Einlage vor. Der der Körperschaft zugewendete Vorteil löst bei ihr keine steuerpflichtige Betriebseinnahme aus und erhöht als Einlage nicht den Gewinn.

Tz 104 Die Feststellung, ob im Einzelfall eine verdeckte Gewinnausschüttung vorliegt und daher eine Gewinnkorrektur bei der Körperschaft vorzunehmen ist, ist oft schwierig. Die Praxis behilft sich häufig mit einem **Fremdvergleich**, der aber problematisch sein kann, weil die verglichenen Situationen nie völlig ident sind. Aus dem Gesellschaftsrecht, in dem **verdeckte Gewinnausschüttungen** unter das Verbot der Einlagenrückgewähr (§§ 52 und 54 AktG; § 82 Abs 1 GmbHG) fallen und daher unzulässig sein können, wird der Maßstab des ordentlichen Geschäftsleiters abgeleitet. Die Überlegung, ob und welche Vergütung ein ordentlicher und gewissenhafter Geschäftsleiter in einer bestimmten Situation für eine Leistung gezahlt hätte, lässt aber oft keine eindeutigen Schlussfolgerungen zu.

Beispiel: Eine GmbH hat drei Geschäftsführer. Zwei davon beziehen ein Jahresgehalt von je 150.000 Euro, während der dritte Geschäftsführer, der gleichzeitig auch Alleingesellschafter der GmbH ist, ein Jahresgehalt von 300.000 Euro bezieht. Die GmbH ist auf ihrem Gebiet in Österreich Marktführer. Ein Geschäftsführer des nächstgrößten Mitbewerbers, dessen Umsatz allerdings nur zwei Drittel ausmacht, bezieht ein Jahresgehalt von 250.000 Euro. Die Frage, ob das Gehalt des Alleingesellschafters teilweise als verdeckte Gewinnausschüttung zu qualifizieren ist und daher insoweit das Einkommen der GmbH nicht kürzen darf, ist äußerst schwierig zu beantworten. Der Verantwortungsbereich der beiden anderen Geschäftsführer der GmbH ist möglicherweise aufgrund geringerer Zuständigkeiten nicht völlig vergleichbar. Zudem könnte ihre bisherige Berufserfahrung geringer sein. Die schwächere Marktposition des Mitbewerbers führt dazu, dass der Vergleich mit dem Gehalt des Geschäftsführers des Mitbewerbers auch nicht völlig einschlägig ist. Abgesehen davon ist es der Finanzverwaltung aufgrund des

Steuergeheimnisses verwehrt, im Abgabenverfahren mit dem Gehalt des Geschäftsführers eines Mitbewerbers zu argumentieren (vgl Tz 334).

2 *Die Besteuerung der Einkünfte aus Beteiligungen an Kapitalgesellschaften*

Tz 105 Die sonst bestehende wirtschaftliche Doppelbelastung von Gewinnen einerseits bei der Körperschaft und andererseits bei den dahinterstehenden natürlichen Personen als ihren Gesellschaftern wird durch den – im Vergleich zur Einkommensteuer – niedrigeren Körperschaftsteuersatz und den ermäßigten Kapitalertragsteuersatz beim Gesellschafter entschärft (vgl Tz 86).

Tz 106 Das Problem der wirtschaftlichen Doppelbelastung stellt sich aber auch im Verhältnis zwischen zwei Körperschaften, wenn etwa eine Kapitalgesellschaft Dividenden von ihrer Tochtergesellschaft bezieht und die Gewinne bei der Tochtergesellschaft bereits einmal der Körperschaftsteuer unterworfen wurden. § 10 Abs 1 KStG vermeidet diese Doppelbelastung durch die **Beteiligungsertragsbefreiung**. Gemäß § 10 Abs 1 Z 1 bis 4 KStG sind Gewinnausschüttungen von inländischen Körperschaften von der Körperschaftsteuer befreit (zur Behandlung von Gewinnausschüttungen ausländischer Körperschaften vgl näher Tz 240 ff). Diese Befreiung kommt unabhängig davon zur Anwendung, wie hoch das Ausmaß der Beteiligung ist und wie lange die Beteiligung schon gehalten wurde. Von der Beteiligungsertragsbefreiung sind daher bei der empfangenden Körperschaft auch Dividenden aus einzelnen Aktien, die zB zum Zwecke der kurzfristigen Kapitalveranlagung im Umlaufvermögen gehalten werden, erfasst. Aufgrund der Beteiligungsertragsbefreiung kann auch bei „mehrstöckigen" Gestaltungen keine doppelte oder mehrfache Belastung mit Körperschaftsteuer entstehen.

> **Beispiel:** Die A-GmbH (Muttergesellschaft) ist an der B-GmbH (Tochtergesellschaft) beteiligt. Die B-GmbH hält wiederum Anteile an der C-GmbH (Enkelgesellschaft). Die von der C-GmbH erwirtschafteten operativen Gewinne werden bei ihr der 25%igen Körperschaftsteuer unterworfen. Die Gewinnausschüttung der C-GmbH an die B-GmbH ist bei der B-GmbH von der KöSt befreit. Ebenso ist die Ausschüttung der B-GmbH an die A-GmbH bei der A-GmbH von der KöSt befreit. Wenn die A-GmbH später an ihre beiden Gesellschafter, Frau X und Herrn Y, Dividenden ausschüttet, sind diese Dividenden bei den Gesellschaftern mit der 27,5%igen KESt endbesteuert (vgl Tz 44 ff).

Tz 107 Ist eine unbeschränkt steuerpflichtige Körperschaft an einer anderen unbeschränkt steuerpflichtigen Körperschaft mittel- oder unmittelbar zumindest zu 10% beteiligt, braucht von vornherein keine KESt auf die Dividenden eingehoben werden (§ 94 Z 2 EStG). Ist das Ausmaß der Beteiligung geringer, ist demgegenüber KESt einzubehalten und an das Finanzamt abzuführen. Diese KESt wird aber auf die Körperschaftsteuer der Muttergesellschaft angerechnet (§ 24 Abs 3 KStG iVm § 46 Abs 1 Z 3 EStG). Hat die Muttergesellschaft nur steuerbefreite Einkünfte (weil sie zB ausschließlich Dividenden bezieht) oder erleidet sie insgesamt einen Verlust, wird die

KESt im körperschaftsteuerlichen Veranlagungsverfahren der Muttergesellschaft unter Berücksichtigung der Mindestkörperschaftsteuer gutgeschrieben.

> **Beispiel:** Die A-GmbH (Muttergesellschaft) ist zu 100% an der B-GmbH (Tochtergesellschaft) und zu 5% an der C-GmbH (Tochtergesellschaft) beteiligt. Die von der B-GmbH und der C-GmbH erwirtschafteten Gewinne unterliegen jeweils der 25%-igen Körperschaftsteuer. Schütten nun die B-GmbH und die C-GmbH ihre Dividende an die A-GmbH aus, so sind diese Ausschüttungen auf Ebene der A-GmbH steuerfrei Im Gegensatz zur B-GmbH muss die C-GmbH jedoch die KESt auf die an die A-GmbH ausgeschüttete Dividende einbehalten, welche auf Ebene der A-GmbH angerechnet wird.

Tz 108 Veräußert eine Körperschaft ihre Beteiligung an einer anderen Körperschaft, ist der **Veräußerungsgewinn steuerpflichtig** (zu beachten ist allerdings die Steuerneutralität von internationalen Schachtelbeteiligungen, vgl Tz 267). In diesem Fall kann es zu einer Doppelbesteuerung kommen, weil die Wertsteigerung des Gesellschaftsanteils, die im Wege der Veräußerung durch die Muttergesellschaft realisiert wird, ihren Grund in den von der Tochtergesellschaft erzielten Gewinnen haben kann.

Tz 109 Umgekehrt sind aber auch **Wertminderungen des Gesellschaftsanteils** bei der Muttergesellschaft **steuerwirksam** (vgl Tz 259). Veräußerungsverluste mindern somit das steuerpflichtige Einkommen der Muttergesellschaft. Ebenso kann der niedrigere Wert des Wirtschaftsgutes „Beteiligung" im Wege einer Teilwertabschreibung geltend gemacht werden (vgl Tz 67). Unter bestimmten Voraussetzungen muss dies sogar erfolgen (vgl Tz 73). Ein Verlust aus der Veräußerung oder eine Abschreibung auf den niedrigen Teilwert bei einer zum Anlagevermögen gehörenden Inlandsbeteiligung kann aber nicht in allen Fällen geltend gemacht werden (vgl dazu § 12 Abs 3 KStG). Ist eine Berücksichtigung dem Grunde nach in der steuerlichen Gewinnermittlung geboten, so muss eine Verteilung auf **sieben Jahre** erfolgen (§ 12 Abs 3 Z 2 KStG). Sinn dieser Regelung ist es, das Steueraufkommen zu sichern. Aus der steuerlichen Systematik heraus ist sie nicht zu erklären.

> **Beispiel:** Die A-GmbH (Muttergesellschaft) ist zu 50% an der Technologie-GmbH (Tochtergesellschaft) beteiligt, welche mit der Herstellung von Blu-Ray Discs™ beschäftigt ist. In Anbetracht der steigenden Beliebtheit von Streamingdiensten fallen die anfangs positiven Unternehmensergebnisse der Technologie-GmbH in den Keller. Die A-GmbH kann daher eine Abschreibung ihrer Beteiligung an der Technologie-GmbH auf den niedrigeren Teilwert vornehmen. Sie kann die Wertminderung ihrer Beteiligung jedoch nicht sofort in voller Höhe geltend machen, sondern muss diese auf sieben Jahre verteilt abschreiben.

Aufgrund der ausdrücklichen Regelung des § 11 Abs 1 Z 4 iVm § 12 Abs 1 Z 9 KStG dürfen **Zinsen** ausgenommen Geldbeschaffungs- und Nebenkosten im Zusammenhang mit der **Fremdfinanzierung des Erwerbs von Kapitalanteilen** im Sinne des § 10 KStG als Betriebsausgaben abgezogen werden, sofern die Kapitalanteile zum Betriebsvermögen gehören und nicht von einem anderen konzernzugehörigen Unternehmen oder von einem beherrschenden Einfluss ausübenden Gesellschafter erworben werden. Diese Regelung ist nicht völlig selbstverständlich, da Dividenden aus Beteiligungen nach § 10 KStG steuerbefreit sind, und nach der allgemeinen – in § 12 Abs 2 KStG ausdrücklich verankerten – Regel Aufwendungen nicht abgezogen werden dürfen, die mit nicht steuerpflichtigen Einnahmen in unmittelbarem wirtschaftlichem Zusammenhang stehen. Allerdings könnten diese Zinsen auch mit den steuerpflichtigen Veräußerungsgewinnen im Zusammenhang gesehen werden (VfSlg 14.784/1997, 15229/1998), was schwierige Abgrenzungsfragen beim Erwerb von Beteiligungen von Konzerngesellschaften nach sich zieht (vgl *Lang*, SWK 1998, 733).

3 Die Besteuerung von Unternehmensgruppen

Tz 110 Die **Gruppenbesteuerung** eröffnet **finanziell verbundenen Körperschaften** die Möglichkeit, Gewinne, die auf Ebene einer Körperschaft erzielt wurden, mit Verlusten anderer – gruppenzugehöriger – Körperschaften zu verrechnen. Dadurch soll erreicht werden, dass die Gestaltung der Konzernstruktur nicht von steuerlichen Erwägungen geleitet wird. Ohne Gruppenbesteuerung müsste man sich zur Gewinn- und Verlustverrechnung verstärkt Personengesellschaften bedienen, die steuerlich transparent behandelt werden (vgl Tz 87) und deren positive und negative Ergebnisse direkt dem Gesellschafter zugerechnet werden. Eine andere Möglichkeit bestünde darin, alle Geschäftsbereiche in einer einzigen Körperschaft zusammenzufassen, was aber oft aus betriebswirtschaftlichen Überlegungen und aus Gründen der zivilrechtlichen Haftungsbeschränkung nicht gewünscht wird.

Tz 111 Nach **§ 9 KStG** können finanziell verbundene Körperschaften eine **Unternehmensgruppe** bilden. Als finanziell verbunden gelten Körperschaften mit einer **Beteiligung von mehr als 50%,** wobei unmittelbare und mittelbare Beteiligungen einbezogen werden (vgl § 9 Abs 4 KStG). Die Gruppenbesteuerung setzt einen schriftlichen Antrag des Gruppenträgers und der inländischen Gruppenmitglieder, auf die sich die Unternehmensgruppe erstrecken soll, voraus (§ 9 Abs 8 KStG). Die Unternehmensgruppe muss für einen Zeitraum von mindestens **drei Jahren** bestehen (§ 9 Abs 10 KStG).

Beispiele:
1. Die österreichische A-AG ist zu 80% an der inländischen BeteiligungsGmbH & CO KG beteiligt. Die BeteiligungsGmbH & CO KG ist wiederum zu 60% an der inländischen Z-AG und zu 100% an der inländischen X-GmbH beteiligt. Die A-AG und die X-GmbH können eine Unternehmensgruppe bilden, weil die A-AG über die BeteiligungsGmbH & CO KG mittelbar zu 80% an der X-GmbH beteiligt ist. Eine Unternehmensgruppe zwischen der A-AG und der Z-AG ist jedoch nicht möglich, weil die A-AG über die BeteiligungsGmbH & CO KG mittelbar nur zu 48% an der Z-AG beteiligt ist (80% * 60%).

2. Die österreichische A-AG ist zu 60% an der inländischen B-GmbH und diese wiederum zu 60% an der inländischen C-AG beteiligt. Alle drei Gesellschaften können eine Unternehmensgruppe bilden, da es ausreicht, dass die jeweils unmittelbar beteiligte Körperschaft mit der jeweiligen Beteiligungskörperschaft finanziell verbunden ist (§ 9 Abs 4 TS 1 KStG).

Tz 112 Das steuerliche Ergebnis inländischer Gruppenmitglieder wird letztlich jener Körperschaft, die Gruppenträger ist, **in voller Höhe zugerechnet** (im Unterschied zu ausländischen Gruppenmitgliedern, vgl Tz 261). Auf diese Weise können positive und negative Ergebnisse von Körperschaften innerhalb einer Unternehmensgruppe miteinander verrechnet werden. Die Bildung einer Unternehmensgruppe macht daher in der Regel nur dann Sinn, wenn zumindest eine Körperschaft in der Gruppe Verluste erleidet.

Beispiel: Die österreichische X-AG ist zu 90% an der inländischen Y-AG sowie zu 60% an der inländischen Z-AG beteiligt. Es wird eine Unternehmensgruppe nach § 9 KStG gebildet. Die X-AG erzielt im Kalenderjahr einen Gewinn von 5 Mio Euro, die Y-AG einen Gewinn von 2 Mio Euro und die Z-AG einen Verlust von 4 Mio Euro. Der X-AG – als Gruppenträger – werden folglich am Ende des Kalenderjahres die Ergebnisse der beiden Tochtergesellschaften zugerechnet. Bei der X-AG wird somit das zusammengefasste Ergebnis in Höhe von 3 Mio Euro besteuert – die Verluste der Z-AG werden in voller Höhe berücksichtigt.

Tz 113

Wenn sich Frau Mag. Taxa dazu entschließt, ihren Betrieb weiterhin in der Rechtsform eines Einzelunternehmens zu betreiben, so erzielt sie als Steuerberaterin Einkünfte aus selbständiger Arbeit gemäß § 22 Z 1 EStG, die der ESt unterworfen werden.

Sollte sich Frau Mag. Taxa gemeinsam mit anderen Steuerberatern entschließen, ihren Betrieb in der Rechtsform einer Personengesellschaft zu betreiben, so liegt ertragsteuerlich eine Mitunternehmerschaft vor. Nicht die Personengesellschaft, sondern die Gesellschafter sind in diesem Fall Einkommensteuersubjekte. Folglich hat Frau Mag. Taxa ihren Gewinnanteil, der auch die vereinbarte Vergütung für ihre Geschäftsführertätigkeit enthält, im Rahmen der Einkünfte aus selbständiger Arbeit gemäß § 22 Z 3 EStG der ESt zu unterwerfen.

Frau Mag. Taxa kann auch eine GmbH gründen. Diese – und nicht Frau Mag. Taxa – bezieht Einkünfte aus Gewerbebetrieb und unterliegt der 25%igen KöSt. Gewinnausschüttungen aus Beteiligungen an anderen Kapitalgesellschaften sind von der Körperschaftsteuer befreit. Bestimmte Beteiligungen können die Voraussetzungen zur Bildung einer Unternehmensgruppe (§ 9 KStG) erfüllen. Ausschüttungen der GmbH an Frau Mag. Taxa stellen bei ihr Einkünfte aus Kapitalvermögen dar.

V WEITERFÜHRENDE LITERATUR

- *Beiser,* Steuern – Ein systematischer Grundriss, 19. Auflage, 2021.
- *Doralt/Ruppe*, Grundriss des österreichischen Steuerrechts, Band I, 12. Auflage, 2019, 283- 301, 425-566.
- *Doralt*, Steuerrecht 2022, 22. Auflage, 2022.
- *Hirschler*, Rechtsformplanung im Konzern, 2000.
- *Kofler/Lang/Rust/Schuch/Spies/Staringer*, KStG-Kommentar, 3. Auflage, 2022.
- *Lang/Schuch/Staringer/Stefaner*, Grundfragen der Gruppenbesteuerung, 2007.

VI WIEDERHOLUNGSFRAGEN

1. **Herr Mustermann ist zu 50% (Gewinnaufteilung 50:50) an der inländischen X-OG beteiligt, die einen Tauchhandelsbetrieb führt. Der Gewinn der X-OG für das Wirtschaftsjahr 2021 betrug 40.000 Euro. Im Februar 2022 zahlt die X-OG an Herrn Mustermann einen Gewinnanteil von 10.000 Euro aus, der aus dem Gewinn des Jahres 2021 stammt. Welche der folgenden Aussagen treffen/trifft zu?**
   - o Herr Mustermann muss in seiner Einkommensteuererklärung für 2021 20.000 Euro als Gewinnanteil an einer Mitunternehmerschaft gemäß § 23 Z 2 EStG erklären.
   - o Die Auszahlung des Gewinns an den Gesellschafter im Jahre 2022 unterliegt der 25%igen KESt.
   - o Der Gewinn der X-OG in Höhe von 40.000 Euro aus dem Jahr 2021 unterliegt im Jahr 2016 der Körperschaftsteuer.
   - o Die Überweisung des Gewinnanteils im Jahr 2022 in Höhe von 10.000 Euro ist bei Herrn Mustermann nicht einkommensteuerpflichtig.
   - o Herr Mustermann muss in seiner Steuererklärung 2021 20.000 Euro als Einkünfte aus Kapitalvermögen gemäß § 27 EStG erklären.

2. **Wer ist Steuersubjekt bei Personengesellschaften?**

3. **Herr Karl ist im Ausmaß von 2% an der inländischen A-GmbH beteiligt. Diese Beteiligung hält er in seinem Privatvermögen. Darüber hinaus ist er bei der A-GmbH als Buchhalter angestellt. Welche der folgenden Aussagen treffen/trifft zu?**
   - o Die Gewinnausschüttungen der A-GmbH an Karl stellen bei ihm Einkünfte aus Gewerbebetrieb gemäß § 23 EStG dar.
   - o Die Gewinnausschüttungen der A-GmbH an Karl stellen bei ihm Einkünfte aus Kapitalvermögen dar und unterliegen dem Kapitalertragsteuerabzug.
   - o Die Gewinnausschüttungen der A-GmbH an Karl stellen bei ihm Einkünfte aus Kapitalvermögen dar und sind mit Abzug der KESt endbesteuert.
   - o Die Einkünfte aus seiner Tätigkeit als Buchhalter sind bei Herrn Karl aufgrund des Trennungsprinzips als Einkünfte aus Gewerbebetrieb zu qualifizieren.

- o Die Einkünfte aus seiner Tätigkeit als Buchhalter sind bei Herrn Karl als Einkünfte aus selbständiger Arbeit zu qualifizieren.

4. Was bedeutet das Trennungsprinzip bei der Kapitalgesellschaft?

5. Wie werden von Kapitalgesellschaften ausgeschüttete Gewinne auf Ebene der Gesellschafter steuerlich behandelt?

6. Herr Max ist zu 80% an der Moritz AG beteiligt. Er verkauft der Moritz AG ein in seinem Privatvermögen befindliches Grundstück zu einem weit unter dem Marktwert liegenden Preis. Weiters schüttet die Moritz AG Dividenden aus und gewährt Herrn Max ein zinsloses Darlehen. Welche der nachfolgenden Aussagen treffen/trifft zu? Kreuzen Sie die richtige(n) Antwort(en) an!

- o Für die Einkommensermittlung der Moritz AG ist das Trennungsprinzip zu beachten.
- o Die Ausschüttung der Dividenden an den Gesellschafter Max ist nach § 10 KStG von der Körperschaftsteuer befreit.
- o Die Ausschüttung der Dividenden sind bei der Moritz AG als Betriebsausgaben abzugsfähig.
- o Das zinslose Darlehen stellt eine verdeckte Gewinnausschüttung an den Gesel-lschafter Moritz dar.
- o Der Verkauf der Liegenschaft unter dem Marktwert stellt eine verdeckte Einlage in die Moritz AG dar.

7. Wie können Kapitalgesellschaften Verluste von Tochtergesellschaften steuerlich „verwerten"?

8. Was versteht man unter dem Begriff „Fremdvergleich"?

9. Die Gemeinde Oberau betreibt ein Freibad in Form eines Betriebes gewerblicher Art. Welche der folgenden Aussagen treffen/trifft zu?

- o Die Gewinne des Freibads sind steuerfrei.
- o Das Schwimmbad erklärt seinen Gewinn gemäß § 188 BAO.
- o Die Besteuerung der Betriebe gewerblicher Art von Körperschaften des öffentlichen Rechts dient dazu, Wettbewerbsneutralität zu schaffen.
- o Für die Gewinne des Freibads ist Körperschaftsteuer zu entrichten.
- o Das Freibad kann als Betrieb gewerblicher Art auch Sonderausgaben geltend machen.

10. Herr Schwerreich möchte eine Privatstiftung errichten. Welche Aussagen treffen zu?

- o Die Privatstiftung ist Körperschaftsteuersubjekt.
- o Das Einkommen der Privatstiftung unterliegt der Einkommensteuer.
- o Das Einkommen der Privatstiftung unterliegt der Körperschaftsteuer.
- o Privatstiftungen können Einkünfte aus Gewerbebetrieb erzielen.

- Privatstiftungen können Einkünfte aus Kapitalvermögen erzielen.

MODUL 4: GRUNDZÜGE DER UMSATZSTEUER

Die zentralen Fragen dieses Moduls sind:

- ***Was sind die Prinzipien der Umsatzsteuer?***
- ***Wann ist jemand Unternehmer im umsatzsteuerrechtlichen Sinn?***
- ***Wie wirkt die Umsatzsteuer auf das Unternehmen?***
- ***Welche Tatbestände gibt es im Umsatzsteuerrecht?***
- ***Welche Befreiungen kennt das Umsatzsteuerrecht?***
- ***Wie ist die Bemessungsgrundlage für Zwecke der Umsatzsteuer zu ermitteln?***
- ***Wie ist der Umsatzsteuertarif ausgestaltet?***
- ***Wie gliedert sich der Vorsteuerabzug in das Umsatzsteuersystem ein?***
- ***Wie wird die Umsatzsteuer vom Finanzamt eingehoben?***

Tz 114 *Frau Mag. Taxa erwirbt für ihre Kanzlei Fachbücher. In ihrer Kanzlei erstellt sie gegen Honorar Steuererklärungen für ihre österreichischen Klienten. Wie sind diese Vorgänge aus umsatzsteuerrechtlicher Sicht zu beurteilen?*

I DIE PRINZIPIEN DER UMSATZSTEUER

1 Die Umsatzsteuer und die Europäische Union

Tz 115 Die Umsatzsteuer will den Konsum durch den Letztverbraucher belasten und gehört zu den Steuern, die in der Europäischen Union **weitgehend harmonisiert** sind. Der Europäische Rat hat auf Vorschlag der Europäischen Kommission eine Reihe von Richtlinien erlassen, die sowohl das System der Umsatzsteuer als auch die meisten Detailregelungen vorgeben und von den Mitgliedstaaten zwingend umzusetzen sind. Dabei ist besonders auf die Mehrwertsteuersystemrichtline (Richtlinie 2006/112/EG vom 28. November 2006; MwStSystRL) hinzuweisen, mit der die 6. Mehrwertsteuerrichtlinie (Richtlinie 77/388/EWG vom 17. Mai 1977; 6. MwSt-RL) neu gefasst wurde. Den nationalen Gesetzgebern bleibt bei der Umsetzung dieser Richtlinien nur wenig Spielraum. Wenn der Inhalt einer nationalen Vorschrift des Umsatzsteuerrechts zweifelhaft ist, muss zur Auslegung ihres Inhalts auf die Richtlinienvorschrift zurückgegriffen werden, auf der die nationale Regelung beruht (richtlinienkonforme Interpretation).

2 Die Wirkungsweise der Umsatzsteuer

Tz 116 Die **Wirkungsweise der Umsatzsteuer** wird an folgendem Beispiel ersichtlich:

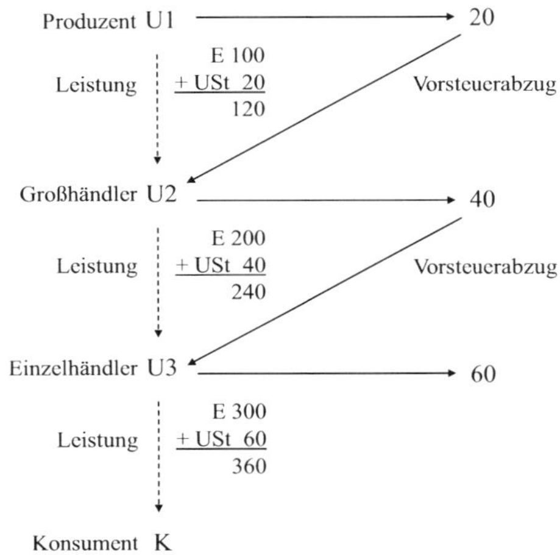

Der Unternehmer U1 erbringt eine Leistung an den Unternehmer U2. Er stellt diesem als Entgelt 100 zuzüglich 20% USt in Rechnung. U2 zahlt 120. Die 20 USt führt U1 als leistender Unternehmer an das Finanzamt ab. U2 als Leistungsempfänger ist hinsichtlich der 20 USt zum Vorsteuerabzug berechtigt. Die Umsatzsteuer von 20 wird daher als Vorsteuer vom Finanzamt erstattet. U2 hat somit im Ergebnis die Leistung ohne Umsatzsteuerbelastung bezogen, also um 100.

In der Folge leistet U2 an den Unternehmer U3 gegen ein Entgelt von 200 zuzüglich 20% USt und führt die daraus resultierenden 40 USt an das Finanzamt ab. U3 macht hinsichtlich der 40 USt den Vorsteuerabzug geltend. U3 bezahlt daher insgesamt 240 an U2, bekommt jedoch die Umsatzsteuer von 40 als Vorsteuer vom Finanzamt erstattet. U3 unterliegt wiederum keiner Umsatzsteuerbelastung.

Letztendlich leistet U3 an den Konsumenten K und stellt diesem als Entgelt 300 zuzüglich 20% USt in Rechnung. Die 60 USt führt U3 an das Finanzamt ab. Solange von einem Unternehmer an einen anderen Unternehmer („in der Unternehmerkette") geliefert wird, ist die Umsatzsteuer durch den Vorsteuerabzug kostenneutral. Sobald aber an einen Nichtunternehmer, den Konsumenten K, geliefert wird, wird die Umsatzsteuer zum endgültigen Kostenfaktor: K trägt mangels Berechtigung zum Vorsteuerabzug die Umsatzsteuerbelastung von 60; K bezahlt die Umsatzsteuer im Rahmen des zivilrechtlichen Preises an U3.

3 *Das Besteuerungskonzept der Umsatzsteuer*

Tz 117 Aus diesem Beispiel lassen sich eine Reihe **konzeptioneller Eigenheiten der Umsatzsteuer** ableiten:

- Steuergegenstand der Umsatzsteuer ist der Umsatz eines Unternehmers. Auf die persönlichen Verhältnisse des Unternehmers wird in der Regel nicht Rücksicht genommen. Die Umsatzsteuer ist daher eine **Objektsteuer**.
- Rechtstechnisch ist die Umsatzsteuer eine **Verkehrsteuer**. Sie knüpft die Steuerpflicht an einen Verkehrsvorgang, in der Regel an eine Leistung eines Unternehmers.
- Vom Belastungsziel ist die Umsatzsteuer eine **Verbrauchsteuer**. Sie belastet die Einkommensverwendung zu Konsumzwecken, also den Letztverbraucher. Im Gegensatz dazu belastet die Einkommensteuer die Einkommenserzielung.
- Die Umsatzsteuer ist eine **indirekte Steuer**, weil Träger und Schuldner der Steuer auseinanderfallen. Steuerschuldner ist der Unternehmer. Er führt die Steuer an das Finanzamt ab. Steuerträger ist aber der Letztverbraucher. Dieser wird mit der Umsatzsteuer tatsächlich belastet. Die Überwälzung der Umsatzsteuer durch den Unternehmer auf den Letztverbraucher erfolgt dabei im Rahmen des zivilrechtlichen Preises. Im Gegensatz dazu fällt bei direkten Steuern der Steuerschuldner mit dem Steuerträger zusammen.
- Die Umsatzsteuer soll **wettbewerbsneutral** sein. Der Verwirklichung der Wettbewerbsneutralität dient die grundsätzliche Kostenneutralität der Umsatzsteuer in der Unternehmerkette. Solange zwischen Unternehmern geleistet wird, wird die Umsatzsteuerbelastung jeweils durch den Vorsteuerabzug neutralisiert. Auch macht es für die endgültige Umsatzsteuerbelastung keinen Unterschied, wie viele Unternehmer innerhalb der Unternehmerkette Leistungen erbringen.

Tz 118 Die Umsatzsteuer ist international weitgehend vom **Bestimmungslandprinzip** beherrscht. Die Erhebung soll in jenem Land erfolgen, in dem die Leistung vom Letztverbraucher konsumiert wird. Dagegen wird nach dem **Ursprungslandprinzip** die Steuer in jenem Land erhoben, von dem aus die Leistung erbracht wird.

II DAS SYSTEM DER UMSATZSTEUER

1 *Umsatzsteuerbarkeit und Umsatzsteuerpflicht*

Tz 119 Vor dem Hintergrund des geschilderten Systems und der Wirkungsweise der Umsatzsteuer ist entscheidend, ob Umsatzsteuerpflicht besteht. Dazu ist in einem ersten Schritt immer zu untersuchen, ob der Vorgang überhaupt der Umsatzsteuer unterliegt, also, ob es sich um einen **umsatzsteuerbaren** Vorgang handelt. Umsatzsteuerbar sind Lieferungen und sonstige Leistungen nach § 1 Abs 1 Z 1 UStG, der Eigenverbrauch nach § 1 Abs 1 Z 2 UStG, die Einfuhr nach § 1 Abs 1 Z 3 UStG und der innergemeinschaftliche Erwerb nach Art 1 UStG.

Tz 120 Nicht jeder umsatzsteuerbare Vorgang führt aber zur Umsatzsteuerpflicht. Ein umsatzsteuerbarer Vorgang ist nur umsatzsteuerpflichtig, wenn keine Befreiung greift. Sonst ist er umsatzsteuerbar aber -befreit.

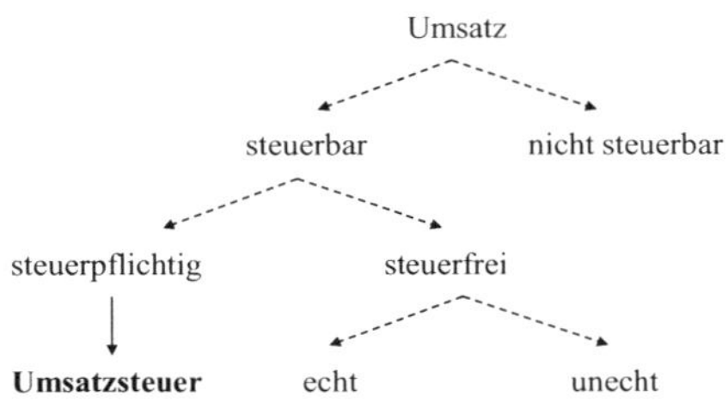

2 *Lieferungen und sonstige Leistungen*

Tz 121 **§ 1 Abs 1 Z 1 UStG** bildet den Haupttatbestand der Umsatzsteuer. Nach dieser Bestimmung unterliegen der Umsatzsteuer Lieferungen und sonstige Leistungen, die ein Unternehmer im Inland gegen Entgelt im Rahmen seines Unternehmens ausführt. Dieser Tatbestand der Umsatzsteuer setzt voraus, dass eine **Leistung** vorliegt. Dabei wird zwischen Lieferungen einerseits und sonstigen Leistungen andererseits unterschieden. **Lieferungen und sonstige Leistungen** sind nur dann steuerbar, wenn sie der Unternehmer **gegen Entgelt** ausführt. Erforderlich ist daher das Vorliegen eines **Leistungsaustauschs**. Der Leistungsempfänger muss eine Gegenleistung (Entgelt) erbringen, die in einer inneren Verknüpfung mit der Leistung des Unternehmers steht.

> **Beispiel**: Ein Drehorgelspieler musiziert in der Innenstadt und bittet Passanten mit einer Sammelbüchse um eine Vergütung. Ein vorbeigehender Passant wirft ein paar Euro in die Sammelbüchse: Zwischen der Leistung des Drehorgelspielers und der Gegenleistung des Passanten besteht keine ausreichende innere Verknüpfung. So legen manche Personen zum Teil erhebliche Beträge in die Sammelbüchse, ohne zu verweilen, während sich andere die Musik für geraume Zeit anhören, ohne irgendeine Vergütung zu leisten. Die Leistung des Drehorgelspielers ist daher nicht umsatzsteuerbar (vgl EuGH 03.03.1994, Rs C-16/93, *Tolsma*).

Tz 122 § 1 Abs 1 Z 1 UStG setzt weiters voraus, dass die Leistung im Inland erbracht wird. Lieferungen und sonstige Leistungen unterliegen daher nur dann der österreichischen Umsatzsteuer, wenn der **Leistungsort** in Österreich liegt. Liegt der Ort einer Leistung im Ausland, so ist diese Leistung in Österreich nicht steuerbar.

Tz 123 **Lieferungen** sind Leistungen, durch die ein Unternehmer den Abnehmer, oder in dessen Auftrag einen Dritten, befähigt, im eigenen Namen über einen Gegenstand zu verfügen (§ 3 Abs 1 UStG). Leistungsinhalt ist also die **Verschaffung der Verfügungsmacht** an einem Gegenstand. Diese deckt sich nicht zwingend mit dem zivilrechtlichen Eigentumserwerb.

Tz 124 Der **Lieferort und der Lieferzeitpunkt** bestimmen sich grundsätzlich danach, wo sich der Gegenstand zur Zeit der Verschaffung der Verfügungsmacht befindet (§ 3 Abs 7 UStG). Davon abweichende Sonderregelungen finden sich in § 3 Abs 8 UStG für Beförderungs- und Versendungslieferungen sowie in § 3 Abs 8a UStG für den Einfuhr-Versandhandel.

> **Beispiele:** 1. Ein deutscher Weinhändler übergibt in Deutschland einem Kunden den Lagerschein für in Österreich eingelagerte Weinflaschen: Zur Zeit der Verschaffung der Verfügungsmacht befindet sich der Gegenstand der Lieferung in Österreich, der Lieferort liegt daher in Österreich (§ 3 Abs 7 UStG).
>
> 2. Ein österreichischer Tischler befördert mit seinem LKW Büromöbel zu einem Kunden in die Schweiz: Die **Beförderung** beginnt in Österreich. Daher liegt der Lieferort in Österreich (§ 3 Abs 8 UStG).
>
> 3. Ein österreichischer Verlag sendet die bei ihm bestellten Bücher per Post an einen Großhändler in den Niederlanden. Die **Versendung** beginnt (durch Übergabe an einen Spediteur, Frachtführer oder Verfrachter) in Österreich. Daher liegt der Lieferort in Österreich (§ 3 Abs 8 UStG).
>
> 4. Eine russische Floristin verkauft Samen an einen österreichischen Hobbygärtner. Die Ware wird in Russland versendet, in Estland abgefertigt und gelangt von dort nach Österreich. Die Einfuhr erfolgt in Estland, die Versendung endet jedoch in einem anderen Mitgliedstaat (Österreich). Die Lieferung ist daher in Österreich steuerbar (§ 3 Abs 8a lit a UStG).

Tz 125 **Sonstige Leistungen** gemäß § 3a Abs 1 UStG sind alle anderen Leistungen, die nicht in einer Lieferung bestehen (Negativabgrenzung). Eine sonstige Leistung kann auch in einem Unterlassen oder Dulden einer Handlung oder eines Zustandes bestehen, zB im Verzicht auf die Ausübung eines vertraglichen Rechts (Unterlassung) oder in der Einräumung von Rechten im Rahmen eines Lizenzvertrages (Duldung). Für sonstige Leistungen ist der Leistungsort insbesondere in § 3a Abs 5 bis 16 UStG festgelegt.

Tz 126 Eine sonstige Leistung, die **an einen anderen Unternehmer** (vgl § 3a Abs 5 Z 1 und 2 UStG) erbracht wird, wird nach der Grundregel des § 3a Abs 6 UStG an dem Ort ausgeführt, von dem aus der Empfänger der Leistung sein Unternehmen betreibt (Bestimmungslandprinzip). Eine sonstige Leistung, die **an einen Nichtunternehmer** (vgl § 3a Abs 5 Z 3 UStG) erbracht wird, wird nach der Grundregel des § 3a Abs 7 UStG an dem Ort ausgeführt, von dem aus der leistende Unternehmer sein Unternehmen betreibt (Ursprungslandprinzip). Für bestimmte sonstige Leistungen sieht das Gesetz allerdings eigene, von § 3a Abs 6 und 7 UStG abweichende Regeln zur Bestimmung des Leistungsortes vor (vgl insbesondere § 3a Abs 8 bis 16 UStG).

Beispiele:
1. Ein österreichischer Bauunternehmer renoviert ein Gebäude in der Slowakei mit dem vom Auftraggeber zur Verfügung gestellten Material: Die sonstige Leistung im Zusammenhang mit einem **Grundstück** wird am Ort des Grundstückes ausgeführt. Der Leistungsort liegt somit in der Slowakei, die Leistung ist in Österreich nicht steuerbar (§ 3a Abs 9 UStG).

2. Eine österreichische Agentur **vermittelt** im Auftrag eines kanadischen Industrieunternehmens den Verkauf einer Maschine, die von Österreich nach Kanada transportiert wird. Da der Leistungsempfänger ein Unternehmer ist, liegt der Leistungsort nach § 3a Abs 6 UStG in Kanada. Eine der Ausnahmeregelungen (Abs 8 bis 16) kommt nicht zur Anwendung (Abs 8 erfasst nur die Vermittlungsleistung an einen Nichtunternehmer).

3. Ein Kunde fährt mit der ÖBB von Graz nach Wien: Die ÖBB erbringt eine **Beförderungsleistung**, die dort ausgeführt wird, wo die Beförderung bewirkt wird, daher in Österreich (§ 3a Abs 10 UStG). Fährt der Kunde hingegen von Graz nach Paris, ist nur der inländische Teil der Leistung in Österreich steuerbar.

4. Ein chinesischer Pianist tritt in Österreich im Rahmen einer privaten Geburtstagsfeier auf: Die künstlerische Leistung wird am **Tätigkeitsort** ausgeführt, der Leistungsort liegt in Österreich (§ 3a Abs 11 lit a UStG).

5. Der österreichische Konsument erwirbt über die Website eines niederländischen Unternehmens das Recht zum Download von Musik. Der Leistungsort von elektronisch erbrachten sonstigen Leistungen ist der Ort, an dem der Endkonsument seinen Wohnsitz, Sitz oder gewöhnlichen Aufenthalt hat, hier also Österreich (§ 3a Abs 13 UStG).

Tz 127 § 3a Abs 14 UStG enthält eine Aufzählung von „**Katalogleistungen**". Katalogleistungen an Nichtunternehmer mit Sitz, Wohnsitz oder gewöhnlichem Aufenthalt im Drittland werden am Sitz des Leistungsempfängers ausgeführt. Ist der Empfänger einer Katalogleistung Unternehmer, richtet sich der Leistungsort stets nach § 3a Abs 6 UStG.

Beispiele:
1. Ein österreichischer Steuerberater berät einen privaten Klienten aus der Ukraine. Der Leistungsempfänger ist kein Unternehmer und hat keinen Wohnsitz im Unionsgebiet. Der Leistungsort liegt daher in der Ukraine, die Leistung des Steuerberaters ist in Österreich nicht steuerbar (§ 3a Abs 14 Z 3 UStG).

2. Ein US-amerikanischer Steuerberater berät einen privaten Klienten aus Österreich. § 3a Abs 14 UStG kommt nicht zur Anwendung, weil der Leistungsempfänger seinen Wohnsitz in Österreich hat. Der Leistungsort richtet sich daher nach der Grundregel des § 3a Abs 7 UStG. Da der Steuerberater sein Unternehmen in den USA betreibt, liegt der Leistungsort in den USA.

3. Ein österreichischer Wirtschaftsprüfer berät einen kanadischen Unternehmer zu Fragen des Konzernabschlusses. § 3a Abs 14 UStG kommt nicht zur Anwendung, weil an einen Unternehmer geleistet wird. Der Leistungsort liegt gemäß § 3a Abs 6 UStG in Kanada. Die Leistung des Wirtschaftsprüfers ist daher in Österreich nicht steuerbar.

4. Ein italienischer Patentanwalt berät die österreichische Betriebsstätte eines amerikanischen Unternehmers über das Patentrecht in Italien: Die sonstige Leistung wird am Ort der Betriebsstätte ausgeführt, der Leistungsort liegt in Österreich (§ 3a Abs 6 zweiter Satz UStG).

Tz 128 Die Abgrenzung der Lieferungen von den sonstigen Leistungen kann insbesondere dafür entscheidend sein, ob ein Umsatz im Inland ausgeführt wird und daher steuerbar ist, ob eine Befreiung greift und welcher Steuersatz zur Anwendung gelangt. Enthält eine Leistung sowohl Elemente einer Lieferung als auch einer sonstigen Leistung, dann kann wegen des Grundsatzes der **Einheitlichkeit der Leistung** keine Aufteilung vorgenommen werden. Die Zuordnung hat vielmehr nach dem Überwiegen der Merkmale zu erfolgen. Daraus folgt, dass eine Leistung immer nur entweder eine Lieferung oder eine sonstige Leistung sein kann. Unselbständige Nebenleistungen teilen das Schicksal der Hauptleistung.

Beispiele:
1. Ein Gärtner verkauft Blumen frei Haus und befördert diese zu seinem Kunden: Hauptleistung ist die Lieferung der Blumen, der Transport ist eine unselbständige Nebenleistung und teilt das umsatzsteuerliche Schicksal der Hauptleistung.

2. Ein Automechaniker führt einen Ölwechsel am PKW des Kunden durch: Im Vordergrund steht die Lieferung des Öls, das Einfüllen selbst ist eine unselbständige Nebenleistung.

3 Der Unternehmerbegriff

Tz 129 Das Umsatzsteuersystem will die Umsatzsteuer in der Unternehmerkette neutral halten und erst dann zu einem Kostenfaktor werden lassen, wenn an den Letztverbraucher geleistet wird. Die Unterscheidung zwischen Unternehmern und Nichtunternehmern ist also von entscheidender Bedeutung. Dabei muss aber berücksichtigt werden, dass auch Unternehmer in manchen Situationen als Private tätig werden können. Daher ist für den

Tatbestand der Umsatzsteuer nach § 1 Abs 1 Z 1 UStG ganz entscheidend, dass ein **Unternehmer** eine Leistung **im Rahmen seines Unternehmens** erbringt.

> **Beispiel:** Wenn ein Autohändler seine Goethe-Gesamtausgabe veräußert, wird sie kaum zu seinem Unternehmen gehört haben. Er handelt daher nicht im Rahmen seines Unternehmens, sondern als Privater, der mit der Veräußerung der Bücher nicht der Umsatzsteuer unterliegt.

Tz 130 **Unternehmer** ist nach § 2 Abs 1 UStG, wer eine gewerbliche oder berufliche Tätigkeit selbständig ausübt. Gewerblich oder beruflich ist jede nachhaltige Tätigkeit zur Erzielung von Einnahmen (auch wenn die Absicht, Gewinn zu erzielen, fehlt). Auch eine illegale Tätigkeit kann die Unternehmereigenschaft begründen. Davon leiten sich folgende Tatbestandsmerkmale des Unternehmers im Umsatzsteuerrecht ab, deren Vorliegen nach dem Gesamtbild der Verhältnisse (Typusbegriff) zu beurteilen ist:

- Der Unternehmer ist **selbständig** tätig: Die Selbständigkeit grenzt den Unternehmer vom Dienstnehmer ab. Die Grenzziehung erfolgt nach ähnlichen Kriterien wie im Einkommensteuerrecht (vgl Tz 9). Das Fehlen der für den Dienstnehmer typischen Weisungsgebundenheit und das Vorliegen des Unternehmerrisikos sind wichtige Unterscheidungsmerkmale. Auch juristische Personen können unselbständig tätig sein, wenn sie dem Willen eines Unternehmers derart untergeordnet sind, dass ihnen kein eigener Wille zugerechnet werden kann; in diesem Fall spricht man von einer Organschaft (§ 2 Abs 2 Z 2 UStG).
- Der Unternehmer ist **nachhaltig** tätig: Auch dieses Kriterium findet eine Parallele im Einkommensteuerrecht. Die Tätigkeit muss daher auf Dauer angelegt sein. Die Rechtsprechung bejaht die Nachhaltigkeit bei einer länger andauernden Tätigkeit sowie bei Wiederholungsabsicht.
- Der Unternehmer muss seine Tätigkeit auf **Einnahmenerzielung** richten: Gewinnerzielungsabsicht ist im Gegensatz zum Ertragsteuerrecht nicht erforderlich. Dieser Unterschied zum Ertragsteuerrecht begründet sich dadurch, dass es für eine Verbrauchsteuer unerheblich sein muss, von wem die Leistung erbracht wird. Die Einnahmenerzielung muss nicht der primäre Zweck sein. Daher unterliegen der Umsatzsteuer auch Tätigkeiten, die von ideellen und uneigennützigen Motiven getragen sind, sofern sie entgeltlich erfolgen und soweit keine Befreiung vorliegt.

Liebhaberei (vgl Tz 9) bewirkt allerdings keine unternehmerische Tätigkeit (§ 2 Abs 5 Z 2 UStG). Umsatzsteuerlich kommt Liebhaberei nur bei Tätigkeiten in Betracht, die typischerweise auf eine besondere in der Lebensführung begründete Neigung zurückzuführen sind (§ 6 iVm § 1 Abs 2 LiebhabereiVO, BGBl 1993/33).

> Beispiele:
> 1. Ein Lehrling arbeitet in einer Autowerkstatt undbetreibt in seiner Freizeit einen Versand für „Auto-Tuning"-Artikel: Die Tätigkeit in der Autowerkstatt wird umsatzsteuerlich dem Arbeitgeber zugerechnet, beim Lehrling ist keine Selbständigkeit gegeben. Anders hingegen beim Versand der „Auto-Tuning"-

Artikel; hier trägt der Lehrling das Unternehmerrisiko und ist nicht weisungsgebunden. Die Tätigkeit erfolgt daher selbständig.

2. Ein Pensionist beschließt seine Briefmarkensammlung aufzulösen. Um dabei einen höheren Gewinn zu erzielen, verkauft er die Briefmarken einzeln während eines Zeitraums von mehreren Jahren: Aufgrund des regelmäßigen Verkaufs über eine längere Dauer erfolgt die Tätigkeit nachhaltig. Anders wäre es hingegen, wenn die Briefmarkensammlung einmalig als Ganzes verkauft würde; dann läge keine Nachhaltigkeit vor.

3. Eine Enkelin geht für ihre Oma regelmäßig einkaufen, um sie im Alltag zu unterstützen. Die Kosten für diese Einkäufe erhält die Enkelin von ihrer Oma ersetzt. Die Tätigkeit der Enkelin ist nicht auf Einnahmenerzielung gerichtet. Die Unternehmereigenschaft der Enkelin ist zu verneinen.

4. Ein Bankangestellter und passionierter Jäger betreibt nebenbei ein Waldgut, mit dem er seit vielen Jahren hohe Verluste erzielt: Die Unternehmereigenschaft ist unabhängig von tatsächlichen Gewinnen oder Verlusten, eine Einnahmenerzielungsabsicht ist ausreichend. Ist jedoch die Tätigkeit auf eine besondere in der Lebensführung begründete Neigung zurückzuführen (Liebhaberei), so liegt keine unternehmerische Tätigkeit vor. Der Jäger kann für Ausgaben im Zusammenhang mit seinem Waldgut keinen Vorsteuerabzug geltend machen, etwaige Umsätze des Jägers sind aber ebenso nicht steuerbar.

Tz 131 Nach § 2 Abs 1 zweiter Satz UStG umfasst das Unternehmen die gesamte gewerbliche oder berufliche Tätigkeit des Unternehmers. Daraus leitet sich der **Grundsatz der Unternehmenseinheit** ab. Demnach kann ein Unternehmer zwar mehrere Betriebe oder außerbetriebliche Aktivitäten wie etwa Gebäudevermietungen haben, er betreibt aber immer nur ein Unternehmen im umsatzsteuerlichen Sinn. Für das Unternehmen gibt es keine räumliche Begrenzung, sodass das Unternehmen alle Tätigkeiten des Unternehmers im In- und Ausland umfasst. Nicht zum Unternehmen gehört alles, was die private Sphäre des Unternehmers betrifft.

Beispiel: Ein Unternehmer betreibt eine Trafik und vermietet eine Wohnung in Wien: Sein Unternehmen umfasst sowohl den Betrieb der Trafik, als auch die Vermietung der Wohnung.

Tz 132 Aus dem Grundsatz der Unternehmenseinheit leitet sich ab, dass zwischen mehreren **Betrieben** eines Unternehmers kein Leistungsaustausch im umsatzsteuerlichen Sinn möglich ist. Wechselseitige Leistungen von Betrieben untereinander oder von Betrieben an andere wirtschaftliche Einheiten des Unternehmers sind nicht steuerbare **Innenumsätze**, die, auch wenn die Leistungen verrechnet werden, eben keinen umsatzsteuerbaren Vorgang auslösen. Dasselbe gilt auch innerhalb der Organschaft (vgl Tz 130).

Beispiel: Ein Unternehmer betreibt eine Papierfabrik und ein Papierfachgeschäft. Ein Angestellter des Fachgeschäftes bestellt bei der Papierfabrik Notizblöcke. Die Leistung wird von der Papierfabrik verrechnet und vom Fachgeschäft bezahlt: Bei der Lieferung der Notizblöcke handelt es sich um einen Innenumsatz. Da dieser nicht steuerbar ist, muss keine Umsatzsteuer in Rechnung gestellt werden.

4 Der Eigenverbrauch

Tz 133 Ist eine Leistung zunächst für das Unternehmen bezogen worden und ist dem Unternehmer der Vorsteuerabzug zugestanden, so konnte er auf diese Weise eine Entlastung von der Umsatzsteuer herbeiführen. Wenn sich der Unternehmer zu einem späteren Zeitpunkt entschließt, die bezogene Leistung privat zu verwenden, führt dieser **Eigenverbrauch** zu einer Belastung mit Umsatzsteuer. Der Eigenverbrauch dient daher primär der Neutralisierung des Vorsteuerabzugs. Der Unternehmer soll in seinem Privatkonsum dem Letztverbraucher gleichgestellt werden. Damit wird die Verlagerung einer Leistung von der unternehmerischen Sphäre in die Privatsphäre umsatzsteuerlich genauso behandelt, als wäre die Leistung von vornherein nicht für das Unternehmen bezogen worden.

- § 3 Abs 2 UStG stellt die Entnahme von Gegenständen aus dem Unternehmen einer Lieferung gegen Entgelt gleich, soweit die Entnahme für private Zwecke erfolgt und der Gegenstand zum Vorsteuerabzug berechtigt hat (Entnahmeeigenverbrauch; fiktive Lieferung).
- § 3a Abs 1a UStG stellt die Verwendung von dem Unternehmen zugeordneten Gegenständen (wenn diese zum Vorsteuerabzug berechtigt haben) und die unentgeltliche Erbringung von anderen sonstigen Leistungen einer sonstigen Leistung gegen Entgelt gleich, soweit diese für private Zwecke erfolgen (Verwendungsentnahme; fiktive sonstige Leistung).
- § 1 Abs 1 Z 2 lit a UStG unterwirft der Umsatzsteuer auch Ausgaben, die nach dem EStG oder dem KStG nicht abzugsfähig sind. Dadurch werden jene Ausgaben, die zwar für Zwecke des Unternehmens erfolgen, aber ertragsteuerlich der Privatsphäre zugerechnet werden, auch für Zwecke der Umsatzsteuer als nichtunternehmerisch behandelt.

Beispiele:
1. Ein Papierhändler nimmt ein Heft aus dem Lager und gibt es seinem Sohn für die Hausübungen: Die Entnahme des Heftes wird nach § 3 Abs 2 TS 1 UStG einer Lieferung gegen Entgelt gleichgestellt und unterliegt der Umsatzsteuer.

2. Ein Bauunternehmer verwendet eine Schleifmaschine für die Renovierung seiner Wohnung: Die Verwendung der Schleifmaschine wird nach § 3a Abs 1a Z 1 TS 1 UStG einer sonstigen Leistung gegen Entgelt gleichgestellt und unterliegt der Umsatzsteuer.

3. Der Bauunternehmer verwendet weiters seinen Betriebs-PKW auch für Privatfahrten. Da die Anschaffung des PKW gemäß § 12 Abs 2 Z 2 lit b UStG nicht zum Vorsteuerabzug berechtigt hat, erfolgt keine Eigenverbrauchsbesteuerung gemäß § 3a Abs 1a UStG.

4. Ein Maler lässt sich seine Wohnung durch einen Lehrling ausmalen: Das Ausmalen der Wohnung wird nach § 3a Abs 1a Z 2 TS 1 UStG einer sonstigen Leistung gegen Entgelt gleichgestellt und unterliegt der Umsatzsteuer. Soweit der Maler seine Wohnung jedoch selbst ausmalt, bleibt die Arbeitsleistung steuerfrei (es fallen keine Kosten im Sinne des § 4 Abs 8 lit b UStG an).

5. Die Anschaffungskosten eines geknüpften 10 m²-Teppichs für ein Büro betragen 10.000 Euro. Angemessen sind gemäß § 20 Abs 1 Z 2 lit b EStG jedoch nur 7.300 Euro (vgl EStR Rz 4795). Der Vorsteuerabzug steht zur Gänze zu (§ 12 Abs 2 Z 2 lit a UStG ist mangels Überwiegen der nicht abzugsfähigen Ausgaben nicht anwendbar). Der unangemessene Teil (2.700 Euro; vgl Tz 142) unterliegt im Jahr der Anschaffung der Umsatzsteuer nach § 1 Abs 1 Z 2 lit a UStG.

6. Betragen die Anschaffungskosten des Teppichs hingegen 20.000 Euro, steht gemäß § 12 Abs 2 Z 2 lit a UStG kein Vorsteuerabzug zu, weil das Entgelt überwiegend nicht abzugsfähig ist. Korrespondierend erfolgt auch keine Eigenverbrauchsbesteuerung nach § 1 Abs 1 Z 2 lit a UStG.

5 *Ausfuhrlieferungen und Einfuhrumsatzsteuer*

Tz 134 Im **Verhältnis zu Drittstaaten** wird das Bestimmungslandprinzip verwirklicht, indem die Lieferung von Gegenständen in einen Drittstaat als **Ausfuhrlieferung** von der österreichischen Umsatzsteuer befreit ist (§ 6 Abs 1 Z 1 iVm § 7 UStG). Damit die Entlastung von der Umsatzsteuer in der Unternehmerkette erhalten bleibt, behält der in das Ausland leistende Unternehmer den Vorsteuerabzug (echte Befreiung; vgl Tz 138).

Beispiel: Ein österreichischer Unternehmer erwirbt Möbel um 12.000 Euro (10.000 Euro + 20% USt) und liefert diese von Österreich aus an einen Abnehmer in Russland um 11.000 Euro (ohne USt): Die Lieferung der Möbel ist in Österreich steuerbar, da der Lieferort nach § 3 Abs 8 UStG in Österreich liegt. § 6 Abs 1 Z 1 iVm § 7 UStG sieht jedoch eine Befreiung für Ausfuhrlieferungen, sprich Lieferungen ins Drittlandsgebiet vor. Der Unternehmer braucht daher für die Lieferung der Möbel nach Russland keine Umsatzsteuer in Rechnung zu stellen. Der Abnehmer in Russland bezahlt lediglich 11.000 Euro, wird aber voraussichtlich in Russland eine Umsatzsteuer auf die Einfuhr entrichten müssen. Der österreichische Unternehmer behält – da er eine echt steuerbefreite Ausfuhrlieferung nach § 6 Abs 1 Z 1 iVm § 7 UStG erbracht hat – den Vorsteuerabzug und kann beim Finanzamt für den Kauf der Möbel 2.000 Euro als Vorsteuer geltend machen.

Zu einem vergleichbaren wirtschaftlichen Effekt kommt es, wenn der Leistungsort im Ausland liegt. Diesfalls erfüllt die Leistung nicht die Tatbestandsvoraussetzung „im Inland" des § 1 Abs 1 Z 1 UStG und ist somit nicht steuerbar. Seine Leistung wird überhaupt nicht mit der österreichischen Umsatzsteuer belastet.

Umgekehrt werden Waren, die aus Drittstaaten importiert werden, mit der **Einfuhrumsatzsteuer** belastet (§ 1 Abs 1 Z 3 UStG). Sie ist in die Umsatzsteuer integriert und stellt importseitig die Realisierung des Bestimmungslandprinzips sicher. Die Einfuhrumsatzsteuer erfasst somit den Import von Gegenständen aus Drittländern nach Österreich und wird grundsätzlich von den Zollbehörden erhoben. Ihr unterliegen **Unternehmer und Nichtunternehmer**. Die im Zuge des Imports entrichtete Einfuhrumsatzsteuer kann, wenn der Importeur Unternehmer ist, im Regelfall als Vorsteuer abgezogen werden (§ 12 Abs 1 Z 2 lit a UStG). Ist der Importeur kein Unternehmer, wird die Einfuhrumsatzsteuer zum endgültigen Kostenfaktor, da der Nichtunternehmer konsequenterweise auch hinsichtlich der Einfuhrumsatzsteuer keinen Vorsteuerabzug hat.

> **Beispiel**: Ein Unternehmer importiert Uhren aus der Schweiz. Für die Einfuhr setzt das Zollamt Einfuhrumsatzsteuer fest, die der Unternehmer entrichtet. Sofern dem Unternehmer eine Berechtigung zum Vorsteuerabzug zusteht, kann er die Einfuhrumsatzsteuer als Vorsteuer abziehen.

6 Die Binnenmarktregelung

Tz 135 **Innerhalb der EU** bestand der Plan, vollkommen vom Bestimmungsland- zum Ursprungslandprinzip überzugehen. Mangels politischen Konsenses einigte man sich aber auf eine Übergangsregelung, bei der das Bestimmungslandprinzip im Vordergrund steht. Mangels Zollgrenzen innerhalb der EU wird dieses durch besondere Maßnahmen verwirklicht: An die Stelle der steuerfreien Ausfuhrlieferung ist eine Befreiung für **innergemeinschaftliche Lieferungen** getreten, an die Stelle der Einfuhrumsatzsteuer eine Besteuerung der **innergemeinschaftlichen Erwerbe**.

> Die speziellen für den europäischen Binnenmarkt geltenden Regelungen sind Bestandteil des Anhangs zum UStG. Diese sind nicht nach Paragraphen, sondern nach Artikeln gegliedert. Die Gliederung der Artikel orientiert sich aber an den Paragraphen des UStG.

Tz 136 Eine steuerfreie **innergemeinschaftliche Lieferung** gemäß Art 6 Abs 1 iVm Art 7 Abs 1 UStG liegt vor, wenn

- ein Unternehmer
- einen Gegenstand in einen anderen Mitgliedstaat liefert,

- der Abnehmer ein Unternehmer ist, der den Gegenstand für sein Unternehmen erwirbt,
- der Erwerb des Gegenstandes beim Abnehmer im anderen Mitgliedstaat steuerbar ist,
- der Abnehmer dem liefernden Unternehmer die ihm in einem anderen Mitgliedstaat erteilte UID mitteilt
- und die Lieferung in die Zusammenfassende Meldung aufgenommen wurde.

Dem leistenden Unternehmer bleibt dabei der Vorsteuerabzug für bezogene Leistungen erhalten (echte Befreiung; vgl Tz 138). Um sich innerhalb der EU als Unternehmer auszuweisen, wird jedem Unternehmer eine Umsatzsteuer-Identifikationsnummer (UID) erteilt (vgl Art 28 Abs 1 UStG).

Beispiel: Ein österreichischer Unternehmer liefert ein Kopiergerät an einen Unternehmer in Deutschland: Der Ort der Lieferung liegt in Österreich (§ 3 Abs 8 UStG), die innergemeinschaftliche Lieferung ist jedoch von der Umsatzsteuer befreit (Art 6 Abs 1 iVm Art 7 Abs 1 UStG). Der österreichische Unternehmer muss keine Umsatzsteuer in Rechnung stellen, kann aber die Vorsteuer aus Vorleistungen gegenüber dem Finanzamt geltend machen.

Die innergemeinschaftliche Lieferung tritt an die Stelle der Ausfuhrlieferung. Während die Ausfuhrlieferung in Drittstaaten erfolgt, kann eine innergemeinschaftliche Lieferung nur zwischen Mitgliedstaaten vorkommen.

Tz 137 Bezieht hingegen ein österreichischer Unternehmer aus einem anderen Mitgliedstaat einen Gegenstand für sein Unternehmen, so ist dieser **innergemeinschaftliche Erwerb** umsatzsteuerbar (Art 1 Abs 1 iVm Abs 2 UStG; der Ort des innergemeinschaftlichen Erwerbs bestimmt sich nach Art 3 Abs 8 UStG). Der Erwerber muss in Österreich Umsatzsteuer entrichten, kann sich diese aber im Regelfall gleichzeitig als Vorsteuer abziehen (Art 12 Abs 1 Z 1 UStG). Durch die Wechselwirkung der steuerfreien innergemeinschaftlichen Lieferung und des steuerbaren innergemeinschaftlichen Erwerbes wird auch innerhalb der EU bei Lieferungen zwischen Unternehmern das Bestimmungslandprinzip sichergestellt.

Beispiel: Ein österreichischer Unternehmer erwirbt eine Maschine von einem portugiesischen Unternehmer. Die Maschine wird von Portugal nach Österreich transportiert: Aus der Sicht des portugiesischen Unternehmers handelt es sich dabei um eine steuerfreie innergemeinschaftliche Lieferung. Für den österreichischen Unternehmer stellt die Lieferung der Maschine einen innergemeinschaftlichen Erwerb dar. Der Ort des innergemeinschaftlichen Erwerbes liegt in jenem Mitgliedstaat, in dem sich der Gegenstand am Ende der Beförderung oder Versendung befindet (Art 3 Abs 8 UStG). Die Lieferung der Maschine unterliegt daher in Österreich der Umsatzsteuer (Art 1 Abs 1 iVm Abs 2 UStG). Durch den gleichzeitigen Abzug der

Umsatzsteuer als Vorsteuer wird der österreichische Unternehmer in der Regel von der Umsatzsteuer entlastet.

Der innergemeinschaftliche Erwerb ergänzt die Einfuhrumsatzsteuer, die nur für den Import aus Drittstaaten gilt. Dem innergemeinschaftlichen Erwerb unterliegen aber im Gegensatz zur Einfuhrumsatzsteuer grundsätzlich nur Unternehmer.

III BEFREIUNGEN

1 Echte Befreiungen

Tz 138 Ob ein umsatzsteuerpflichtiger Vorgang vorliegt, hängt davon ab, ob ein umsatzsteuerbarer Vorgang einer Befreiung unterliegt oder nicht (vgl Tz 120). Ist die Leistung eines Unternehmers von der Umsatzsteuer befreit, so ist diese Leistung zwar steuerbar, jedoch nicht steuerpflichtig. Der Unternehmer muss daher keine Umsatzsteuer in Rechnung stellen. Bei den Befreiungen wird zwischen echten und unechten Befreiungen unterschieden: Ein Unternehmer, der mit seiner Leistung echt befreit ist, behält den **Vorsteuerabzug** für die an ihn erbrachten Leistungen (vgl § 12 Abs 3 UStG). Es kommt auf diese Weise zu einer vollständigen Entlastung von der Umsatzsteuer. Echt befreite Umsätze sind in § 6 Abs 1 Z 1 bis 6 UStG sowie in Art 6 Abs 1 UStG geregelt. Der wichtigste Anwendungsbereich echter Befreiungen liegt in der Grenzentlastung bei Ausfuhrlieferungen und innergemeinschaftlichen Lieferungen. Die Wirkungsweise einer echten Befreiung wird an folgendem Beispiel ersichtlich:

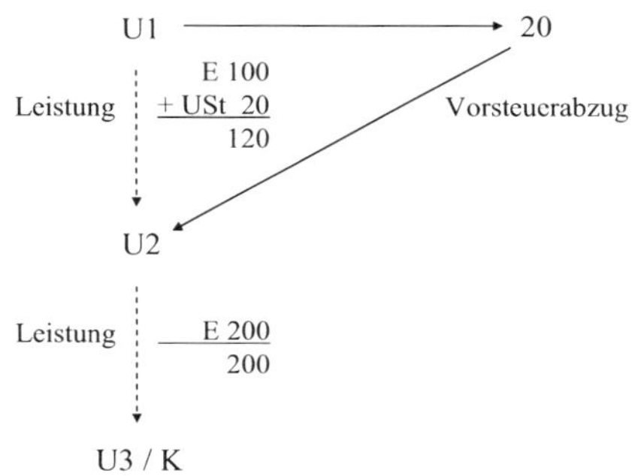

Der Unternehmer U1 erbringt eine Leistung an den Unternehmer U2. Er stellt diesem 100 als Entgelt zuzüglich 20% USt in Rechnung. Die 20 USt führt U1 an das Finanzamt ab. U2 ist aufgrund der echten Befreiung hinsichtlich der 20 USt zum Vorsteuerabzug berechtigt und bekommt diese als Vorsteuer vom Finanzamt erstattet. Für die Leistung an den Unternehmer U3 oder an den Konsumenten K muss U2 keine Umsatzsteuer in Rechnung stellen.

2 *Unechte Befreiungen*

Tz 139 Unechte Befreiungen hingegen haben eine andere Wirkung. Der leistende Unternehmer ist zwar mit der von ihm erbrachten Leistung von der Umsatzsteuer befreit. Der Unternehmer kann aber im Gegensatz zur echten Befreiung **keinen Vorsteuerabzug** geltend machen (vgl § 12 Abs 3 UStG). Es kommt somit zu keiner vollständigen Entlastung von der Umsatzsteuer. Der unecht befreite Unternehmer wird im Ergebnis **wie ein Privater** behandelt: Er muss für seine Rechnungen zwar keine Umsatzsteuer in Rechnung stellen, hat aber auch keinen Vorsteuerabzug. Die Wirkungsweise einer unechten Befreiung wird an folgendem Beispiel ersichtlich:

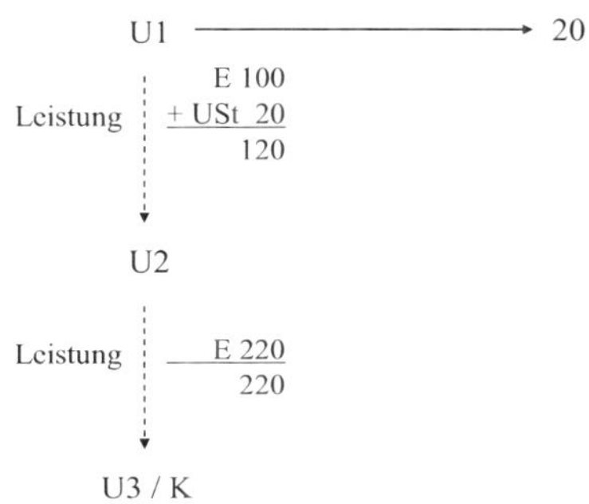

Der Unternehmer U1 erbringt eine Leistung an den Unternehmer U2. Er stellt diesem 100 als Entgelt zuzüglich 20% USt in Rechnung. Die 20 USt führt U1 an das Finanzamt ab. U2 ist aufgrund der unechten Befreiung hinsichtlich der 20 USt nicht zum Vorsteuerabzug berechtigt. Die Umsatzsteuer wird für U2 zum Kostenfaktor. Daher wird U2 im Regelfall die 20 USt an den Unternehmer U3 oder an den Konsumenten K als Entgelt weiterverrechnen. Für die Leistung an U3 oder K muss U2 aber keine Umsatzsteuer in Rechnung stellen.

Eine unechte Befreiung kann somit für jene Unternehmer einen Wettbewerbsvorteil darstellen, die direkt an den Letztverbraucher (Konsumenten) leisten. In diesem Fall muss nämlich der Letztverbraucher für die bezogene Leistung keine Umsatzsteuer bezahlen. Innerhalb der Unternehmerkette kann die unechte Befreiung jedoch zu „Verschmutzungseffekten" führen, da die Entlastung von der Umsatzsteuer nicht sichergestellt ist. Leistet nämlich der unecht befreite Unternehmer U2 an den Unternehmer U3, unterliegt diese Leistung zwar nicht der Umsatzsteuer, auf Grund des verweigerten Vorsteuerabzugs bei U2 erhöht die Umsatzsteuer aber wirtschaftlich das Entgelt. Leistet U3 an andere, muss er die Leistung erneut und zusätzlich der Umsatzsteuer unterwerfen, soweit keine Befreiung greift.

Tz 140 Unecht befreite Umsätze sind in § 6 Abs 1 Z 7 bis 28 UStG aufgezählt (vgl § 12 Abs 3 UStG). Dazu zählen unter anderem Umsätze, die bereits einer anderen

Verkehrsteuer unterliegen, so zB Umsätze mit Grundstücken (§ 6 Abs 1 Z 9 lit a UStG; Grunderwerbsteuer) oder Versicherungsleistungen (§ 6 Abs 1 Z 9 lit c UStG; Versicherungssteuer). Dadurch soll eine doppelte Verkehrsteuerbelastung vermieden werden. Unecht befreit sind unter anderem auch Geld- und Bankgeschäfte (§ 6 Abs 1 Z 8 UStG), die Tätigkeit von Ärzten (§ 6 Abs 1 Z 19 UStG) sowie die Vermietung von Grundstücken ausgenommen für Wohnzwecke und für die Beherbergung (§ 6 Abs 1 Z 16 UStG). Nicht zuletzt unterliegen **Kleinunternehmer** mit jährlichen Umsätzen von nicht mehr als 35.000 Euro einer unechten Befreiung (§ 6 Abs 1 Z 27 UStG). In diese Umsatzgrenze sind Umsätze aus Hilfsgeschäften einschließlich der Geschäftsveräußerung, sowie Umsätze, die nach § 6 Abs 1 Z 8 lit d und j, Z 9 lit b und d, Z 10 bis 15, Z 17 bis 26 und Z 28 UStG (unecht) steuerfrei sind, nicht miteinzubeziehen. Ein einmaliges Überschreiten der Umsatzgrenze um nicht mehr als 15% innerhalb von fünf Kalenderjahren ist möglich. Kleinunternehmer haben allerdings die Möglichkeit einer Option zur Steuerpflicht (§ 6 Abs 3 UStG). Für einige andere unecht steuerbefreite Umsätze ist eine Option zur Steuerpflicht in § 6 Abs 2 UStG vorgesehen.

IV BEMESSUNGSGRUNDLAGE, STEUERSÄTZE, VORSTEUERABZUG

1 Die Bemessungsgrundlage

Tz 141 Ist ein umsatzsteuerbarer Vorgang tatsächlich – weil weder echt noch unecht befreit – umsatzsteuerpflichtig, stellt sich die Frage nach der Bemessungsgrundlage. Bei Lieferungen und sonstigen Leistungen sowie beim innergemeinschaftlichen Erwerb ist das **Entgelt** Bemessungsgrundlage. Entgelt ist alles, was der Empfänger einer Lieferung oder sonstigen Leistungen aufzuwenden hat, um die Leistung zu erhalten (§ 4 Abs 1 UStG). Zum Entgelt gehören auch zusätzliche Leistungen, die der Leistungsempfänger freiwillig aufwendet sowie Entgelt von dritter Seite (§ 4 Abs 2 UStG).

> **Beispiel:** Ein Tischler verlangt 1.000 Euro für einen Einbauschrank. Der Kunde zahlt 1.500 Euro, weil die Arbeit so gut ist. Die Bemessungsgrundlage beträgt daher 1.500 Euro.

Tz 142 Beim **Eigenverbrauch** bemisst sich die Umsatzsteuer für fiktive Lieferungen nach dem Einkaufspreis im Zeitpunkt des Eigenverbrauchs (§ 4 Abs 8 lit a UStG) und für fiktive sonstige Leistungen nach den auf die Ausführung entfallenden Kosten (§ 4 Abs 8 lit b UStG). Im Falle des § 1 Abs 1 Z 2 lit a UStG werden die nichtabzugsfähigen Ausgaben als Bemessungsgrundlage herangezogen (§ 4 Abs 8 lit c UStG).

> **Beispiel:** Ein Musikhändler entnimmt aus dem Lager eine Gitarre für den privaten Gebrauch. Der Einkaufspreis betrug ursprünglich 600 Euro, zum Zeitpunkt der Entnahme ist dieser auf 700 Euro gestiegen, an einen Kunden wäre die Gitarre um 800 Euro verkauft worden. Bemessungsgrundlage: 700 Euro.

Tz 143 Bei der **Einfuhr** bemisst sich die Einfuhrumsatzsteuer nach dem Zollwert des eingeführten Gegenstandes (§ 5 Abs 1 UStG).

2 Die Steuersätze

Tz 144 Es gelten folgende **Umsatzsteuersätze** (§ 10 UStG):

- **Normalsteuersatz** von **20%** (§ 10 Abs 1 UStG).
- **Ermäßigter Steuersatz** von **10%** für im Gesetz angeführte Leistungen und für in der Anlage 1 zum UStG angeführte Gegenstände (§ 10 Abs 2 UStG). Dieser ermäßigte Steuersatz betrifft beispielsweise Nahrungsmittel, die Vermietung von Grundstücken zu Wohnzwecken, die Beförderung von Personen mit Verkehrsmitteln aller Art etc.
- **Ermäßigter Steuersatz** von **13%** für im Gesetz angeführte Leistungen und für in der Anlage 2 zum UStG angeführte Gegenstände (§ 10 Abs 3 UStG). Unter diesen ermäßigten Steuersatz fallen insbesondere lebende Tiere, Pflanzen, kulturelle Dienstleistungen, Holz, nationaler Luftverkehr, Museen, Tiergärten, Filmvorführungen, Ab-Hof-Verkauf von Wein, etc.
- Daneben gibt es noch einen **ermäßigten Steuersatz** von **19%** für bestimmte in Mittelberg im Kleinwalsertal und in Jungholz erbrachte Leistungen (§ 10 Abs 4 UStG).

3 Der Vorsteuerabzug

Tz 145 Der Vorsteuerabzug ist ein **Wesenselement der Umsatzsteuer**. Der Unternehmer als Leistungsempfänger kann die ihm in Rechnung gestellten Umsatzsteuerbeträge als Vorsteuer abziehen. Damit sind im Wesentlichen alle Lieferungen und alle sonstigen Leistungen an das Unternehmen von der Umsatzsteuer entlastet. In der Unternehmerkette wirkt die Umsatzsteuer daher in der Regel neutral und stellt somit keinen Kostenfaktor dar.

Tz 146 Der Vorsteuerabzug steht für Lieferungen und sonstige Leistungen unter den folgenden **Voraussetzungen** zu (§ 12 Abs 1 Z 1 UStG):

- Der Leistungsempfänger muss Unternehmer sein,
- die Leistung muss im Inland für das Unternehmen des Leistungsempfängers ausgeführt worden sein,
- die Leistung muss von einem anderen Unternehmer ausgeführt worden sein und
- es muss eine den Formvorschriften entsprechende Rechnung vorliegen (vgl § 11 UStG).

Der Unternehmer hat das Recht zum Vorsteuerabzug nur, wenn ein anderer Unternehmer an sein Unternehmen leistet. Wenn an seine nichtunternehmerische Sphäre geleistet wird, steht ihm genauso wie jedem anderen Privaten der Vorsteuerabzug nicht zu.

> **Beispiel:** Ein Bäckermeister erwirbt von einem Juwelier einen Ring. Diese Lieferung wird nicht an sein Unternehmen erfolgt sein, dem Bäckermeister steht daher kein Vorsteuerabzug zu und es erfolgt keine Entlastung von der Umsatzsteuer.

Tz 147 Für Leistungen, die der Unternehmer zur Ausführung von **unecht befreiten Umsätzen** in Anspruch nimmt, steht dem Unternehmer kein Vorsteuerabzug zu (§ 12 Abs 3 UStG). Stehen Leistungen im Zusammenhang sowohl mit steuerpflichtigen als auch mit unecht befreiten Umsätzen, so hat eine Aufteilung der Vorsteuerbeträge in abzugsfähige und nichtabzugsfähige Beträge zu erfolgen (§ 12 Abs 4 UStG). Ändert sich der Verwendungszweck eines Gegenstandes, dann kommt es innerhalb bestimmter Fristen zu einer nachträglichen Vorsteuerkorrektur (§ 12 Abs 10 ff UStG).

Beispiele:
1. Der Unternehmer schafft Büromöbel an. Die Bürotätigkeit entfällt zu 50% auf die Erbringung von Versicherungsleistungen und zu 50% auf die Immobilienvermittlung: Umsätze aus Versicherungsverhältnissen sind unecht befreit (§ 6 Abs 1 Z 9 lit c UStG). Aus diesem Grund steht kein Vorsteuerabzug für die Büromöbel zu, soweit diese zur Erbringung von Versicherungsleistungen verwendet werden (§ 12 Abs 3 Z 1 UStG). Die Umsätze aus der Immobilienvermittlung unterliegen keiner Steuerbefreiung. Der Unternehmer kann daher 50% der Vorsteuern geltend machen.

2. Ein Steuerberater erwirbt eine Eigentumswohnung und richtet darin eine Kanzlei ein. Zwei Jahre später nutzt er sie zu Wohnzwecken. Im Jahr der Änderung der Verwendung erfolgt eine Vorsteuerkorrektur gemäß § 12 Abs 10 UStG.

V DIE ERHEBUNG DER UMSATZSTEUER

1 Der Steuerschuldner

Tz 148 Steuerschuldner der Umsatzsteuer – wenngleich nicht unbedingt ihr Träger (vgl Tz 117) – ist im Regelfall der **leistende Unternehmer**. Bei ausländischen Unternehmern kann es aber mitunter schwieriger sein, auf den leistenden Unternehmer zu greifen. § 19 Abs 1 UStG enthält daher eine spezielle Regelung für den Übergang der Steuerschuld in bestimmten Fällen (**Reverse Charge-System**): Insbesondere wird bei sonstigen Leistungen die Steuer vom Empfänger der Leistung geschuldet, wenn

- der leistende Unternehmer im Inland weder sein Unternehmen betreibt noch eine an der Leistungserbringung beteiligte Betriebsstätte hat und
- der Leistungsempfänger Unternehmer ist.

Zu beachten ist dabei, dass der leistende Unternehmer die Rechnung ohne Umsatzsteuer ausstellen und auf den Übergang der Steuerschuld hinweisen muss (§ 11 Abs 1a UStG). Er haftet aber weiterhin für die Umsatzsteuer (§ 27 Abs 4 UStG ist nicht anwendbar).

Das Reverse Charge-System greift nur, wenn die Leistung in Österreich steuerbar ist. Liegt der Leistungsort von vornherein im Ausland, so schuldet weder der leistende Unternehmer noch der Leistungsempfänger eine österreichische Umsatzsteuer.

Beispiele:
1. Ein russischer Rechtsanwalt berät einen österreichischen Unternehmer über Fragen des russischen Gesellschaftsrechts: Der Leistungsort liegt in Österreich (§ 3a Abs 6 UStG), sodass die Beratungsleistung mangels Befreiung in Österreich steuerpflichtig ist. Sofern der Rechtsanwalt in Österreich weder sein Unternehmen betreibt noch eine an der Leistungserbringung beteiligte Betriebsstätte hat, greift nach § 19 Abs 1 UStG das Reverse Charge-System: Die Umsatzsteuerschuld verlagert sich vom leistenden Unternehmer auf den Leistungsempfänger. Der russische Rechtsanwalt stellt das Entgelt ohne Umsatzsteuer in Rechnung und muss keine Umsatzsteuer abführen, weist jedoch in der Rechnung auf die Umsatzsteuerschuld des Leistungsempfängers hin (§ 11 Abs 1a UStG). Der österreichische Unternehmer schuldet die Umsatzsteuer, kann sich diese aber im Regelfall als Vorsteuer abziehen. Der russische Unternehmer haftet allerdings weiter für die Umsatzsteuer.

2. Ein slowakischer Mechaniker repariert einen Privat-PKW in Österreich: Der Leistungsort liegt in Österreich (§ 3a Abs 11 lit c UStG), die sonstige Leistung des Mechanikers ist in Österreich steuerbar und -pflichtig. Aufgrund der Leistung an einen Nichtunternehmer greift das Reverse Charge-System nicht, Steuerschuldner bleibt der leistende Unternehmer. Der slowakische Mechaniker muss Umsatzsteuer in Rechnung stellen und an das Finanzamt abführen.

3. Ein polnischer Architekt plant für einen österreichischen Unternehmer ein Bauwerk in Polen: Der Leistungsort liegt in Polen, die sonstige Leistung des Architekten ist in Österreich nicht steuerbar (§ 3a Abs 9 UStG). Mangels Steuerbarkeit in Österreich kann es auch nicht zum Übergang der Steuerschuld auf den Leistungsempfänger kommen.

2 *Die Entstehung der Steuerschuld und das Verfahren*

Tz 149 Die Steuerschuld entsteht prinzipiell mit Ablauf des Kalendermonats, in dem die Leistung ausgeführt worden ist (**Sollbesteuerung**; § 19 Abs 2 Z 1 lit a UStG). Insbesondere bei freiberuflichen Tätigkeiten und bei Tätigkeiten von kleineren oder nicht-buchführungspflichtigen Land- und Forstwirten und Gewerbetreibenden entsteht die Steuerschuld ausnahmsweise mit Ablauf des Kalendermonats, in dem das Entgelt vereinnahmt worden ist (**Istbesteuerung**; § 19 Abs 2 Z 1 lit b iVm § 17 UStG).

Beispiel: Ein Notar setzt am 6. März einen Gesellschaftsvertrag auf und stellt am gleichen Tag eine Rechnung aus, die Zahlung erfolgt erst am 20. April. Notare üben nach § 22 Z 1 lit b TS 3 EStG eine freiberufliche Tätigkeit aus und unterliegen der Istbesteuerung (§ 19 Abs 2 Z 1 lit b iVm § 17 Abs 1 UStG). Die Umsatzsteuerschuld entsteht mit Ablauf des Kalendermonats, in dem das Entgelt vereinnahmt worden ist, daher mit Ende April. Auf Antrag kann sich der Notar der Sollbesteuerung unterwerfen. In diesem Fall entsteht die Steuerschuld mit Ablauf des Kalendermonats, in dem die Leistung ausgeführt worden ist, daher bereits mit Ende März.

Tz 150 Der Unternehmer muss die dem Finanzamt geschuldete Umsatzsteuer selbst berechnen und bei Fälligkeit an das Finanzamt abführen (**Selbstbemessung**). Bis zum **15. des zweitfolgenden Kalendermonats** ist grundsätzlich für jeden Monat eine **Umsatzsteuervoranmeldung (UVA)** zu erstellen und beim Finanzamt einzureichen (§ 21 Abs 1 UStG). Die Fälligkeit der Umsatzsteuer tritt ebenfalls mit dem 15. des zweitfolgenden Kalendermonats ein. Bei geringeren Vorjahresumsätzen als 100.000 Euro kann das Kalendervierteljahr als Voranmeldungszeitraum gewählt werden, wobei sich die Fälligkeit der Umsatzsteuer entsprechend verschiebt (§ 21 Abs 2 UStG). Die **Umsatzsteuervorauszahlung** entspricht dem Saldo aus Umsatzsteuer und Vorsteuer und ergibt eine **Zahllast** (die einzuzahlen ist) oder eine **Gutschrift**.

Beispiel: Ein buchführungspflichtiger Baustoffhändler kauft am 5. August 1.000 kg Beton um 120 Euro (100 Euro + 20% USt) und liefert diesen am 18. August an einen Kunden um 180 Euro (150 Euro + 20% USt). Die Rechnungsausstellung erfolgt für beide Lieferungen im August. Die Umsatzsteuerschuld von 30 Euro für die Lieferung des Betons an den Kunden entsteht mit Ende August (Sollbesteuerung). Gleichzeitig kann der Baustoffhändler einen Vorsteuerabzug von 20 Euro geltend machen. Bis zum 15. des zweitfolgenden Monats – somit bis zum 15. Oktober – muss der Baustoffhändler eine Umsatzsteuervoranmeldung für den Monat August einreichen. Aus dieser ergibt sich eine Vorauszahlung (Zahllast) von 10 Euro, die ebenfalls am 15. Oktober fällig ist.

Tz 151 Zu einer **bescheidmäßigen Festsetzung** der Umsatzsteuervorauszahlungen durch das Finanzamt kommt es nur, wenn der Unternehmer die Einreichung der Voranmeldung pflichtwidrig unterlässt oder wenn sich die Voranmeldung als unvollständig oder die Selbstberechnung als nicht richtig erweist (§ 21 Abs 3 UStG). Die Umsatzsteuervorauszahlung beruht daher grundsätzlich auf Selbstbemessung durch den Unternehmer.

Nach Ablauf des Veranlagungszeitraumes (Kalenderjahr, abweichendes Wirtschaftsjahr) hat der Unternehmer eine **Umsatzsteuererklärung** abzugeben (§ 21 Abs 4 UStG). Für den Kleinunternehmer entfällt diese Verpflichtung (§ 21 Abs 6 UStG). In der Umsatzsteuererklärung sind die Umsätze des Veranlagungszeitraumes zusammenzurechnen, die Umsatzsteuerschuld zu ermitteln und davon die Vorsteuerbeträge des Veranlagungszeitraumes abzuziehen. Auf Grundlage dieser Umsatzsteuererklärung wird der Unternehmer zur Umsatzsteuer veranlagt (§§ 21 Abs 4 und 20 Abs 1 UStG).

Beispiel: Ein Unternehmer hat im Rahmen der Vorauszahlungen des abgelaufenen Jahres Vorsteuergutschriften beim Finanzamt von insgesamt 2.000 Euro angesammelt, die der Unternehmer auch ausbezahlt bekommen hat. Im Rahmen der Jahresveranlagung stellt sich heraus, dass 3.500 Euro der geltend gemachten Vorsteuern zu Unrecht geltend gemacht wurden. Die Veranlagung ergibt daher für das abgelaufene Jahr eine Jahreszahllast von 1.500 Euro. Der Unternehmer schuldet dem Finanzamt 3.500 Euro an Umsatzsteuernachzahlung.

Tz 152 *Frau Mag. Taxa erstellt im Rahmen ihres Unternehmens gegen Entgelt Steuererklärungen für ihre Klienten. Sie erbringt daher eine sonstige Leistung. Bei den an ihre österreichischen Klienten erbrachten Beratungsleistungen liegt der Leistungsort im Inland (gemäß § 3a Abs 6 UStG, wenn sie an einen Unternehmer leistet und gemäß § 3a Abs 7 UStG, wenn sie an einen Nichtunternehmer leistet). Die Umsätze sind daher umsatzsteuerbar und – soweit es sich bei Frau Mag. Taxa nicht um eine Kleinunternehmerin (§ 6 Abs 1 Z 27 UStG) handelt – nicht umsatzsteuerbefreit. Frau Mag. Taxa muss daher Umsatzsteuer in Rechnung stellen und an das Finanzamt abführen. Die für den Erwerb der Fachbücher bezahlte Umsatzsteuer kann sie sich als Vorsteuer vom Finanzamt „zurückholen“.*

VI WEITERFÜHRENDE LITERATUR

- *Beiser*, Steuern – Ein systematischer Grundriss, 19. Auflage, 2021, 337-452.
- *Berger/Wakounig*, Umsatzsteuer kompakt 2020/2021, 8. Auflage, 2020.
- *Doralt*, Steuerrecht 2022, 23. Auflage, 2022, 146-192.
- *Doralt/Ruppe*, Grundriss des österreichischen Steuerrechts, Band II, 8. Auflage, 2019, 158-376.
- *Melhardt/Kuder/Pfeiffer*, SWK-Spezial Umsatzsteuer 2021, 1. Auflage 2021.
- *Ruppe/Achatz,* Umsatzsteuergesetz – Kommentar, 5. Auflage, 2018.
- *Spilker*, Crashkurs Umsatzsteuer und Grunderwerbsteuer, 2. Auflage, 2019, 1-114.

VII WIEDERHOLUNGSFRAGEN

1. Welche der folgenden Aussagen hinsichtlich der Umsatzsteuer treffen/trifft zu?

- o Die Umsatzsteuer ist eine direkte Steuer. Steuerschuldner und Steuerträger ist der Unternehmer.
- o Die Umsatzsteuer ist eine Verbrauchsteuer. Sie soll den Konsum durch den Letztverbraucher belasten.
- o Die Umsatzsteuer ist eine Verkehrsteuer. Sie knüpft die Steuerpflicht an einen Verkehrsvorgang an.
- o Die Umsatzsteuer ist eine indirekte Steuer. Steuerschuldner ist in der Regel der Unternehmer, Steuerträger ist der Letztverbraucher.
- o Die Umsatzsteuer ist weitgehend vom Ursprungslandprinzip beherrscht.

2. Was besagt der Grundsatz der Einheitlichkeit der Leistung?

3. Wie wird das Bestimmungslandprinzip im Verhältnis zu Drittstaaten und im Verhältnis zu EU-Mitgliedstaaten verwirklicht?

4. Was ist die Bemessungsgrundlage der Umsatzsteuer?

5. Wozu führt das Reverse Charge-System?

6. Worin liegt der Unterschied zwischen Soll- und Istbesteuerung?

7. Unter welchen Voraussetzungen steht der Vorsteuerabzug zu?

8. Worin unterscheiden sich echte von unechten Befreiungen?

9. Welche der folgenden Aussagen hinsichtlich der Umsatzsteuer treffen/trifft zu?
- o Wechselseitige Leistungen zwischen mehreren Betrieben eines Unternehmers unterliegen der Umsatzsteuer.
- o Ein umsatzsteuerpflichtiger Eigenverbrauch liegt unter anderem vor, wenn ein Gegenstand aus dem Unternehmen für private Zwecke entnommen wird.
- o Die Unterscheidung zwischen Lieferungen und sonstigen Leistungen ist für die Bestimmung des Leistungsorts ohne Bedeutung.
- o Sonstige Leistungen sind jene Leistungen, bei denen die Verfügungsmacht an einem Gegenstand verschafft wird.
- o Lieferungen und sonstige Leistungen unterliegen nur dann der österreichischen Umsatzsteuer, wenn der Leistungsort in Österreich liegt.

10. Welche der folgenden Aussagen zum Begriff des Unternehmers im Sinne des UStG treffen/trifft zu?
- o Ein Unternehmer muss eine Tätigkeit selbständig, nachhaltig und mit Gewinnerzielungsabsicht ausüben.
- o Ein Unternehmer muss eine Tätigkeit selbständig, nachhaltig und mit Einnahmenerzielungsabsicht ausüben.
- o Bei der Selbständigkeit kommt es insbesondere auf das Fehlen der für den Dienstnehmer typischen Weisungsgebundenheit und auf das Vorliegen des Unternehmerrisikos an.
- o Juristische Personen können keine Unternehmer im Sinne des UStG sein.
- o Von Nachhaltigkeit spricht man grundsätzlich bei Vorliegen einer länger andauernden Tätigkeit oder bei Wiederholungsabsicht.

11. Welche der folgenden Aussagen zum Vorsteuerabzug treffen/trifft zu?
- o Dem Unternehmer steht für Leistungen, die er zur Ausführung von unecht befreiten Umsätzen in Anspruch nimmt, kein Vorsteuerabzug zu.
- o Erwirbt ein Papierhändler einen Ring, um seiner Partnerin einen Heiratsantrag zu machen, steht ihm hinsichtlich des Rings ein Vorsteuerabzug zu.
- o Wenn sich der Verwendungszweck eines Gegenstandes ändert, kann es zu einer nachträglichen Vorsteuerkorrektur kommen.

- Durch den Vorsteuerabzug soll die Umsatzsteuer für einen Unternehmer neutral sein und keinen Kostenfaktor darstellen.
- Wenn Leistungen sowohl mit steuerpflichtigen als auch mit unecht steuerbefreiten Umsätzen im Zusammenhang stehen, kann die gesamte auf diese Leistungen entfallende Vorsteuer geltend gemacht werden.

MODUL 5: RECHTSVERKEHRSTEUERN

Die zentralen Fragen dieses Moduls sind:
- ***Wie wird der Erwerb von inländischen Grundstücken im Steuerrecht behandelt?***
- ***Wie werden schriftlich beurkundete Rechtsgeschäfte im Steuerrecht behandelt?***
- ***Welche Gemeinsamkeiten weisen die einzelnen Rechtsverkehrsteuern auf?***

I DIE GRUNDERWERBSTEUER

Tz 153 *Frau Mag. Taxa erwirbt ein Grundstück in München um 450.000 Euro. Wie wird der Grundstückserwerb im Rahmen der Grunderwerbsteuer behandelt?*

1 Der Steuergegenstand

Tz 154 Der im GrEStG geregelten Grunderwerbsteuer unterliegen **Erwerbsvorgänge**, soweit sie sich auf ein **inländisches Grundstück** oder grundstücksgleiches Recht beziehen. Dabei findet nicht nur eine zivilrechtliche Anknüpfung statt, sondern es werden auch solche Rechtsvorgänge erfasst, die wirtschaftlich die Herrschaft über ein Grundstück begründen. Da die Grunderwerbsteuer an Rechtsvorgänge anknüpft, ist sie eine **Rechtsverkehrsteuer**.

Tz 155 In § 1 Abs 1 GrEStG sind taxativ jene Rechtsvorgänge aufgezählt, die der Grunderwerbsteuer unterliegen. Als **Haupttatbestand** sind dabei Kaufverträge oder andere Rechtsgeschäfte (zB Tauschverträge) erfasst, die den Anspruch auf Übereignung des Grundstücks begründen (§ 1 Abs 1 Z 1 GrEStG). Regelmäßig stellt das GrEStG bereits auf das Verpflichtungsgeschäft ab.

Tz 156 Das GrEStG sieht auch eine Fülle von **Ersatz- oder Ergänzungstatbeständen** vor, um zu vermeiden, dass der Steuerpflichtige die Steuer umgeht, indem er einen rechtlichen Weg wählt, der vom GrEStG nicht erfasst ist, jedoch wirtschaftlich zu einem identen oder zumindest ähnlichen Ergebnis führt.

- Der Grunderwerbsteuer unterliegt auch der Eigentumserwerb an inländischen Grundstücken, wenn **kein Verpflichtungsgeschäft vorausgegangen** ist (§ 1 Abs 1 Z 2 GrEStG). Es sollen jene Rechtsgeschäfte erfasst werden, bei denen ein Grundstück nicht durch ein Rechtsgeschäft, sondern durch eine Behörde, ein Gericht oder durch ein Gesetz übertragen wird. Als Beispiele dafür lassen sich etwa die Zwangsversteigerung, der Erwerb aufgrund gerichtlichen Urteils oder Vergleichs, die Enteignung oder die Ersitzung nennen.
- Sog **Zwischengeschäfte**, dh die Abtretung oder Weitergabe eines schon bestehenden Anspruchs auf Übereignung eines Grundstücks, unterliegen ebenfalls der Grunderwerbsteuer (§ 1 Abs 1 Z 3 und Z 4 GrEStG).
- Rechtsvorgänge, die es ohne Begründung eines Anspruchs auf Übereignung einem anderen rechtlich oder wirtschaftlich ermöglichen, ein **Grundstück auf**

eigene Rechnung zu verwerten, sind ebenfalls grunderwerbsteuerpflichtig (§ 1 Abs 2 GrEStG). Es geht nicht das Eigentum, sondern lediglich die Verwertungsbefugnis über. Dieser Ersatz- oder Ergänzungstatbestand enthält auch deutliche wirtschaftliche Anknüpfungen, erfasst aber dennoch nur „Rechtsvorgänge". Zweck des § 1 Abs 2 GrEStG ist es, Rechtsvorgänge zu erfassen, welche in Bezug auf die Herrschaft über ein Grundstück den in § 1 Abs 1 GrEStG beschriebenen Umsätzen so nahekommen, dass sie es wie diese ermöglichen, den Wert des Grundstücks auf eigene Rechnung nutzbar zu machen. § 1 Abs 2 GrEStG soll die Lücken des Abs 1 in der Aufzählung der Steuertatbestände schließen. Wichtigster Anwendungsfall ist der Erwerb durch den Treuhänder. Wenn der Treuhänder das Grundstück von einem Dritten erwirbt, fällt dieser Vorgang unter § 1 Abs 1 Z 1 GrEStG. Gleichzeitig verschafft der Treuhänder dem Treugeber die Befugnis, das Grundstück wirtschaftlich zu verwerten. Dieser Vorgang wird nach § 1 Abs 2 GrEStG besteuert.

Beispiel: A beauftragt B ein Grundstück des C auf seine Rechnung aber im Namen von B zu kaufen. Für den Erwerb des Grundstücks durch B von C fällt Grunderwerbsteuer gemäß § 1 Abs 1 Z 1 GrEStG an. Durch das Treuhandverhältnis zwischen A und B erhält A die wirtschaftliche Verwertungsbefugnis am Grundstück im Zeitpunkt des Abschlusses des Kaufvertrags. Dieser Vorgang unterliegt gemäß § 1 Abs 2 GrEStG ebenfalls der GrESt.

- § 1 Abs 2a und Abs 3 GrEStG sollen die Vermeidung der Grunderwerbsteuer durch gezielte Gestaltungen verhindern: Wird ein Grundstück in eine Gesellschaft eingelegt um dann die Gesellschaftsanteile zu verkaufen, könnte das Eigentum an dem Grundstück wirtschaftlich übergehen, ohne Grunderwerbsteuer auszulösen. An dieser Stelle greifen § 1 Abs 2a und Abs 3 GrEStG ein. Gem § 1 Abs 2a GrEStG ist Grunderwerbsteuer auch zu entrichten, wenn **innerhalb von fünf Jahren mindestens 95% der Anteile am Gesellschaftsvermögen einer Personengesellschaft auf neue Gesellschafter übergehen**. Gem § 1 Abs 3 GrEStG unterliegt der Grunderwerbsteuer auch der **Anspruch auf Übertragung von mindestens 95% der Anteile sowie die Vereinigung von mindestens 95% der Anteile** einer grundstücksbesitzenden Personen- oder Kapitalgesellschaft **in einer Hand** oder in einer Unternehmensgruppe nach § 9 KStG (§ 1 Abs 3 GrEStG). Die Absicht, die Grunderwerbsteuer zu umgehen, ist kein Tatbestandsmerkmal (BFH 22. 6. 1966, II 165/62, BStBl 1966 II S 554). Die **zivilrechtliche Vereinigung** ist eine Vereinigung aller Anteile in der Hand des Erwerbers allein oder in der Hand von herrschenden und abhängigen Unternehmen im Sinne des § 2 Abs 2 UStG. Es reicht allerdings bereits die **wirtschaftliche Vereinigung** unter Mitwirkung eines Treuhänders, einer "vorgeschobenen" Person oder eines Strohmannes, um den Tatbestand der Übertragung von mindestens 95% der Anteile einer Gesellschaft auf neue Gesellschafter oder den Tatbestand der Anteilsvereinigung zu erfüllen.

Beispiele:

1. Frau Sommer hält 94% der Anteile an der Jahreszeiten-GmbH, zu deren Vermögen auch Liegenschaften zählen. Herr Winter hält 1%. Frau Sommer übernimmt den Anteil von Herrn Winter. Es handelt sich um eine Anteilsvereinigung gemäß § 1 Abs 3 GrEStG.

2. Frau Sommer übernimmt den Anteil des Herrn Winter lediglich als Treuhänderin. Da die treuhändig gehaltenen Anteile dem Treugeber nach § 1 Abs 3 letzter Satz GrEStG zugerechnet werden, liegt keine Anteilsvereinigung vor (vgl BMF-010206/0058-VI/5/2016 vom 13.05.2016).

3. Frau Sommer erwirbt 95% der Anteile an der Jahreszeiten-GmbH, wovon 1% bei Frau Herbst als Treuhänderin verbleibt. Es liegt eine wirtschaftliche Vereinigung vor. Frau Sommer ist zwar hinsichtlich des 1%igen Anteils lediglich Treugeberin, das heißt wirtschaftliche Eigentümerin, aber da treuhändig gehaltene Anteile dem Treugeber zuzurechnen sind, ist der Vorgang ebenfalls von § 1 Abs 3 GrEStG erfasst.

Tz 157 § 1 Abs 4 GrEStG sieht eine **Kürzungsvorschrift** für die Aufeinanderfolge mehrerer Erwerbsvorgänge zwischen **denselben Personen** vor. Die Steuer auf den späteren Erwerbsvorgang wird nur insoweit erhoben, als die Bemessungsgrundlage für den späteren Rechtsvorgang den Betrag übersteigt, von dem beim vorausgegangenen Rechtsvorgang die Steuer berechnet worden ist. Auch diese Bestimmung hat ihren Hauptanwendungsfall in Treuhandverhältnissen, wenn zuerst die wirtschaftliche Verfügungsmacht über ein Grundstück und später auch das Eigentumsrecht an demselben übertragen wird.

Beispiel: Der Treuhänder B überträgt dem Treugeber A das zivilrechtliche Eigentum an dem zuvor erworbenen Grundstück. Der Rechtsvorgang fällt unter § 1 Abs 1 Z 1 GrEStG („anderes Rechtsgeschäft"). Da durch das Treuhandverhältnis aber bereits im Zeitpunkt des Kaufvertragsabschlusses die Verwertungsbefugnis des A am Grundstück begründet wurde (§ 1 Abs 2 GrEStG), kommt die Kürzungsvorschrift des § 1 Abs 4 GrEStG zur Anwendung. Auf den späteren Vorgang wird Grunderwerbsteuer nur insoweit erhoben, als die Bemessungsgrundlage den Betrag übersteigt, von dem beim vorausgegangenen Vorgang die Grunderwerbsteuer berechnet worden ist.

Tz 158 Nach § 3 GrEStG sind bestimmte Vorgänge von der Grunderwerbsteuer **befreit**, zB:

- der Erwerb eines Grundstückes, wenn der für die Berechnung der Steuer maßgebende Wert 1.100 Euro nicht übersteigt („Bagatellerwerbe"; § 3 Abs 1 Z 1 lit a GrEStG),
- ist ein Freibetrag in Höhe von höchstens 900.000 Euro für die Übertragung von Grundstücken vorgesehen, sofern die Übertragung im Rahmen einer

unentgeltlichen oder teilentgeltlichen (vgl § 7 Abs 1 Z 1 GrEStG) Betriebsübertragung erfolgt (§ 3 Abs 1 Z 2 GrEStG),

- Schenkungen unter Lebenden zwischen Ehegatten oder eingetragenen Partnern zum gemeinsamen Erwerb einer Wohnstätte (§ 3 Abs 1 Z 7 GrEStG).

2 *Die Bemessungsgrundlage, der Tarif und die Erhebung der Grunderwerbsteuer*

Tz 159 Die **Bemessungsgrundlage** der Grunderwerbsteuer ist grundsätzlich der **Wert der Gegenleistung** (§ 4 Abs 1 GrEStG), also in der Regel der Kaufpreis (§ 5 Abs 1 Z 1 GrEStG). Falls die Gegenleistung geringer ist als der Grundstückswert oder keine Gegenleistung vorhanden oder zu ermitteln ist, ist die Steuer vom **Grundstückswert** zu berechnen (§ 4 Abs 1 GrEStG). Bei unentgeltlichen Erwerben innerhalb des Familienverbandes sowie für Erwerbe von Todes wegen gilt der Grundstückswert als Bemessungsgrundlage. Der Grundstückswert ist entweder die Summe des hochgerechneten (anteiligen) dreifachen Bodenwertes und des (anteiligen) Gebäudewertes, ein von einem geeigneten Immobilienpreisspiegel abgeleiteter Wert oder der gemeine Wert, wenn dieser geringer ist. Für Übertragungen von land- und forstwirtschaftlich genutzten Grundstücken im Familienverband oder von land- und forstwirtschaftlich genutzten Grundstücken im Anwendungsbereich des UmgrStG wird der **einfache Einheitswert** als Bemessungsgrundlage herangezogen.

Tz 160 Die Tarifbestimmung in § 7 GrEStG unterscheidet zwischen dem unentgeltlichen, dem teilentgeltlichen und dem entgeltlichen Erwerb:

Unentgeltlicher Erwerb	keine Gegenleistung oder Gegenleistung ≤ 30% des Grundstückswerts
Entgeltlicher Erwerb	Gegenleistung > 70% des Grundstückswerts
Teilentgeltlicher Erwerb	Gegenleistung > 30% und ≤ 70% des Grundstückswerts

Bei **unentgeltlichen Erwerben** sowie für den unentgeltlichen Teil bei teilentgeltlichen Erwerben kommt der **Stufentarif** zur Anwendung. Die Steuer beträgt für die ersten 250.000 Euro 0,5%, für die nächsten 150.000 Euro 2% und darüber hinaus 3,5%. Für **entgeltliche Erwerbe** und entgeltliche Teile von teilentgeltlichen Erwerben beträgt der **Normaltarif** 3,5%. Bei Anteilsvereinigungen, bei der Übertragung von 95% aller Anteile oder bei Vorgängen nach dem UmgrStG kommt ein ermäßigter Steuersatz von 0,5% zur Anwendung. Bei Übertragungen von land- und forstwirtschaftlich genutzten Grundstücken im Familienverband beträgt der Steuersatz 2%.

Tz 161 Die **Steuerschuld** entsteht, sobald ein steuerpflichtiger Erwerbsvorgang verwirklicht ist, etwa mit Abschluss eines gültigen Kaufvertrages (§ 8 Abs 1 GrEStG). Es kommt also regelmäßig auf das Verpflichtungsgeschäft (zivilrechtlicher Titel) und nicht auf das Erfüllungsgeschäft an (zivilrechtlicher Modus). Für Erwerbe aufgrund einer Schenkung auf den Todesfall entsteht die Steuerschuld mit dem Tod des Geschenkgebers (§ 8 Abs 3 GrEStG). **Steuerschuldner** der Grunderwerbsteuer sind in der Regel die am Erwerbsvorgang beteiligten Personen (§ 9 Z 4 GrEStG).

Tz 162 Über Erwerbsvorgänge, die dem GrEStG unterliegen, ist bis zum 15. Tag des auf den Kalendermonat, in dem die Steuerschuld entstanden ist, zweitfolgenden Monats beim Finanzamt eine **Abgabenerklärung** vorzulegen (§ 10 GrEStG). Rechtsanwälte und Notare sind als Parteienvertreter befugt, die Grunderwerbsteuer selbst zu berechnen und an das Finanzamt abzuführen (§§ 11 ff GrEStG).

Tz 163 *Der Grunderwerbsteuer unterliegen nur Erwerbsvorgänge, die inländische Grundstücke betreffen (§ 1 GrEStG). In Österreich besteht somit keine Grunderwerbsteuerpflicht für den Erwerb des Münchner Grundstücks.*

II DIE RECHTSGESCHÄFTSGEBÜHREN

Tz 164 *Frau Mag. Taxa mietet zu Geschäftszwecken ein Gebäude an. Der Mietzins beträgt 5.000 Euro p.m. und der Mietvertrag wird auf unbefristete Zeit abgeschlossen. Wie ist der Mietvertrag gebührenrechtlich zu beurteilen?*

1 Der Gegenstand der Rechtsgeschäftsgebühren

Tz 165 Rechtsgeschäftsgebühren im Sinne des Gebührengesetzes 1957 zählen zu den ausschließlichen Bundesabgaben und sind den Steuern, das heißt den öffentlichen Abgaben ohne Gegenleistung der Gebietskörperschaft, zuzuordnen. Neben den Rechtsgeschäften erfasst das Gebührengesetz in den §§ 10 bis 14a auch Schriften und Amtshandlungen.

Tz 166 Das Gebührengesetz (GebG) setzt Gebühren für bestimmte **schriftlich beurkundete Rechtsgeschäfte** (§§ 15 ff GebG) fest. Eine Gebührenpflicht lösen nur jene Rechtsgeschäfte aus, die in den taxativen Tarifposten (TP) des § 33 GebG angeführt sind (**„Enumerationsprinzip“**). Rechtsgeschäfte sind gemäß § 15 Abs 1 GebG nur dann gebührenpflichtig, wenn über sie eine Urkunde errichtet wird (sog **Urkundenprinzip**)), es sei denn, dass im GebG etwas Abweichendes bestimmt ist. Gebührenpflichtig ist dabei der zivilrechtliche Abschluss des Rechtsgeschäfts selbst, die förmliche Beurkundung zu Beweiszwecken ist lediglich eine Bedingung für die Gebührenpflicht. Damit tritt die im Abgabenrecht sonst vorherrschende wirtschaftliche Betrachtungsweise im Bereich des Gebührenrechts zurück und kommt nur im tatbestandsmäßig vorbestimmten Rahmen zur Anwendung.

Tz 167 **Beispiel:** Ein Bestandvertrag wird ausschließlich mündlich abgeschlossen. Obwohl dieses Rechtsgeschäft grundsätzlich der Gebührenpflicht unterliegt (§ 33 TP 5 GebG), fällt mangels schriftlicher Urkunde keine Gebühr an.

Tz 168 Als Urkunde ist jede **Schrift**, auf der entsprechende Schriftzeichen angebracht sind, zu verstehen, in der – wenn auch formlos – das Zustandekommen eines Rechtsgeschäftes festgehalten ist (vgl näher § 16 GebG). Für die Gebührenpflicht ist es jedoch nicht erforderlich, dass aus der Urkunde über das Rechtsgeschäft schon alle für die Festsetzung der Gebühren bedeutsamen Umstände hervorgehen, wenn die Urkunde dem Grunde nach als schriftliches Beweismittel geeignet ist. Ein E-Mail, das mit einer sicheren elektronischen Signatur gemäß § 4 Abs 1 Signaturgesetz unterfertigt wurde, stellt ebenfalls eine die Gebührenpflicht auslösende Urkunde dar, da der Bildschirm den Papierbegriff des § 5 GebG erfüllt (vgl VwGH 16.12.2010, 2009/16/0271).

Tz 169 Beim Zuordnen der Rechtsgeschäfte zu den einzelnen Tarifposten des § 33 GebG ist auf den Inhalt der errichteten Urkunde abzustellen (§ 17 Abs 1 GebG).

> **Beispiel:** Als Rechtsgeschäfte nach § 33 GebG kommen zB schriftlich beurkundete Bestandverträge (TP 5), Bürgschaftserklärungen und Hypothekarverschreibungen (TP 7 und 18), Dienstbarkeiten (TP 9), Ehepakte (TP 11), Glücksverträge (TP 17), außergerichtliche Vergleiche (TP 20) und Zessionen (TP 21) in Betracht.

Tz 170 Steuerpflichtige verzichten mitunter auf die Beurkundung eines Rechtsgeschäfts, um die Gebührenpflicht zu vermeiden (zB bloß mündlicher Abschluss von Rechtsgeschäften, Videoaufnahmen zu Beweiszwecken). Daher versucht der Gesetzgeber, auftretende Lücken durch die Schaffung von Ersatz- oder Ergänzungstatbeständen zu schließen.

Tz 171 Als Urkunde gilt gemäß § 15 Abs 2 GebG auch das Annahmeschreiben bei schriftlicher Annahme eines Vertragsanbotes. Wird die mündliche Annahme eines Vertragsanbotes beurkundet, so gilt diese Schrift als Annahmeschreiben. Die mündliche Annahme eines Vertragsanbotes gilt daher nicht als gebührenpflichtige Urkunde über ein Rechtsgeschäft.

Tz 172 Gemäß § 2 GebG sind bestimmte Einrichtungen von Gebühren befreit. Dazu zählen der Bund, die von ihm betriebenen Unternehmungen sowie öffentlich-rechtliche Fonds, deren Abgänge er zu decken verpflichtet ist (Z 1), die übrigen Gebietskörperschaften im Rahmen ihres öffentlich-rechtlichen Wirkungskreises (Z 2), öffentlich-rechtliche Körperschaften und bestimmte Vereinigungen hinsichtlich ihres Schriftenverkehrs mit den öffentlichen Behörden und Ämtern (Z 3) sowie die als Gesandte fremder Mächte bestellten Angehörigen auswärtiger Staaten rücksichtlich bestimmter von ihnen selbst oder ihren Bevollmächtigten oder Vertretern statt ihrer ausgestellten Schriften (Z 4).

Tz 173 Gemäß § 15 Abs 3 GebG sind Rechtsgeschäfte von der Gebührenpflicht ausgenommen, die unter das Grunderwerbsteuergesetz, das Kapitalverkehrsteuergesetz oder das Versicherungssteuergesetz fallen. Sinn und Zweck dieser sachlichen Befreiung ist es, eine Gebühren- und Verkehrsteuerkumulation und somit eine Doppelbesteuerung identer Rechtsvorgänge zu verhindern.

2 *Die Bestandvertragsgebühr*

Tz 174 Der Gebührenpflicht unterliegen Bestandverträge (§§ 1090 ff ABGB) und sonstige Verträge, wodurch jemand den Gebrauch einer unverbrauchbaren Sache auf eine gewisse Zeit und gegen einen bestimmten Preis erhält (§ 33 TP 5 GebG).

- Der Bestandvertrag ist gebührenpflichtig, wenn über ihn eine **Urkunde im Inland errichtet** wird (§ 15 Abs 1 GebG).

- Verträge über die Miete von Wohnräumen sind allerdings von der Gebühr befreit (§33 TP 5 Abs 4 Z 1 GebG).
- Die Bestandvertragsgebühr beträgt im Allgemeinen **1%**.
- Die Bemessungsgrundlage ist abhängig von den vertraglich vereinbarten Leistungen und der Vertragsdauer. Die wiederkehrenden Leistungen sind bei **unbestimmter Vertragsdauer** mit dem Dreifachen des Jahreswertes zu bewerten (§ 33 TP 5 Abs 3 GebG). Demnach ergibt sich die Bemessungsgrundlage bei Bestandverträgen mit unbestimmter Vertragsdauer aus dem Jahreswert der wiederkehrenden Leistungen multipliziert mit dem Faktor 3. Bei Bestandverträgen auf **bestimmte Dauer** wird die Bemessungsgrundlage vom Jahreswert der wiederkehrenden Leistungen multipliziert mit der vorgesehenen Vertragsdauer ermittelt. Die Bemessungsgrundlage ist bei wiederkehrenden Leistungen allerdings mit dem 18-fachen des Jahreswertes gedeckelt, sodass auch bei befristeten Verträgen mit einer Laufzeit von mehr als 18 Jahren nur der 18-fache Jahreswert in die Bemessungsgrundlage einfließt (§ 33 TP 5 Abs 3 GebG).
- Hat der Bestandgeber seinen Wohnsitz, gewöhnlichen Aufenthalt, Sitz oder seine Geschäftsleitung im Inland oder unterhält er eine inländische Betriebsstätte, dann trifft ihn die gesetzliche Selbstberechnungsverpflichtung (§ 33 TP 5 Abs 5 GebG).

Beispiele:

1. Herr H mietet ein Gebäude zu Geschäftszwecken. Der Mietzins beträgt 1.000 Euro p.m. und der Mietvertrag ist auf fünf Jahre befristet. Die Gebühr beträgt 1% vom Jahreswert multipliziert mit der 5-jährigen Vertragsdauer (demnach 600 Euro).

2. Herr H mietet ein Gebäude zu Wohnzwecken. Der Mietzins beträgt 1.000 Euro p.m. und der Mietvertrag ist unbefristet. Verträge über die Miete von Wohnräumen sind gemäß § 33 TP 5 Abs 4 Z 1 GebG gebührenfrei.

3 Die Erhebung der Gebühren

Tz 175 Die **Rechtsgeschäftsgebührenschuld** entsteht, wenn die Urkunde über das Rechtsgeschäft im Inland errichtet wird, in der Regel also im Zeitpunkt der Unterzeichnung durch die Vertragspartner (§ 16 Abs 1 GebG). Da die Zahl der Fälle, in denen Rechtsgeschäfte einzig und allein aus Gründen der Gebührenvermeidung im Ausland beurkundet werden, angestiegen ist, regelt § 16 Abs 2 GebG die Entstehung der Gebührenschuld bei Rechtsgeschäften, über die eine Urkunde im Ausland errichtet wurde. § 16 Abs 2 Z 1 GebG sieht vor, dass, falls über ein Rechtsgeschäft eine **Urkunde im Ausland errichtet** wird, die Gebührenschuld in dem für im Inland errichtete Urkunden maßgeblichen Zeitpunkt entsteht. Voraussetzung ist jedoch, dass **die Parteien des Rechtsgeschäftes** im Inland einen Wohnsitz (gewöhnlichen Aufenthalt), ihre Geschäftsleitung oder ihren Sitz haben oder eine inländische Betriebsstätte unterhalten. Darüber hinaus muss das Rechtsgeschäft eine im Inland befindliche Sache betreffen oder eine Partei muss im Inland zu einer Leistung auf Grund des Rechtsgeschäfts berechtigt oder verpflichtet sein. Bedarf ein Rechtsgeschäft der Genehmigung oder Bestätigung einer Behörde oder eines Dritten und ist somit aufschiebend bedingt, so entsteht die Gebührenschuld für das beurkundete Rechtsgeschäft erst im Zeitpunkt der Zustellung der Genehmigung oder Bestätigung (§ 16 Abs 6 GebG).

Tz 176 **Gebührenschuldner** sind grundsätzlich die Unterzeichner der Urkunde (§ 28 GebG).

Tz 177 Gebührenpflichtige Rechtsgeschäfte sind gemäß § 31 Abs 1 GebG bis zum 15. Tag des auf den Kalendermonat, in dem die Gebührenschuld entstanden ist, zweitfolgenden Monats beim Finanzamt **anzuzeigen**. Zur **Gebührenanzeige** sind die am Rechtgeschäft beteiligten Personen, sowie der Urkundenverfasser und jeder, der eine Urkunde als Bevollmächtigter unterzeichnet oder eine im Ausland errichtete Urkunde im Zeitpunkt des Entstehens der Gebührenschuld in Händen hat, verpflichtet.

Tz 178 *Der Mietvertrag ist gemäß § 33 TP 5 Abs 1 Z 1 GebG gebührenpflichtig. Die Gebühr beträgt 1% vom dreifachen Jahreswert des Mietzinses und beläuft sich daher auf 1.800 Euro.*

III GEMEINSAMKEITEN DER RECHTSVERKEHRSTEUERN

Tz 179 Die Verkehrsteuern haben zahlreiche **Gemeinsamkeiten**. Zum einen knüpfen sie formal an die zivilrechtlichen Rechtsvorgänge an, weshalb eine wirtschaftliche Betrachtungsweise im Sinne des § 21 BAO – wie etwa bei der Einkommensteuer – in der Regel unterbleibt. Zum anderen sehen sie Haupt- und Ersatztatbestände vor. **Haupttatbestände** erklären jene Sachverhalte für steuerpflichtig, auf deren Erfassung es dem Gesetzgeber in erster Linie ankommt (zB die Anknüpfung an den Kaufvertrag als Grundlage für die Übertragung des zivilrechtlichen Eigentums nach § 1 Abs 1 Z 1 GrEStG). Ein **Ersatztatbestand** – auch Neben-, Ergänzungs- oder Umgehungstatbestand genannt – soll die Umgehung des Haupttatbestandes verhindern.

Beispiel: Der Haupttatbestand der Grunderwerbsteuer ist „ein Kaufvertrag oder ein anderes Rechtsgeschäft, das den Anspruch auf Übereignung begründet". Da der Grunderwerbsteuer nur Rechtsvorgänge unterliegen, soweit sie sich auf inländische Grundstücke beziehen (§ 1 Abs 1 erster Satz GrEStG), könnte die Grunderwerbsteuer durch alle anderen Rechtsvorgänge umgangen werden, die wirtschaftlich zum selben Ergebnis führen. Deshalb bezieht § 1 Abs 1 Z 2 bis 5 GrEStG die sogenannten Zwischengeschäfte, § 1 Abs 2 GrEStG den Erwerb der Verwertungsbefugnis und § 1 Abs 3 GrEStG die Anteilsvereinigung in den Steuergegenstand mit ein. Des Weiteren stellt § 2 Abs 2 Z 2 GrEStG dem Grunderwerb den Erwerb eines Gebäudes auf fremdem Boden, das zivilrechtlich nicht Teil des Grundstücks ist, gleich und verhindert damit die Umgehung der Grunderwerbsteuer durch Begründung und Veräußerung von Superädifikaten.

Tz 180 Die Verkehrsteuergesetze weisen auch hinsichtlich des **Gesetzesaufbaus** folgende Gemeinsamkeiten auf:

- **Steuergegenstand**: Die Bestimmungen über den Steuergegenstand definieren die Steuertatbestände, zumeist mit Hilfe von Haupt- und Ersatztatbeständen.
- **Befreiungen**: Die Ausnahmen vom Steuergegenstand werden in einem Befreiungskatalog aufgelistet.
- **Bemessungsgrundlage**: Die Regeln über die Bemessungsgrundlage bestimmen, wovon die Steuer zu berechnen ist.
- **Tarif**: Die Regelung des Tarifs beinhaltet vor allem den Steuersatz und die mit ihm verbundenen Freibeträge und Differenzierungen.
- **Steuerschuldner**: Zum Steuerschuldner werden einer oder alle am Rechtsvorgang Beteiligten bestimmt.
- **Steuerschuldentstehung**: Die meisten Verkehrsteuern regeln den Zeitpunkt, zu dem die Steuerschuld entsteht. Fehlt es an einer Sonderregelung, kommt § 4 Abs 1 BAO zur Anwendung. Demnach entsteht der Abgabenanspruch, sobald der Tatbestand verwirklicht ist, an den das Gesetz die Abgabepflicht knüpft.
- **Verfahren**: Die Art der Bemessung, die Fälligkeit und die Legung und Prüfung von Steuererklärungen wird in den einschlägigen Gesetzen eigens geregelt.
- **Selbstberechnung**: Bestimmte Parteienvertreter haben die Möglichkeit, die Steuer selbst zu berechnen.

IV WEITERFÜHRENDE LITERATUR

- *Arnold/Bodis*, Kommentar zum Grunderwerbsteuergesetz 1987, 17. Lieferung, 2020.
- *Beiser*, Steuern – Ein systematischer Grundriss, 19. Auflage, 2021, 463-481, 491-501.
- *Bergmann/Pinetz*, GebG, 2. Auflage, 2020.
- *Doralt*, Steuerrecht 2022 23. Auflage, 2022, 201-226.
- *Doralt/Ruppe*, Grundriss des österreichischen Steuerrechts, Band II, 8. Auflage, 2019, 483-510, 511-544.
- *Fellner*, Grunderwerbsteuergesetz, 15. Lieferung, 2016.
- *Fellner*, Stempel- und Rechtsgebühren, 20. Lieferung, 2016.
- *Petritz/Petritz-Klar/Bavenek-Weber*, Gebührengesetz Kommentar, 6. Auflage, 2020.
- *Bavenek-Weber/Petritz/Petritz-Klar*, Grunderwerbsteuergesetz GrEStG, 2022.
- *Twardosz*, Kommentar zum Gebührengesetz, 7. Auflage, 2021.

V WIEDERHOLUNGSFRAGEN

1. Der Bauer Gustl will ein Grundstück vom benachbarten Bauern Sepp erwerben. Da ihm dieser das Grundstück wegen einer lang andauernden Fehde nicht abtreten würde, beauftragt Gustl seinen Freund Walter, das Grundstück im

eigenen Namen aber auf Rechnung des Gustls zu kaufen. Sepp überträgt in weiterer Folge das Grundstück an Gustl. Wie ist dieser Vorgang grunderwerbsteuerlich zu beurteilen?

2. **Welche der folgenden Aussagen treffen/trifft auf die Anteilsvereinigung zu?**
   - o Die Anteilsvereinigung löst nicht generell Grunderwerbsteuer aus, sondern nur, wenn damit die Grunderwerbsteuerpflicht umgangen werden soll.
   - o Die Anteilsvereinigung löst nur dann Grunderwerbsteuer aus, wenn zum Vermögen der Gesellschaft Grundstücke gehören.Die Unterscheidung in zivilrechtliche und wirtschaftliche Anteilsvereinigung hat auf die Grunderwerbsteuerpflicht keine Auswirkung.
   - o Bei Treuhandverhältnissen kann es sich nur um eine wirtschaftliche Anteilsvereinigung handeln.

3. **Herr Jabba erwirbt durch Kaufvertrag ein Grundstück in Rankweil (Vorarlberg). Da er von der Möglichkeit einer Selbstberechnung der Grunderwerbsteuer gehört hat, beauftragt er seine Immobilienmaklerin Frau Leia die Selbstberechnung durchzuführen. Wird das Finanzamt die Erklärung über die Selbstberechnung akzeptieren? Begründen Sie Ihre Antwort!**

4. **Überprüfen Sie folgende Aussagen zur Grunderwerbsteuer! Kreuzen Sie die richtige(n) Antwort(en) an!**
   - o Bemessungsgrundlage der Grunderwerbsteuer ist immer der fünffache Einheitswert.
   - o Bei der Grunderwerbsteuer handelt es sich wie bei der Umsatzsteuer um eine Verbrauchsteuer.
   - o Die Steuerschuld bei der Grunderwerbsteuer entsteht, sobald das Verfügungsgeschäft verwirklicht ist.
   - o Steuerschuldner der Grunderwerbsteuer sind der bisherige Eigentümer und der Erwerber und/oder die am Erwerbsvorgang beteiligten Personen.
   - o Über Erwerbsvorgänge, die dem GrEStG unterliegen, ist beim Finanzamt eine Abgabenerklärung vorzulegen.

5. **Beurteilen Sie folgende Aussagen zum GebG. Kreuzen Sie die richtige(n) Aussage(n) an!**
   - o Es sind nur jene Rechtsgeschäfte gebührenpflichtig, die in den Tarifposten des § 33 GebG angeführt sind.
   - o Für die Zuordnung eines Rechtsgeschäfts zu den einzelnen Tarifposten des § 33 GebG ist auf die Bezeichnung der errichteten Urkunde abzustellen.
   - o Die mündliche Annahme eines schriftlichen Vertragsanbotes löst Gebührenpflicht aus.
   - o Gemeinden sind im Rahmen ihres öffentlich-rechtlichen Wirkungskreises von der Gebührenpflicht befreit.
   - o Eine Gebührenschuld kann nur für im Inland errichtete Urkunden entstehen.

6. **Zu welchem Zeitpunkt entsteht die Gebührenschuld bei aufschiebend bedingten Rechtsgeschäften?**

7. Die Verkehrsteuergesetze weisen hinsichtlich ihres Aufbaus Gemeinsamkeiten auf. Welche der folgenden Aussagen treffen/trifft diesbezüglich zu? Kreuzen Sie die richtige(n) Antwort(en) an!

- o Der Steuergegenstand ist zumeist mittels Haupt- und Nebentatbestand definiert.
- o Die Rechtsverkehrsteuern knüpfen in der Regel an die formale zivilrechtliche Gestaltung des Sachverhaltes an.
- o Die Bestimmungen über den Tarif enthalten nicht nur Vorschriften über den Steuersatz, sondern auch über Freibeträge.
- o Die Ausnahmen vom Steuergegenstand werden in einem Befreiungskatalog aufgelistet.
- o Die Bemessungsgrundlage richtet sich stets nach dem Bewertungsgesetz.

MODUL 6: WIRTSCHAFTLICHE AKTIVITÄTEN VON INLÄNDERN IM AUSLAND

Die zentralen Fragen dieses Moduls sind:
- ***Was ist der Unterschied zwischen unbeschränkter und beschränkter Steuerpflicht und welche Konsequenzen ergeben sich daraus?***
- ***Welche Auswirkungen hat das Unionsrecht auf das österreichische Ertragsteuerrecht?***
- ***Was sind Doppelbesteuerungsabkommen und welche Auswirkungen haben sie?***
- ***Welche innerstaatlichen Maßnahmen gibt es, um Doppelbesteuerung zu vermeiden?***
- ***Was versteht man unter „Wegzugsbesteuerung"?***

I PERSÖNLICHE EINKOMMENSTEUERPFLICHT

Tz 181 *Frau Mag. Taxa wohnt in Wien und hält einige Aktien an einer deutschen AG. Sie bezieht Dividenden aus diesen Aktien. Weiters gehört ihr ein Grundstück in München, das vermietet ist und das sie schließlich veräußert. Zusätzlich ist sie auch als freiberufliche Unternehmensberaterin tätig und betreut Münchner Klienten. Beurteilen Sie die Besteuerung dieser von Frau Mag. Taxa bezogenen Einkünfte in Österreich.*

1 Die Unterscheidung zwischen unbeschränkter und beschränkter Steuerpflicht

Tz 182 Das österreichische Einkommensteuerrecht unterscheidet zwischen **unbeschränkter** und **beschränkter** Steuerpflicht. Unbeschränkt steuerpflichtig ist, wer entweder einen **Wohnsitz** oder seinen **gewöhnlichen Aufenthalt** in Österreich hat (§ 1 Abs 2 EStG). Es genügt für die unbeschränkte Steuerpflicht, wenn einer der beiden Anknüpfungspunkte zum Inland besteht. Wer weder Wohnsitz noch gewöhnlichen Aufenthalt in Österreich hat, ist beschränkt steuerpflichtig.

Tz 183 Wer **unbeschränkt steuerpflichtig** ist, unterliegt mit seinem Welteinkommen der österreichischen Besteuerung (§ 1 Abs 2 EStG). Ob die Einkünfte im In- oder Ausland erzielt werden, ist unerheblich. Wer hingegen **beschränkt steuerpflichtig** ist, unterliegt nur mit seinen inländischen Einkünften der Einkommensteuer (§ 1 Abs 3 EStG). Der Katalog der inländischen Einkünfte, die der beschränkten Steuerpflicht unterliegen, findet sich in § 98 EStG. Der für die österreichische Einkommensbesteuerung erforderliche Inlandsbezug ist nach dieser Vorschrift von Einkunftsart zu Einkunftsart unterschiedlich (näher dazu Tz 279).

Tz 184 Auf Antrag können auch Staatsangehörige von EU- oder EWR-Staaten, die im Inland weder Wohnsitz noch gewöhnlichen Aufenthaltsort haben, als unbeschränkt steuerpflichtig behandelt werden, soweit sie inländische Einkünfte im Sinne des § 98 EStG erzielen. Voraussetzung hierfür ist, dass die Einkünfte im Kalenderjahr mindestens zu 90% der österreichischen Einkommensteuer unterliegen oder die nicht der österreichischen Einkommensteuer unterliegenden Einkünfte nicht mehr als 11.000 Euro betragen (näher § 1 Abs 4 EStG). Diese Steuerpflichtigen können dann auch die sonst unbeschränkt Steuerpflichtigen vorbehaltenen Absetzbeträge in Anspruch nehmen (§ 33 Abs 2 EStG). Die Ausübung des Antragsrechts nach § 1 Abs 4 EStG führt nämlich dazu, dass im Wege einer gesetzlichen Fiktion für die Inanspruchnahme von Begünstigungen von einer unbeschränkten Steuerpflicht in Österreich auszugehen ist („als unbeschränkt steuerpflichtig behandelt"), unabhängig davon, dass in sachlicher Hinsicht nur die Einkünfte gemäß § 98 EStG der österreichischen Besteuerung unterliegen (vgl zB VwGH 03.02.2022, Ro 2021/15/0009). § 1 Abs 4 EStG setzt das zur Arbeitnehmerfreizügigkeit (Art 45 AEUV) ergangene Schumacker-Urteil (EuGH 14.02.1995, Rs C-279/93, *Schumacker*) um (näher dazu Tz 194).

Tz 185 Die **Staatsbürgerschaft** spielt im Ertragsteuerrecht sonst keine Rolle. Lediglich im Anwendungsbereich der noch zu behandelnden Doppelbesteuerungsabkommen kann sie von untergeordneter Relevanz sein. Ein österreichischer Staatsbürger, der in Österreich weder Wohnsitz noch gewöhnlichen Aufenthalt hat, ist in Österreich trotz seiner österreichischen Staatsbürgerschaft bloß beschränkt steuerpflichtig. Genauso ist ein ausländischer Staatsbürger mit Wohnsitz oder gewöhnlichem Aufenthalt in Österreich trotz ausländischer Staatsbürgerschaft in Österreich unbeschränkt steuerpflichtig. Eine Steuerpflicht kraft Staatsbürgerschaft gibt es demgegenüber bspw im US-amerikanischen Steuerrecht.

2 Wohnsitz und gewöhnlicher Aufenthalt

Tz 186 Der Begriff des **Wohnsitzes** findet sich an mehreren Stellen in der österreichischen Rechtsordnung. Für Zwecke des Steuerrechts gibt es eine eigenständige Wohnsitzdefinition, die sich durchaus von anderen Wohnsitzbegriffen unterscheidet. Ob sich zB jemand nach melderechtlichen Vorschriften an- oder abzumelden hat, ist für das österreichische Steuerrecht nicht relevant. Die steuerlich maßgebende Definition findet sich in der Bundesabgabenordnung (BAO), in deren allgemeinem Teil auch andere Definitionen zu finden sind, an die in den einzelnen Steuergesetzen angeknüpft wird. Nach § 26 Abs 1 BAO hat jemand einen Wohnsitz im Sinne der Abgabenvorschriften „dort, wo er eine Wohnung innehat unter Umständen, die darauf schließen lassen, dass er die Wohnung beibehalten und benutzen wird".

- Als **Wohnung** kommen Räumlichkeiten in Betracht, die nach der Verkehrsauffassung ihrem Inhaber nach Größe und Ausstattung ein dessen Verhältnissen entsprechendes Heim bieten (VwGH 26.11.1991, 91/14/0041; 24.01.1996, 95/13/0150). Aber auch Zweitwohnsitze, Untermietzimmer und im Falle der Dauermiete sogar Hotelzimmer können einen Wohnsitz begründen. Daher kann ein Steuerpflichtiger auch mehrere Wohnsitze haben.
- Die für den Wohnsitzbegriff erforderliche **Innehabung** der Wohnung bedeutet, über eine Wohnung tatsächlich zu verfügen, sie also jederzeit für den eigenen Wohnbedarf nutzen zu können (VwGH 16.09.1992, 90/13/0299). Auf die rechtliche Verfügungsmöglichkeit kommt es hingegen nicht an (VwGH 26.11.1991, 91/14/0041).

- Eine ununterbrochene tatsächliche **Benutzung** einer Wohnung ist nicht nötig, damit sie einen steuerlichen Wohnsitz begründet. Es genügt, wenn sich eine Person jährlich einige Wochen zu Urlaubs-, Erholungs-, Studien- oder anderen Zwecken in der Wohnung aufhält, solange sie auch sonst die Möglichkeit hätte, die Wohnung selbst zu nutzen.
- Das Mitbenutzen einer fremden Wohnung begründet nur bei ständiger Nutzungsmöglichkeit einen Wohnsitz. Wird eine Person auch bei wiederholtem Aufenthalt in einer Wohnung nur als Gast aufgenommen, das heißt für die Benutzung muss jedes Mal die Zustimmung des Berechtigten eingeholt werden, hat diese Person keine Wohnung inne, die einen Wohnsitz begründet (VwGH 25.9.1973, 111/73).
- Es muss sich aus **objektiven Umständen** (und nicht bloß aus der kaum beweisbaren subjektiven Absicht) ergeben, dass der Steuerpflichtige die Wohnung beibehalten und benutzen wird (VwGH 21.5.1990, 89/15/0115). Ein objektiver Umstand, der gegen die Benutzungsabsicht spricht, ist beispielsweise das Entfernen der Möbel aus der Wohnung.

> **Beispiel: Scheinwohnsitzwechsel als lukratives Steuersparmodell?** Eine offenbar in Pilotenkreisen weit verbreitete Praxis von Steuerflucht beschäftigte die deutsche Steuerfahndung: Um der unbeschränkten Steuerpflicht in Deutschland zu entgehen, melden Piloten und Flugbegleiter ihren Wohnsitz in Deutschland ab und verlegen ihn zum Schein in ein Niedrigsteuerland. Stutzig wurden die Steuerbehörden durch eine anonyme Anzeige, in der von einer Piloten-Wohngemeinschaft in Dubai die Rede ist, in der nicht weniger als 70 Piloten gemeldet sind. Die Riesen-WG soll sich dabei auf die Größe eines Postfachs beschränken. Tatsächlich wohnen die Piloten aber nach wie vor in Deutschland (SPIEGEL ONLINE – 13.5.2005, ZDF HEUTE ONLINE – 24.5.2005, ORF.AT – 25.5.2005). Die bloße Abmeldung des Wohnsitzes ist jedoch unbeachtlich. Auch nach österreichischem Steuerrecht hätten diese Piloten und Flugbegleiter nach wie vor einen Wohnsitz im Inland.

Tz 187 Eine Möglichkeit, die unbeschränkte Steuerpflicht in Österreich trotz der Begründung eines Wohnsitzes zu vermeiden, eröffnet die **Zweitwohnsitzverordnung** des BMF (BGBl II 528/2003). Nach dieser Verordnung begründet bei Steuerpflichtigen, deren Mittelpunkt der Lebensinteressen sich länger als fünf Jahre im Ausland befindet, eine Wohnung in Österreich in jenen Jahren keinen Wohnsitz, in denen diese Wohnung alleine oder gemeinsam mit anderen inländischen Wohnungen weniger als 70 Tage benutzt wird und wenn zusätzlich ein Verzeichnis über die inländische Wohnungsbenutzung geführt wird. Diese Verordnung hat in der Fachliteratur heftige Kritik hervorgerufen (zB *Doralt*, RdW 2004, 51 f), da es für die Begründung eines Wohnsitzes in Österreich nach der im Gesetzesrang stehenden Vorschrift des § 26 Abs 1 BAO auf die tatsächliche Benützung der Wohnung gar nicht ankommt.

> **Beispiel:** Ein Steuerpflichtiger, der bereits seit zehn Jahren in Monaco lebt, besitzt in St. Anton am Arlberg ein Ferienhaus. Im Veranlagungszeitraum 2009 verbringt er dort 14 Tage im Februar

zum Schifahren, zehn Tage zu Ostern und weitere 20 Tage im Sommer und hält dies in einem Verzeichnis fest. Da er seine inländische Wohnung weniger als 70 Tage benutzt und bereits seit mehr als fünf Jahren seinen Mittelpunkt der Lebensinteressen im Ausland hat, ist er im Veranlagungszeitraum 2009, obwohl er in Österreich einen Wohnsitz gemäß § 26 Abs 1 BAO hat, nur beschränkt steuerpflichtig.

Tz 188 Der Begriff des **gewöhnlichen Aufenthalts** ist in § 26 Abs 2 BAO definiert: Den gewöhnlichen Aufenthalt hat „jemand dort, wo er sich unter Umständen aufhält, die erkennen lassen, dass er an diesem Ort oder in diesem Land nicht nur vorübergehend verweilt".

- Der gewöhnliche Aufenthalt verlangt die körperliche Anwesenheit (*Ritz*, BAO Kommentar, § 26 Rz 13). Während ein Steuerpflichtiger mehrere Wohnsitze haben kann, kann er nur einen gewöhnlichen Aufenthalt haben (VwGH 17.12.2009, 2009/16/0221).
- Erforderlich ist eine längere, jedoch nicht ständige Anwesenheit (VwGH 9.2.1973, 1025/71). Nur vorübergehende Auslandsaufenthalte unterbrechen das „Verweilen" und damit den gewöhnlichen Aufenthalt nicht (VwGH 13.12.1982, 1603/80).
- Der Aufenthalt muss nicht freiwillig sein (VwGH 28.11.2007, 2007/15/0055). Daher kann auch der Aufenthalt in einem Gefängnis, in einem Krankenhaus oder – zB im Falle eines Präsenzdieners – in einer Kaserne zum gewöhnlichen Aufenthalt führen (*Ritz/Koran*, BAO Kommentar, § 26 Rz 14).
- Keinen gewöhnlichen Aufenthalt im Inland haben Grenzgänger, die täglich nach Hause ins Ausland zurückkehren (VwGH 14.04.1972, 457/71).
- § 26 Abs 2 BAO stellt auch noch eine unwiderlegbare Vermutung auf, wonach dann, wenn Abgabenvorschriften die unbeschränkte Abgabepflicht an den gewöhnlichen Aufenthalt knüpfen, die unbeschränkte Abgabepflicht stets dann eintritt, wenn der Aufenthalt im Inland länger als **sechs Monate** dauert. Die unbeschränkte Steuerpflicht beginnt in diesem Fall schon mit dem Beginn des Aufenthalts in Österreich.

Tz 189 Wohnsitz oder gewöhnlicher Aufenthalt können auch **unterjährig** begründet oder beendet werden. In diesem Fall ist der Steuerpflichtige für einen bestimmten Teil des Kalenderjahres beschränkt steuerpflichtig, für einen anderen Teil des Kalenderjahres unbeschränkt steuerpflichtig.

Beispiel: Ein Schweizer, der bisher zwar bereits Dividenden aus österreichischen Aktien bezogen hat, aber weder in Österreich gewohnt, noch sich in Österreich aufgehalten hat, wird beruflich nach Österreich versetzt. Er mietet sich bei seinem Berufsantritt am 5.3. in einem Wiener Hotel ein. Am 15.5. bezieht er eine eigene Wohnung in Wien, die er auch während des gesamten restlichen Kalenderjahres beibehält und in der er auch das ganze Jahr über wohnt. Der Schweizer ist in Österreich zunächst beschränkt steuerpflichtig (mit den Dividenden gemäß § 98 Abs 1 Z 5 lit a EStG) und dann ab 5.3. aufgrund seines gewöhnlichen Aufenthalts unbeschränkt steuerpflichtig. Mit dem Bezug der Wohnung in Wien verfügt er zusätzlich über einen Wohnsitz in Österreich. Ob er in der Schweiz auch noch eine Wohnung unterhält und dort vielleicht auch der unbeschränkten Steuerpflicht unterliegt, spielt für Zwecke des österreichischen Steuerrechts keine Rolle. Auch die schweizerische Staatsbürgerschaft ändert nichts am Eintritt der unbeschränkten Steuerpflicht. Der Steuerpflichtige muss für das betreffende Kalenderjahr zwei Steuererklärungen abgeben: Eine im Rahmen der beschränkten Steuerpflicht bis zum 5.3 und eine weitere für den Zeitraum der unbeschränkten Steuerpflicht danach.

Tz 190 *Um die Besteuerung von Frau Mag. Taxa in Österreich zu klären, ist zunächst zu untersuchen, ob sie in Österreich entweder einen Wohnsitz oder ihren gewöhnlichen Aufenthalt hat. Ist zumindest eine der beiden Voraussetzungen erfüllt, unterliegt sie mit ihrem Welteinkommen der österreichischen Besteuerung. Dies bedeutet, dass auch alle „ausländischen" Einkünfte (Unternehmensberatung für Münchner Klienten, Dividenden und Veräußerungsgewinne der deutschen Aktien sowie Einkünfte aus der Vermietung des deutschen Grundstücks und die Gewinne aus der Veräußerung dieses Grundstücks) der österreichischen Steuerpflicht unterliegen, wenn sie unter eine der sieben Einkunftsarten des § 2 Abs 3 EStG fallen. Sind die Einkünfte steuerpflichtig, ist in einem weiteren Schritt zu prüfen, ob die Steuerpflicht aufgrund eines Doppelbesteuerungsabkommens eingeschränkt oder beseitigt wird (vgl Tz 201 ff).*

II AUSWIRKUNGEN DER UNIONSRECHTLICHEN GRUNDFREIHEITEN

Tz 191 *Die von Frau Mag. Taxa bezogenen Dividenden werden direkt von der deutschen AG ausbezahlt. Sie können nicht der österreichischen KESt unterliegen, da der Kapitalertragsteuerabzug nur bei Dividenden zum Tragen kommt, die von inländischen Kapitalgesellschaften gezahlt werden oder deren auszahlende Stelle im Inland liegt (§ 93 iVm § 95 EStG). Bei diesen Dividenden, würden sie von einer inländischen Kapitalgesellschaft ausbezahlt, hätte die KESt Abgeltungswirkung (§ 97 EStG), so dass Frau Mag. Taxa sie gar nicht mehr in ihre Einkommensteuererklärung aufnehmen müsste. Da es sich aber um Dividenden einer deutschen AG handelt, kommt es nicht zum Kapitalertragsteuerabzug und die Dividendeneinkünfte sind zu veranlagen. Frau Mag. Taxa vermutet, dass das EU-Recht eine Schlechterbehandlung von aus dem Ausland stammenden Dividenden gegenüber Inlandsdividenden nicht erlaubt und fragt sich, ob der österreichische Gesetzgeber den unionsrechtlichen Vorgaben Rechnung trägt und wie ihre aus Deutschland stammenden Dividenden in Österreich steuerlich behandelt werden.*

1 Die Grundfreiheiten des AEUV

Tz 192 Die im AEUV (Vertrag über die Arbeitsweise der Europäischen Union) verankerten Grundfreiheiten schützen wirtschaftliche Aktivitäten zwischen verschiedenen Mitgliedstaaten der EU. Sie gewährleisten in ihrem Anwendungsbereich den freien Verkehr von Waren, Personen, Dienstleistungen und Kapital Auf diese Weise tragen sie zur

Verwirklichung des Binnenmarktes bei, weshalb sie auch oft als die "Säulen des Binnenmarktes" bezeichnet werden.

Tz 193 Steuerrechtliche Vorschriften können der Verwirklichung des Binnenmarktes entgegenstehen und den freien Verkehr von Waren, Personen, Dienstleistungen und Kapital innerhalb der EU behindern. Jeder EU-Mitgliedstaat ist zwar grundsätzlich frei, über die Konzeption und die Ausgestaltung seines Ertragsteuersystems selbst zu entscheiden, ist aber aufgrund des Unionsrechts verpflichtet, die Steuervorschriften so auszugestalten, dass sie mit den Grundfreiheiten in Einklang stehen. Auf dem Gebiet der direkten Steuern haben **die Arbeitnehmerfreizügigkeit (Art 45 ff AEUV), die Niederlassungsfreiheit (Art 49 ff AEUV), die Dienstleistungsfreiheit (Art 56 ff AEUV) und die Freiheit des Kapital- und Zahlungsverkehrs (Art 63 ff AEUV)** große Bedeutung.

Tz 194 Die **Niederlassungsfreiheit** sowie die **Arbeitnehmerfreizügigkeit** sollen zusammen den **freien Personenverkehr** innerhalb der Europäischen Union sicherstellen. Unter **Niederlassungsfreiheit** (Art 49 ff AEUV) wird das Recht der Angehörigen der Mitgliedstaaten verstanden, in einem anderen Mitgliedstaat eine *selbstständige* Erwerbstätigkeit in Form einer Niederlassung aufzunehmen und auszuüben, wobei ihnen hierbei dieselbe Behandlung zukommen muss wie den Inländern (Inländerbehandlung). Die Niederlassungsfreiheit erstreckt sich gemäß Art 54 AEUV auch auf juristische Personen, sofern diese nach dem Recht eines Mitgliedstaats gegründet wurden und ihren Sitz oder Ort der Geschäftsleitung innerhalb der Union haben. Die Niederlassungsfreiheit ist sowohl auf „Inbound-Situationen" als auch auf „Outbound-Situationen" anwendbar. Eine "Inbound-Situation" liegt aus der Sicht eines Mitgliedstaates im Falle eines Zuzugs, einer Begründung einer Niederlassung und/oder einer Direktinvestition aus einem anderen Mitgliedstaat vor. Eine "Outbound-Situation" betrifft den umgekehrten Fall eines Wegzugs oder einer Direktinvestition in einen und/oder die Gründung einer Niederlassung in einem anderen Mitgliedstaat. In beiden Fällen verbietet die Niederlassungsfreiheit eine Schlechterstellung des grenzüberschreitenden Sachverhalts im Vergleich zu einem rein innerstaatlichen Sachverhalt, sofern diese nicht gerechtfertigt werden kann. Im Gegensatz zur Niederlassungsfreiheit stellt die **Arbeitnehmerfreizügigkeit** (Art 45 ff AEUV) nur auf natürliche Personen ab. Diese gewährt einem Unionsbürger das Recht, eine *unselbstständige* Erwerbstätigkeit in einem anderen Mitgliedstaat unter den gleichen Bedingungen, wie sie auch für Inländer gelten, auszuüben.

Beispiel für ein EuGH-Urteil zur Niederlassungsfreiheit:
Das dänische Unternehmen Damixa wurde 2005 und 2006 von ihrer 100%igen Tochtergesellschaft Damixa Armaturen auf dem deutschen Markt repräsentiert. In den Jahren 2005 und 2006 erzielte die Damixa Armaturen beträchtliche Verluste. Diese wurden durch ein Darlehen der Damixa finanziert, wofür die Damixa jährliche Zinsen von über 500.000 Euro erhielt. Das dänische Recht sah eine Befreiung für Zinseinkünfte, die eine inländische Mutter von einer inländischen Tochtergesellschaft erhält, vor. Die Befreiung griff jedoch nicht, wenn eine inländische Mutter solche Einkünfte von einer ausländischen Tochtergesellschaft bekommt. Die Zinseinkünfte, die die

Muttergesellschaft Damixa von der Tochtergesellschaft aufgrund des Darlehens bezog, unterlagen somit der Besteuerung in Dänemark. In einem Vorabentscheidungsverfahren prüfte der EuGH die Vereinbarkeit dieser Regelung mit der Niederlassungsfreiheit (EuGH 21.12.2016, Rs C-593/14, *Masco Denmark und Damixa*)

Der EuGH erinnerte zunächst daran, dass die Niederlassungsfreiheit Gesellschaften auch gewährt, ihre Tätigkeit in einem anderen Mitgliedstaat durch eine Tochtergesellschaft, Zweigniederlassung oder Agentur auszuüben. Eine Verletzung der Niederlassungsfreiheit liege auch dann vor, wenn eine gebietsansässige Gesellschaft mit Tochtergesellschaft in einem anderen Mitgliedstaat steuerlich ungünstiger behandelt wird als eine Gesellschaft mit einer gebietsansässigen Tochtergesellschaft. Der Umstand, dass der Vorteil einer Steuerbefreiung von Zinseinkünften einer inländischen Gesellschaft nur dann zu Gute kommt, wenn Zinseinkünfte von einer inländischen Tochtergesellschaft gezahlt werden, kann es für die Muttergesellschaft Damixa weniger attraktiv machen, von ihrer Niederlassungsfreiheit Gebrauch zu machen und sie davon abhalten, in anderen Mitgliedstaaten eine Tochtergesellschaft zu gründen. Solch ein Umstand stellt an sich eine Verletzung der Niederlassungsfreiheit dar.

Da eine Diskriminierung aber nur dann vorliegt, wenn unterschiedliche Vorschriften auf vergleichbare Situationen angewandt werden oder wenn dieselbe Vorschrift auf unterschiedliche Situationen angewandt wird, prüfte der EuGH in einem nächsten Schritt die objektive Vergleichbarkeit der Situationen. Er verglich dabei die Situation einer gebietsansässigen Muttergesellschaft, die ein Darlehen an eine gebietsansässige Tochtergesellschaft gewährt, mit der Situation einer gebietsansässigen Muttergesellschaft, die ein Darlehen an eine gebietsfremde Tochtergesellschaft gewährt und erachtete diese als vergleichbar.

Die dänische Gesellschaft Damixa wurde allein deshalb mit ihren Zinserträgen steuerpflichtig, da sie ein Darlehen an eine nicht gebietsansässige Tochtergesellschaft vergeben hat. Hätte sie das gleiche Darlehen an eine gebietsansässige Tochtergesellschaft gewährt, dann wären diese Zinserträge gemäß der dänischen Regelung steuerbefreit gewesen. Diese unterschiedliche Behandlung ist geeignet, eine Gesellschaft davon abzuhalten, Tochtergesellschaften in anderen Mitgliedstaaten zu gründen und stellt somit eine Verletzung der Niederlassungsfreiheit dar. Eine Rechtfertigung für diese Verletzung, wie etwa die Verhinderung von Steuerumgehung, lehnte der EuGH ab. Die dänische Rechtslage war daher unionsrechtswidrig.

Beispiel für ein EuGH-Urteil zur Arbeitnehmerfreizügigkeit: Herr Schumacker war ein belgischer Staatsbürger mit Wohnsitz in Belgien, der in Deutschland Einkünfte aus nichtselbständiger Arbeit bezog. Da Herr Schumacker sonst keine Einkünfte hatte, war er nicht in der Lage, in Belgien Steuervergünstigungen, die sich aus der Berücksichtigung seiner persönlichen Lage und seines Familienstands ergeben, auszunutzen. In Deutschland wiederum wurden ihm einige, für unbeschränkt Steuerpflichtige geltende, Steuervergünstigungen verwehrt, da er nur beschränkt steuerpflichtig war. Insofern fühlte er sich diskriminiert, da ein in Deutschland unbeschränkt Steuerpflichtiger die deutschen Steuervergünstigungen bekommen hätte.

In seinem Urteil (EuGH 14.02.1995, Rs C-279/93, *Schumacker*) entschied der EuGH, dass dieser Sachverhalt in den Anwendungsbereich der Arbeitnehmerfreizügigkeit fällt. Die Arbeitnehmerfreizügigkeit verlangt eine Gleichbehandlung der Arbeitnehmer unterschiedlicher Mitgliedstaaten, vor allem im Bereich der Entlohnung. Eine solche Gleichbehandlung liegt nicht vor, wenn sie durch diskriminierende nationale Vorschriften über die Einkommensteuer beeinträchtigt wird.

Da eine Diskriminierung allerdings nur dann vorliegt, wenn unterschiedliche Vorschriften auf vergleichbare Situationen angewandt werden oder wenn dieselbe Vorschrift auf unterschiedliche Situationen angewandt wird, prüfte der EuGH in einem ersten Schritt die Vergleichbarkeit der grenzüberschreitenden Situation (ein in Belgien Ansässiger, der in Deutschland einer nichtselbständigen Arbeit nachgeht) mit einer rein innerstaatlichen Situation (ein in Deutschland Ansässiger, der einer nichtselbständigen Arbeit nachgeht). Im Hinblick auf die direkten Steuern befinden sich Gebietsansässige und Gebietsfremde in der Regel nicht in einer vergleichbaren Situation. Allerdings führte der EuGH aus, dass die Situation von Gebietsfremden und Gebietsansässigen dann objektiv vergleichbar ist, wenn der Gebietsfremde im Wohnsitzstaat keine nennenswerten Einkünfte hat und sein zu versteuerndes Einkommen im Wesentlichen aus einer Tätigkeit erzielt wird, die er im Beschäftigungsstaat ausübt.

Da der EuGH in der Rs *Schumacker* die Vergleichbarkeit der Situationen bejahte und es im vorliegenden Fall außerdem keine Gründe gab, die die dargestellte Diskriminierung rechtfertigen konnten, war die deutsche Rechtslage im Ergebnis unionsrechtswidrig. Herr Schumacker musste folglich in Deutschland wie ein unbeschränkt Steuerpflichtiger behandelt werden und durfte somit die Steuervergünstigungen in Deutschland in Anspruch nehmen.

Auf das ergangene EuGH-Urteil reagierte der österreichische Gesetzgeber durch Einführung von § 1 Abs 4 EStG (vgl Tz 184), um die vom EuGH verlangte Gleichbehandlung sicherzustellen.

Tz 195 Die **Dienstleistungsfreiheit** (Art 56 ff AEUV) soll den **freien Dienstleistungsverkehr** innerhalb des Gemeinsamen Marktes gewährleisten. Diese Freiheit beinhaltet das Recht, von einem Mitgliedstaat aus grenzüberschreitend eine Leistung in einem anderen Mitgliedstaat zu erbringen, ohne dabei eine Schlechterstellung gegenüber inländischen Dienstleistungsanbietern zu erfahren.

Beispiel für ein EuGH-Urteil zur Dienstleistungsfreiheit: Herr Gerritse, ein in den Niederlanden wohnhafter niederländischer Staatsangehöriger, erhielt im Jahr 1996 für einen Auftritt als Schlagzeuger in Deutschland 6.000 DM. Für diesen Auftritt erwuchsen Herrn Gerritse Betriebsausgaben in Höhe von 1.000 DM. Von seinem Auftrittshonorar wurde entsprechend dem DBA D-NL und gemäß deutschem innerstaatlichen Recht eine Abzugsteuer in Höhe von 25% vom Bruttoeinkommen abgezogen. Betriebsausgaben konnte er nicht geltend machen. Eine Veranlagung zur Einkommensteuer (wie bei in Deutschland unbeschränkt Steuerpflichtigen) war ebenso ausgeschlossen. Wäre Herr Gerritse hingegen in Deutschland ansässig gewesen, wären nur seine Nettoeinkünfte – nach Abzug von Betriebsausgaben – einem progressiven Steuertarif unter Gewährung eines Grundfreibetrags unterworfen worden.

In seinem Urteil (EuGH 12.6.2003, Rs C-234/01, *Gerritse*) bejahte der EuGH im vorliegenden Fall die Anwendbarkeit der Dienstleistungsfreiheit, da Herr Gerritse eine Dienstleistung erbrachte und sich nicht in Deutschland zur Ausübung einer selbständigen Tätigkeit niederlassen wollte. Der EuGH entschied außerdem, dass sich Gebietsansässige und Gebietsfremde in Bezug auf den steuerlichen Abzug von Betriebsausgaben in einer vergleichbaren Situation befinden.

Der EuGH sah nun die Gefahr, dass sich die deutschen Rechtsvorschriften, die Gebietsfremden bei der Besteuerung den Abzug von Betriebsausgaben verweigern, der Gebietsansässigen hingegen gewährt wird, hauptsächlich zum Nachteil der Angehörigen anderer Mitgliedstaaten auswirken. Damit führen sie zu einer grundsätzlich gegen die Dienstleistungsfreiheit verstoßenden mittelbaren Diskriminierung aufgrund der Staatsangehörigkeit. Der EuGH akzeptierte keine Rechtfertigungsgründe für die vorliegende Diskriminierung. Somit war die deutsche Rechtslage unionsrechtswidrig und Herrn Gerritse musste eine Veranlagung zum progressiven Steuersatz (sofern dieser niedriger war als die 25%ige Abzugsteuer) unter Berücksichtigung seiner Betriebsausgaben gewährt werden.

Tz 196 Die **Kapital- und Zahlungsverkehrsfreiheit** (Art 63 ff AEUV) soll den **freien Kapitalverkehr** innerhalb der Europäischen Union schützen. Der Anwendungsbereich dieser Grundfreiheit umfasst einerseits Direktinvestitionen, die Gewährung von Krediten und Bürgschaften, Unternehmensbeteiligungen (Portfolioinvestments), den Erwerb von Immobilien, Wertpapieranlagen und Emission von Anleihen (Kapitalverkehr) sowie andererseits jene Zahlungen, die unmittelbar mit Warenaustausch, Erbringung von Dienstleistungen und sonstigen Leistungen im Personenverkehr verbunden sind (Zahlungsverkehr). Im Gegensatz zu den anderen Grundfreiheiten ist die Kapitalverkehrsfreiheit auch im Verhältnis zu **Drittstaaten** anwendbar, das heißt die am Kapitalverkehr beteiligten Personen müssen weder Staatsangehörige eines EU-Mitgliedstaates noch in der EU ansässig sein.

> Beispiel für ein EuGH-Urteil zur Kapital- und Zahlungsverkehrsfreiheit:
> Anneliese Lenz, eine in Österreich unbeschränkt steuerpflichtige deutsche Staatsangehörige, erklärte in ihrer Einkommensteuererklärung für das Jahr 1996 Einkünfte aus Kapitalvermögen in Form von Dividenden, die sie von in Deutschland ansässigen Aktiengesellschaften bezogen hatte.
>
> Die österreichische Steuerverwaltung wandte auf diese Einkünfte den normalen Einkommensteuersatz an. Nach damals geltender Rechtslage fand der Hälftesteuersatz nach § 37 EStG (ab 1.1.2016 der 27,5%ige Steuersatz des § 27a Abs 1 Z 2 EStG) und die Endbesteuerung nach § 97 in Verbindung mit § 93 EStG nämlich nur auf österreichische Kapitalerträge Anwendung.
>
> Da es in der Rs *Lenz* (EuGH 15.7.2004, Rs C-315/02, *Lenz*) um die Verweigerung von Steuervorteilen bezüglich Dividenden einer EU-Gesellschaft an eine unbeschränkt Steuerpflichtige geht, betrachtete der EuGH die Kapitalverkehrsfreiheit als anwendbar. Als Vergleichspaar zog der EuGH in Österreich ansässige Steuerpflichtige, die ausländische Kapitalerträge bezogen (jedenfalls Besteuerung zum vollen Einkommensteuersatz), und ansässige Steuerpflichtige, die inländische Kapitalerträge bezogen (damals 25%iger KESt-Abzug oder wahlweise Veranlagung), heran. Da die in Frage stehende österreichische Steuerregelung geeignet war, in Österreich ansässige Steuerpflichtige davon abzuhalten, Kapital in Gesellschaften zu investieren, die in einem anderen Mitgliedstaat ansässig sind, lag ein Verstoß gegen die Kapitalverkehrsfreiheit vor. Rechtfertigungsgründe ließ der EuGH keine zu.
>
> Hätte der Gesetzgeber nicht von sich aus die Diskriminierung beseitigt (zur aktuellen Rechtslage siehe Tz 44 ff), wären die Auslandsdividenden aufgrund des Anwendungsvorrangs der Grundfreiheiten gegenüber entgegenstehendem innerstaatlichen

Recht so wie Inlandsdividenden zu besteuern gewesen (vgl Tz 198).

Tz 197 Steuerrechtliche Regelungen, die Ausländer gegenüber Inländern benachteiligen, ebenso wie steuerrechtliche Regelungen, die bei Inländern für Einkünfte aus dem Ausland eine höhere Steuerbelastung als für Einkünfte aus dem Inland vorsehen, sind daher gefährdet, den Grundfreiheiten zu widersprechen. Im Anwendungsbereich der Grundfreiheiten stellen derartige Regelungen nur dann keine unionsrechtlich unzulässige Diskriminierung dar, wenn sich für die Ungleichbehandlung eine sachliche Rechtfertigung findet und die Maßnahme verhältnismäßig ist. Zur Rechtfertigung können einerseits die **geschriebenen Rechtfertigungsgründe** (zB Art 36, Art 45 Abs 3, Art 52 Abs 1, Art 62, Art 64 und Art 65 Abs 1 und 2 AEUV) oder die vom EuGH entwickelten **ungeschriebenen Rechtfertigungsgründe** dienen.

Beispiel: Im Fall *Bachmann* (EuGH 28.1.1992, Rs C-204/90, *Bachmann*) ging es um Beiträge zur Lebens-, Kranken- und Invaliditätsversicherung (dieselbe Gesetzesbestimmung liegt auch dem Fall EuGH 28.1.1992, Rs C-300/90, *Kommission / Belgien* zugrunde). Herr Bachmann, deutscher Staatsbürger, hatte diese Versicherungen in Deutschland abgeschlossen, als er noch in Deutschland in einem Dienstverhältnis stand und dort wohnte. Danach ist er nach Belgien umgezogen. Nach belgischem Recht sind derartige Versicherungsprämien nur dann von der belgischen Steuerbemessungsgrundlage abzugsfähig, wenn sie an ein belgisches Versicherungsunternehmen geleistet werden. Diese Regelung bewirkte eine Benachteiligung von Ausländern, die in Belgien ein Dienstverhältnis eingehen wollen, da sie im Regelfall bereits bei einer Versicherung ihres Herkunftsstaates einen Versicherungsvertrag abgeschlossen haben und dann in Belgien die Prämien nicht steuerlich geltend machen können. In Belgien ansässige Personen hingegen sind üblicherweise bei einer belgischen Versicherung versichert und können daher die Prämien ohne Probleme abziehen, was zu einer Verringerung ihrer steuerpflichtigen Einkünfte führt. Diese Ungleichbehandlung von Ausländern im Hinblick auf Art 45 AEUV sah der EuGH durch die Kohärenz des belgischen Steuersystems gerechtfertigt. In diesem Fall bestand die Kohärenz des Steuersystems darin, dass zwischen der Abzugsfähigkeit der Prämien und der späteren Besteuerung der Versicherungsleistungen ein Zusammenhang bestand: An belgische Versicherungen geleistete Prämien waren zwar abzugsfähig, spätere Versicherungsleistungen aber auch steuerpflichtig, während an ausländische Versicherungen geleistete Prämien nicht abzugsfähig waren, spätere Versicherungsleistungen aber auch nicht besteuert werden. Der EuGH ist vielfach dafür kritisiert worden, dass er die Kohärenz des Steuersystems als Rechtfertigungsgrund akzeptiert hat (vgl *Tumpel*, SWI 2002, 454 ff mwN).

2 Die Auswirkungen

Tz 198 Den Grundfreiheiten kommt ein **Anwendungsvorrang** gegenüber entgegenstehendem nationalem Recht zu. Ist der Verstoß einer steuerrechtlichen Regelung gegen eine Grundfreiheit eindeutig, darf die nationale Regelung insoweit nicht angewendet werden. Dieser Anwendungsvorrang ist von jedem Rechtsanwender – und daher auch vom Finanzamt – zu beachten. Einer „Aufhebung" der unionsrechtswidrigen Vorschrift bedarf es nicht. Dies bedeutet einen erheblichen Unterschied zur verfassungsrechtlichen Gleichheitsprüfung, bei der es ebenfalls um die Ungleichbehandlung vergleichbarer Situationen geht: Eine gleichheitswidrige Regelung muss angewendet werden, bis sie vom VfGH aufgehoben wird, wobei diese Gesetzesaufhebung – mit Ausnahme der Anlassfälle des verfassungsgerichtlichen Normenkontrollverfahrens – im Regelfall nur für die Zukunft erfolgt. Eine gegen die Grundfreiheiten verstoßende Regelung wird hingegen automatisch verdrängt, ohne dass es einer Aufhebung bedarf. Oft ist die Unionsrechtswidrigkeit einer Norm allerdings nicht eindeutig, so dass es der Entscheidung des EuGH bedarf, der gegebenenfalls die Unionsrechtswidrigkeit ausspricht. Im Falle einer unionsrechtlichen Zweifelsfrage sind nationale Gerichte berechtigt oder sogar verpflichtet, den EuGH anzurufen und um Auslegung des Unionsrechts zu bitten (sog Vorabentscheidungsersuchen). Verpflichtet zur Vorlage beim EuGH sind jedoch nur letztinstanzlich zuständige Gerichte. Jedes andere Gericht darf den EuGH bei Zweifeln über die Auslegung des Unionsrechts anrufen, muss dies aber nicht. Im Steuerverfahren erfolgt ein Vorabentscheidungsersuchen somit durch das BFG oder durch den VwGH.

Tz 199 *Frau Mag. Taxa kann ihre Auslandsdividenden entweder einem besonderen Einkommensteuersatz von 27,5% unterwerfen oder einen Antrag auf Veranlagung stellen. Der österreichische Gesetzgeber unterwirft damit Inlands- und Auslandsdividenden derselben steuerlichen Belastung und trägt insoweit den Vorgaben der Kapitalverkehrsfreiheit Rechnung.*

III AUSWIRKUNGEN DER DOPPELBESTEUERUNGSABKOMMEN

Tz 200 *Die „ausländischen" Einkünfte von Frau Mag. Taxa (zB Auslandsdividenden, Vermietungseinnahmen aus dem Münchner Grundstück, Gewinn aus der Veräußerung des Grundstücks) werden auch in Deutschland besteuert. Was kann Frau Mag. Taxa gegen eine solche „Doppelbesteuerung" unternehmen?*

1 Rechtsnatur und Wirkungsweise der Doppelbesteuerungsabkommen

Tz 201 **Doppelbesteuerungsabkommen** (DBA) sind völkerrechtliche Verträge, die zwischen zwei Staaten – also bilateral – abgeschlossen werden. In Österreich werden sie vom Bundespräsidenten abgeschlossen und vom Nationalrat gemäß Art 50 B-VG genehmigt. Sie werden dadurch zum Bestandteil des österreichischen Rechts. DBA sind den einfachen Bundesgesetzen gleichgeordnet und unmittelbar anwendbar. Aus dem Charakter der DBA-Normen als Spezialregelungen gegenüber anderen Steuerrechtsnormen wird allgemein der Vorrang des DBA-Rechts gegenüber dem innerstaatlichen Steuerrecht abgeleitet. Österreich hat auf dem Gebiet der Einkommensteuer DBA mit mehr als 90 Staaten abgeschlossen.

Tz 202 Einkünfte – aber auch Vermögen, Schenkungen oder Erwerbe von Todes wegen – werden oft doppelt oder mehrfach besteuert, da die meisten Staaten nicht bloß inländische Sachverhalte besteuern, sondern auch Sachverhalte mit Auslandsbezug erfassen (Welteinkommensprinzip, vgl Tz 182 f). Nach allgemeinem Völkerrecht können Staaten auch Auslandssachverhalte besteuern, wenn zumindest eine geringfügige Nahebeziehung zum besteuernden Staat besteht.

> **Beispiel:** Ein Steuerpflichtiger ist vor zwei Jahren von Österreich nach Deutschland gezogen. Er hat ein ihm dauernd zur Verfügung stehendes Ferienhaus in Kitzbühel und bezieht Dividenden aus Schweizer Aktien. Er ist in Deutschland unbeschränkt steuerpflichtig und versteuert dort sein Welteinkommen und folglich auch die Schweizer Dividenden. In Österreich ist er aufgrund seines Wohnsitzes (§ 26 Abs 1 BAO) ebenfalls unbeschränkt steuerpflichtig. In der Schweiz ist er mit den Dividendeneinkünften beschränkt steuerpflichtig und muss sie dort einer Quellensteuer – der 35%igen „Verrechnungssteuer" – unterwerfen. Ohne DBA (oder innerstaatliche Maßnahmen zur Vermeidung der Doppelbesteuerung, vgl Tz 222) würden die Schweizer Dividenden dreifach besteuert werden: in Deutschland, Österreich und in der Schweiz. Aufgrund der zwischen den Staaten abgeschlossenen DBA wird diese Mehrfachbesteuerung jedoch vermieden.

Tz 203 Durch den Abschluss eines DBA verpflichten sich die Vertragsstaaten, auf die Besteuerung bestimmter Sachverhalte zu verzichten oder diese Besteuerung nur in eingeschränktem Maße vorzunehmen. DBA beschränken somit die nach innerstaatlichem Recht bestehende Steuerpflicht – man spricht von der **Schrankenwirkung der DBA**. Zielsetzung der DBA ist es, in ihrem Anwendungsbereich die Doppelbesteuerung zu vermeiden. Liegt kein DBA vor, kann der BMF gem § 48 Abs 5 BAO durch Verordnung oder im Einzelfall Erleichterungen gewähren (vg Tz 222).

2 *Die Bedeutung der Musterabkommen*

Tz 204 Internationale Organisationen – wie zB der Völkerbund, die UN und die OECD – haben schon vor langer Zeit Abkommensentwürfe entwickelt, die sie den Staaten als Grundlage für bilaterale Verhandlungen zum Abschluss eines DBA zur Verfügung stellen. Besondere Bedeutung haben die auf dem Gebiet der Ertrag- und Vermögensteuern sowie der Erbschafts- und Schenkungssteuern bestehenden **Musterabkommen der OECD** erlangt, die vom OECD-Steuerausschuss laufend überarbeitet werden. Der maßgeblichen Arbeitsgruppe des OECD-Steuerausschusses gehören die für internationales Steuerrecht zuständigen Spitzenbeamten der OECD-Mitgliedstaaten an. Auch nicht der OECD angehörende Staaten bedienen sich oft dieser Vertragsschablonen. Daher ähneln die meisten DBA einander in ihrem Aufbau und in ihrer Terminologie, was die DBA-Anwendung in der Praxis erheblich erleichtert. Bei bilateralen

Abkommensverhandlungen gehen die Staatenvertreter häufig von den Vorschlägen der OECD aus und versuchen, ihren Interessen und den Besonderheiten ihrer Rechtsordnung durch entsprechende Anpassung des Vertragsmusters Rechnung zu tragen. In weiterer Folge wird das **OECD-Musterabkommen auf dem Gebiet der Steuern vom Einkommen und vom Vermögen** (OECD-MA) näher betrachtet.

3 Der Aufbau der Doppelbesteuerungsabkommen

Tz 205 Die dem OECD-MA nachgebildeten Doppelbesteuerungsabkommen weisen eine Reihe von Gemeinsamkeiten auf. Die Regelungen dieser DBA lassen sich wie folgt systematisieren:

- Regelungen über den persönlichen Anwendungsbereich (Art 1 und 4 OECD-MA)
- Regelungen über den sachlichen Anwendungsbereich (Art 2 OECD-MA)
- Verteilungsnormen (Art 6 bis 8 und 10 bis 22 OECD-MA)
- Methodenartikel (Art 23A und 23B OECD-MA)
- Sonstige Abkommensvorschriften

4 Der persönliche Anwendungsbereich

Tz 206 Der **persönliche Anwendungsbereich** eines DBA wird in den Art 1 und 4 OECD-MA geregelt. Daraus ergibt sich, für welche Personen das Abkommen zur Anwendung kommt. DBA sind auf Personen anwendbar, die **in einem oder in beiden Vertragsstaaten ansässig** sind (Art 1 OECD-MA). In einem Vertragsstaat ansässig ist, wer in diesem Vertragsstaat unbeschränkt steuerpflichtig ist (Art 4 Abs 1 OECD-MA). Ein Steuerpflichtiger kann somit in einem, in beiden, oder in keinem der Vertragsstaaten ansässig sein. Jene Personen, die in beiden Vertragsstaaten bloß beschränkt steuerpflichtig und demnach nicht ansässig sind, fallen nicht in den Anwendungsbereich des Abkommens – sie können sich daher nicht auf das Abkommen berufen.

> **Beispiel:** Ein Steuerpflichtiger wohnt in Deutschland und hat in der Schweiz eine Zweigniederlassung (Betriebsstätte), zu der eine Beteiligung an einer österreichischen Aktiengesellschaft gehört. In Deutschland ist er unbeschränkt steuerpflichtig, während er in der Schweiz und in Österreich nur beschränkt steuerpflichtig ist. Wenn es um die österreichische KESt in Höhe von 27,5% geht, die auf die Dividenden in Österreich erhoben wird, kann nur die Anwendung des DBA zwischen Österreich und Deutschland zu einer Reduktion dieser KESt führen. Der Steuerpflichtige ist in Deutschland unbeschränkt steuerpflichtig, so dass das DBA zwischen Deutschland und Österreich anwendbar ist. Im Gegensatz dazu kann das DBA zwischen Österreich und der Schweiz mangels persönlicher Anwendbarkeit – da er sowohl in Österreich als auch in der Schweiz bloß beschränkt steuerpflichtig ist – keine Reduktion der österreichischen KESt bewirken.

Tz 207 Ausgehend von der Ansässigkeit des Steuerpflichtigen wird für die weitere Anwendung des DBA zwischen **Ansässigkeitsstaat** und **Quellenstaat** unterschieden. Kommt das Abkommen zur Anwendung, muss immer einem der beiden Vertragsstaaten die Rolle des Ansässigkeitsstaates zukommen. Der andere Vertragsstaat, der nicht Ansässigkeitsstaat ist, wird als Quellenstaat bezeichnet. Ist der Steuerpflichtige nur in einem der beiden Vertragsstaaten ansässig, bereitet diese Unterscheidung keine Probleme: Ansässigkeitsstaat ist jener Staat, in dem der Steuerpflichtige ansässig ist. Ist der Steuerpflichtige aber in beiden Vertragsstaaten unbeschränkt steuerpflichtig und somit ansässig (vgl als Beispiel Tz 202, man spricht von **Doppelansässigkeit**), müssen weitere Kriterien herangezogen werden, um zwischen Ansässigkeitsstaat und Quellenstaat unterscheiden zu können (sog Tie-Breaker-Regelung). Für **natürliche Personen**, die in beiden Vertragsstaaten ansässig sind, ist in Art 4 Abs 2 OECD-MA geregelt, welcher Staat als Ansässigkeitsstaat für Zwecke der weiteren Abkommensanwendung gilt. Ausschlaggebend ist, zu welchem Staat die Person engere Beziehungen hat. Kriterien dafür sind – in dieser Reihenfolge – die ständige Wohnstätte, die persönlichen und wirtschaftlichen Beziehungen (Mittelpunkt der Lebensinteressen), der gewöhnliche Aufenthalt und die Staatsangehörigkeit. Bei **juristischen Personen** ist eine Doppelansässigkeit nach Art 4 Abs 3 OECD-MA aufzulösen. Die zuständigen Behörden der Vertragsstaaten müssen im Rahmen eines Verständigungsverfahrens die Ansässigkeit der juristischen Person klären. Dazu nehmen sie Rücksicht auf Faktoren wie den Ort der Geschäftsleitung, den Ort der Hauptverwaltung, den Gründungsort und sonstige maßgebliche Faktoren. Ist keine Einigung möglich, hat die Person keinen Anspruch auf die Abkommensvorteile. In bestehenden DBA findet jedoch meist noch die alte Version von Art 4 Abs 3 OECD-MA Anwendung, wonach eine juristische Person für Zwecke des DBA dort ansässig ist, wo sich der Ort ihrer tatsächlichen Geschäftsleitung befindet. Die Bestimmung **eines** Ansässigkeitsstaates ist Voraussetzung für die weitere Abkommensanwendung.

Beispiel: Eine natürliche Person verfügt sowohl in Deutschland als auch in Österreich über einen Wohnsitz. Der Ehegatte und die Kinder wohnen im gemeinsamen Haushalt in Deutschland. Seiner Arbeit geht der Steuerpflichtige ebenfalls in Deutschland nach. Nach Art 4 Abs 2 lit a DBA Österreich – Deutschland liegt der Mittelpunkt der Lebensinteressen des Steuerpflichtigen in Deutschland. Deutschland ist somit der Ansässigkeitsstaat. Österreich ist der Quellenstaat.

Beispiel: Eine Kapitalgesellschaft, die ihren Sitz in Deutschland und den Ort der Geschäftsleitung in Österreich hat, unterliegt in Deutschland und Österreich der unbeschränkten Steuerpflicht. Nach Art 4 Abs 1 DBA Österreich – Deutschland ist sie in beiden Vertragsstaaten ansässig. Nach Art 4 Abs 3 DBA Österreich – Deutschland gilt sie jedoch – in Abweichung zum neuen Art 4 Abs 3 OECD-MA – für die weitere Abkommensanwendung als nur in Österreich ansässig, da sich der Ort der tatsächlichen Geschäftsleitung in Österreich befindet. Österreich ist somit der Ansässigkeitsstaat. Deutschland ist der Quellenstaat.

Tz 208 *Frau Mag. Taxa ist in Österreich unbeschränkt steuerpflichtig und in Deutschland beschränkt steuerpflichtig. Österreich ist damit der Ansässigkeitsstaat im Sinne des Art 4 Abs 1 DBA Österreich – Deutschland. Frau Mag. Taxa fällt somit in den persönlichen Anwendungsbereich des Abkommens und kann daher die Vorteile dieses Abkommens beanspruchen.*

5 Der sachliche Anwendungsbereich

Tz 209 Art 2 OECD-MA legt fest, welche Steuern vom Abkommen erfasst sind (**sachlicher Anwendungsbereich**). Das OECD-MA erfasst Steuern vom Einkommen und vom Vermögen. In der Vertragspraxis wird der sachliche Anwendungsbereich des Abkommens durch eine beispielhafte Aufzählung von Steuern, für die das Abkommen gelten soll, näher konkretisiert. In österreichischen DBA wird regelmäßig die Einkommensteuer und die Körperschaftsteuer genannt. Die Steuern vom Vermögen sind hingegen nicht von allen österreichischen DBA mitumfasst.

Tz 210 *Gemäß Art 2 DBA Österreich – Deutschland fällt die Einkommensteuer in den sachlichen Anwendungsbereich des Abkommens. Die von Frau Mag. Taxa bezogenen und der Einkommensteuer unterliegenden Einkünfte sind daher vom Anwendungsbereich des DBA Österreich – Deutschland umfasst.*

6 Die Verteilungsnormen

Tz 211 Die **Verteilungsnormen** der DBA (Art 6 bis 8 und 10 bis 21 OECD-MA für die Steuern vom Einkommen und Art 22 OECD-MA für die Steuern vom Vermögen) kommen zur Anwendung, wenn das Abkommen in persönlicher (Tz 206 ff) und sachlicher Hinsicht (Tz 209 f) anwendbar ist. Sie regeln, welcher Vertragsstaat das „Besteuerungsrecht" für eine bestimmte Art von Einkünften hat. Im Regelfall sehen die Verteilungsnormen die Besteuerung im Ansässigkeitsstaat vor. Lediglich wenn Einkünfte einen gewissen Bezug zum Quellenstaat aufweisen, soll auch der Quellenstaat besteuern dürfen (so zB bei Einkünften aus unbeweglichem Vermögen, das im Quellenstaat liegt). Wenn nach der Anwendung der Verteilungsnormen beiden Vertragsstaaten ein Besteuerungsrecht verbleibt, entscheidet der Methodenartikel (Tz 216 ff), wie die Doppelbesteuerung durch den Ansässigkeitsstaat zu vermeiden ist.

Tz 212 Das OECD-MA kennt für die Steuern vom Einkommen folgende Verteilungsnormen (Art 22 OECD-MA betrifft die Steuern vom Vermögen):

- Art 6 OECD-MA: „Einkünfte aus unbeweglichem Vermögen"
- Art 7 OECD-MA: „Unternehmensgewinne"
- Art 8 OECD-MA: „Seeschifffahrt und Luftfahrt"
- Art 10 OECD-MA: „Dividenden"
- Art 11 OECD-MA: „Zinsen"
- Art 12 OECD-MA: „Lizenzgebühren"
- Art 13 OECD-MA: „Gewinne aus der Veräußerung von Vermögen"
- (Art 14 OECD-MA: „Selbständige Arbeit" – diese Bestimmung wurde aufgehoben; Art 7 OECD-MA erfasst jetzt auch die Einkünfte aus selbständiger Arbeit; viele DBA enthalten

aber noch eine Art 14 OECD-MA nachgebildete Verteilungsnorm)

- Art 15 OECD-MA: „Einkünfte aus unselbständiger Arbeit“
- Art 16 OECD-MA: „Aufsichtsrats- und Verwaltungsratsvergütungen“
- Art 17 OECD-MA: „Künstler und Sportler“
- Art 18 OECD-MA: „Ruhegehälter“
- Art 19 OECD-MA: „Öffentlicher Dienst“
- Art 20 OECD-MA: „Studenten“
- Art 21 OECD-MA: „Andere Einkünfte“

Tz 213 Bei der Anwendung der Verteilungsnormen kann zwischen folgenden Fallgruppen unterschieden werden:

- Die anwendbare Verteilungsnorm erlaubt die **Besteuerung in beiden Vertragsstaaten**. Die Vermeidung der Doppelbesteuerung erfolgt durch die Anwendung des Methodenartikels. Teilweise wird das Besteuerungsrecht des Quellenstaates betragsmäßig beschränkt.

Beispiel: Eine natürliche Person hat ihren Wohnsitz in Deutschland. Sie betreibt in Österreich eine Gemischtwarenhandlung als Einzelunternehmer. Die aus der Gemischtwarenhandlung erzielten Einkünfte aus Gewerbebetrieb unterliegen gemäß § 98 Abs 1 Z 3 EStG der beschränkten Steuerpflicht in Österreich. Nach Art 7 Abs 1 DBA Österreich – Deutschland dürfen Gewinne eines Unternehmens eines Vertragsstaats nur in diesem Staat besteuert werden. Dies gilt jedoch nicht, wenn das Unternehmen seine Tätigkeit im anderen Vertragsstaat durch eine dort gelegene Betriebsstätte ausübt. Nach Art 3 Abs 1 lit f DBA Österreich – Deutschland handelt es sich hier um ein deutsches Unternehmen, da der Steuerpflichtige in Deutschland ansässig ist. Grundsätzlich dürfen also Gewinne eines deutschen Unternehmens nur in Deutschland (dem Ansässigkeitsstaat) besteuert werden. Wird das deutsche Unternehmen jedoch durch eine in Österreich gelegene Betriebsstätte tätig, so darf auch Österreich (als Quellenstaat) diese Einkünfte besteuern. Österreich darf aber nicht die gesamte unternehmerische Tätigkeit des deutschen Steuerpflichtigen besteuern, sondern nur jene Einkünfte, die auf die österreichische Betriebsstätte entfallen. Nach Anwendung des Art 7 DBA Österreich – Deutschland verbleibt somit beiden Vertragsstaaten ein Besteuerungsrecht an den österreichischen Betriebsstätteneinkünften. Die Doppelbesteuerung wird nach Art 23 Abs 1 lit a DBA Österreich – Deutschland durch Steuerfreistellung in Deutschland vermieden (dazu Tz 216 ff).

Beispiel: Ein in Österreich ansässiger Musiker tritt im Rahmen eines Konzertes in Deutschland auf. In Österreich unterliegt der Musiker mit den Einkünften aus seiner Tätigkeit der Steuerpflicht nach § 22 oder § 23 EStG (abhängig davon, ob die Tätigkeit als

„künstlerisch" im Sinne des § 22 Z 1 lit a EStG einzustufen ist). Nach Art 17 Abs 1 erster Satz DBA Österreich – Deutschland dürfen die aus dem Konzertauftritt bezogenen Einkünfte auch in Deutschland besteuert werden. Da nach Anwendung des Art 17 beiden Vertragsstaaten ein Besteuerungsrecht verbleibt, muss zur Vermeidung der Doppelbesteuerung der Methodenartikel herangezogen werden (dazu Tz 216 ff). Nach Art 23 Abs 2 lit a DBA Österreich – Deutschland kommt es zur Befreiung der Einkünfte in Österreich (Art 23 Abs 2 lit b DBA Österreich – Deutschland ist nicht anwendbar, da als Verteilungsnorm Art 17 Abs 1 erster Satz DBA Österreich – Deutschland zur Anwendung kommt).

Beispiel: Eine GmbH mit Sitz und Ort der Geschäftsleitung in Österreich schüttet Dividenden an einen in Deutschland ansässigen Steuerpflichtigen aus. Nach § 98 Abs 1 Z 5 EStG iVm § 93 Abs 2 Z 1 EStG besteht nach innerstaatlichem Recht Steuerpflicht in Österreich. Nach Art 10 Abs 1 DBA Österreich – Deutschland dürfen diese Dividenden in Deutschland besteuert werden. Nach Art 10 Abs 2 DBA Österreich – Deutschland dürfen diese Dividenden auch in Österreich besteuert werden, allerdings darf die in Österreich erhobene Steuer 15% des Bruttobetrags der Dividenden nicht übersteigen (Art 10 Abs 2 lit b DBA Österreich – Deutschland). Behält die österreichische GmbH daher anlässlich der Ausschüttung 27,5% KESt ein, kann der Steuerpflichtige unter Berufung auf Art 10 DBA Österreich – Deutschland in Österreich die Rückerstattung der zuviel einbehaltenen 12,5% verlangen. Nach Anwendung des Art 10 DBA Österreich – Deutschland verbleibt beiden Vertragsstaaten ein Besteuerungsrecht. Die Doppelbesteuerung wird nach Art 23 Abs 1 lit b sublit aa DBA Österreich – Deutschland im Ansässigkeitsstaat (Deutschland) durch Anrechnung der österreichischen Steuer auf die deutsche Steuer vermieden (dazu Tz 216 ff). Unabhängig davon, ob der Steuerpflichtige die Rückerstattung der zuviel einbehaltenen Steuer in Österreich beantragt, kann in Deutschland nur jene österreichische Steuer angerechnet werden, die nach dem DBA von Österreich erhoben werden darf. Die österreichische Steuer ist mit 15% des Bruttobetrags der Dividenden begrenzt. Deutschland ist daher nicht verpflichtet, mehr als 15% des Bruttobetrags der Dividenden anzurechnen (auch dann nicht, wenn Österreich 27,5% KESt einbehält und keine Rückerstattung der zuviel einbehaltenen 12,5% in Österreich erfolgt).

- Die anwendbare Verteilungsnorm sieht die **ausschließliche Besteuerung in einem der beiden Vertragsstaaten** vor. Im Wortlaut der Verteilungsnormen wird dies durch die Verwendung des Wortes „nur" zum Ausdruck gebracht („können **nur** in diesem Staat besteuert werden"). Der Anwendung des Methodenartikels bedarf es **nicht**, da nach Anwendung der Verteilungsnorm nur noch ein Vertragsstaat besteuern darf. Der andere Vertragsstaat ist zur Steuerfreistellung verpflichtet.

Beispiel: Ein Steuerpflichtiger hat seinen Wohnsitz und gewöhnlichen Aufenthalt in Deutschland. Er ist demnach beschränkt steuerpflichtig in Österreich. Der Steuerpflichtige steht in einem Dienstverhältnis mit einem deutschen Arbeitgeber. Im Rahmen dieses Dienstverhältnisses ist er auch einige Tage bei einem Kunden in Österreich tätig. Durch das Tätigwerden in Österreich kommt es zur Steuerpflicht nach § 98 Abs 1 Z 4 EStG für jenen Teil der Einkünfte aus nichtselbständiger Arbeit, der auf die in Österreich ausgeübte Tätigkeit entfällt. Ohne DBA bleibt es bei der Steuerpflicht in Österreich. Nach Art 15 DBA Österreich – Deutschland dürfen Einkünfte aus unselbständiger Arbeit jedoch nur dann im Quellenstaat (hier: in Österreich) besteuert werden, wenn (1) die Arbeit dort ausgeübt wird und (2) sich der Steuerpflichtige länger als 183 Tage in Österreich aufhält und (3) die Vergütung von einem österreichischen Arbeitgeber oder einer österreichischen Betriebsstätte getragen wird. Die Arbeit wird zwar in Österreich ausgeübt, der Steuerpflichtige hält sich aber weder länger als 183 Tage in Österreich auf noch wird er für einen österreichischen Arbeitgeber oder eine in Österreich gelegene Betriebsstätte tätig. Österreich ist daher nach Art 15 DBA Österreich – Deutschland nicht zur Besteuerung berechtigt. Das Besteuerungsrecht steht ausschließlich dem Ansässigkeitsstaat (Deutschland) zu. Der Anwendung des Methodenartikels bedarf es nicht.

Tz 214 **Einkünfte** sind immer **genau einer Verteilungsnorm zuzuordnen**. Da sich der Anwendungsbereich der einzelnen Verteilungsnormen teilweise überschneidet, bedarf es bestimmter Vorrangregeln, um diesen Grundsatz einhalten zu können. Die wichtigsten sind:

- **Art 7 OECD-MA** ist nur **subsidiär** anzuwenden. Nach Art 7 Abs 4 OECD-MA gehen andere Verteilungsnormen (zB Art 8 OECD-MA oder Art 10 OECD-MA) dem Art 7 OECD-MA vor.

  Beispiel: Auch wenn die Beteiligung an einer im Quellenstaat ansässigen Gesellschaft im Betriebsvermögen gehalten wird, sind Gewinnausschüttungen nicht unter Art 7 OECD-MA „Unternehmensgewinne“, sondern unter Art 10 OECD-MA „Dividenden“ einzuordnen. Eine Ausnahme ergibt sich allerdings aus dem Betriebsstättenvorbehalt.

- Art 10, Art 11 und Art 12 OECD-MA haben grundsätzlich Vorrang vor Art 7 OECD-MA. Nach Art 10 Abs 4, Art 11 Abs 4 und Art 12 Abs 3 OECD-MA kommen die Regelungen über Dividenden, Zinsen und Lizenzgebühren jedoch dann nicht zur Anwendung, wenn der Steuerpflichtige über eine Betriebsstätte im Quellenstaat verfügt und die sonst unter die Art 10, Art 11 oder Art 12 OECD-MA fallenden Dividenden, Zinsen oder Lizenzgebühren dieser Betriebsstätte zuzurechnen sind (**Betriebsstättenvorbehalt**). Konsequenz ist, dass der Quellenstaat diese Einkünfte – wie auch sonstige Betriebsstätteneinkünfte – ohne Begrenzung der Höhe nach besteuern darf.

> **Beispiel:** Gehört die Beteiligung an einer im Quellenstaat ansässigen Gesellschaft zum Betriebsvermögen einer im Quellenstaat gelegenen Betriebsstätte, sind Gewinnausschüttungen der Gesellschaft nicht nach Art 10 OECD-MA „Dividenden", sondern nach Art 7 OECD-MA „Unternehmensgewinne" zu erfassen. Die Dividenden können daher als Teil der Betriebsstätteneinkünfte im Quellenstaat uneingeschränkt besteuert werden.

- **Art 21 OECD-MA** kommt zur Anwendung, wenn keine andere Verteilungsnorm anwendbar ist. In diesen Fällen steht das Besteuerungsrecht nur dem Ansässigkeitsstaat zu. Art 21 OECD-MA gewährleistet, dass Einkünfte immer einer Verteilungsnorm zugeordnet werden können.

> **Beispiel:** Ein in Österreich ansässiger Steuerpflichtiger bezieht Dividenden von einer Schweizer Gesellschaft. Im Verhältnis zu Deutschland fallen diese Dividenden nicht unter Art 10 DBA Österreich – Deutschland, da Art 10 nur für Dividenden aus dem Quellenstaat – somit aus Deutschland – zur Anwendung kommt. Werden die Anteile im Privatvermögen gehalten, liegt auch kein Fall des Art 7 oder Art 14 DBA Österreich – Deutschland vor. Es bleibt nur noch Art 21 DBA Österreich – Deutschland, der jene Einkünfte erfasst, die unter keine andere Verteilungsnorm fallen. Im Verhältnis zu Deutschland kommt Österreich nach Art 21 DBA Österreich – Deutschland das alleinige Besteuerungsrecht hinsichtlich der Schweizer Dividenden zu. Bei der Anwendung des DBA Österreich – Schweiz fallen diese Dividenden hingegen unter Art 10 DBA Österreich – Schweiz (diese Bestimmung ist Art 10 OECD-MA nachgebildet), da es sich bei der ausschüttenden Gesellschaft um eine Schweizer Gesellschaft handelt.

Tz 215 *Die Einkünfte, die Frau Mag. Taxa aus der beim Münchner Klienten ausgeübten Unternehmensberatertätigkeit bezieht, können nach Art 14 DBA Österreich – Deutschland ausschließlich in Österreich besteuert werden, sofern die Tätigkeit von Frau Mag. Taxa beim Münchner Klienten nicht dazu führt, dass sie in Deutschland eine feste Einrichtung begründet. Besteht keine feste Einrichtung in Deutschland, verliert Deutschland das Besteuerungsrecht aufgrund des DBA. Die deutschen Dividenden dürfen nach Art 10 Abs 2 lit b DBA Österreich – Deutschland in Deutschland in der Höhe von maximal 15% des Bruttobetrages der Dividenden besteuert werden. Für Gewinne aus der Veräußerung dieser im Privatvermögen gehaltenen Aktien hat Österreich gemäß Art 13 Abs 5 DBA Österreich – Deutschland das alleinige Besteuerungsrecht. Die Einkünfte aus der Verpachtung des Münchner Grundstücks können gemäß Art 6 Abs 1 DBA Österreich – Deutschland in Deutschland besteuert werden. Gleiches gilt gemäß Art 13 Abs 1 DBA Österreich – Deutschland für die Gewinne aus der Veräußerung dieser Liegenschaft.*

7 Die Methoden zur Vermeidung der Doppelbesteuerung

Tz 216 Wenn nach Anwendung der Verteilungsnorm beiden Vertragsstaaten ein Besteuerungsrecht verbleibt (vgl Tz 213), wird die Doppelbesteuerung erst durch die Anwendung des **Methodenartikels** vermieden. Der Methodenartikel richtet sich an den Ansässigkeitsstaat, der für die Vermeidung der Doppelbesteuerung sorgen muss. Dabei stehen den Vertragsstaaten zwei Methoden zur Verfügung: die **Befreiungsmethode** und die **Anrechnungsmethode**. Das OECD-MA enthält folglich auch zwei Formulierungsvorschläge für den Methodenartikel: **Art 23A OECD-MA** regelt die **Befreiungsmethode**, **Art 23B OECD-MA** die **Anrechnungsmethode**. Den Vertragsstaaten steht es frei, zwischen den beiden Methoden zu wählen; es kann auch je nach Verteilungsnorm variiert werden. In österreichischen DBA ist für in Österreich ansässige Personen meist die Befreiungsmethode vorgesehen.

Tz 217 Ist in einem Doppelbesteuerungsabkommen für bestimmte Einkünfte die **Befreiungsmethode** vorgesehen, bedeutet dies, dass die Einkünfte, für die der Quellenstaat aufgrund der Verteilungsnormen das Besteuerungsrecht hat, aus der Bemessungsgrundlage des Ansässigkeitsstaates ausgeschieden werden. Der Ansässigkeitsstaat darf diese Einkünfte aber bei der Berechnung des Steuersatzes berücksichtigen. Dies bedeutet, dass der Ansässigkeitsstaat den durchschnittlichen Steuersatz, der auf die verbleibenden Einkünfte entfällt, so ermittelt, dass er auch die befreiten Einkünfte einbezieht (**Progressionsvorbehalt**).

> **Beispiel:** Ein Steuerpflichtiger bezieht ein Welteinkommen von 300.000 Euro. Davon entfallen 200.000 Euro auf gemäß DBA befreite ausländische Gewinne. Diese Gewinne dürfen in Österreich nicht besteuert werden. Die verbleibende österreichische Bemessungsgrundlage beträgt daher 100.000 Euro. Hätte der Steuerpflichtige nur ein Einkommen von 100.000 Euro, würde der auf dieses Einkommen entfallende Durchschnittssteuersatz ca 38% betragen. Bei einem Einkommen von 300.000 Euro beträgt er aber ca 46%. Der Progressionsvorbehalt bewirkt, dass die in Österreich zu entrichtende Steuer mit dem auf das

Welteinkommen (300.000 Euro) entfallenden Durchschnittssteuersatz von 46% zu berechnen ist. Die Steuer beträgt daher ca 46.000 Euro (100.000 * 46%).

Tz 218 *Art 23 Abs 2 lit a DBA Österreich – Deutschland sieht vor, dass Frau Mag. Taxas Einkünfte aus unbeweglichem Vermögen, für die Deutschland nach dem DBA das Besteuerungsrecht hat, in Österreich zu befreien sind. In Österreich dürfen diese Einkünfte daher nicht besteuert werden. Sie sind nur insoweit zu berücksichtigen, als es gilt, den auf die zur Besteuerung in Österreich verbleibenden Einkünfte (zB Unternehmensberatertätigkeit, allfällige inländische Einkünfte) entfallenden Durchschnittssteuersatz zu ermitteln. Die Befreiung von der österreichischen Einkommensteuer wirkt auch dann, wenn in Deutschland gar nicht besteuert wird. Wären zB die Vermietungseinkünfte nach deutschem Recht steuerfrei, dürfte Österreich dennoch nicht besteuern. Die Anwendung eines DBA kann daher zu doppelter Nichtbesteuerung führen.*

Tz 219 Die **Anrechnungsmethode** lässt die Besteuerung in beiden Vertragsstaaten zu. Die Doppelbesteuerung wird beseitigt, indem der Ansässigkeitsstaat die im Quellenstaat in zulässiger Weise erhobene Steuer anrechnet. Die Steueranrechnung im Ansässigkeitsstaat ist aber durch den **Anrechnungshöchstbetrag** begrenzt: Es darf im Ansässigkeitsstaat nicht mehr an Steuer des Quellenstaates angerechnet werden, als auf die der Anrechnung unterliegenden Einkünfte – vor der Anrechnung – an Steuer im Ansässigkeitsstaat entfällt.

Beispiel: Ein österreichischer Unternehmer unterliegt mit seinem Welteinkommen in Österreich einer Durchschnittssteuerbelastung von 45%. Er verfügt auch über eine Zweigniederlassung (Betriebsstätte) im Staat X, mit dem Österreich ein DBA abgeschlossen hat, das für Unternehmensgewinne die Anrechnungsmethode vorsieht. Der Betriebsstätte ist ein Gewinn in Höhe von 100.000 Euro zuzurechnen. Die Steuerbelastung im Staat X beträgt für die Betriebsstätteneinkünfte 50%, somit 50.000 Euro. Die Anrechnung der im Ausland entrichteten Steuer ist in Österreich nicht unbegrenzt möglich. Angerechnet wird nur im Ausmaß der auf diese Einkünfte entfallenden österreichischen Steuerbelastung. In einer Durchschnittsbetrachtung entfällt auf die Betriebsstätteneinkünfte in Österreich eine Steuer in Höhe von 45.000 Euro. Da die ausländische Steuerbelastung die österreichische Steuerbelastung übersteigt, können die 45.000 Euro „Anrechungspotential" voll ausgeschöpft werden. 5.000 Euro ausländische Steuer können nicht angerechnet werden. Nach Anrechnung der ausländischen Einkünfte mindert sich die in Österreich zu entrichtende Steuer um 45.000 Euro. Die Gesamtsteuerbelastung der Betriebsstätteneinkünfte beträgt 50.000 Euro und entfällt zur Gänze auf den Quellenstaat X.

Eine andere zum Unternehmen des Steuerpflichtigen gehörende Zweigniederlassung (Betriebsstätte) liegt im Staat Y, mit dem ebenfalls ein DBA besteht, das für Unternehmensgewinne die Anrechnungsmethode vorsieht. Die Betriebsstätteneinkünfte in Y werden bloß einem 10%igen Steuersatz unterworfen. Die in Y erhobene Steuer kann zur Gänze in Österreich angerechnet werden. Die österreichische Steuerbelastung der Betriebsstätten-einkünfte aus Y reduziert sich durch die Anrechnung auf 35%. Die Gesamtsteuerbelastung der Betriebsstätteneinkünfte beträgt 45% (35% in Österreich und 10% in Y).

Tz 220 *Frau Mag. Taxa hat die deutschen Dividenden auch nach Anwendung des DBA in Österreich zu versteuern. Auch Deutschland hat nach wie vor ein Besteuerungs-recht dafür, wenngleich gemäß Art 10 Abs 2 lit b DBA Österreich – Deutschland auf 15% des Bruttobetrages der Dividenden begrenzt. Art 23 Abs 2 lit b DBA Österreich – Deutschland verpflichtet Österreich, die 15%ige deutsche Steuer anzurechnen. Der österreichische Steuerbetrag ist daher um den Betrag der deutschen Steuer zu kürzen.*

8 Sonstige Abkommensvorschriften

Tz 221 Die DBA enthalten noch eine Reihe anderer Regelungen, wie Diskriminierungsverbote, Vorschriften über das Verständigungsverfahren, Vorschriften über den Informationsaustausch und die Vollstreckungsamtshilfe oder Vorschriften über das Inkrafttreten. Im Rahmen der **Diskriminierungsverbote** (Art 24 OECD-MA) verpflichten sich die Vertragsstaaten gegenseitig, zB Staatsbürger des anderen Staates nicht zu diskriminieren (Art 24 Abs 1 OECD-MA) oder Betriebsstätten von Unternehmen des anderen Vertragsstaates nicht schlechter als ansässige Unternehmen zu behandeln. Diesem sog Betriebsstättendiskriminierungsverbot (Art 24 Abs 3 OECD-MA) kommt dabei die größte praktische Bedeutung zu, da es oft ähnliche Wirkungen wie die unionsrechtlich verankerte Niederlassungsfreiheit (vgl Tz 194) entfaltet. Die Regelungen über das **Verständigungsverfahren** (Art 25 OECD-MA) unterstreichen, dass die obersten Abgabenbehörden (in Österreich der Bundesminister für Finanzen) zur gemeinsamen Lösung von Zweifelsfragen der Auslegung und Anwendung der DBA miteinander in Kontakt treten können und sollen. Diese Regelungen werden durch Vorschriften über ein Schiedsverfahren ergänzt, mithilfe dessen Auslegungskonflikte zwischen den Vertragsstaaten verbindlich beigelegt werden können. In den Vorschriften über den **Informationsaustausch** (Art 26 OECD-MA) wird die Verpflichtung zum Infor-mationsaustausch zwischen den obersten Abgabebehörden normiert. Diese Verpflichtung kann unterschiedlich ausgestaltet sein. Entweder betrifft der Informationsaustausch nur jene Informationen, die für die Anwendung des DBA maßgebend sind, oder – wie unter den OECD-Staaten üblich – auch jene, die für die Anwendung des innerstaatlichen Rechts erforderlich sind (große Auskunftsklausel, die eine „umfassende Amtshilfe" vermittelt). Die Informationserteilung erfolgt entweder aufgrund eines Ersuchens, automatisch oder spontan (ohne vorheriges Ersuchen). Art 27 OECD-MA sieht eine gegenseitige **Amtshilfe bei der Erhebung von Steueransprüchen** vor. Die Anwendung dieser Bestimmung ist unabhängig vom persönlichen und sachlichen Anwendungsbereich des Abkommens.

IV INNERSTAATLICHE MASSNAHMEN ZUR VERMEIDUNG DER DOPPELBESTEUERUNG

Tz 222 Österreich hat zwar mit vielen Staaten DBA abgeschlossen, doch das Netz der DBA ist noch nicht so dicht, dass alle grenzüberschreitenden Beziehungen davon umfasst sind. In den Fällen, in denen ein Steuerpflichtiger wirtschaftliche Aktivitäten in einem Staat ausübt, mit dem Österreich kein DBA abgeschlossen hat, kann es zu einer Doppelbesteuerung kommen (vgl Tz 202). Um dies zu verhindern, kann der BMF oder dessen bevollmächtigter Vertreter nach **§ 48 Abs 5 BAO** anordnen, dass „bei Abgabepflichtigen, die der Abgabenhoheit mehrerer Staaten unterliegen, soweit dies zur Ausgleichung der in- und ausländischen Besteuerung oder zur Erzielung einer den Grundsätzen der Gegenseitigkeit entsprechenden Behandlung erforderlich ist, [...] bestimmte Gegenstände der Abgabenerhebung ganz oder teilweise aus der Abgabepflicht auszuscheiden oder ausländische, auf solche Gegenstände entfallende Abgaben ganz oder teilweise auf die inländischen Abgaben anzurechnen" sind. Auf Grundlage von § 48 BAO wurde eine **Verordnung** (BGBl II 2002/474) erlassen, die unter bestimmten Voraussetzungen anordnet, dass Fälle der Doppelbesteuerung – ähnlich wie bei DBA – durch Befreiung der ausländischen Einkünfte von der österreichischen Bemessungsgrundlage unter Anwendung des Progressionsvorbehalts oder subsidiär durch Anrechnung der ausländischen Steuer auf die österreichische Steuer vermieden werden sollen.

> **Beispiel:** Ein in Österreich unbeschränkt steuerpflichtiger Unternehmer verfügt über eine Zweigniederlassung (Betriebsstätte) im Staat X, mit dem Österreich kein DBA abgeschlossen hat. Um eine Doppelbesteuerung der Betriebsstättengewinne zu vermeiden, sieht die Verordnung zu § 48 BAO grundsätzlich die Befreiung der ausländischen Einkünfte in Österreich unter Progressionsvorbehalt vor (Befreiungsmethode). Voraussetzung dafür ist allerdings, dass die Durchschnittssteuerbelastung der Betriebsstätteneinkünfte im Staat X mehr als 15% beträgt. Liegt die Durchschnittssteuerbelastung unter 15%, wird die Doppelbesteuerung durch Anrechnung der ausländischen Steuern unter Berücksichtigung des Anrechnungshöchstbetrags vermieden (Anrechnungsmethode).

V WEGZUGSBESTEUERUNG

Tz 223 Gemäß § 27 Abs 1 EStG unterliegen Einkünfte aus realisierten Wertsteigerungen von Kapitalvermögen (§ 27 Abs 3 EStG), aus Derivaten (§ 27 Abs 4 EStG) und aus Kryptowährungen (§ 27 Abs 4a EStG) unabhängig von der Beteiligungshöhe der Steuerpflicht. Nach § 27 Abs 6 Z 1 EStG gelten als Veräußerung auch solche Umstände, die zu einer Einschränkung des Besteuerungsrechtes Österreichs im Verhältnis zu anderen Staaten führen. In der Literatur wird dieser Tatbestand als **„Wegzugsbesteuerung"** bezeichnet. Die Wegzugsbesteuerung soll vermeiden, dass Steuerpflichtige durch einen Wegzug vor einer geplanten Beteiligungsveräußerung die Steuerpflicht der angewachsenen stillen Reserven in Österreich umgehen können. Der

Gesetzgeber hat den Anwendungsbereich dieser Bestimmung sehr weit gefasst: Nicht nur der „Wegzug" des Steuerpflichtigen durch Aufgabe des Wohnsitzes und des gewöhnlichen Aufenthalts in Österreich, sondern auch andere **Umstände**, wie die unentgeltliche Übertragung der Beteiligung oder der Tod des Steuerpflichtigen, können zum **Verlust des Besteuerungsrechtes** führen. Das Besteuerungsrecht geht verloren, wenn Österreich aufgrund innerstaatlicher oder abkommensrechtlicher Vorschriften die **Veräußerung** der unter § 27 Abs 6 Z 1 lit b EStG fallenden Wirtschaftsgüter und Derivate nicht mehr besteuern kann. Bei Anteilen an ausländischen Körperschaften und ausländischen Derivaten geht das Besteuerungsrecht Österreichs durch einen Wechsel in die beschränkte Steuerpflicht immer verloren, da solche Beteiligungen und Derivate nicht von § 98 Abs 1 EStG erfasst sind (siehe Modul 8). Bei Anteilen an inländischen Kapitalgesellschaften bleibt das innerstaatliche Besteuerungsrecht nach § 98 Abs 1 EStG zwar aufrecht, kann aber durch ein DBA verloren gehen (vgl Art 13 Abs 5 OECD-MA).

> **Beispiel:** Verlegt ein Steuerpflichtiger seinen Wohnsitz und gewöhnlichen Aufenthalt in einen Staat, mit dem Österreich **kein DBA** abgeschlossen hat, geht das Besteuerungsrecht Österreichs hinsichtlich der Anteile an ausländischen Körperschaften verloren; nicht aber hinsichtlich der Anteile an inländischen Kapitalgesellschaften.
>
> Verlegt ein Steuerpflichtiger seinen Wohnsitz und gewöhnlichen Aufenthalt in einen Staat, mit dem Österreich ein **DBA abgeschlossen hat, das Art 13 Abs 5 OECD-MA folgt**, kommt es zum Verlust der Besteuerungsrechte unabhängig davon, ob es sich um in- oder ausländische Anteile handelt.

Tz 224 Kommt es zu einer Einschränkung des Besteuerungsrechtes, sieht § 27 Abs 6 Z 1 EStG grundsätzlich die sofortige Besteuerung des Differenzbetrags zwischen dem gemeinen Wert der Anteile und den Anschaffungskosten, abzüglich etwaiger Werbungskosten, vor. Besteuert werden somit die unter der österreichischen Besteuerungshoheit angewachsenen stillen Reserven. Bei einem Wegzug in einen Mitgliedstaat der EU oder des EWR kann der Steuerpflichtige jedoch die sofortige Besteuerung der stillen Reserven vermeiden, indem er einen Antrag auf Nichtfestsetzung der Steuerschuld stellt (§ 27 Abs 6 Z 1 lit a EStG). Dies gilt auch für den Fall, dass Wirtschaftsgüter oder Derivate unentgeltlich an eine in einem anderen Mitgliedstaat der EU oder des EWR ansässige natürliche Person transferiert werden.

In diesen beiden Fällen entsteht die Steuerschuld zwar mit dem Wegzug des Steuerpflichtigen, sie wird aber erst bei der späteren tatsächlichen Veräußerung der Anteile festgesetzt. Bei Wegzug einer natürlichen Person (oder seines Rechtsnachfolgers im Falle der unentgeltlichen Vermögensübertragung) in einen Staat, welcher kein EU- oder EWR Mitglied ist, wird dieser Wegzug jedoch als tatsächliche Veräußerung von Anteilen angesehen (§ 27 Abs 6 Z 1 lit b TS 1 EStG). Dies gilt auch für die Weiterveräußerung eines Wirtschaftsgutes oder Derivates in einen Staat, welcher kein Mitglied der EU- oder des EWR ist.

Beispiel: Ein Steuerpflichtiger besitzt 20% der Anteile an einer österreichischen Kapitalgesellschaft. Er verlegt seinen Wohnsitz und gewöhnlichen Aufenthalt nach Deutschland. Die Anschaffungskosten der Anteile betrugen 10.000 Euro, der gemeine Wert bei Wegzug 15.000 Euro. Er stellt einen Antrag auf Nichtfestsetzung der Steuerschuld.

Variante 1: Drei Jahre nach seinem Wegzug veräußert der Steuerpflichtige die Anteile um 18.000 Euro. Die Bemessungsgrundlage zum Zeitpunkt des Wegzugs beträgt 5.000 Euro (15.000 minus 10.000). Die mit dem Wegzug entstandene Steuerschuld wird jedoch erst zum Zeitpunkt der tatsächlichen Veräußerung festgesetzt. Die nach dem Wegzug aus Österreich eingetretene Wertsteigerung (von 15.000 auf 18.000) unterliegt in Österreich nicht der Besteuerung.

Variante 2: Drei Jahre nach seinem Wegzug veräußert der Steuerpflichtige die Anteile um 13.000 Euro. Zum Zeitpunkt des Wegzugs beträgt die Bemessungsgrundlage 5.000 Euro (15.000 minus 10.000). Die Steuerschuld wird jedoch erst bei der tatsächlichen Veräußerung der Anteile festgesetzt. Aufgrund der zwischen Wegzug und Veräußerung eingetretenen Wertminderung wird die Bemessungsgrundlage um 2.000 Euro auf 3.000 Euro reduziert. Die Berücksichtigung der Wertminderungen in Österreich ist jedoch nicht möglich, wenn die Wertminderungen im Zuzugsstaat berücksichtigt werden.

Variante 3: Drei Jahre nach seinem Wegzug veräußert der Steuerpflichtige die Anteile um 8.000 Euro. Die Bemessungsgrundlage reduziert sich auf 0 Euro. Obwohl der Steuerpflichtige insgesamt einen Veräußerungsverlust in Höhe von 2.000 Euro erzielt (8.000 minus 10.000), werden die Einkünfte mit 0 Euro festgesetzt, da die zwischen Wegzug und Veräußerung eingetretenen Wertminderungen höchstens im Umfang der Bemessungsgrundlage bei Wegzug zu berücksichtigen sind. Die Berücksichtigung der Wertminderungen in Österreich ist jedoch nicht möglich, wenn die Wertminderungen im Zuzugsstaat berücksichtigt werden.

Tz 225 Für den Fall, dass ein Steuerpflichtiger nach seinem Wegzug in einen EU- oder EWR-Staat wieder nach Österreich zurückkehrt, sind bei der späteren tatsächlichen Veräußerung der Anteile die Anschaffungskosten vor Wegzug maßgeblich. Weist der Steuerpflichtige aber nach, dass während seiner Ansässigkeit in einem anderen EU- oder EWR-Staat Wertsteigerungen der Anteile eingetreten sind, sind diese vom Veräußerungserlös abzuziehen (§ 27 Abs 6 Z 1 lit e EStG).

In jenen Fällen, in denen das Besteuerungsrecht in Bezug auf Anteile und Derivate im Sinne des § 27 Abs 3 und 4 EStG begründet wird – zB wenn ein Steuerpflichtiger, der davor nicht in Österreich ansässig war, seinen Wohnsitz oder gewöhnlichen Aufenthalt nach Österreich verlegt – gilt der gemeine Wert der Anteile zum Zeitpunkt des Eintritts in das Besteuerungsrecht der Republik Österreich als Anschaffungskosten (§ 27 Abs 6 Z 1 lit e EStG). Dadurch wird sichergestellt, dass nur jene stillen Reserven in Österreich besteuert werden, die auf den Zeitraum entfallen, in dem der Steuerpflichtige der österreichischen Besteuerungshoheit unterliegt.

> **Beispiel**: Ein in Deutschland ansässiger Steuerpflichtiger besitzt eine Beteiligung in Höhe von 30% an einer deutschen Aktiengesellschaft, welche er um 100.000 Euro erworben hat. Jahre später verlegt er seinen Wohnsitz und gewöhnlichen Aufenthalt nach Österreich. Zu diesem Zeitpunkt beträgt der gemeine Wert der Anteile 200.000 Euro. Kurz nach seinem Umzug veräußert er die Anteile um 210.000 Euro. Diese Veräußerung ist nach § 27 Abs 3 EStG steuerpflichtig. Die Bemessungsgrundlage beträgt allerdings nur 10.000 Euro, da der gemeine Wert der Anteile zum Zeitpunkt des Eintritts in das österreichische Besteuerungsrecht als Anschaffungskosten gilt (§ 27 Abs 6 Z 1 lit e EStG).

VI WEITERFÜHRENDE LITERATUR

- *Bauer/Burgstaller/Haslinger/Herdin/Hofbauer/Lang/H. Loukota/W. Loukota/ Schilcher/Schuch/Staringer/Stefaner/Strasser/Sutter/Zieseritsch* (Hrsg) Unilaterale Maßnahmen zur Vermeidung der Doppelbesteuerung – Die Verordnung zu § 48 BAO, 2004.
- *Beiser*, Steuern – Ein systematischer Grundriss, 19. Auflage, 2021, 25-27, 206-213.
- *Doralt*, Steuerrecht 2022, 23. Auflage, 2022, 6-7, 106-111 und 228.
- *Doralt/Ruppe*, Grundriss des österreichischen Steuerrechts, Band I, 12. Auflage, 2019, 667-739.
- *Lang*, Introduction to the Law of Double Taxation Conventions, 3. Auflage, 2021

VII WIEDERHOLUNGSFRAGEN

1. Unter welchen/welchem Umständen/Umstand hat Herr Mayer, deutscher Staatsbürger, in Österreich seinen gewöhnlichen Aufenthalt? Kreuzen Sie die richtige(n) Antwort(en) an!

- o Wenn er nach seiner Arbeit in Salzburg täglich nach Hause nach München zurückkehrt.
- o Wenn er in Österreich wegen schwerer Körperverletzung eine Freiheitsstrafe von fünf Jahren abbüßt.
- o Wenn er die österreichische Staatsbürgerschaft annimmt.
- o Wenn er sich länger als sechs Monate in Österreich aufhält.
- o Wenn er Eigentümer eines Ferienhauses in Kärnten ist.

2. Welche der folgenden Aussagen treffen/trifft in Bezug auf Doppelbesteuerungsabkommen zu? Kreuzen Sie die richtige(n) Antwort(en) an!

- o Die von Österreich abgeschlossenen Doppelbesteuerungsabkommen sind Teil der österreichischen Rechtsordnung.
- o Doppelbesteuerungsabkommen sind völkerrechtliche Verträge.
- o Doppelbesteuerungsabkommen dürfen nur zwischen EU-Mitgliedstaaten abgeschlossen werden.
- o Doppelbesteuerungsabkommen werden von der Landeshauptleutekonferenz beschlossen und auf diese Weise in nationales Recht umgesetzt.
- o In Österreich werden Doppelbesteuerungsabkommen vom Bundespräsidenten abgeschlossen und vom Nationalrat genehmigt.

3. Welche der folgenden Aussagen zur Auswirkung der unionsrechtlichen Grundfreiheiten treffen/trifft zu?

- o Jeder EU-Mitgliedstaat ist zwar frei, über die Konzeption und die Ausgestaltung seines Ertragsteuersystems selbst zu entscheiden, er ist dabei jedoch verpflichtet, die Steuervorschriften so auszugestalten, dass sie mit den unionsrechtlichen Grundfreiheiten im Einklang stehen.
- o Steuerrechtliche Regelungen, die für Einkünfte aus dem Ausland nachteiligere Regelungen im Vergleich zu Einkünften aus dem Inland vorsehen, sind gefährdet, den unionsrechtlichen Grundfreiheiten zu widersprechen.
- o Die Grundfreiheiten dienen der Verwirklichung des Binnenmarktes.
- o Ist der Verstoß einer steuerrechtlichen Regelung gegen die unionsrechtlichen Grundfreiheiten eindeutig, muss diese Vorschrift vom Verfassungsgerichtshof aufgehoben werden.
- o Auf dem Gebiet der direkten Steuern haben vor allem die Niederlassungsfreiheit, die Dienstleistungsfreiheit, die Arbeitnehmerfreizügigkeit und die Kapitalverkehrsfreiheit große Bedeutung.

4. Welche der folgenden Vorschriften sind/ist Bestandteil eines dem OECD-Musterabkommen nachgebildeten Doppelbesteuerungsabkommen? Kreuzen Sie die richtige(n) Antwort(en) an!

- o Vorschriften über den persönlichen und sachlichen Anwendungsbereich.
- o Methodenartikel.
- o Vorschriften über die Gruppenbesteuerung.
- o Verteilungsnormen.
- o Vorschriften über den Informationsaustausch.

5. Worin liegt der Unterschied zwischen unbeschränkter und beschränkter Steuerpflicht?

6. Welche Methoden sieht das OECD-MA zur Vermeidung der Doppelbesteuerung vor?

7. Nach welchen Kriterien wird der Ansässigkeitsstaat einer natürlichen Person im OECD-MA bestimmt?

8. **Was versteht man unter dem Anwendungsvorrang der Grundfreiheiten des AEUV?**

9. **Was versteht man unter der „Wegzugsbesteuerung"?**

10. **Was versteht man unter dem Betriebsstättenvorbehalt?**

MODUL 7: WIRTSCHAFTLICHE AKTIVITÄTEN VON INLÄNDISCHEN KÖRPERSCHAFTEN IM AUSLAND

Die zentralen Fragen dieses Moduls sind:

- ***Was sind die Voraussetzungen und Folgen der unbeschränkten Körperschaftsteuerpflicht?***
- ***Wann unterliegen ausländische Betriebsstättengewinne der österreichischen Besteuerung?***
- ***Wie wirken sich die Ergebnisse ausländischer Körperschaften auf die steuerliche Situation des in Österreich ansässigen Gesellschafters aus?***
- ***Wie wirken sich Verluste ausländischer Betriebsstätten und Tochtergesellschaften in Österreich aus?***
- ***Welche steuerlichen Auswirkungen hat die Veräußerung von ausländischen Betriebsstätten und Tochtergesellschaften in Österreich?***

I PERSÖNLICHE KÖRPERSCHAFTSTEUERPFLICHT

Tz 226 *Frau Mag. Taxa ist Alleingesellschafterin der Taxa Österreich GmbH. Die Taxa Österreich GmbH überlegt, in Deutschland entweder eine Zweigniederlassung (Betriebsstätte) oder eine 100%ige Tochtergesellschaft (Taxa Deutschland GmbH) zu gründen. Welche steuerlichen Rahmenbedingungen sind bei dieser Entscheidung zu beachten?*

1 Die Unterscheidung zwischen unbeschränkter und beschränkter Steuerpflicht

Tz 227 Die Unterscheidung zwischen unbeschränkter und beschränkter Steuerpflicht gilt auch im Körperschaftsteuerrecht: Eine Körperschaft, die ihren Sitz oder Ort der Geschäftsleitung im Inland hat, unterliegt der unbeschränkten Körperschaftsteuerpflicht (§ 1 Abs 2 KStG). Sie hat ihr Welteinkommen in Österreich zu versteuern. Eine Körperschaft, die weder Sitz noch Ort der Geschäftsleitung im Inland hat, unterliegt der beschränkten Körperschaftsteuerpflicht (§ 1 Abs 3 Z 1 KStG). Der sachliche Umfang der beschränkten Steuerpflicht bestimmt sich – wie bei natürlichen Personen – nach § 98 EStG: Die für die beschränkte Körperschaftsteuerpflicht maßgebende Vorschrift des § 21 Abs 1 KStG verweist auf § 98 EStG und macht diese Vorschrift damit auch für Körperschaften anwendbar.

2 Sitz und Ort der Geschäftsleitung

Tz 228 Der **Sitz** einer Körperschaft ist nach § 27 Abs 1 erster Satz BAO der Ort, der durch Gesetz, Vertrag, Satzung, Stiftungsbrief und dergleichen bestimmt ist. Beim Kriterium des Sitzes handelt es sich um eine formale Anknüpfung an das Zivilrecht.

Tz 229 Als **Ort der Geschäftsleitung** ist nach § 27 Abs 2 BAO der Ort anzunehmen, an dem sich der Mittelpunkt der geschäftlichen Oberleitung befindet. Dieser Mittelpunkt liegt dort, wo der für die Geschäftsführung entscheidende Wille gebildet wird (BFH

07.12.1994, I K 1/93, BStBl II 1995, 175). Da sich dieses Kriterium meist der Nachprüfbarkeit entzieht, muss auf den Ort abgestellt werden, an dem die Willenserklärung abgegeben wird (*Lechner*, in Doralt [Hrsg] Steuern im Rechtsstaat, Festschrift für Gerold Stoll zum 65. Geburtstag, 1990, 395 ff). Maßgebend für die Bestimmung des Ortes der Geschäftsleitung ist die laufende Geschäftsführung. Zu ihr gehören die tatsächlichen und rechtsgeschäftlichen Handlungen, die der gewöhnliche Betrieb der Gesellschaft mit sich bringt und solche organisatorischen Maßnahmen, die zur gewöhnlichen Verwaltung der Gesellschaft gehören. Nicht zu diesen für den Ort der Geschäftsleitung relevanten Tagesgeschäften gehören die Festlegung der Grundsätze der Unternehmenspolitik sowie die Mitwirkung der Gesellschafter an ungewöhnlichen Maßnahmen und Entscheidungen von besonderer wirtschaftlicher Bedeutung (*Ritz/Koran*, BAO Kommentar[7], § 27 Rz 4). Eine Körperschaft kann maximal einen Mittelpunkt der geschäftlichen Oberleitung haben (VwGH 2.3.1956, 598/54). Es ist aber auch denkbar, dass sie gar keinen Ort der Geschäftsleitung hat (*Lechner*, in Doralt [Hrsg] Festschrift Stoll, 395 ff).

> **Beispiel:** Der Steuerpflichtige A gründet eine Gesellschaft mit gesellschafts- und steuerrechtlichem Sitz auf der Insel Jersey, die von dort aus in aller Welt geschäftliche Aktivitäten entfalten soll. A hofft auf Steuervorteile, da die Besteuerung in Jersey sehr niedrig ist und er die Besteuerung in Österreich dadurch hinauszögern will, dass die Gesellschaft ihre Gewinne erst nach vielen Jahren an ihn ausschüttet. Mit dieser Vorgehensweise hofft A also, eine sofortige Besteuerung der Gewinne in Österreich zu vermeiden. Er hat sich eine Vielzahl außersteuerlicher wirtschaftlicher Gründe zurechtgelegt, um nicht die Anwendung der Missbrauchsvorschrift des § 22 BAO durch die Finanzverwaltung fürchten zu müssen. Die täglichen Geschäfte der Jersey-Gesellschaft leitet er von Österreich aus, indem er den Mitarbeitern in Jersey telefonisch und per E-Mail Weisungen gibt, was sie tun sollen. So gelingt es ihm aber nicht, die Gewinne der Gesellschaft dem sofortigen Steuerzugriff in Österreich zu entziehen. Da die täglichen Entscheidungen über die Geschäfte der Gesellschaft in Österreich getroffen werden, hat diese ihren Ort der Geschäftsleitung in Österreich. Die Gesellschaft unterliegt daher mit ihrem Welteinkommen der unbeschränkten Steuerpflicht in Österreich.

Tz 230 Nach § 1 Abs 2 KStG gelten folgende inländische Gebilde als **Körperschaften** im Sinne des KStG:

- Juristische Personen des privaten Rechts (§ 1 Abs 2 Z 1 KStG),
- Betriebe gewerblicher Art von Körperschaften des öffentlichen Rechts (§ 1 Abs 2 Z 2 KStG),
- Nichtrechtsfähige Personenvereinigungen, Anstalten, Stiftungen und andere Zweckvermögen (§ 1 Abs 2 Z 3 KStG), wenn ihr Einkommen weder nach den Vorschriften des KStG noch nach dem EStG unmittelbar bei einem anderen Rechtsträger zu versteuern ist (§ 3 KStG).

Tz 231 Diese Aufzählung macht deutlich, dass einerseits zwischen juristischen Personen (wie etwa Kapitalgesellschaften), die der Körperschaftsteuer unterliegen, und andererseits zwischen Personengesellschaften, deren Einkommen den Gesellschaftern zugerechnet wird (siehe Tz 87 f) und die daher nicht als Körperschaftsteuersubjekt gelten, zu unterscheiden ist.

Tz 232 Ausländische Rechtsgebilde sind nach hA anhand eines Typenvergleichs danach zu beurteilen, ob sie mit **einer inländischen Körperschaft vergleichbar** sind. In diese Richtung geht die überwiegende Meinung in Deutschland und Österreich seit dem sogenannten Venezuela-Urteil des Reichsfinanzhofs (RFH 12.2.1930, VI A 899/27, RStBl 1930, 444, vgl aber auch VwGH 19.1.2005, 2000/13/0176). Ob das ausländische Rechtsgebilde nach dortigem Recht Steuersubjekt ist, ist nicht von Bedeutung(VwGH 16.11.2021, Ro 2021/15/0001). Eine Vergleichbarkeit einer ausländischen mit einer inländischen Körperschaft wird vorliegen (dazu *Gröhs*, ÖStZ 1985, 307 ff; *Marschner* in *Lachmayer/Strimitzer/Vock*, Kommentar zum Körperschaftsteuergesetz[30] [2017] § 1 Tz 30 ff und Rz 134 KStR), wenn:

- die Körperschaft nach der ausländischen Rechtsordnung mit eigener Rechtspersönlichkeit ausgestattet ist (VwGH 16.11.2021, Ro 2021/15/0001),
- die Körperschaft ein gebundenes Gesellschaftskapital aufweist, das als solches im Eigentum der Gesellschaft steht,
- am Gesellschaftskapital grundsätzlich andere Personen beteiligt sind,
- die beteiligten Personen nicht für die Verbindlichkeiten der Gesellschaft haften,
- die beteiligten Personen in irgendeiner Form an der Willensbildung der Gesellschaft mitwirken können,
- die Organe der Gesellschaft nicht zwingend aus dem Kreis der Gesellschafter gestellt werden müssen,
- ungehinderte Übertragbarkeit der Gesellschaftsanteile gegeben ist,
- die Aufbringung des Gesellschaftskapitals durch Einlagen der Gesellschafter erfolgt (keine Verzichtsmöglichkeit und auch kein Ersatz durch die Erbringung von Dienstleistungen),
- eine Eintragung in einem öffentlichen Buch vorliegt.

Sind ausländische Rechtsgebilde im Sinne der oben genannten Merkmale mit einer inländischen Körperschaft vergleichbar und haben sie ihren Sitz oder ihre Geschäftsleitung im Inland, so begründet dies die unbeschränkte Steuerpflicht in Österreich. Andernfalls werden sie lediglich als beschränkt steuerpflichtig angesehen.

Tz 233 *Die Taxa Österreich GmbH ist als Kapitalgesellschaft mit Sitz in Österreich im Inland unbeschränkt steuerpflichtig. Sie hat daher ihr Welteinkommen in Österreich zu versteuern. Soweit keine Befreiungen zum Tragen kommen, sind daher sowohl Beteiligungserträge als auch Betriebsstätteneinkünfte steuerpflichtig.*

II AUSLÄNDISCHE BETRIEBSSTÄTTENGEWINNE

Tz 234 *Die Taxa Österreich GmbH entschließt sich zur Gründung einer Betriebsstätte in Deutschland. Wie werden die in der deutschen Betriebsstätte erzielten Gewinne in Österreich behandelt?*

1 Doppelbesteuerung bei Körperschaften

Tz 235 Gemäß § 1 Abs 2 letzter Satz KStG erstreckt sich die unbeschränkte Körperschaftsteuerpflicht auf alle in- und ausländischen Einkünfte im Sinne des § 2 EStG. Folglich gehören auch ausländische Betriebsstättengewinne zum steuerpflichtigen Einkommen. Diese ausländischen Gewinne werden vielfach auch im Betriebsstättenstaat besteuert. Dadurch kann es zu einer Doppelbesteuerung kommen, die – so wie bei der Einkommensteuer – entweder durch innerstaatliche Maßnahmen gemäß § 48 Abs 5 BAO (vgl Tz 222) oder durch Doppelbesteuerungsabkommen (vgl Tz 200 ff) beseitigt wird.

2 Die Anwendung der DBA auf Körperschaften

Tz 236 Die DBA sind auch auf **Körperschaften** anwendbar. Es kommen dieselben Prinzipien wie bei natürlichen Personen zum Tragen: Für die Abkommensanwendung ist es in persönlicher Hinsicht erforderlich, dass die Körperschaft in einem der beiden Vertragsstaaten unbeschränkt steuerpflichtig ist (Art 1 iVm Art 4 Abs 1 OECD-MA). In sachlicher Hinsicht fällt die Körperschaftsteuer unter all jene DBA, die auch die Einkommensteuer erfassen. Auch die Verteilungsnormen und der Methodenartikel sind wie bei natürlichen Personen anzuwenden. Die Doppelbesteuerung wird entweder durch Freistellung der ausländischen Einkünfte oder durch Anrechnung der ausländischen Steuer beseitigt.

Tz 237 Bei Körperschaften ergibt sich bei Anwendung der Befreiungs- oder Freistellungsmethode die Besonderheit, dass der **Progressionsvorbehalt** leer läuft. Auch bei Körperschaften sind für die Berechnung des Durchschnittssteuersatzes die „befreiten" ausländischen Einkünfte miteinzubeziehen. Angesichts des linearen Körperschaftsteuersatzes in Höhe von 25% (24% für 2023 und 23% ab 2024; ÖkoStRefG 2022 I) ändert sich das Ergebnis allerdings nicht, wenn die ausländischen Einkünfte miteinbezogen werden.

> **Beispiel:** Eine österreichische Kapitalgesellschaft hat ein Welteinkommen von 10 Mio Euro. Davon entfallen 5 Mio Euro auf eine ausländische Betriebsstätte, deren Einkünfte gemäß einschlägigem DBA von der österreichischen Körperschaftsteuer befreit sind. Der in den DBA mit Befreiungsmethode vorgesehene Progressionsvorbehalt berechtigt Österreich, die nach Anwendung des DBA verbleibende inländische Bemessungsgrundlage von 5 Mio Euro mit dem Durchschnittssteuersatz zu besteuern, der sich unter Berücksichtigung eines Welteinkommens von 10 Mio Euro ergibt. Da aber in Österreich der Durchschnittssteuersatz für Körperschaften – unabhängig von der Höhe des Einkommens – stets 25% beträgt (also auch bei einem Welteinkommen von 10 Mio Euro), macht die Körperschaftsteuerlast 25% von 5 Mio Euro – also 1,25 Mio Euro – aus.

Tz 238 *Die Taxa Österreich GmbH fällt aufgrund ihrer unbeschränkten Steuerpflicht in Österreich nach Art 1 iVm Art 4 Abs 1 DBA Österreich – Deutschland in den persönlichen Anwendungsbereich des Abkommens. Die Körperschaftsteuer ist vom sachlichen Anwendungsbereich umfasst (Art 2 DBA Österreich – Deutschland). Die für Unternehmensgewinne anwendbare Verteilungsnorm des DBA Österreich – Deutschland ist Art 7. Soweit in Deutschland eine Betriebsstätte vorliegt und die Einkünfte dieser Betriebsstätte zuzuordnen sind, hat Deutschland das Besteuerungsrecht für diese Betriebsstätteneinkünfte. In diesem Zusammenhang ist zu beachten, dass für die Beurteilung, ob eine Betriebsstätte vorliegt, weder österreichisches (§ 29 BAO) noch deutsches Recht Anwendung findet. Die Begriffsbestimmung stützt sich alleine auf die in Art 5 DBA Österreich – Deutschland enthaltene Definition. Deutschland steht es frei, nach innerstaatlichem Recht zu besteuern. Österreich vermeidet nach Art 23 Abs 2 lit a DBA Österreich – Deutschland die sonst drohende Doppelbesteuerung im Wege der Befreiung dieser Einkünfte.*

III TOCHTERGESELLSCHAFT IM AUSLAND

Tz 239 *Die Taxa Österreich GmbH entschließt sich, in Deutschland eine 100%ige Tochtergesellschaft zu gründen. Wie werden die an die österreichische Muttergesellschaft (Taxa Österreich GmbH) ausgeschütteten Beteiligungserträge in Österreich behandelt?*

1 Die Mutter-Tochter-Richtlinie

Tz 240 Ziel der 1990 erlassenen Mutter-Tochter-Richtlinie (90/435/EWG idF 2015/121/EU) ist die Beseitigung der Doppelbesteuerung von Gewinnausschüttungen einer Tochtergesellschaft eines Mitgliedstaates an ihre im anderen Mitgliedstaat ansässige Muttergesellschaft. Es geht letztlich um die **Beseitigung der wirtschaftlichen Doppelbesteuerung,** die durch die Besteuerung der Gewinne auf Ebene der Tochtergesellschaft und die nochmalige Besteuerung der Ausschüttungen bei der empfangenden Muttergesellschaft eintreten würde.

Tz 241 Die Richtlinie sieht ein **Mindestbeteiligungsausmaß** zwischen Mutter- und Tochtergesellschaft in Höhe von 10% vor. Es steht den Mitgliedstaaten aber frei, ein geringeres oder gar kein Mindestbeteiligungsausmaß festzulegen.

Tz 242 Weiters muss es sich bei den beiden Gesellschaften um ausdrücklich im Anhang zur Richtlinie genannte Körperschaften handeln (vgl EuGH 1.10.2009, C-247/08, *Gaz de France*), die in verschiedenen Mitgliedstaaten – und nicht in einem Drittstaat – ansässig sind. Die Gesellschaften müssen einer Körperschaftsteuer unterliegen, ohne davon befreit zu sein. Die Mitgliedstaaten haben jedoch die Möglichkeit, die Beteiligungserträge vom Anwendungsbereich der Richtlinie auszuschließen, wenn die Beteiligung nicht während eines ununterbrochenen Zeitraums von mindestens **zwei Jahren** bestand. Auch hier können die Mitgliedstaaten in ihren nationalen Rechtsordnungen eine geringere oder gar keine Mindestbehaltedauer vorsehen.

Tz 243 Die Doppelbesteuerung ausgeschütteter Gewinne wird zum einen auf der Ebene der Muttergesellschaft entweder durch die **Freistellung der empfangenen Gewinnausschüttung** oder – im Falle der Besteuerung der Gewinnausschüttungen – durch die

Anrechnung der von der Tochtergesellschaft in einem anderen Mitgliedstaat **entrichteten Steuer** auf die inländische Steuer der Muttergesellschaft vermieden (indirekte Anrechnung der der Gewinnausschüttung zugrundeliegenden Körperschaftsteuer bei der Tochtergesellschaft auf die Körperschaftsteuer der Muttergesellschaft). Die Mitgliedstaaten können sich entscheiden, auf welche Weise sie die Richtlinie auf der Ebene der Muttergesellschaft umsetzen wollen. Zum anderen hat die **Quellenbesteuerung** der ausgeschütteten Gewinne der Tochtergesellschaft **jedenfalls zu entfallen**. Das bedeutet, dass der Staat, in dem die Tochtergesellschaft ansässig ist, die Gewinnausschüttung keiner Besteuerung unterwerfen darf.

Tz 244 Weiters sind auch **Betriebsstätten** ausdrücklich in den Anwendungsbereich der Richtlinie einbezogen: Gewinne, die an eine Betriebsstätte einer EU-Muttergesellschaft ausgeschüttet werden, sind genauso zu behandeln, als würde die Gewinnausschüttung unmittelbar an die Muttergesellschaft erfolgen. Dies soll auch für den Fall gelten, dass eine Mutter- und ihre Tochtergesellschaft in demselben Mitgliedstaat ansässig sind, während sich die Betriebsstätte in einem anderen Mitgliedstaat befindet (*Bendlinger*, SWI 2004, 277 ff).

2 Die Umsetzung der Mutter-Tochter-Richtlinie in Österreich

Tz 245 Grundsätzlich wird bei inländischen Kapitalerträgen – wozu gemäß § 93 Abs 2 Z 1 iVm § 27 Abs 2 Z 1 EStG auch Gewinnanteile in Form von Dividenden zählen – die Einkommen- und Körperschaftsteuer durch den Kapitalertragsteuerabzug erhoben (vgl Tz 44 ff). Aufgrund der Mutter-Tochter-Richtlinie ist Österreich jedoch verpflichtet, die Einhebung dieser Quellensteuer im Anwendungsbereich der Richtlinie auf Ebene der ausschüttenden Tochtergesellschaft zu vermeiden. Der Verzicht auf die Quellenbesteuerung auf von österreichischen Gesellschaften ins EU-Ausland gezahlte Konzerndividenden ist in **§ 94 Z 2 EStG** umgesetzt. Unter den dort genannten Voraussetzungen ist bei Gewinnausschüttungen an in anderen EU-Staaten ansässige Gesellschaften **keine KESt** einzubehalten. Die Beteiligung an der inländischen Gesellschaft muss in Form von Gesellschaftsanteilen mittel- oder unmittelbar mindestens 10% betragen. Damit die Befreiung von der KESt zum Tragen kommt, muss diese Beteiligung zusätzlich während eines ununterbrochenen Zeitraumes von mindestens einem Jahr bestehen. Weiters sind auch jene Dividenden von der KESt zu entlasten, die von einer österreichischen Gesellschaft an im EU-Ausland gelegene Betriebsstätten von EU-Gesellschaften fließen.

Tz 246 Auf Ebene der empfangenden Muttergesellschaft hat Österreich die Vorgaben der Mutter-Tochter-Richtlinie primär in **§ 10 Abs 1 Z 7 iVm § 10 Abs 2 KStG** umgesetzt und sich der **Freistellungsmethode** bedient. Die Befreiung kommt nur dann zum Tragen, wenn eine Beteiligung in Form von Gesellschaftsanteilen in Höhe von mindestens 10% besteht. Darüber hinaus muss die Beteiligung während eines ununterbrochenen Zeitraums von mindestens einem Jahr bestehen (sog **internationale Schachtelbeteiligung**). Die Befreiung gemäß § 10 Abs 1 Z 7 iVm § 10 Abs 2 KStG ist nicht auf Dividenden von EU-Gesellschaften im Sinne der Mutter-Tochter-Richtlinie beschränkt: Auch Gewinnausschüttungen von Gesellschaften, die in Drittstaaten ansässig sind, sind befreit, wenn die in § 10 Abs 2 KStG normierten Voraussetzungen erfüllt sind. Damit geht Österreich über die Vorgaben der Mutter-Tochter-Richtlinie hinaus.

> **Beispiel:** Eine österreichische Kapitalgesellschaft erwirbt im Oktober eine 30%ige Beteiligung an einer US-amerikanischen Gesellschaft. Im November desselben Jahres schüttet die US-amerikanische Kapitalgesellschaft Dividenden aus. Obwohl zum Zeitpunkt der Gewinnausschüttung die Mindestbehaltedauer von einem Jahr noch nicht erfüllt ist, kommt es nach der Verwaltungspraxis trotzdem sofort zur Steuerbefreiung der Dividenden. Damit diese Dividenden endgültig von der Steuer befreit bleiben, muss die Behaltedauer von einem Jahr insgesamt erfüllt werden. Sollte daher die Beteiligung innerhalb eines Jahres nach Anschaffung wieder veräußert werden, sind die Dividenden wie alle anderen steuerpflichtigen Einkünfte der KöSt zu unterwerfen.

3 Beteiligungsertragsbefreiung für Portfoliodividenden

Tz 247 Ist eine österreichische Gesellschaft zu weniger als 10% an einer ausländischen Gesellschaft beteiligt, kommt § 10 Abs 1 Z 7 KStG nicht zur Anwendung, da die Voraussetzungen des § 10 Abs 2 KStG nicht erfüllt sind. Ist die ausschüttende Gesellschaft in der EU ansässig, sind solche Portfoliodividenden dennoch gemäß § 10 Abs 1 Z 5 KStG in Österreich von der Körperschaftsteuer befreit. Bei Beteiligungen an Gesellschaften in anderen Staaten hängt die Befreiung vom Bestehen umfassender Amtshilfe ab (§ 10 Abs 1 Z 6 KStG). Die zuvor bestehende restriktivere Rechtslage war unionsrechtswidrig, wie der EuGH im Urteil *Haribo* und *Österreichische Salinen* (EuGH 10.2.2011, C-436/08 und C-437/08) entschieden hat.

> **Beispiel:** Eine österreichische AG hält seit Jahren folgende Beteiligungen an ausländischen Kapitalgesellschaften in ihrem Betriebsvermögen: 31% an der argentinischen A SRL, 20% an der deutschen D GmbH, 9% an der italienischen I S.r.l. und 8,5% an der türkischen T A.Ş. Alle ausländischen Kapitalgesellschaften schütten Dividenden an die österreichische AG aus. Die Dividenden der A SRL sowie der D GmbH sind aufgrund von § 10 Abs 1 Z 7 iVm § 10 Abs 2 KStG in Österreich von der KöSt befreit, da die österreichische AG an beiden Gesellschaften zu mindestens 10% beteiligt ist und auch die Mindestbehaltedauer von einem Jahr erfüllt ist. Die Dividenden der italienischen I S.r.l. fallen nicht unter § 10 Abs 2 KStG, da das Beteiligungsausmaß kleiner als 10% ist. Allerdings sind diese Dividenden nach § 10 Abs 1 Z 5 KStG von der österreichischen KöSt befreit. Die Dividenden der türkischen T A.Ş. kommen aufgrund des EuGH-Urteils *Haribo* und *Österreichischen Salinen* nunmehr auch in den Genuss der Befreiung gemäß § 10 Abs 1 Z 6 KStG, wenn mit dem Ansässigkeitsstaat ein Amtshilfeabkommen besteht. Die Voraussetzung der umfassenden Amtshilfe sind im Verhältnis zur Türkei gegeben (Informationsaustausch in Art 25 DBA Österreich – Türkei).

Tz 248 § 10 Abs 4 KStG sieht eine Ausnahme von der Befreiungsmethode für Dividenden vor. Dies betrifft Auslandsgewinnausschüttungen, die nach österreichischem Recht zwar als Dividenden zu qualifizieren sind, im Ausland aber als abzugsfähig behandelt werden. Dazu kommt es typischerweise, wenn die Gewinnanteile im Ausland als Ertrag aus Fremdkapital qualifiziert werden. Sinn und Zweck von § 10 Abs 4 KStG ist somit die Vermeidung einer doppelten Nichtbesteuerung. Steuerdiskrepanzen - der doppelte Abzug von Ausgaben oder der Abzug von Ausgaben ohne korrespondierende Erfassung von Erträgen - können allerdings auf einer Vielzahl von hybriden Gestaltungen beruhen. § 14 KStG regelt in Umsetzung der Anti-Tax Avoidance Directive I (ATAD I; 2016/1164/EU) und ATAD II (2017/952/EU) die Neutralisierung solcher Steuerdiskrepanzen (dazu *Bendlinger*, VWT 2019, 382).

4 Hinzurechnungsbesteuerung bei Passiveinkünften niedrig besteuerter Tochtergesellschaften im Ausland

Tz 249 Auf europäischer Ebene wurden mit der ATAD (2016/1164/EU) Vorschriften beschlossen, um Steuervermeidungspraktiken zu bekämpfen. Ziel der ATAD ist die Sicherstellung des Besteuerungsrechts an jenem Ort, an dem die Wertschöpfung stattfindet. Artikel 7 und 8 der ATAD schreiben hierzu eine Hinzurechnungsbesteuerung vor (dazu *Marchgraber/Zöchling*, ÖStZ 2018, 388). Durch die Thesaurierung von aus passiven Einkünften (zB Zinsen, Lizenzgebühren) erzielten Gewinnen in niedrig besteuerten ausländischen Tochtergesellschaften soll deren Besteuerung in Österreich, als dem Ansässigkeitsstaat der Gesellschafter, nicht verhindert werden können.

Tz 250 Die Hinzurechnungsbesteuerung (Controlled Foreign Company Rule, CFC) ist in § 10a KStG geregelt. Durch die Hinzurechnungsbesteuerung werden Gewinne niedrig besteuerter ausländischer Tochtergesellschaften der Muttergesellschaft direkt zugerechnet (dazu *Petritz-Klar/Petritz*, taxlex 2018, 204). Die Gewinne müssen dabei aus passiven Einkünften stammen (Zinsen, Lizenzgebühren ua).
Kumulative Vorraussetzungen für die Anwendung der Hinzurechnungsbesteuerung gemäß § 10a KStG sind:

- Die tatsächliche Steuerbelastung der ausländischen Tochtergesellschaft beträgt gemäß § 10a Abs 3 KStG nicht mehr als 12,5%. Zur Berechnung muss das Einkommen der ausländischen Tochtergesellschaft nach § 5 Abs 1 EStG ermittelt werden. Eine niedrigbesteuerte ausländische Tochtergesellschaft liegt gemäß § 10a Abs 11 KStG ferner dann vor, wenn diese in einem Staat ansässig ist, der auf einer von den EU-Mitgliedstaaten erstellten Liste als nicht kooperierendes Drittland eingestuft worden ist.
- Die ausländische Tochtergesellschaft bezieht ihre Einkünfte gemäß § 10a Abs 4 Z 1 KStG zu mehr als einem Drittel aus Passiveinkünften.
- Die inländische Körperschaft hält eine beherrschende Beteiligung an der ausländischen Tochtergesellschaft gemäß § 10a Abs 4 Z 2 KStG. Der Beherrschungstatbestand liegt vor, wenn die behrrschende Körperschaft mehr als 50 % der Stimmrechte oder des Kapitals hält oder zu mehr als 50 % am Gewinn beteiligt ist. Die beherrschende Körperschaft kann die beherrschende Stellung mit ihren verbundenen Unternehmen mittelbar oder unmittelbar erreichen.

- Die ausländische beherrschte Tochtergesellschaft übt gemäß § 10a Abs 4 Z 3 KStG bezogen auf Personal, Ausstattung, Vermögenswerte und Räumlichkeiten keine wesentliche wirtschaftliche Tätigkeit aus („Substanznachweis“).

Sind die Voraussetzungen erfüllt, werden gemäß § 10a Abs 5 KStG die niedrigbesteuerten Passiveinkünfte der ausländischen beherrschten Körperschaften der beherrschenden inländischen Körperschaft als Gewinn hinzugerechnet. Gemäß § 10a Abs 5 Z 1 KStG bestimmt sich das Ausmaß der Hinzurechnung nach der Höhe der von der beherrschenden inländischen Körperschaft unmittelbar und mittelbar (anteilig) gehaltenen Beteiligung am Nennkapital der ausländischen beherrschten Körperschaft. Auf Antrag kann gemäß § 10a Abs 9 Z 3 KStG die auf die hinzugerechneten Passiveinkünfte entfallene tatsächliche ausländische Steuerbelastung der beherrschten Körperschaft angerechnet werden (dazu *Marchgraber/Zöchling*, ÖStZ 2018, 394).

> **Beispiel**: Die österreichische Textil AG hat überschüssige liquide Mittel. Würde die Textil AG Anleihen zeichnen, würde sie mit den daraus erzielten Zinsen der 25%igen Körperschaftsteuer unterliegen. Die Textil AG nutzt daher ihre Liquidität, um auf der Insel Guernsey eine Kapitalgesellschaft zu gründen und mit Eigenkapital auszustatten. Die Guernsey-Gesellschaft veranlagt das Kapital dann ihrerseits auf dem internationalen Kapitalmarkt. Das Besteuerungsniveau auf Guernsey liegt deutlich unter dem Besteuerungsniveau in Österreich. Die Gewinne der Guernsey-Gesellschaft sind gemäß § 10a Abs 4 Z 2 KStG nach Maßgabe von § 10a Abs 4 und Abs 5 KStG von der Hinzurechnungsbesteuerung erfasst. Die ausländischen Gewinne werden bei der österreichischen Textil AG steuerpflichtig und hinzugerechnet. Eine allfällige auf Guernsey entrichtete Steuer kann auf die österreichische KöSt auf Antrag angerechnet werden. Die Gesamtsteuerbelastung beträgt daher 25%, sodass der Vorteil gegenüber dem direkten Bezug der Zinsen durch die österreichische Muttergesellschaft wegfällt. Durch die Hinzurechnungsbesteuerung wird eine steuergünstige Gewinnthesaurierung auf Guernsey verhindert.

5 Methodenwechsel bei nicht beherrschten Schachtelbeteiligungen und Portfoliobeteiligungen

Tz 251 Bezieht eine österreichische Kapitalgesellschaft Dividenden von einer internationalen Schachtelbeteiligung im Sinne des § 10 Abs 2 KStG, sowie bei Beteiligungen von mindestens 5% an einer ausländischen Körperschaft im Sinne des § 10 Abs 1 Z 5 KStG und § 10 Abs 1 Z 6 KStG, die in ihrem Ansässigkeitsstaat einer niedrigen Steuer unterliegt, und deren Unternehmensschwerpunkt im Erzielen passiver Einkünfte (zB Zinsen) besteht, ist von der Freistellungs- zur Anrechnungsmethode zu wechseln (**§ 10a Abs 7 KStG**). Die ausländische Steuer gilt grundsätzlich dann als niedrig besteuert, wenn die tatsächliche ausländische Steuerbelastung gemäß § 10a Abs 3 KStG nicht mehr als 12,5% beträgt. Die Dividenden sind dann nicht mehr steuerfrei, sondern zu besteuern. Dafür ist die Körperschaftsteuer der ausländischen Gesellschaft auf die Körperschaftsteuer der österreichischen Muttergesellschaft anzurechnen (indirekte Anrechnung; vgl Tz 243). Der **Methodenwechsel** soll zur Verhinderung von

Steuerhinterziehungen und Missbräuchen erfolgen. Der Methodenwechsel kommt gemäß § 10a Abs 7 Z 2 KStG bei beherrschten ausländischen Passiveinkünften, die bereits von der Hinzurechnungsbesteuerung erfasst wurden, **nicht zur Anwendung**. Der Unterschied zwischen der Hinzurechnungsbesteuerung und dem Methodenwechsel lässt sich wie folgt skizzieren: Bei der Hinzurechnungsbesteuerung werden die passiven Gewinne sofort der beherrschenden inländischen Kapitalgesellschaft zugerechnet. Im Gegensatz dazu kommt es beim Methodenwechsel erst nach erfolgter Ausschüttung von Gewinnen an die Muttergesellschaft zur Besteuerung.

Tz 252 *Die Gewinne der Taxa Deutschland GmbH werden ausschließlich in Deutschland besteuert. Die Taxa Österreich GmbH kann die Dividenden von ihrer 100%igen Tochtergesellschaft in Deutschland nach § 10 Abs 1 Z 7 iVm § 10 Abs 2 KStG steuerfrei beziehen.*

IV VERLUSTE IM AUSLAND

Tz 253 *Für die Entscheidung der Taxa Österreich GmbH, ob in Deutschland eine Zweigniederlassung (Betriebsstätte) oder eine Tochtergesellschaft gegründet werden soll, ist auch maßgebend, wie allfällige in Deutschland erlittene Verluste in Österreich steuerlich berücksichtigt werden können. Im Wirtschaftsleben ist es nämlich keineswegs garantiert, dass Investitionen insgesamt zu einem Gewinn führen. Insbesondere in den ersten Jahren einer unternehmerischen Tätigkeit ist mit Anlaufverlusten zu rechnen.*

1 Die Verluste ausländischer Betriebsstätten

Tz 254 Der VwGH legt die DBA so aus, dass im Anwendungsbereich der Freistellungs- oder Befreiungsmethode (vgl Tz 216 ff) zwar ausländische Gewinne aus der steuerlichen Bemessungsgrundlage im Ansässigkeitsstaat auszuscheiden sind, Auslandsverluste aber abgezogen werden können (VwGH 25.9.2001, 99/14/0217; aA BFH 13.11.2002 I R 13/02, BStBl II 2003, 795). Er beruft sich dabei auf Ziel und Zweck der DBA und betont, dass es nicht Aufgabe der DBA sei, zusätzliche Steuerpflichten zu schaffen, sondern bestehende Steuerpflichten zu beschränken (**Schrankenwirkung der DBA**). Die Rechtslage nach Anwendung eines DBA darf daher nicht belastender sein als ohne DBA. Demnach können in ausländischen Betriebsstätten erlittene Verluste auch bei Anwendung der Befreiungsmethode in Österreich als Ansässigkeitsstaat berücksichtigt werden (zustimmend *Zorn*, SWI 2001, 456; *H. Loukota*, SWI 2001, 466; kritisch zur Begründung *Lang*, SWI 2002, 86). Die Rechtsprechung des VwGH ist in § 2 Abs 8 Z 3 EStG gesetzlich verankert. Dort ist normiert, dass „im Ausland nicht berücksichtigte Verluste bei der Ermittlung des Einkommens (…) anzusetzen sind“. Der abzugsfähige Betrag ist nach österreichischem Steuerrecht zu berechnen, darf aber den nach ausländischem Recht ermittelten Verlust nicht übersteigen. Um eine doppelte Verwertung dieser Verluste – zuerst in Österreich und später im Betriebsstättenstaat zB im Rahmen eines Verlustvortrags – zu verhindern, sieht § 2 Abs 8 Z 4 EStG eine „Nachversteuerung“ der Verluste vor: Wenn die Verluste auch im Ausland berücksichtigt werden oder berücksichtigt werden könnten und die ausländischen Einkünfte im Inland steuerbefreit sind, wird der Betrag der nunmehr im Ausland verwerteten Verluste in Österreich der Bemessungsgrundlage hinzugerechnet. Zusätzlich sind im Inland geltend gemachte ausländische Verluste spätestens im dritten Folgejahr (das heißt dann auch ohne Auslandsverwertung) nachzuversteuern, wenn sie aus einem Staat stammen, mit dem keine umfassende Amtshilfe besteht. Vom Vorliegen einer umfassenden Amtshilfe ist innerhalb der Europäischen Union und zB bei Vereinbarung einer großen Auskunftsklausel (siehe Tz 221) im jeweiligen DBA auszugehen.

Beispiel: Eine österreichische GmbH erzielt ein Welteinkommen von 10 Mio Euro. Davon entfällt ein Gewinn von 15 Mio Euro auf das österreichische Stammhaus und ein Verlust von 5 Mio Euro auf eine Betriebsstätte in Leipzig (Deutschland). Das DBA Österreich – Deutschland sieht für Unternehmensgewinne die Befreiungsmethode vor. Gemäß § 2 Abs 8 Z 3 EStG beträgt die österreichische Bemessungsgrundlage dennoch nur 10 Mio Euro, da das Welteinkommen (§ 2 EStG) der österreichischen GmbH auch nur 10 Mio Euro beträgt. Die Rechtslage nach Anwendung eines DBA soll für den Steuerpflichtigen nicht schlechter sein als ohne DBA.

Im darauf folgenden Jahr erzielt das österreichische Stammhaus einen Gewinn von 15 Mio Euro und die Leipziger Betriebsstätte einen Gewinn von 10 Mio Euro. Im Rahmen des Verlustvortrags werden die Verluste in Höhe von 5 Mio Euro des Vorjahres nunmehr in Deutschland verwertet, das heißt die deutsche Bemessungsgrundlage beträgt nur 5 Mio Euro. Um eine doppelte Verlustverwertung zu verhindern, wird der im Vorjahr berücksichtigte Verlust in Höhe von 5 Mio Euro in Österreich der Bemessungsgrundlage hinzugerechnet. Die Bemessungsgrundlage erhöht sich daher von 15 Mio auf 20 Mio Euro.

Variante: Liegt die Betriebsstätte nicht in Leipzig (Deutschland) sondern in Teheran (Iran), kommt eine Nachversteuerung gemäß § 2 Abs 8 Z 4 EStG unter verschärften Bedingungen zum Tragen, da mit dem Iran weder im DBA noch in anderen Verträgen eine umfassende Amtshilfe vereinbart wurde. In diesem Fall tritt die Nachversteuerung entweder ein, wenn die Verluste tatsächlich im Iran verwertet werden oder aber spätestens drei Jahre nach deren Berücksichtigung in Österreich.

Tz 255 Durch die Rechtsprechung des VwGH (zB VwGH 25.9.2001, 99/14/0217) und deren Umsetzung in § 2 Abs 8 Z 3 EStG wird auch **unionsrechtlichen Bedenken** entgegen getreten: Würde nämlich ein DBA mit Befreiungsmethode die Berücksichtigung der Auslandsverluste in Österreich ausschließen (zB im Fall eines in Österreich ansässigen Unternehmens mit ausländischer Betriebsstätte), wären Investitionen in bestimmten EU-Staaten gegenüber inländischen Investitionen benachteiligt (vgl *Lang*, SWI 2002, 86; *Lechner*, in *Gassner/Lang/Lechner* [Hrsg] Doppelbesteuerungsabkommen und EU Recht, 1996, 85 ff; *Schuch*, Verluste im Recht der Doppelbesteuerungsabkommen, 1998, 21; *Zorn*, SWI 2001, 456; *Wassermeyer*, SWI 2002, 428). Der EuGH hat allerdings im Fall *Lidl Belgium* (EuGH 15.5.2008, C-414/06, *Lidl Belgium*) festgestellt, dass für den Ansässigkeitsstaat des Stammhauses keine unionsrechtliche Notwendigkeit besteht, den

Abzug ausländischer Betriebsstättenverluste zuzulassen, solange diese im Staat der Betriebsstätte für künftige Steuerzeiträume berücksichtigt werden können. Die österreichische Regelung geht somit über die unionsrechtlichen Anforderungen hinaus.

> **Beispiel:** Wenn das Wiener Stammhaus einer österreichischen GmbH Gewinne in der Höhe von 15 Mio Euro verzeichnet, wäre es unionsrechtlich bedenklich, wenn Verluste, die in einer Salzburger Betriebsstätte erlitten werden, abgezogen werden können, Verluste einer Münchner Betriebsstätte aufgrund des DBA hingegen nicht. Das österreichische Unternehmen könnte abgehalten werden, in München eine Betriebsstätte zu begründen. Dies kann einen Verstoß gegen die Niederlassungsfreiheit darstellen. Dem könnte zwar entgegengehalten werden, dass im Falle eines Gewinnes die Einkünfte der Münchner Betriebsstätte in Österreich auch nicht besteuert werden müssten, während Salzburger Betriebsstättengewinne jedenfalls in die österreichische Bemessungsgrundlage miteinzubeziehen sind. Dieses mögliche Rechtfertigungsargument ist aber nicht allzu überzeugend, da ein Steuerpflichtiger, der nur Verluste in seiner Münchner Betriebsstätte erleidet, nichts davon hat, dass ein anderer Steuerpflichtiger, der in seiner Münchner Betriebsstätte Gewinne erzielt, diese in Österreich nicht besteuern muss. Durch § 2 Abs 8 Z 3 EStG wird jedoch das hier angesprochene unionsrechtliche Problem vermieden, da sowohl Salzburger als auch Münchner Betriebsstättenverluste von der Bemessungsgrundlage in Österreich abgezogen werden können.

Tz 256 *Das DBA Österreich – Deutschland ist auf die Taxa Österreich GmbH persönlich (Art 1 iVm Art 4 Abs 1 DBA Ö - D) wie sachlich (Art 2 DBA Ö - D) anwendbar. Die maßgebende Verteilungsnorm ist Art 7 DBA Ö - D (Unternehmensgewinne). Demnach sind die deutschen Betriebsstättengewinne Deutschland zur Besteuerung zugewiesen. In Österreich kürzen die in Deutschland erlittenen Verluste aber dennoch die Bemessungsgrundlage (§ 2 Abs 8 Z 3 EStG).*

2 *Die Verluste ausländischer Tochtergesellschaften*

Tz 257 Aufgrund der Regelung über die Gruppenbesteuerung (vgl Tz 110 ff) ist bei der Verlustbehandlung von ausländischen Tochtergesellschaften zu unterscheiden, ob die Verluste

- von ausländischen Tochtergesellschaften außerhalb der Unternehmensgruppe (vgl Tz 258 f) oder
- von ausländischen Gruppenmitgliedern (vgl Tz 260 f) erlitten wurden.

Tz 258 Ist die **ausländische Tochtergesellschaft nicht Teil der Unternehmensgruppe** im Sinne des § 9 KStG, können die auf Ebene der Tochtergesellschaft erlittenen Verluste im Regelfall nicht unmittelbar in Österreich verwertet werden. Die ausländische Tochtergesellschaft ist nämlich ein eigenes Steuersubjekt, das – wenn die Tochtergesellschaft weder Sitz noch Ort der Geschäftsleitung in Österreich hat – nicht in Österreich, sondern nur im Ausland besteuert wird.

Tz 259 Mittelbar können die auf der Ebene einer ausländischen Tochtergesellschaft erlittenen Verluste aber dennoch auch in Österreich berücksichtigt werden: Anhaltende Verluste mindern nämlich den Wert der Beteiligung. Die Beteiligung an der ausländischen Tochtergesellschaft ist für die österreichische Muttergesellschaft ein Vermögensgegenstand, der zu bewerten ist. Dies gilt es sowohl im Unternehmensrecht als auch im Steuerrecht zu berücksichtigen: Im Unternehmensrecht können und müssen gegebenenfalls Wertminderungen gemäß § 204 Abs 2 UGB zu einer außerplanmäßigen Abschreibung auf den „beizulegenden Wert" führen. Dadurch vermindert sich der unternehmensrechtliche Gewinn. Steuerrechtlich gehört die Beteiligung an der ausländischen Tochtergesellschaft zu den Wirtschaftsgütern der österreichischen Muttergesellschaft und ist zum Zeitpunkt ihres Erwerbs mit den Anschaffungskosten zu bewerten. Gemäß § 6 Z 2 lit a EStG besteht ein Wahlrecht zur Vornahme einer Abwertung auf den niedrigeren Teilwert. Da die inländische Muttergesellschaft ihren Gewinn in der Regel nach § 5 Abs 1 EStG ermittelt, gilt aber auch hier die Maßgeblichkeit der Bilanz nach UGB, sodass grundsätzlich immer dann, wenn unternehmensrechtlich abgeschrieben wird, auch eine steuerrechtliche Abwertung erfolgt (vgl Tz 72 ff). Der nach den unternehmensrechtlichen Vorschriften „beizulegende Wert" entspricht nach herrschender Lehre im Wesentlichen dem steuerrechtlichen „Teilwert" (vgl *Gassner*, SWK 1990, A I 387; vgl auch § 189a Z 3 UGB sowie Tz 66). Insoweit werden sich unternehmensrechtliche und steuerrechtliche Abschreibung im Regelfall entsprechen, wobei letztere auf sieben Jahre zu verteilen ist (§ 12 Abs 3 Z 2 KStG, vgl auch Tz 109).

Allerdings ist die Rechtsprechung sehr restriktiv, was die Zulässigkeit von **Teilwertabschreibungen** im Falle von **Anlaufverlusten** betrifft. Bei einer im Aufbau befindlichen Beteiligungsgesellschaft muss insbesondere in den ersten Jahren nach der Gründung der Gesellschaft mit Verlusten gerechnet werden. Erwartete zukünftige Gewinne sollen die Anlaufverluste über mehrere Perioden hinweg ausgleichen und übertreffen, so dass diese Anlaufverluste für den Wert der Beteiligung im Regelfall ohne Bedeutung sind (vgl *Stoll*, GesRZ 1982, 12; *Lang*, SWK 1990, A I 248). Mitunter wird auch die Auffassung vertreten, dass bei Auslandsbeteiligungen – aufgrund der zu erwartenden mit dem Auslandsengagement verbundenen Risiken – von einem längeren Zeitraum der Unbeachtlichkeit des Auslandsverlustes und der damit verbundenen Teilwertabschreibung auszugehen ist als bei Inlandsbeteiligungen (vgl *Schulze zur Wiesche*, FR 1987, 386; *Lang*, SWK 1990, A I 248; kritisch *Piltz*, Schriftenreihe des Instituts für Finanzen und Steuern 123, 1985, 92 ff).

Zu berücksichtigen ist weiters auch, dass Gewinne, Verluste und Wertänderungen aus **internationalen Schachtelbeteiligungen** (§ 10 Abs 2 KStG) gemäß § 10 Abs 3 KStG grundsätzlich nicht steuerwirksam sind. Folglich kann eine solche Beteiligung nicht mit steuerlicher Wirkung abgeschrieben werden. Etwas anderes gilt nur, wenn die österreichische Muttergesellschaft in ihrer Körperschaftsteuererklärung für das Jahr der Anschaffung – oder innerhalb eines Monats ab Abgabe der Körperschaftsteuererklärung durch deren Berichtigung – unwiderruflich erklärt, dass Gewinne, Verluste und sonstige Wertänderungen aus der internationalen Schachtelbeteiligung steuerwirksam sein sollen

(Option zur Steuerwirksamkeit gemäß § 10 Abs 3 Z 1 und Z 2 KStG). In diesem Fall kann eine Teilwertabschreibung – unter den oben erwähnten Voraussetzungen – zwar vorgenommen oder ein späterer Verlust aus der Veräußerung der Beteiligung berücksichtigt werden. Umgekehrt nimmt die Muttergesellschaft aber mit dieser Entscheidung in Kauf, dass ein allfälliger späterer Gewinn aus der Veräußerung der Beteiligung ebenfalls steuerpflichtig ist. Die Option zur Steuerwirksamkeit hat jedoch keine Auswirkungen auf die Behandlung der laufenden Gewinnausschüttungen. Diese bleiben gemäß § 10 Abs 1 Z 7 KStG auch dann steuerfrei, wenn die Option gemäß § 10 Abs 3 Z 1 KStG ausgeübt wurde. Liegt keine internationale Schachtelbeteiligung vor (zB weil die Beteiligungshöhe unter 10% liegt), sind Gewinne, Verluste und sonstige Wertänderungen der Beteiligung jedenfalls steuerwirksam.

Tz 260 Durch die Bildung einer **Unternehmensgruppe** im Sinne von § 9 KStG können Gewinne und Verluste von Mutter- und Tochtergesellschaften miteinander ausgeglichen werden. Auch ausländische Kapitalgesellschaften (das sind solche mit Sitz im Ausland, also beschränkt steuerpflichtige Kapitalgesellschaften oder doppelt ansässige Kapitalgesellschaften mit Sitz im Ausland) können Gruppenmitglied sein, wenn sie innerhalb der Unternehmensgruppe ausschließlich mit inländischen Gruppenmitgliedern oder dem Gruppenträger finanziell zu mehr als 50% verbunden sind. Um Vollzugs- und Kontrollmöglichkeiten der österreichischen Finanzverwaltung zu gewährleisten, gilt dies nicht für Gesellschaften, die ihren Sitz in einem Staat haben, mit dem keine umfassende Amtshilfe besteht (vgl § 9 Abs 2 KStG). Die Gruppenmitgliedschaft ist im Ausland auf die erste Ebene begrenzt; Tochtergesellschaften von ausländischen Gruppenmitgliedern sind somit von der Gruppenbesteuerung ausgeschlossen. Dies ist aus unionsrechtlicher Sicht kritisch zu sehen: Der EuGH hat im Urteil *Papillon* (EuGH 27.11.2008, C-418/07, *Papillon*) festgestellt, dass die Mitgliedstaaten aufgrund der Niederlassungsfreiheit verpflichtet sind, inländische Enkelgesellschaften, die mittelbar über EU/EWR-Tochtergesellschaften gehalten werden, in Gruppenbesteuerungssysteme miteinzubeziehen, wenn dies bei inländischen Enkelgesellschaften, die mittelbar über inländische Tochtergesellschaften gehalten werden, gewährt wird (vgl *Knotzer/Pinetz* in *Kofler/Lang/Rust/Schuch/Spies/Staringer*, WU-KStG[3], § 9 Rz 40 ff).

> **Beispiel:** Die in Österreich unbeschränkt steuerpflichtige A-GmbH ist Gruppenträgerin einer Unternehmensgruppe im Sinne des § 9 KStG. Sie hält eine 80%ige Beteiligung an der ausländischen in Staat B gegründeten B-GmbH, welche ihrerseits zu 100% an der in Staat C gegründeten ebenfalls ausländischen C-GmbH beteiligt ist (mit beiden Staaten besteht eine umfassende Amtshilfe). Nur die ausländische B-GmbH (erste Auslandsebene) kann Gruppenmitglied sein; nicht hingegen die ausländische C-GmbH, da die finanzielle Beteiligung nicht ausschließlich mit inländischen Gruppenmitgliedern oder dem Gruppenträger besteht.

Tz 261 **Verluste eines ausländischen Gruppenmitglieds** sind dem unmittelbar beteiligten Gruppenmitglied oder Gruppenträger im Ausmaß der unmittelbaren Beteiligungen aller beteiligten Gruppenmitglieder **anteilsmäßig** zuzurechnen. **Gewinne eines ausländischen Gruppenmitglieds** können dagegen mangels Besteuerungsrechts

Österreichs nicht zugerechnet werden (vgl Rz 1075 KStR). Die Verlustzurechnung entspricht sonst weitgehend der Berücksichtigung von ausländischen Betriebsstättenverlusten nach § 2 Abs 8 Z 3 EStG. Bei Unternehmensgruppen gilt jedoch die Besonderheit, dass sämtliche Verluste ausländischer Gruppenmitglieder im Jahr der Verlustzurechnung höchstens im Ausmaß von 75% der Summe der eigenen Einkommen sämtlicher unbeschränkt steuerpflichtiger Gruppenmitglieder sowie des Gruppenträgers berücksichtigt werden können. Dies soll sicherstellen, dass zumindest ein Viertel der inländischen Ergebnisse einer Unternehmensgruppe versteuert werden muss und das Gruppeneinkommen nicht durch ausländische Verluste negativ wird. Auch im Rahmen der Gruppenbesteuerung gibt es einen Nachversteuerungsvorbehalt zur Vermeidung einer doppelten Verlustverwertung. Ist daher später eine Verlustverwertung im Ausland möglich, löst dies die Nachversteuerung in Österreich aus (vgl Tz 254). Weiters ist mit der Ergebniszurechnung der Ausschluss steuerwirksamer Teilwertabschreibungen verbunden. Da die wertmindernden Verluste von Gruppenmitgliedern – unabhängig davon, ob in- oder ausländisch – innerhalb der Gruppe steuerlich verwertet werden können, sind Teilwertabschreibungen auf Beteiligungen an Gruppenmitgliedern nicht abzugsfähig.

Beispiel: Die in Österreich unbeschränkt steuerpflichtige Alpha-GmbH ist Gruppenträgerin einer Unternehmensgruppe im Sinne des § 9 KStG und erwirtschaftet im Jahr X1 einen Gewinn in Höhe von 200.000 Euro. Zur Unternehmensgruppe gehört auch die ausländische Beta-GmbH, an der die Alpha-GmbH zu 80% beteiligt ist. Mit dem Ansässigkeitsstaat der Beta-GmbH besteht eine umfassende Amtshilfe. Im Veranlagungsjahr erzielt die Beta-GmbH einen Verlust in Höhe von 100.000 Euro. Der Alpha-GmbH ist als Gruppenträgerin – aufgrund ihrer Beteiligung von 80% und ihres Einkommens in Höhe von 200.000 Euro – ein Verlust in Höhe von 80.000 Euro zuzurechnen. Wird dieser Verlust in der Folge auch im Ausland verwertet – zB im Rahmen eines Verlustvortrags im Ausland – erfolgt eine entsprechende Nachversteuerung des im Ausland verwerteten Verlusts in Österreich.

Tz 262 *Sollte das in einer deutschen Tochtergesellschaft durchgeführte Auslandsengagement der Taxa Österreich GmbH zu Verlusten führen, ist zu differenzieren: Bildet die Taxa Österreich GmbH mit ihrer deutschen Tochtergesellschaft eine Unternehmensgruppe, so können die Verluste der deutschen Tochtergesellschaft in Österreich im Ausmaß der tatsächlichen Beteiligung berücksichtigt werden, wenn die Gewinne der Taxa Österreich GmbH im jeweiligen Wirtschaftsjahr so hoch sind, dass die 75%-Grenze nicht überschritten wird. Ist eine Verlustverwertung im Ausland in Folgejahren möglich, kommt es jedoch zur Nachversteuerung der in Österreich berücksichtigten ausländischen Verluste. Die Bildung einer Unternehmensgruppe ist freiwillig. Wird von einer Gruppenbildung abgesehen, werden die Auslandsverluste wie folgt behandelt: Bloße Anlaufverluste werden keine Teilwertabschreibung auf die Beteiligung an der deutschen Tochtergesellschaft rechtfertigen. Insoweit können die in Deutschland erlittenen Verluste auch nicht mittelbar in Österreich berücksichtigt werden. Anders ist es aber, wenn die deutsche Tochtergesellschaft nachhaltig in einer Verlustsituation bleibt, die* *nicht mehr mit bloßen Anlaufschwierigkeiten erklärt werden kann. Dies könnte eine Teilwertabschreibung auf den niedrigeren Beteiligungsansatz rechtfertigen. Eine derartige Teilwertabschreibung kann sich gewinnmindernd bei der Taxa Österreich GmbH auswirken. Voraussetzung dafür ist allerdings im Fall einer mindestens 10%igen Beteiligung, dass die Taxa Österreich GmbH bei Abgabe der Körperschaftsteuererklärung für das Jahr der Anschaffung der Auslandsbeteiligung unwiderruflich erklärt, dass Gewinne, Verluste und sonstige Wertveränderungen aus der internationalen Schachtelbeteiligung steuerwirksam sein sollen (Option gemäß § 10 Abs 3 KStG). Zu beachten ist außerdem, dass eine Teilwertabschreibung gemäß § 12 Abs 3 Z 2 KStG auf sieben Jahre zu verteilen ist.*

V VERÄUSSERUNGSGEWINNE UND -VERLUSTE

Tz 263 *Für die Entscheidung, ob in Deutschland eine Zweigniederlassung (Betriebsstätte) oder eine Tochtergesellschaft gegründet werden soll, kann neben der Verlustverwertung auch von Bedeutung sein, welche steuerlichen Rechtsfolgen in Österreich im Falle einer späteren Veräußerung der Zweigniederlassung (Betriebsstätte) oder der Tochtergesellschaft zum Tragen kommen.*

1 Die Veräußerung von Auslandsbetriebsstätten

Tz 264 Das **Welteinkommensprinzip** führt dazu, dass alle Einkünfte einer unbeschränkt steuerpflichtigen Körperschaft in Österreich steuerlich zu erfassen sind. Dies gilt daher auch für Gewinne, die bei der Veräußerung einer ausländischen Betriebsstätte entstehen. Nach originär innerstaatlichem Steuerrecht Österreichs werden daher Gewinne aus der Veräußerung einer Betriebsstätte in Österreich besteuert.

Tz 265 **Abkommensrechtlich** können Gewinne aus der Veräußerung einer deutschen Betriebsstätte nach Art 13 Abs 2 OECD-MA im Betriebsstättenstaat besteuert werden. Art 23A Abs 1 OECD-MA sieht die Befreiung im Stammhausstaat vor. Kommt es allerdings zum Veräußerungsverlust, ist dieser nach Maßgabe von § 2 Abs 8 Z 3 EStG in Österreich zu berücksichtigen, indem der Abzug von der österreichischen Bemessungsgrundlage gewährt wird (vgl Tz 253 f).

Tz 266 *Gewinne, die die Taxa Österreich GmbH bei der Veräußerung ihrer deutschen Betriebsstätte einmal erzielen wird, können gemäß Art 13 Abs 3 iVm Art 23 Abs 2 lit a DBA Deutschland – Österreich nur in Deutschland, nicht aber in Österreich besteuert werden. Allfällige Veräußerungsverluste können jedoch in Österreich berücksichtigt werden.*

2 Die Veräußerung von Beteiligungen an ausländischen Tochtergesellschaften

Tz 267 Gewinne aus der **Veräußerung einer „internationalen Schachtelbeteiligung“** sind in Österreich nach § 10 Abs 3 KStG grundsätzlich – ebenso wie Gewinnausschüttungen aus internationalen Schachtelbeteiligungen gemäß § 10 Abs 1 Z 7 iVm § 10 Abs 2 KStG – von der Körperschaftsteuer befreit. Der Gleichklang beider Befreiungen trägt dem Umstand Rechnung, dass Steigerungen im Wert der Tochtergesellschaft vom Gesellschafter sowohl in Form von Dividenden als auch von Veräußerungsgewinnen erzielt werden können. Zur Vermeidung einer wirtschaftlichen Doppelbesteuerung erfolgt daher die Besteuerung nur auf Ebene der Tochtergesellschaft. Ebenso wie bei Auslandsdividenden ist Voraussetzung, dass die Beteiligung einer Kapitalgesellschaft an einer in Betracht kommenden ausländischen Gesellschaft zu mindestens 10% während eines ununterbrochenen Zeitraumes von mindestens einem Jahr besteht. Veräußerungsgewinne aus Portfoliobeteiligungen (Beteiligungen unter 10%) sind daher steuerpflichtig, dafür können auch Verluste aus der Veräußerung dieser Beteiligungen berücksichtigt werden. Diese Verluste sind gemäß § 12 Abs 3 Z 2 KStG über sieben Jahre zu verteilen (vgl Tz 109).

> **Beispiel:** Eine österreichische AG hat eine 50%ige Beteiligung an einer ausländischen Gesellschaft um 100 angeschafft, die sie nach fünf Jahren um 120 veräußert. Gemäß § 10 Abs 3 KStG beträgt der steuerfreie Veräußerungsgewinn 20. (Annahme: Die österreichische AG hat im Jahr der Anschaffung der ausländischen Beteiligung keine Option zugunsten der Steuerwirksamkeit gemäß § 10 Abs 3 Z 1 KStG abgegeben).

Tz 268 Die Steuerfreiheit der Veräußerungsgewinne aus internationalen Schachtelbeteiligungen besteht aber nur dann, wenn in der Körperschaftsteuererklärung der österreichischen Gesellschaft für das Jahr der Anschaffung der ausländischen Beteiligung keine **Option zugunsten der Steuerwirksamkeit der Beteiligung** gemäß § 10 Abs 3 Z 1 KStG geltend gemacht wurde. Wurde diese Option gewählt, sind Gewinne aus der Veräußerung jedenfalls steuerpflichtig. Dafür können aber auch etwaige Veräußerungsverluste berücksichtigt werden. **Laufende Erträge** aus der Beteiligung (Dividenden) **bleiben** auch bei Ausübung der Option **steuerfrei**.

Tz 269 Die **Mutter-Tochter-Richtlinie** regelt bloß Gewinnausschüttungen. Österreich ist daher unionsrechtlich nicht verpflichtet, auch Veräußerungsgewinne von der Körperschaftsteuer zu befreien. Zahlreiche Staaten sehen allerdings ähnliche und zum Teil auch großzügigere Regelungen vor, weshalb Österreich auch aus dem Blickwinkel des Standortwettbewerbs diese Regelung vor vielen Jahren eingeführt hat.

Tz 270 Gewinne aus der **Veräußerung von Gesellschaftsanteilen** können nach **Art 13 Abs 5 OECD-MA** ausschließlich im Ansässigkeitsstaat des Veräußerers besteuert werden. Die meisten bilateralen DBA folgen diesem Vorschlag. Da Österreich jedoch meist innerstaatlich auf die Besteuerung verzichtet, kann es daher hinsichtlich dieser Veräußerungsgewinne zur doppelten Nichtbesteuerung kommen.

Tz 271 *Veräußert die Taxa Österreich GmbH später einmal ihren Anteil an der deutschen Tochtergesellschaft, kommt sie in den Genuss der Befreiung des § 10 Abs 3 KStG, außer sie hat bei der Anschaffung eine Option zugunsten der Steuerwirksamkeit der Beteiligung abgegeben. Das Besteuerungsrecht Deutschlands am Veräußerungsgewinn des Gesellschaftsanteils ist nach Maßgabe des Art 13 Abs 5 DBA Österreich – Deutschland ausgeschlossen. Insoweit kommt es also zu einer doppelten Nichtbesteuerung des Veräußerungsgewinns.*

3 *Überführung von Wirtschaftsgütern und Verlegung von Betrieben (Betriebsstätten) ins Ausland*

Tz 272 Werden Wirtschaftsgüter eines im Inland gelegenen Betriebes (Betriebsstätte) ins Ausland in einen anderen Betrieb (Betriebsstätte) überführt oder werden im Inland gelegene Betriebe (Betriebsstätten) ins Ausland verlegt, sind gemäß § 6 Z 6 lit a EStG die ins Ausland überführten Wirtschaftsgüter mit den Werten anzusetzen, die im Falle einer Lieferung an einen völlig unabhängigen Betrieb angesetzt worden wären (fremdüblicher Preis). Voraussetzung für die Anwendung dieser Vorschrift ist ua, dass der ausländische Betrieb demselben Steuerpflichtigen gehört oder der Steuerpflichtige an der ausländischen Kapitalgesellschaft oder die ausländische Kapitalgesellschaft am inländischen Steuerpflichtigen zu mehr als 25% beteiligt ist. Die **Überführung** von Wirtschaftsgütern ins Ausland wird somit **einer Veräußerung gleichgestellt** und es kommt zur **Aufdeckung und Besteuerung** der in den Wirtschaftsgütern enthaltenen **stillen Reserven** (Differenz zwischen dem Wert, den ein unabhängiger Dritter für das Wirtschaftsgut aufgewendet hätte, und dem Buchwert).

Tz 273 Bei der Übertragung von Betrieben (Betriebsstätten) desselben Steuerpflichtigen innerhalb der EU kommt es ebenfalls zur Besteuerung der stillen Reserven. Im Verhältnis zu **EU/EWR-Staaten** wird das **Ratenzahlungskonzept** angewendet (§ 6 Z 6 lit c EStG). Die Ratenzahlungen bei Anlagevermögen können gleichmäßig auf einen Zeitraum von fünf Jahren aufgeteilt werden (§ 6 Abs 6 lit d EStG). Bei Umlaufvermögen können die Raten gleichmäßig auf einen Zeitraum von zwei Jahren verteilt werden (§ 6 Z 6 lit e EStG).

Tz 274 Werden Wirtschaftsgüter **aus dem Ausland ins Inland** überführt, kommt es zur **Neubewertung** der Wirtschaftsgüter mit dem fremdüblichen Wert. Damit soll erreicht werden, dass nur im Inland entstandene Wertzuwächse der österreichischen Besteuerung unterworfen werden. Eine Neubewertung zum fremdüblichen Preis hat keinen Einfluss auf offene Ratenzahlungen.

> **Beispiel 1:** Ein inländischer Unternehmer überführt eine Maschine aus seinem österreichischen Stammhaus in seine norwegischen Betriebsstätte. Der Buchwert dieser Maschine beträgt 5.000 Euro. Würde der Unternehmer die Maschine an einen unabhängigen Dritten veräußern, bekäme er 7.000 Euro. Anlässlich der Überführung der Maschine in die norwegische Betriebsstätte kommt es zur Versteuerung der stillen Reserven in Höhe von 2.000 Euro. Die Wegzugsbesteuerung kann in 5 Jahresraten beglichen werden

> **Beispiel 2**: Zwei Jahre später wird dieselbe Maschine wieder zurück ins österreichische Stammhaus gebracht. Der fremdübliche Preis ist auf 6.000 Euro gesunken, während der Buchwert 5.000 Euro beträgt. Die Maschine wird in den Büchern mit 6.000 Euro aktiviert. Obwohl die Maschine wieder der österreichischen Besteuerung unterliegt, müssen die fünf offenen Raten gezahlt werden.

VI WEITERFÜHRENDE LITERATUR

- *Beiser*, Steuern – Ein systematischer Grundriss, 19. Auflage, 2021, 219-258.
- *Doralt*, Steuerrecht 2022, 23. Auflage, 2022, 112-135.
- *Doralt/Ruppe*, Grundriss des österreichischen Steuerrechts, Band I, 12. Auflage, 2019, 679-738.
- *Gassner/Lang/Lechner*, Die Betriebsstätte im Recht der Doppelbesteuerungsabkommen, 1998.
- *Lang*, Introduction to the Law of Double Taxation Conventions, 3. Auflage, 2021.
- *Lang/Pistone/Schuch/Staringer/Rust/Kofler/Spies*, Introduction to European Tax Law on Direct Taxation, 6. Auflage, 2020, 18.

VII WIEDERHOLUNGSFRAGEN

1. Eine Kapitalgesellschaft unterliegt in Österreich der unbeschränkten Steuerpflicht, wenn

- ○ der Wohnort des Mehrheitsgesellschafters in Österreich liegt.
- ○ sie eine Betriebsstätte im Inland hat.
- ○ sie ihren Ort der Geschäftsleitung in Österreich hat.
- ○ sie in Österreich gegründet wurde, ihren Sitz und die Geschäftsleitung aber im Ausland hat.
- ○ sie ihren Sitz in Österreich hat.

2. Welche Besonderheit ergibt sich bei Anwendung der Befreiungsmethode auf Körperschaften?

3. Die Vergleichbarkeit einer ausländischen Körperschaft mit einer inländischen Körperschaft wird dann vorliegen, wenn

- ○ die ausländische Körperschaft nach der ausländischen Rechtsordnung mit eigener Rechtspersönlichkeit ausgestattet ist.
- ○ die ausländische Körperschaft ein gebundenes Gesellschaftskapital aufweist, das im Eigentum der Gesellschaft steht.
- ○ die Gesellschafter nicht für die Verbindlichkeiten der Gesellschaft haften.
- ○ die Organe der Gesellschaft zwingend aus dem Kreis der Gesellschafter gestellt werden müssen.
- ○ die beteiligten Personen in keiner Weise an der Willensbildung der Gesellschaft mitwirken dürfen.

4. Unter welchen Voraussetzungen können Verluste beschränkt steuerpflichtiger Tochtergesellschaften unmittelbar bei der österreichischen Muttergesellschaft berücksichtigt werden?

5. Die A-GmbH, die in Wien gegründet wurde, hat ihren Sitz schon vor mehreren Jahren nach Berlin (Deutschland) verlegt. Der Alleineigentümer und einzige Geschäftsführer der A-GmbH, Max Müller, wohnt in Wien. Im vorigen Jahr hat er beschlossen, die moderne Telekommunikationstechnologie zu nutzen, um

sich die Unannehmlichkeiten der ständigen Reisen nach Berlin zu ersparen. Seitdem führt er die Geschäfte der A-GmbH nur noch via Internetkonferenzen und Telefongespräche. Welche der folgenden Aussagen treffen/trifft zu? Kreuzen Sie die richtige(n) Antwort(en) an!

- o Wenn die A-GmbH in Deutschland unbeschränkt steuerpflichtig ist, kann sie nach den Vorschriften des KStG in Österreich auf keinen Fall der unbeschränkten Steuerpflicht unterliegen.
- o Die A-GmbH hat ihren Ort der Geschäftsleitung in Österreich, daher ist sie in Österreich unbeschränkt steuerpflichtig.
- o Da die A-GmbH ihren Sitz in Deutschland hat, ist sie in Österreich beschränkt steuerpflichtig. Daher werden nur die aus Österreich bezogenen Einkünfte der Körperschaftsteuer unterworfen.
- o Die Beurteilung der Steuerpflicht der A-GmbH hat getrennt von der Beurteilung der Steuerpflicht ihres Alleineigentümers Max Müller zu erfolgen.
- o Wenn eine GmbH in Österreich gegründet wurde, ist sie in Österreich immer unbeschränkt steuerpflichtig, auch wenn sie ihren Sitz und Ort der Geschäftsleitung ins Ausland verlegt.

6. **Welche der folgenden Aussagen zur Umsetzung der Mutter-Tochter-Richtlinie im österreichischen Steuerrecht (EStG und KStG) treffen/trifft zu?**
   - o Österreich verzichtet auf den Abzug der KESt bei Dividenden, die eine österreichische Gesellschaft an ihre im EU-Ausland ansässige Muttergesellschaft ausschüttet, sofern die in § 94 Z 2 EStG genannten Kriterien erfüllt sind.
   - o Auf Ebene der empfangenden Muttergesellschaft wird in Österreich die wirtschaftliche Doppelbesteuerung bei Vorliegen einer Beteiligung von mindestens 20%, die über ein Jahr hinweg gehalten wird, durch Befreiung der ausgeschütteten Gewinne vermieden.
   - o Österreich hat sich bei der Umsetzung der Mutter-Tochter-Richtlinie grundsätzlich für die Freistellungsmethode entschieden, wobei es allerdings „zur Verhinderung von Steuerhinterziehungen und Missbräuchen" zur Besteuerung der Dividenden in Österreich, verbunden mit einer indirekten Anrechnung der ausländischen Körperschaftsteuer kommen kann.
   - o Die Beteiligung muss während eines ununterbrochenen Zeitraums von mindestens 2 Jahren bestehen.
   - o Obwohl die Mutter-Tochter-Richtlinie richtlinienkonform in das österreichische Recht umgesetzt wurde, ergab sich durch die unterschiedlichen Anwendungsvoraussetzungen für die Befreiung von Portfoliodividenden aus Drittstaaten und von innerstaatlichen Portfoliodividenden ein Verstoß gegen die Kapitalverkehrsfreiheit.

7. **Unter welchen Voraussetzungen ist eine steuerwirksame Teilwertabschreibung auf eine Beteiligung an einer ausländischen Gesellschaft möglich?**

8. **Eine österreichische Gesellschaft (Sitz und Ort der Geschäftsleitung in Österreich) hat eine Betriebsstätte im Staat Y, die im letzten Wirtschaftsjahr einen Verlust von 10.000 Euro erwirtschaftete. Im Doppelbesteuerungsabkommen (DBA) zwischen Österreich und dem Staat Y ist für Betriebsstättengewinne die Befreiungsmethode vorgesehen. Welche der folgenden Aussagen in Bezug auf die Verlustverwertung treffen/trifft zu?**

- Um eine Doppelverlustverwertung zu vermeiden, dürfen ausländische Betriebsstättenverluste immer nur zu 50% in Österreich berücksichtigt werden.
- Nach Ansicht des österreichischen VwGH darf die Anwendung eines DBA nicht zu einer Erhöhung der Steuerpflicht führen. Daher sind ausländische Betriebsstättenverluste, unabhängig von der Methode zur Vermeidung der Doppelbesteuerung, in Österreich zu berücksichtigen.
- Im österreichischen Einkommensteuerrecht ist die Berücksichtigung ausländischer Betriebsstättenverluste in § 2 Abs 8 Z 3 EStG verankert.
- Die Berücksichtigung von Verlusten ist im österreichischen Steuerrecht generell ausgeschlossen.
- Da in Österreich unbeschränkt steuerpflichtige Kapitalgesellschaften nur mit ihren inländischen Einkünften besteuert werden (Territorialitätsprinzip), dürfen ausländische Betriebsstättenverluste und ausländische Betriebsstättengewinne nie berücksichtigt werden.

9. Wie werden Gewinne aus der Veräußerung einer Beteiligung an einer ausländischen Tochtergesellschaft steuerlich behandelt?

10. Welche Auswirkungen hat die Überführung von Wirtschaftsgütern in eine ausländische Betriebsstätte?

MODUL 8: WIRTSCHAFTLICHE AKTIVITÄTEN VON AUSLÄNDERN UND AUSLÄNDISCHEN KÖRPERSCHAFTEN IM INLAND

Die zentralen Fragen dieses Moduls sind:
- ***Was sind die Voraussetzungen für die beschränkte Steuerpflicht?***
- ***Wie wird die Einkommensteuer bei beschränkter Steuerpflicht erhoben?***
- ***Welche Auswirkungen hat das Unionsrecht?***
- ***Welche Auswirkungen haben Doppelbesteuerungsabkommen?***

I DIE VORAUSSETZUNGEN DER BESCHRÄNKTEN STEUERPFLICHT

Tz 275 *Die Taxa Österreich GmbH hat sich entschlossen, in Deutschland eine 100%ige Tochtergesellschaft, die Taxa Deutschland GmbH, mit Sitz in Berlin zu gründen. Die Taxa Deutschland GmbH ist auf dem Gebiet der technischen Beratung tätig. Von ihrem Sitz in Berlin übt sie technische Beratung auch in Salzburg aus. In Wien hat sie eine Zweigniederlassung (Betriebsstätte). Weiters verfügt sie über eine Beteiligung in Höhe von 0,5% an einer österreichischen Aktiengesellschaft. Was hat die Taxa Deutschland GmbH aus dem Blickwinkel des österreichischen Steuerrechts zu beachten?*

1 Das Territorialitätsprinzip

Tz 276 In Österreich beschränkt steuerpflichtig sind natürliche Personen, wenn sie in Österreich weder einen Wohnsitz noch ihren gewöhnlichen Aufenthalt haben (§ 1 Abs 3 EStG) und Körperschaften, wenn sie in Österreich weder ihren Sitz noch ihre Geschäftsleitung haben (§ 1 Abs 3 Z 1 KStG). Beschränkt Steuerpflichtige versteuern in Österreich nur bestimmte Inlandseinkünfte. Für sie gilt also das **Territorialitätsprinzip** (vgl Tz 4).

2 Der Katalog der inländischen Einkünfte

Tz 277 Der Katalog der für beschränkt Steuerpflichtige relevanten Inlandseinkünfte findet sich in **§ 98 EStG**. Das ergibt sich für beschränkt steuerpflichtige natürliche Personen unmittelbar aus dem in § 1 Abs 3 EStG enthaltenen Verweis auf § 98 EStG. Für beschränkt steuerpflichtige Körperschaften verweist § 1 Abs 3 Z 1 KStG zunächst auf § 21 Abs 1 KStG. Darin ist normiert, dass sich die beschränkte Steuerpflicht nur auf Einkünfte im Sinne des § 98 EStG erstreckt.

Tz 278 *Die Taxa Deutschland GmbH hat ihren Sitz in Deutschland. Wenn sich auch ihr Ort der Geschäftsleitung nicht in Österreich befindet, ist sie in Österreich bloß beschränkt steuerpflichtig. In welchem Umfang die beschränkte Steuerpflicht zum Tragen kommt, bestimmt sich aufgrund des § 21 Abs 1 KStG nach dem Katalog der Inlandseinkünfte des § 98 EStG.*

II DER UMFANG DER BESCHRÄNKTEN STEUERPFLICHT

Tz 279 § 98 EStG folgt im Wesentlichen der Gliederung des § 2 Abs 3 EStG und erklärt jene Einkünfte zu Inlandseinkünften, die eine entsprechende **Inlandsanknüpfung** aufweisen:

- Einkünfte aus Land- und Forstwirtschaft (§ 21 EStG): wenn die Land- und Forstwirtschaft im Inland betrieben wird (§ 98 Abs 1 Z 1 EStG),
- Einkünfte aus selbständiger Arbeit (§ 22 EStG): wenn die Tätigkeit im Inland ausgeübt oder verwertet wird oder worden ist (§ 98 Abs 1 Z 2 EStG),
- Einkünfte aus Gewerbebetrieb (§ 23 EStG): wenn für den Gewerbebetrieb eine inländische Betriebsstätte unterhalten wird oder im Inland ein ständiger Vertreter bestellt ist oder, wenn bei dem Gewerbebetrieb im Inland unbewegliches Vermögen vorliegt. Darüber hinaus umfassen die Einkünfte aus Gewerbebetrieb, die der beschränkten Steuerpflicht unterliegen, bestimmte ausdrücklich genannte Inlandstätigkeiten wie zB die Einkünfte aus kaufmännischer oder technischer Beratung im Inland (§ 98 Abs 1 Z 3 EStG),
- Einkünfte aus nichtselbständiger Arbeit (§ 25 EStG): wenn die Tätigkeit im Inland ausgeübt oder verwertet wird oder worden ist (§ 98 Abs 1 Z 4 EStG),
- Einkünfte aus Kapitalvermögen (§ 27 EStG): insbesondere, wenn
    - Einkünfte aus der Überlassung von Kapital gemäß § 27 Abs 2 Z 1 (zB Dividenden) oder § 27 Abs 5 Z 7 EStG (Zuwendungen von Privatstiftungen) vorliegen, der Abzugsverpflichtete Schuldner der Kapitalerträge ist (§ 95 Abs 2 Z 1 lit a EStG) und KESt einzubehalten war;
    - Einkünfte aus inländischen Zinsen gemäß § 27 Abs 2 Z 2 EStG vorliegen und KESt einzubehalten war.
    - Einkünfte aus der Überlassung von Kapital gemäß § 27 Abs 2 Z 4 EStG vorliegen (Beteiligung als echter stiller Gesellschafter) und Abzugsteuer gemäß § 99 EStG einzubehalten war;
    - es sich um Einkünfte aus realisierten Wertsteigerungen von Kapitalvermögen handelt, soweit diese Einkünfte aus der Veräußerung einer Beteiligung an einer Kapitalgesellschaft mit Sitz oder Geschäftsleitung im Inland stammen, an der der Steuerpflichtige (oder im Falle des unentgeltlichen Erwerbs sein Rechtsvorgänger) innerhalb der letzten fünf Kalenderjahre zu mindestens 1% beteiligt war (vgl § 98 Abs 1 Z 5 EStG);
- Einkünfte aus Vermietung und Verpachtung (§ 28 EStG): wenn zB unbewegliches Vermögen im Inland gelegen ist oder Rechte in einer inländischen Betriebsstätte verwertet werden (§ 98 Abs 1 Z 6 EStG),
- Einkünfte aus privaten Grundstücksveräußerungen (§ 30 EStG), soweit es sich um inländische Grundstücke handelt (§ 98 Abs 1 Z 7 EStG).

Tz 280 Die in § 98 EStG vorgenommene **Inlandsanknüpfung** ist also für jede Einkunftsart **unterschiedlich**: Während bei Einkünften aus Gewerbebetrieb nicht einmal jede im Inland ausgeübte Tätigkeit zur beschränkten Steuerpflicht führt, unterliegt bei Einkünften aus selbständiger und nichtselbständiger Arbeit nicht nur jede Ausübung einer derartigen Tätigkeit im Inland der österreichischen Besteuerung, sondern auch die bloße Verwertung im Inland führt zur beschränkten Steuerpflicht.

Beispiel: Eine Tätigkeit wird nach der für Zwecke des § 98 Abs 1 Z 4 EStG (Einkünfte aus nichtselbständiger Arbeit) maßgebenden Definition des § 98 Abs 1 Z 2 EStG (Einkünfte aus selbständiger Arbeit) dann im Inland verwertet, wenn sie zwar nicht persönlich im Inland ausgeübt wird, ihr wirtschaftlicher Erfolg aber der inländischen Volkswirtschaft unmittelbar zu dienen bestimmt ist. Beispiel: Ein Mitarbeiter der Wirtschaftskammer (WKO) arbeitet dauerhaft in der Außenstelle der WKO in Maskat (Oman). Er übt seine Tätigkeit zwar nicht in Österreich aus, sie ist aber dazu bestimmt, unmittelbar der österreichischen Volkswirtschaft zu dienen. Der Mitarbeiter ist daher mit seinen Einkünften aus dieser Tätigkeit gemäß § 98 Abs 1 Z 4 TS 1 iVm § 98 Abs 1 Z 2 TS 2 EStG in Österreich beschränkt steuerpflichtig.

Tz 281 Bei anderen Einkunftsarten ist der **Inlandsbezug** hingegen enger gefasst: Realisierte Wertsteigerungen von inländischem Kapitalvermögen sind nur unter der Voraussetzung steuerpflichtig, dass der Steuerpflichtige (oder bei unentgeltlichem Erwerb sein Rechtsvorgänger) innerhalb der letzten fünf Kalenderjahre zu mindestens 1% an einer Gesellschaft mit Sitz oder Geschäftsleitung im Inland beteiligt war. Inländische Zinsen und Stückzinsen fallen nur unter die beschränkte Steuerpflicht, wenn KESt einzubehalten war. Inländische (Stück)Zinsen, die nicht von natürlichen Personen erzielt werden, fallen gemäß § 98 Abs 1 Z 5 letzter Satz EStG nicht unter die beschränkte Steuerpflicht. Gleiches gilt für (Stück)Zinsen, die von einer Person erzielt werden, die in einem Staat ansässig ist, mit dem ein automatischer Informationsaustausch besteht und dies mit einer Ansässigkeitsbescheinigung nachgewiesen wurde.

Tz 282 Die in § 98 EStG vielfach enthaltenen Verweise auf die in den §§ 21 bis 29 EStG genannten Einkunftsarten stellen sicher, dass die dort maßgebenden Grundsätze auch bei der beschränkten Steuerpflicht zum Tragen kommen. Dies gilt zB für das **Subsidiaritätsprinzip** (vgl Tz 13), das den Vorrang der Haupteinkunftsarten (§ 98 Abs 1 Z 1 bis 4 EStG) vor den Nebeneinkunftsarten (§ 98 Abs 1 Z 5 bis 7 EStG) sicherstellt und auch innerhalb der Haupt- und Nebeneinkunftsarten Bedeutung hat.

Beispiel: Eine AG mit Sitz und Ort der Geschäftsleitung in Ungarn hat eine Betriebsstätte in Graz, zu der auch im Inland verwertete Lizenzen gehören. Die Lizenzgebühren sind einerseits von § 98 Abs 1 Z 6 EStG als in einer inländischen Betriebsstätte verwertete „Rechte" erfasst, andererseits gehören sie zu den Einkünften aus Gewerbebetrieb des § 98 Abs 1 Z 3 TS 1 EStG. Aufgrund des sich aus § 28 Abs 1 EStG ergebenden Vorrangs der Einkünfte aus Gewerbebetrieb vor den Einkünften aus Vermietung und Verpachtung, der aufgrund des Verweises in § 98 EStG auch für die beschränkte Steuerpflicht gilt, ist § 98 Abs 1 Z 3 EStG maßgebend; es handelt sich also um Einkünfte aus Gewerbebetrieb, die der beschränkten Steuerpflicht unterliegen.

Tz 283 Allerdings sind auch im Hinblick auf das Subsidiaritätsprinzip Besonderheiten zu beachten, die sich aufgrund des in § 98 EStG enthaltenen Territorialitätsprinzips ergeben. Das Subsidiaritätsprinzip ist isoliert auf die inländischen Einkünfte anzuwenden. Der Vorrang einzelner Einkunftsarten vor anderen Einkunftsarten ist ausschließlich nach Maßgabe der inländischen Verhältnisse zu beurteilen. Dafür hat sich die Bezeichnung **„isolierende Betrachtungsweise"** oder **„Isolationstheorie"** eingebürgert.

> **Beispiel:** Die in Österreich beschränkt Steuerpflichtige Frau A betreibt in München ein Einzelunternehmen. In Österreich unterhält sie weder eine Betriebsstätte noch ist ein ständiger Vertreter bestellt. Sie besitzt Aktien an der in Österreich ansässigen Ö-AG, die zum Betriebsvermögen ihres Einzelunternehmens in Deutschland gehören. Die von der Ö-AG ausgeschütteten Dividenden zählen an sich zu ihren betrieblichen Einkünfen. Wäre aber § 98 Abs 1 Z 3 EStG anwendbar, könnten mangels Betriebsstätte und ständigem Vertreter im Inland keine Steuern erhoben werden. Betrachtet man hingegen die inländischen Verhältnisse isoliert, liegt in Österreich gar kein Gewerbebetrieb vor. Die Vorrangfrage zwischen § 98 Abs 1 Z 3 und Z 5 EStG stellt sich daher gar nicht. Anwendbar ist ausschließlich § 98 Abs 1 Z 5 EStG, was zur beschränkten Steuerpflicht der Frau A mit ihren Einkünften aus Kapitalvermögen (Dividenden) in Österreich führt. Dieses Besteuerungsrecht ist allerdings nach den Bestimmungen des DBA Österreich - Deutschland eingeschränkt (vgl dazu Tz 301 ff).

Tz 284 Bei bestimmten Einkünften kommt die isolierende Betrachtungsweise nur eingeschränkt zum Tragen: Für beschränkt Steuerpflichtige, die im Ausland einen Gewerbebetrieb führen und im Rahmen dieses Betriebes unbewegliches Vermögen in Österreich halten, werden auch die aus dem unbeweglichen Vermögen fließenden Einkünfte (einschließlich eines allfälligen Veräußerungsgewinnes) als Einkünfte aus Gewerbebetrieb in Österreich erfasst und besteuert (vgl § 98 Abs 1 Z 3 TS 3 EStG).

> **Beispiel**: Der in Belgien ansässige Inhaber einer in Belgien gelegenen Fabrik erwirbt in Österreich ein Gebäude, das als Betriebserholungsheim für die Mitarbeiter seines Betriebes genutzt wird. Das Gebäude zählt daher zum Betriebsvermögen des belgischen Gewerbebetriebes. Die mit dem Gebäude zusammenhängenden Einkünfte werden nach § 98 Abs 1 Z 3 EStG als Einkünfte aus Gewerbebetrieb des in Österreich beschränkt steuerpflichtigen Unternehmers erfasst, obwohl bei isolierter Betrachtungsweise in Österreich kein Gewerbebetrieb vorliegt.

Tz 285 *Die Taxa Deutschland GmbH ist mit ihren Wiener Betriebsstätteneinkünften nach § 98 Abs 1 Z 3 EStG steuerpflichtig. Die in Salzburg ausgeübte technische Beratung fällt ebenfalls unter § 98 Abs 1 Z 3 EStG, da diese Norm die kaufmännische und technische Beratung im Inland ausdrücklich umfasst und diese auch dann steuerpflichtig ist, wenn sie keiner inländischen Betriebsstätte zuzuordnen ist. Die aus den österreichischen Aktien bezogenen Dividenden sind – wenn sie nicht der Wiener Betriebsstätte zuzuordnen sind – nach § 98 Abs 1 Z 5 lit a EStG zu versteuern. Wird die Beteiligung an der österreichischen AG veräußert, sind die Veräußerungsgewinne in Österreich nur steuerpflichtig, wenn die Taxa Deutschland GmbH innerhalb der letzten fünf Jahre zu mindestens 1% beteiligt war (§ 98 Abs 1 Z 5 lit e EStG). Zu den Auswirkungen des DBA Österreich – Deutschland und zur Anwendung des § 94 EStG siehe unten.*

III BESONDERHEITEN DER KÖRPERSCHAFTSTEUER

1 Inländische Betriebsstätten

Tz 286 Bei **Körperschaften** sind zusätzlich die Besonderheiten nach § 21 KStG zu beachten: Gemäß § 21 Abs 1 Z 3 KStG ist bei beschränkt steuerpflichtigen Körperschaften, die mit inländischen unter § 7 Abs 3 KStG fallenden Körperschaften vergleichbar sind, auf Betriebsstätten und unbewegliches Vermögen § 7 Abs 3 KStG (vgl Tz 96) anzuwenden: Alle Einkünfte sind dann den Einkünften aus Gewerbebetrieb zuzurechnen **(Gewerblichkeitsfiktion)**. Darüber hinaus sind bei einer nicht unter § 21 Abs 1 Z 3 KStG fallenden Körperschaft, bei der hinsichtlich der Betriebsstätte nach - unternehmensrechtlichen Vorschriften eine Verpflichtung zur Buchführung besteht, ebenfalls alle Einkünfte dieser Betriebsstätte als gewerbliche Einkünfte zu behandeln (§ 21 Abs 1 Z 2 lit b KStG).

2 Anwendung des § 10 KStG auf inländische Betriebsstätten

Tz 287 Weiters ist gemäß § 21 Abs 1 Z 2 lit a KStG für österreichische **Betriebsstätten § 10 KStG und § 10a KStG** (vgl Tz 239 ff) **sinngemäß anzuwenden**. Das bedeutet, dass inländische Beteiligungserträge (§ 10 Abs 1 Z 1 bis 4 KStG), Gewinnanteile aus einer internationalen Schachtelbeteiligung (§ 10 Abs 1 Z 7 KStG) sowie Portfoliodividenden von EU-Gesellschaften (§ 10 Abs 1 Z 5 KStG) und EWR-Gesellschaften (§ 10 Abs 1 Z 6 KStG) steuerfrei zu stellen sind, wenn die Beteiligung der inländischen Betriebsstätte zuzurechnen ist. Wird eine von der Betriebsstätte gehaltene internationale Schachtelbeteiligung veräußert, kommt § 10 Abs 3 KStG zur Anwendung.

Tz 288 Diese Vorgehensweise ist aus dem Blickwinkel der unionsrechtlich verankerten **Niederlassungsfreiheit** erforderlich, da sonst ausländische Gesellschaften, die sich in Österreich mit einer Betriebsstätte niederlassen wollen, gegenüber inländischen Kapitalgesellschaften benachteiligt wären. Letztere würden Beteiligungserträge nämlich aufgrund von § 10 Abs 1 KStG steuerfrei empfangen. Die in zahlreichen DBA enthaltenen **Betriebsstättendiskriminierungsverbote** führen für Betriebsstätten von in diesen DBA-Vertragsstaaten ansässigen Gesellschaften zum selben Ergebnis (siehe Tz 305).

Tz 289 *Wären die österreichischen Aktien der Taxa Deutschland GmbH ihrer Wiener Betriebsstätte zuzuordnen, hätte § 98 Abs 1 Z 3 EStG aufgrund des Subsidiaritätsprinzips Vorrang vor § 98 Abs 1 Z 5 EStG. Dann müsste gemäß § 21 Abs 1 Z 2 lit a KStG auch § 10 Abs 1 Z 1 KStG und § 10a Abs 1 KStG sinngemäß angewendet werden. Die Dividenden würden dann nicht bei der österreichischen Betriebsstätte besteuert werden. Gewinne aus der Veräußerung dieser Aktien könnten hingegen sehr wohl bei der österreichischen Betriebsstätte besteuert werden, da § 10 KStG eine Befreiung von Veräußerungsgewinnen nur für internationale Schachtelbeteiligungen vorsieht (§ 10 Abs 3 KStG) und eine solche hier mangels erforderlicher Beteiligungshöhe (mindestens 10%) nicht vorliegt.*

IV ERHEBUNGSFORMEN DER EINKOMMEN- UND DER KÖRPERSCHAFTSTEUER

1 Der Steuerabzug

Tz 290 Bei beschränkt Steuerpflichtigen werden Einkommen- und Körperschaftsteuer wie bei unbeschränkt Steuerpflichtigen im Regelfall durch **Veranlagung** erhoben (§ 102 EStG, § 24 KStG). Ausgenommen sind jene – keineswegs unbedeutenden – Einkünfte, bei denen ein **Steuerabzug** vorgenommen wird (**Lohnsteuer** [§ 70 EStG, vgl Tz 41], **KESt** [§ 93 EStG, vgl Tz 44] und der – nur für beschränkt Steuerpflichtige vorgesehene – „**Steuerabzug in besonderen Fällen**" [§ 99 EStG]). Durch die Erhebung der Steuer im Wege eines Steuerabzugs soll erreicht werden, dass sich die beschränkt Steuerpflichtigen nicht der Besteuerung entziehen können.

Tz 291 Alle beschränkt Steuerpflichtigen, deren Einkünfte dem Steuerabzug in besonderen Fällen (§ 99 EStG) oder der Lohnsteuer gemäß § 70 EStG unterliegen, können über Antrag veranlagt werden (vgl § 102 Abs 1 Z 3 EStG). Teilweise ist eine Veranlagung auch verpflichtend vorgesehen (vgl § 102 Abs 1 Z 1 und Z 2 EStG). Bei der Veranlagung beschränkt Steuerpflichtiger können die mit den Einnahmen in Zusammenhang stehenden Aufwendungen grundsätzlich als Betriebsausgaben oder Werbungskosten abgezogen werden (§ 102 Abs 2 Z 1 EStG, vgl Tz 297). Erfolgt eine Veranlagung im Sinne des § 102 EStG, so ist die zuvor bereits einbehaltene Quellensteuer eine Vorerhebungsform der Einkommen- und Körperschaftsteuer und ist auf diese anzurechnen. Für Einkünfte aus Kapitalvermögen, die bei beschränkt Steuerpflichten der KESt unterliegen, gilt jedoch, dass selbst im Falle einer Veranlagung gemäß § 97 Abs 2 EStG die mit diesen Einkünften in Zusammenhang stehenden Aufwendungen und Ausgaben nicht abgezogen werden dürfen (§ 97 Abs 2 EStG).

Tz 292 Dem **Lohnsteuerabzug** nach § 70 EStG unterliegen beschränkt steuerpflichtige Arbeitnehmer, die einen Arbeitgeber gemäß § 47 EStG mit lohnsteuerlicher Betriebsstätte im Sinne von § 81 EStG im Inland haben. Hat der Arbeitgeber keine Betriebsstätte im Inland, so kann die Einkommensteuer von beschränkt steuerpflichtigen Arbeitnehmern dennoch freiwillig durch Lohnsteuerabzug erhoben werden (§ 47 Abs 1 lit b EStG). Die Lohnsteuer wird im Regelfall nach dem regulär progressiven Einkommensteuertarif berechnet (§ 70 Abs 2 Z 1 EStG).

Tz 293 Dem **Kapitalertragsteuerabzug (KESt-Abzug)** unterliegen beschränkt Steuerpflichtige, die Gewinnanteile und vergleichbare Einkünfte aus

Kapitalgesellschaften mit Sitz oder Ort der Geschäftsleitung im Inland erzielen oder Zuwendungen von österreichischen (nicht gemeinnützigen) Privatstiftungen beziehen. Zinserträge aus Geldeinlagen bei Kreditinstituten oder aus sonstigen Forderungen gegenüber Kreditinstituten unterliegen dem KESt-Abzug, wenn sich der Sitz oder Ort der Geschäftsleitung des Schuldners im Inland befindet oder wenn es sich dabei um die inländische Zweigstelle eines ausländischen Kreditinstituts handelt. Die Verpflichtung zum KESt-Abzug ist nach den §§ 93 und 94 EStG zu beurteilen.

Tz 294 Dem „**Steuerabzug in besonderen Fällen**" (§ 99 Abs 1 EStG) unterliegen unterschiedliche Arten von Einkünften:

- Einkünfte aus im Inland ausgeübter oder verwerteter selbständiger Tätigkeit als Schriftsteller, Vortragender, Künstler, Architekt, Sportler, Artist oder Mitwirkender an Unterhaltungsdarbietungen (Z 1),
- Gewinnanteile von Mitunternehmern einer ausländischen Gesellschaft, die an einer inländischen Personengesellschaft beteiligt ist (Z 2),
- Rechte nach § 28 Abs 1 Z 3 EStG (insbesondere Lizenzgebühren) (Z 3),
- Aufsichtsratsvergütungen (Z 4),
- Einkünfte aus im Inland ausgeübter kaufmännischer oder technischer Beratung, Einkünfte aus der Gestellung von Arbeitskräften zur inländischen Arbeitsausübung (Z 5),
- Einkünfte aus Kapitalvermögen im Sinne der §§ 40 und 42 Immobilien-Investmentfondsgesetz aus Immobilien, wenn diese Immobilien im Inland gelegen sind und soweit es sich dabei um Immobilien eines Immobilienfonds handelt, dessen Anteile im In- oder Ausland sowohl in rechtlicher als auch in tatsächlicher Hinsicht nicht einem unbestimmten Personenkreis angeboten werden (Z 6) und
- Einkünfte aus der Beteiligung als stiller Gesellschafter sowie nach Art eines stillen Gesellschafters, wenn die Beteiligung an einem inländischen Unternehmen besteht (Z 7).

> **Anmerkung:** Der Gesetzgeber hat offenbar unterschiedliches Vertrauen in verschiedene Berufe: Während die Einkünfte des beschränkt steuerpflichtigen Rechtsanwalts keinem Steuerabzug unterliegen, ist dies beim beschränkt steuerpflichtigen Architekten der Fall. Der Gesetzgeber vertraut scheinbar darauf, dass ausländische Rechtsanwälte sich in Österreich zur Einkommensteuer veranlagen lassen, während er bei ausländischen Architekten kein Risiko eingeht und daher gleich an der Quelle – also bei der Auszahlung des Honorars – eine Steuer erhebt.

Beim Steuerabzug nach § 99 EStG kommen **Objektsteuerelemente** der beschränkten Steuerpflicht ins Spiel: Ein Betriebsausgaben- oder Werbungskostenabzug kann im Abzugsverfahren grundsätzlich nicht vorgenommen werden. Der Abzugsteuer unterliegt nämlich der volle Betrag der Betriebseinnahmen oder Einnahmen (§ 99 Abs 2 Z 1 EStG; **System der Bruttoabzugsbesteuerung**). Betriebsausgaben oder Werbungskosten können erst im Veranlagungsverfahren abgezogen werden, sofern die Veranlagung beantragt wird oder sogar zwingend vorgesehen ist. Die Abzugsteuer gemäß § 99 EStG beträgt generell 20%, jedoch 27,5% bei Einkünften gemäß § 99 Abs 1 Z 6 und 7 EStG (§ 100 Abs 1 EStG). Ist der Empfänger der Einkünfte hingegen eine Körperschaft im Sinne des § 1 Abs 1 KStG, kann bei inländischen Einkünften gemäß § 99 Abs 1 Z 6 und 7 EStG stets eine Abzugsteuer in Höhe von 25% einbehalten werden (§ 100 Abs 1a EStG).

Ist der beschränkt Steuerpflichtige jedoch in einem Mitgliedstaat der EU oder des EWR ansässig, so darf er die mit den Einnahmen (Betriebseinnahmen) unmittelbar zusammenhängenden Ausgaben (Betriebsausgaben oder Werbungskosten) vom vollen Betrag der Einnahmen (Betriebseinnahmen) abziehen, sofern der beschränkt Steuerpflichtige dem zum Abzug Verpflichteten die Ausgaben bereits vor Auszahlung schriftlich mitgeteilt hat (§ 99 Abs 2 Z 2 EStG; **System der Nettoabzugsbesteuerung**). Der Abzugsverpflichtete kann diese Ausgaben sodann abziehen, haftet allerdings nach § 100 Abs 2 EStG für die Einbehaltung und Abfuhr der Steuerabzugsbeträge. Die Abzugsteuer beträgt in den Fällen des § 99 Abs 2 Z 2 EStG 25% (§ 100 Abs 1 EStG).

Die Einführung der Sonderregelung für EU-/EWR-Ansässige in Z 2 des § 99 Abs 2 EStG war geboten, da das Unionsrecht auch in einem Steuerabzugsverfahren die Möglichkeit verlangt, die mit den Betriebseinnahmen oder Einnahmen unmittelbar verbundenen Ausgaben zu berücksichtigen (EuGH 03.10.2006, Rs C-290/04, *Scorpio*). Daher besteht neben der Bruttoabzugsteuer eine Nettoabzugsteuer mit einheitlichem Steuersatz für im EU-/EWR-Raum ansässige Einkünfteempfänger.

Tz 295 **§ 99a EStG** sieht eine **Befreiung** von der Verpflichtung zum Steuerabzug für Zins- und Lizenzgebührzahlungen zwischen verbundenen Unternehmen innerhalb der EU vor. Voraussetzung für die Befreiung ist das Bestehen einer unmittelbaren Beteiligung in Höhe von mindestens 25% zwischen den Unternehmen, die innerhalb der EU ansässig sein müssen. Weiters muss die Beteiligung im Zeitpunkt der Zahlung der Zinsen oder Lizenzgebühren für einen ununterbrochenen Zeitraum von mindestens einem Jahr bestanden haben (§ 99a Abs 6 EStG). Sind diese Bedingungen erfüllt, unterliegen Zins- und Lizenzgebührzahlungen, die eine inländische Körperschaft oder eine inländische Betriebsstätte eines EU-Unternehmens an ein verbundenes Unternehmen eines anderen Mitgliedstaates oder eine in einem anderen Mitgliedstaat gelegene Betriebsstätte eines verbundenen Unternehmens zahlt, nicht der österreichischen Abzugsteuer und gemäß § 98 Abs 2 EStG auch nicht der beschränkten Steuerpflicht. § 99a EStG trägt der Richtlinie zur Abschaffung der Quellensteuer auf Zahlungen von Zinsen und Lizenzgebühren zwischen verbundenen Unternehmen verschiedener Mitgliedstaaten (RL 2003/49/EG) Rechnung.

2 *Die Veranlagung*

Tz 296 Eine **Verpflichtung zur Veranlagung** besteht für alle Einkünfte eines beschränkt Steuerpflichtigen, die überhaupt keinem Steuerabzug unterliegen (§ 102 Abs 1 Z 1 EStG); darüber hinaus auch für folgende steuerabzugspflichtige Einkünfte eines beschränkt Steuerpflichtigen (§ 102 Abs 1 Z 2 lit a EStG):

- steuerabzugspflichtige Einkünfte, die zu den Betriebseinnahmen eines inländischen Betriebes gehören,
- steuerabzugspflichtige Einkünfte, die zu den Einkünften aus der Beteiligung an einem Unternehmen als (echter) stiller Gesellschafter gehören,
- steuerabzugspflichtige Einkünfte, die zu den Gewinnanteilen gemäß § 99 Abs 1 Z 2 EStG (doppelstöckige Personengesellschaften) gehören.

Darüber hinaus sind auch lohnsteuerpflichtige Einkünfte eines beschränkt Steuerpflichtigen zu veranlagen, wenn andere veranlagungspflichtige Einkünfte bezogen wurden, deren Gesamtbetrag 730 Euro übersteigt oder im Kalenderjahr zumindest zeitweise gleichzeitig zwei oder mehrere lohnsteuerpflichtige Einkünfte bezogen worden sind (§ 102 Abs 1 Z 2 lit b EStG).

Die **Möglichkeit eine Veranlagung zu beantragen**, besteht in den Fällen, in denen Lohnsteuer einbehalten oder ein Steuerabzug nach § 99 Abs 1 Z 1 und 3 bis 6 EStG durchgeführt wurde (§ 102 Abs 1 Z 3 EStG). Beschränkt Steuerpflichtige mit sehr niedrigen Einnahmen können durch die Veranlagung ihre Steuerlast reduzieren, da bei der Veranlagung eine Erfassung der Einkünfte zum regulären progressiven Tarif erfolgt. Aus der Anwendung des progressiven Tarifs kann sich eine Steuerbelastung ergeben, die geringer ist als die Belastung mit Abzugsteuer gemäß § 70 Abs 2 Z 2 oder § 99 EStG.

Dabei ist allerdings zu beachten, dass dem zu veranlagenden Einkommen für Zwecke der Berechnung der Steuer gemäß § 102 Abs 3 EStG ein Betrag in Höhe von 9.000 Euro hinzuzurechnen ist, wodurch sich der nach § 33 Abs 1 EStG anwendbare Tarif erhöhen kann. Mit Abzugsteuer- und Veranlagungsverfahren (ersteres in Ausgestaltung als Brutto- oder Nettoabzugssystem; vgl Tz 294), stehen einem in der EU oder im EWR ansässigen beschränkt Steuerpflichtigen damit drei Alternativen der steuerlichen Erfassung seiner Einnahmen offen.

> **Beispiel:** Ein in Deutschland ansässiger Sänger tritt im Rahmen eines Konzertes in Wien auf und erhält dafür vom Wiener Veranstalter ein Honorar in Höhe von 60.000 Euro. In Zusammenhang mit diesem Auftritt erwachsen dem Sänger Betriebsausgaben in Höhe von 38.000 Euro. Sonst bezieht er im gesamten Kalenderjahr keine österreichischen Einkünfte.
>
> **Variante 1 Bruttoabzugsbesteuerung:** Sofern der beschränkt steuerpflichtige Sänger seine Betriebsausgaben dem Wiener Veranstalter nicht vor Zufluss seines Honorars schriftlich mitgeteilt hat, wird im Abzugsweg die 20%ige Abzugsteuer (12.000 Euro) einbehalten.
>
> **Variante 1a Zusätzliche Veranlagung:** Im Rahmen des von ihm beantragten Veranlagungsverfahrens ist dem (um die Betriebsausgaben gekürzten) steuerpflichtigen Einkommen von 22.000 Euro ein Betrag von 9.000 Euro hinzuzurechnen (gemäß § 102 Abs 2 EStG). Dieser Gesamtbetrag (31.000 Euro) ist nun für die Berechnung des Steuertarifs gemäß § 33 Abs 1 EStG

heranzuziehen. Die Einkommensteuer berechnet sich wie folgt: Die ersten 11.000 Euro werden als steuerfrei behandelt; der Steuersatz für die Einkommensteile über 11.000 Euro bis 18.000 Euro beträgt 20% (demgemäß ergibt sich eine Steuer in Höhe von 1.400 Euro). Die Einkommensteile über 18.000 Euro bis 31.000 Euro werden mit einem Steuersatz von 35% besteuert (es errechnet sich eine Steuer in Höhe von 4.550 Euro). In Summe beträgt die Einkommensteuer nach § 33 Abs 1 EStG daher 5.950 Euro. Diese ist niedriger als die einbehaltene Abzugsteuer in Höhe von 12.000 Euro. Die Differenz wird im Rahmen des Veranlagungsverfahrens rückerstattet.

Variante 2 Nettoabzugsbesteuerung: Bei schriftlicher Mitteilung der mit den Betriebseinnahmen unmittelbar zusammenhängenden Betriebsausgaben dürfen letztere vom vollen Betrag der Betriebseinnahmen abgezogen werden. Die verbleibenden 22.000 Euro werden mit der Abzugsteuer in Höhe von 25% belastet: Die Steuerlast beträgt dann 5.500 Euro.

Tz 297 Kommt es – aufgrund gesetzlicher Verpflichtung (§ 102 Abs 1 Z 1 und Z 2 EStG) oder über Antrag (§ 102 Abs 1 Z 3 EStG) – zur Veranlagung, kann der beschränkt Steuerpflichtige **Betriebsausgaben oder Werbungskosten** nur abziehen, soweit sie mit diesen Einkünften in wirtschaftlichem Zusammenhang stehen (§ 102 Abs 2 Z 1 EStG). Sonderausgaben können nur insoweit abgezogen werden, als sie sich auf das Inland beziehen (§ 102 Abs 2 Z 2 erster Satz EStG).

Tz 298 Sonderregelungen sind in § 102 Abs 2 Z 2 EStG für den **Verlustabzug** vorgesehen. An sich kann dieser wie im Falle der unbeschränkten Steuerpflicht berücksichtigt werden, soweit es sich um Verluste handelt, die in inländischen Betriebsstätten entstanden sind. Er kann aber nur insoweit berücksichtigt werden, als er die „nicht der beschränkten Steuerpflicht unterliegenden“ (das sind die ausländischen, positiven) Einkünfte überstiegen hat (§ 102 Abs 2 Z 2 letzter Satz EStG). Der Gesetzgeber geht davon aus, dass primär der Ansässigkeitsstaat zur Verlustberücksichtigung einer im anderen Staat gelegenen Betriebsstätte verpflichtet ist. Nur **subsidiär** soll in Österreich der Verlustvortrag bei inländischen Betriebsstätten zulässig sein; nämlich dann, wenn die Berücksichtigung im Ansässigkeitsstaat ausgeschlossen ist (vgl *H. Loukota*, SWI 1991, 45 ff).

Es würden sonst österreichische Betriebsstätten ausländischer Unternehmen schlechter behandelt werden als österreichische Unternehmen selbst. Darin läge ein Verstoß gegen die abkommensrechtlichen Betriebsstättendiskriminierungsverbote und die unionsrechtliche Niederlassungsfreiheit (näher dazu *Toifl*, SWI 1997, 320 ff mwN). VwGH und Finanzverwaltung vertreten die Auffassung, dass bei Vorliegen eines DBA mit Betriebsstättendiskriminierungsverbot der Verlustvortrag bei beschränkter Steuerpflicht in Österreich nur mehr dann eingeschränkt werden soll, wenn es dadurch zu einer doppelten Verlustverwertung käme, das heißt zu einer Berücksichtigung der

Verluste sowohl im Ansässigkeitsstaat als auch im Betriebsstättenstaat Österreich (vgl VwGH 16.02.2006, 2005/14/0036; BMF, EAS 2345 vom 02.09.2003, SWI 2003, 476, siehe auch Tz 305).

Tz 299

- *Die Einkünfte der Taxa Deutschland GmbH aus der Wiener Betriebsstätte sind in Österreich zu veranlagen: Die Taxa Deutschland GmbH hat als beschränkt Steuerpflichtige für ihre Wiener Betriebsstätte eine Steuererklärung abzugeben. Bei der Berechnung der steuerpflichtigen Einkünfte sind die mit den Betriebseinnahmen wirtschaftlich zusammenhängenden Betriebsausgaben zu berücksichtigen und die sich auf das Inland beziehenden Sonderausgaben abzuziehen.*
- *Bei Unterlassen einer schriftlichen Mitteilung betreffend die Betriebsausgaben unterliegen die Bruttoeinnahmen aus der technischen Beratung dem 20%igen Steuerabzug. Eine Veranlagung ist auf Antrag möglich. Wenn daher mit der technischen Beratungstätigkeit in Salzburg Betriebsausgaben zusammenhängen, können diese in Österreich sowohl im Zuge der Veranlagung (soweit ein wirtschaftlicher Zusammenhang mit den Einkünften besteht) als auch mithilfe des Nettoabzugsteuersystems (dies allerdings nur bei unmittelbarem Zusammenhang der Betriebsausgaben mit den Betriebseinnahmen) berücksichtigt werden.*
- *Die direkt von der Taxa Deutschland GmbH bezogenen österreichischen Dividenden unterliegen in Österreich der 27,5%igen KESt.*

V AUSWIRKUNGEN DER DOPPELBESTEUERUNGS-ABKOMMEN

Tz 300

In weiterer Folge möchte die Taxa Deutschland GmbH abklären, welche Konsequenzen die Anwendung des DBA Österreich – Deutschland für sie mit sich bringt.

1 Unternehmensgewinne

Tz 301 Für Unternehmensgewinne gilt in den dem OECD-MA nachgebildeten DBA das **Betriebsstättenprinzip** (Art 7 OECD-MA). Das Besteuerungsrecht steht grundsätzlich zur Gänze dem Ansässigkeitsstaat zu, es sei denn, das Unternehmen hat im Quellenstaat eine Betriebsstätte und die in diesem Staat erzielten Einkünfte sind dieser Betriebsstätte zuzurechnen. Insoweit hat dann auch der Betriebsstättenstaat ein Besteuerungsrecht. Der Methodenartikel (Art 23 OECD-MA) entscheidet darüber, ob der Ansässigkeitsstaat die Doppelbesteuerung dadurch vermeidet, dass er die Betriebsstättengewinne von der Besteuerung ausnimmt (Befreiungsmethode) oder dadurch, dass er die Steuer des Quellenstaates, die auf die der Betriebsstätte zuzurechnenden Einkünfte entfällt, auf seine eigene Steuer anrechnet (Anrechnungsmethode). Dies wird in den bilateralen DBA unterschiedlich geregelt. Der Betriebsstättenbegriff richtet sich nicht nach dem originär innerstaatlichen Recht der beiden Vertragsstaaten, sondern nach den Doppelbesteuerungsabkommen selbst. Art 5 OECD-MA enthält eine eigenständige Definition für Abkommenszwecke.

Beispiel: Der österreichische Einzelunternehmer A hat im Burgenland eine Bäckerei. Seit einiger Zeit hat er außerdem eine Geschäftsstelle in Sopron. Art 7 Abs 1 des DBA Österreich – Ungarn sieht vor, dass die Gewinne der österreichischen Bäckerei nur in Österreich besteuert werden dürfen, es sei denn, die Bäckerei übt ihre Geschäftstätigkeit in Ungarn durch eine dort gelegene Betriebsstätte aus. In diesem Fall hätte nämlich Ungarn insoweit das Besteuerungsrecht, als die Gewinne der ungarischen Betriebsstätte zugerechnet werden können. Da eine Geschäftsstelle eine Betriebsstätte im Sinne von Art 5 DBA darstellt, hat Ungarn das Recht, die der Betriebsstätte zuzurechnenden Gewinne zu besteuern. Der Methodenartikel – im DBA Österreich – Ungarn ist dies Art 22 – sieht bei Unternehmensgewinnen zur Vermeidung der Doppelbesteuerung die Befreiungsmethode (mit Progressionsvorbehalt) vor: Österreich muss also den der Betriebsstätte zuzurechnenden Gewinn von der Besteuerung ausnehmen, darf aber bei der Festsetzung der Steuer für das übrige Einkommen jenen Steuersatz anwenden, der anzuwenden wäre, wenn die betreffenden Einkünfte nicht von der Besteuerung ausgenommen wären.

2 Dividenden

Tz 302 Für **Dividenden** kommt Art 10 OECD-MA zur Anwendung (vgl aber Tz 214 zum Betriebsstättenvorbehalt). Nach Art 10 Abs 1 OECD-MA hat der Ansässigkeitsstaat das Besteuerungsrecht. Art 10 Abs 2 OECD-MA gibt jedoch darüber hinaus auch dem Quellenstaat ein der Höhe nach beschränktes Besteuerungsrecht. Die Höhe dieser zulässigen Quellensteuer ist in den DBA unterschiedlich geregelt und ist oft Gegenstand langwieriger bilateraler Verhandlungen. Bei Dividenden wird der Ansässigkeitsstaat dann im Methodenartikel (Art 23 OECD-MA) meist dazu verpflichtet, die im anderen Staat in zulässigerweise erhobene **Quellensteuer** auf seine eigene Steuer **anzurechnen**.

Tz 303 In zahlreichen DBA ist die Frage, auf welche Weise der Quellenstaat seine Steuer reduziert, nicht ausdrücklich geregelt. So kann innerstaatlich zB eine Quellensteuer in Höhe von 27,5% vorgesehen sein, die durch ein DBA auf 5% reduziert wird. Derjenige, der zum Steuerabzug verpflichtet ist, kann die entsprechende Steuerreduktion entweder **unmittelbar an der Quelle** (das heißt Abzug der Quellensteuer in jener Höhe, die dem Abkommen entspricht) durchführen, oder aber die volle Quellensteuer, die im innerstaatlichen Recht vorgesehen ist, einbehalten und den Empfänger der Einkünfte auf den **Rückerstattungsweg** (das heißt spätere Rückzahlung der Differenz zwischen der eingehobenen Quellensteuer und dem im DBA zulässigen Ausmaß an Quellensteuer) verweisen. In der DBA-Entlastungsverordnung (BGBl III 2005/92) ist näher geregelt, unter welchen Voraussetzungen die Quellensteuer zunächst einzubehalten ist und der Empfänger einen Rückerstattungsantrag zu stellen hat, sowie unter welchen Voraussetzungen unmittelbar an der Quelle entlastet werden darf.

Tz 304 *Aufgrund ihrer unbeschränkten Steuerpflicht in Deutschland ist die Taxa Deutschland GmbH abkommensrechtlich (Art 4 Abs 1 DBA Österreich – Deutschland) in*

Deutschland ansässig. Gemäß Art 1 DBA Österreich – Deutschland ist das Abkommen daher auf sie persönlich anwendbar. Gemäß Art 2 DBA Österreich - Deutschland ist die KöSt vom sachlichen Anwendungsbereich erfasst.
Die für ***Unternehmensgewinne*** *maßgebende Verteilungsnorm findet sich in Art 7 DBA Österreich – Deutschland. Österreich hat nur insoweit ein Besteuerungsrecht, als in Österreich eine Betriebsstätte im abkommensrechtlichen Sinn (Art 5 DBA Österreich – Deutschland) existiert und die Einkünfte dieser Betriebsstätte zuzuordnen sind. Mangels Zuordenbarkeit zu einer österreichischen Betriebsstätte, können die Einkünfte aus der in Salzburg ausgeübten technischen Beratung nicht in Österreich besteuert werden. Für die Einkünfte der Wiener Betriebsstätte hat Österreich hingegen das Besteuerungsrecht. Deutschland ist gemäß Art 23 Abs 1 lit a DBA Österreich – Deutschland zur Befreiung verpflichtet.*
Für die ***Dividendeneinkünfte*** *ist Art 10 DBA Österreich – Deutschland anwendbar. Deutschland darf die Dividenden nach Art 10 Abs 1 besteuern, Österreich gemäß Art 10 Abs 2 ebenfalls, aber maximal in Höhe von 15% des Bruttobetrags der Dividenden. Die 27,5%ige österreichische KESt ist daher entweder unmittelbar bei Auszahlung der Dividenden auf 15% zu reduzieren (Entlastung an der Quelle) oder – wenn zunächst 27,5% KESt einbehalten wurden – auf Antrag zu erstatten. Deutschland ist gemäß Art 23 Abs 1 lit b DBA des Abkommens verpflichtet, diese (reduzierte) österreichische Steuer auf die deutsche KöSt anzurechnen.*
Sollte die Beteiligung der Taxa Deutschland GmbH an der österreichischen Gesellschaft zumindest 10% betragen, dürfte Österreich maximal 5% des Bruttobetrags der Dividenden besteuern (Art 10 Abs 2 lit a DBA Österreich – Deutschland). Allerdings sind in diesem Zusammenhang die Vorgaben der Mutter-Tochter-Richtlinie und deren Umsetzung in das österreichische Recht zu berücksichtigen. Gemäß § 94 EStG verzichtet nämlich Österreich zur Gänze auf die Quellenbesteuerung von Konzerndividenden, die von österreichischen Gesellschaften ins EU-Ausland gezahlt werden, wenn zumindest eine Beteiligung in Höhe von 10% (§ 94 Z 2 EStG) besteht und die Mindestbeteiligungsdauer von einem Jahr erfüllt ist (siehe dazu auch Tz 245). In diesem Fall würde daher in Österreich schon nach rein innerstaatlichem Recht keine Quellensteuer auf die Dividenden eingehoben werden.

3 Betriebsstättendiskriminierungsverbot

Tz 305 Zahlreiche Doppelbesteuerungsabkommen enthalten auch das Verbot, die Betriebsstätte eines im anderen Vertragsstaat ansässigen Unternehmens im Vergleich zu im Betriebsstättenstaat ansässigen Unternehmen zu diskriminieren. Die Besteuerung der Betriebsstätte darf nicht ungünstiger sein, als die Besteuerung von im Betriebsstättenstaat ansässigen Unternehmen, sofern die gleiche Tätigkeit ausgeführt wird (Betriebsstättendiskriminierungsverbot des Art 24 Abs 3 OECD-MA).

Tz 306 *Die Taxa Deutschland GmbH kann allfällige Verluste, die in ihrer österreichischen Betriebsstätte entstehen, trotz der Einschränkungen des § 102 Abs 2 Z 2 letzter Satz EStG in Österreich berücksichtigen, es sei denn, es ergäbe sich dadurch eine Doppelverlustverwertung. Diese Behandlung ergibt sich aufgrund des im DBA Österreich – Deutschland normierten Betriebsstättendiskriminierungsverbotes. Darüber hinaus wird diese Behandlung auch in Abs 12 des Protokolls zum DBA Österreich – Deutschland festgehalten.*

VI WEITERFÜHRENDE LITERATUR

- *Beiser*, Steuern – Ein systematischer Grundriss, 19. Auflage, 2021, 54-60, 206-2017, 219-228.
- *Doralt*, Steuerrecht 2022, 23. Auflage, 2022, 106-111, 112-115.
- *Doralt/Ruppe*, Grundriss des österreichischen Steuerrechts, Band I, 12. Auflage, 2019, 407-412, 541-544.
- *Lang*, Introduction to the Law of Double Taxation Conventions, 3. Auflage, 2021.
- *Lang/Pistone/Schuch/Staringer/Rust/Kofler/Spies*, Introduction to European Tax Law on Direct Taxation, 6. Auflage, 2020.

VII WIEDERHOLUNGSFRAGEN

1. Dr. Christophorus ist in Österreich beschränkt steuerpflichtig. Er arbeitet als Arzt in einem Berliner Krankenhaus. Er operiert einen Patienten in einer Wiener Privatklinik und erhält dafür ein Honorar. Darüber hinaus bezieht er Einkünfte aus der Vermietung eines Zinshauses im 10. Wiener Gemeindebezirk und Dividenden aus der Beteiligung an einer französischen Kapitalgesellschaft. Welche dieser Einkünfte unterliegen der österreichischen Einkommensteuer? Kreuzen Sie die richtige(n) Antwort(en) an!

- o Die Einkünfte aus der Tätigkeit als Arzt im Berliner Krankenhaus.
- o Das Honorar für die Behandlung des Patienten in Wien.
- o Die Einkünfte aus der Vermietung des Wiener Zinshauses.
- o Die Dividenden aus der Beteiligung an einer französischen Kapitalgesellschaft.
- o Aufgrund der Niederlassungsfreiheit darf Österreich keine der genannten Einkünfte von Dr. Christophorus besteuern.

2. Welche der folgenden Einkünfte unterliegen dem Steuerabzug in besonderen Fällen bei beschränkter Steuerpflicht in Österreich? Kreuzen Sie die richtige(n) Antwort(en) an!

- o Einkünfte eines Schriftstellers aus einer Dichterlesung in Salzburg.
- o Vergütungen an einen in Ungarn ansässigen Steuerpflichtigen für seine Tätigkeit als Aufsichtsrat einer österreichischen Aktiengesellschaft.
- o Einkünfte eines Münchner Rechtsanwalts aus der Beratung eines Klienten in Innsbruck.
- o Die Einkünfte eines niederländischen Unternehmensberaters aus der kaufmännischen Beratung eines Salzburger Unternehmens.
- o Die Einkünfte aus einem Konzert, das eine in Spanien ansässige österreichische Staatsbürgerin in Schweden gibt.

3. Einkünfte beschränkt Steuerpflichtiger aus einer in Österreich ausgeübten selbständigen Tätigkeit als Künstler

- o werden von vornherein zum regulären progressiven Einkommensteuertarif erfasst.
- o unterliegen dem 25%igen Steuerabzug in besonderen Fällen.
- o unterliegen dem 20%igen Steuerabzug in besonderen Fällen.

- sind verpflichtend zur Einkommensteuer zu veranlagen.
- können auf Antrag zur Einkommensteuer veranlagt werden.
- dürfen nicht zur Einkommensteuer veranlagt werden.

4. Unter welchen Bedingungen können Betriebsstättenverluste beschränkt Steuerpflichtiger in Österreich vorgetragen werden?

5. Was versteht man unter dem Begriff „Isolationstheorie"?

6. Welche Aussage(n) zur Veranlagung beschränkt Steuerpflichtiger ist/sind richtig?

- Bei steuerabzugspflichtigen Einkünften, die zu den Betriebseinnahmen eines inländischen Betriebes gehören, besteht eine Pflicht zur Veranlagung.
- Bei Einkünften, von denen eine Lohnsteuer einzubehalten ist, besteht ein Wahlrecht zur Veranlagung.
- Die Möglichkeit zur Veranlagung besteht nur, wenn die inländischen Einkünfte mehr als 11.000 Euro betragen.
- Im Rahmen der Veranlagung können nur jene Betriebsausgaben oder Werbungskosten abgezogen werden, die mit den steuerpflichtigen Einkünften in wirtschaftlichem Zusammenhang stehen.
- Bei Einkünften aus der Beteiligung an einem Unternehmen als echter stiller Gesellschafter besteht ein Wahlrecht zur Veranlagung.

7. Welche Besonderheiten ergeben sich bei der Veranlagung beschränkt Steuerpflichtiger?

8. Welche Erhebungsformen der Einkommen- und Körperschaftsteuer gibt es bei beschränkt Steuerpflichtigen?

9. Für welche Einkünfte eines beschränkt Steuerpflichtigen besteht eine Verpflichtung zur Veranlagung?

10. Die in Belgien ansässige Antwerpen SA (dabei handelt es sich um eine Körperschaft belgischen Rechts, die im Anhang zur Mutter-Tochter-Richtlinie genannt ist) unterhält eine Betriebsstätte in Wien. Zum Betriebsvermögen der Wiener Betriebsstätte gehört ua eine Beteiligung in Höhe von 100% an der Kärnten AG mit Sitz und Ort der Geschäftsleitung in Wien. Die Beteiligung wurde vor zwei Monaten erworben. Welche der folgenden Aussagen treffen/trifft zu?

- Die Gewinnausschüttungen der Kärnten AG an die österreichische Betriebsstätte der Antwerpen SA unterliegen der österreichischen Kapitalertragsteuer.
- Die Gewinnausschüttungen der Kärnten AG an die österreichische Betriebsstätte der Antwerpen SA unterliegen bei dieser einem Sondersteuersatz von 12,5%.
- Die Gewinnausschüttungen der Kärnten AG an die österreichische Betriebsstätte der Antwerpen SA sind bei dieser steuerfrei zu stellen, da § 10 Abs 1 KStG sinngemäß anzuwenden ist.
- Die Gewinnausschüttungen der Kärnten AG an die österreichische Betriebsstätte der Antwerpen SA sind bei dieser voll steuerpflichtig, da die

Mindestbehaltedauer von einem Jahr im Sinne von § 10 Abs 2 KStG noch nicht erfüllt ist.

- Die Gewinnausschüttungen der Kärnten AG an die österreichische Betriebsstätte der Antwerpen SA unterliegen der Abzugsteuer gemäß § 99 Abs 1 EStG.

MODUL 9: DAS ABGABENVERFAHREN: ORGANISATION DER ABGABENBEHÖRDEN, ERMITTLUNG UND FESTSETZUNG DER ABGABEN

Die zentralen Fragen dieses Moduls sind:

- ***Wie sind die Abgabenbehörden aufgebaut und wie sind die Zuständigkeiten geregelt?***
- ***Was sind die Bestandteile eines Abgabenbescheides? Welche Mindesterfordernisse sind an einen Abgabenbescheid zu stellen? Welche Wirkung hat er?***
- ***Welche Rechte und Pflichten hat die Behörde bei der Ermittlung und Festsetzung der Steuern?***
- ***Welche Rechte und Pflichten hat der Steuerpflichtige bei der Ermittlung und Festsetzung der Steuern?***
- ***Was regelt das FinStrG und welche Sanktionen sieht es vor?***

I AUFBAU UND ZUSTÄNDIGKEITEN DER ABGABENBEHÖRDEN

Tz 307 *Die vom 19. Wiener Gemeindebezirk aus geleitete Taxa Österreich GmbH erzielt Einkünfte aus der Beratung österreichischer Klienten. Die GmbH will ihren gesetzlichen Verpflichtungen nachkommen und daher ihre Erklärungspflichten gegenüber der Steuerbehörde erfüllen. In die Zuständigkeit welches Finanzamtes fällt die Taxa Österreich GmbH, wenn sie in den letzten beiden Jahren über 10 Mio Euro Jahresumsatz erwirtschaftet hat?*

1 Der Aufbau der Abgabenverwaltung des Bundes

Tz 308 Die Zuständigkeiten auf dem Gebiet des Abgabenwesens sind gemäß Art 13 Abs 1 B-VG durch das Finanz-Verfassungsgesetz (F-VG) zu regeln. Die Bundesabgaben werden, soweit die Bundesgesetzgebung nichts anderes bestimmt, durch Organe der Bundesfinanzverwaltung bemessen, eingehoben und zwangsweise eingebracht (§ 11 Abs 1 F-VG). Die Vollziehung erfolgt dabei in unmittelbarer Bundesverwaltung. Die für die Bundesabgaben zuständigen Abgabenbehörden sind Bundesbehörden. Oberste Abgabenbehörde ist der Bundesminister für Finanzen (§ 49 Z 1 lit a BAO), ihm sind das Finanzamt Österreich, das Finanzamt für Großbetriebe und das Zollamt Österreich unmittelbar unterstellt. Der Bundesminister für Finanzen hat gegenüber den Finanzämtern und dem Zollamt ein **Aufsichts- und Weisungsrecht**. Die Unterbehörde kann die Befolgung einer Weisung nur dann ablehnen, wenn die Weisung entweder von einem unzuständigen Organ erteilt wurde, oder die Befolgung gegen strafgesetzliche Vorschriften verstoßen würde (Art 20 Abs 1 B-VG). Im Unterschied dazu kommt dem Bundesfinanzgericht (BFG) gegenüber den Finanzämtern und dem Zollamt keine Weisungsbefugnis zu.

2 *Die Zuständigkeit der Finanzämter*

Tz 309 Sowohl das Finanzamt Österreich als auch das Finanzamt für Großbetriebe sind Abgabenbehörden mit bundesweiter Zuständigkeit. Die beiden Finanzämter unterscheiden sich jedoch in ihren sachlichen Zuständigkeiten. Die Zuständigkeiten der beiden Finanzämter ergänzen einander, es ist daher entweder das Finanzamt Österreich oder das Finanzamt für Großbetriebe ausschließlich zuständig.

Tz 310 Dem **Finanzamt Österreich** obliegt die Wahrnehmung der Aufgaben, die einer Abgabenbehörde übertragen sind, wenn weder der Bundesminister für Finanzen, noch das Finanzamt für Großbetriebe oder das Zollamt Österreich zuständig sind. Außerdem hat das Finanzamt Österreich jene Aufgaben zu erfüllen, die einem Finanzamt übertragen sind, wenn die Voraussetzungen für die Zuständigkeit des Finanzamts für Großbetriebe nicht vorliegen (§ 60 Abs 1 BAO). Das Finanzamt Österreich hat somit eine umfassende Zuständigkeit für die Erhebung von Bundesabgaben, soweit dies nicht einer anderen Behörde übertragen ist. Für einige, in § 60 Abs 2 BAO geregelte Aufgaben ist das Finanzamt Österreich ausschließlich zuständig. Dazu zählt zB die Erhebung der Umsatzsteuer von ausländischen Unternehmern ohne Betriebsstätte oder Grundbesitz im Inland (§ 60 Abs 2 Z 2 BAO) oder die Erhebung der Lohnsteuer von Arbeitgebern ohne Lohnsteuerbetriebsstätte (§ 81 EStG) im Inland (§ 60 Abs 2 Z 6 BAO).

Tz 311 Dem **Finanzamt für Großbetriebe** (§ 61 BAO) obliegt die Erhebung von Bundesabgaben in Bezug auf verschiedene in § 61 Abs 1 BAO taxativ aufgezählte Steuerpflichtige. Die Zuständigkeit umfasst grds sämtliche Bundesabgaben, jedoch enthält § 61 Abs 2 BAO eine Reihe von Abgaben, für deren Erhebung das Finanzamt für Großbetriebe unzuständig ist. Diese Abgaben fallen, soweit nicht andere Behörden zur Erhebung zuständig sind, auch bei den in § 61 Abs 1 BAO genannten Steuerpflichtigen in die Zuständigkeit des Finanzamt Österreichs. Außerdem hat das Finanzamt für Großbetriebe die ausschließliche Zuständigkeit für Angelegenheiten im Zusammenhang mit völkerrechtlichen Verträgen sowie bestimmter Fälle von beschränkter Steuerpflicht (im Detail siehe § 61 Abs 4 BAO). Diese Kompetenzen sind somit dem Finanzamt Österreich, auch für Steuerpflichtige die nicht in § 61 Abs 1 BAO genannt werden, entzogen.

> **Beispiel:** Dem Finanzamt für Großbetriebe obliegt zB die Erhebung der Einkommen-, Körperschaft-, und Umsatzsteuer für Steuerpflichtige, die in den letzten beiden Jahren mehr als 10 Mio Euro Jahresumsatz erwirtschaftet haben.
>
> Selbst wenn ein Steuerpflichtiger diese Umsatzschwelle überschreitet, fällt die Erhebung der Grunderwerbsteuer oder Gebühren nicht in die Zuständigkeit des Finanzamts für Großbetriebe, da diese gemäß § 61 Abs 2 BAO explizit ausgenommen sind.
>
> Außerdem kommt dem Finanzamt für Großbetriebe, unabhängig von den Voraussetzungen in § 61 Abs 1 BAO, die ausschließliche Zuständigkeit für die Rückzahlung von Abgaben, aufgrund völkerrechtlicher Verträge (§ 61 Abs 4 Z 1 BAO) zu. Bei beschränkt Steuerpflichtigen ist es zusätzlich für die

Rückerstattung der inländischen KESt (§ 98 Abs 1 Z 5 EStG; § 21 Abs 1 Z 1a KStG) zuständig.

Tz 312 *Die Taxa Österreich GmbH fällt hinsichtlich ihrer Körperschaftsteuer nach § 61 Abs 1 BAO in die Zuständigkeit des Finanzamtes für Großbetriebe, da sie in den letzten beiden Jahren über 10 Mio Euro Jahresumsatz erwirtschaftet hat.*

II DIE ABGABE DER STEUERERKLÄRUNG

Tz 313 *Bis wann hat die Taxa Österreich GmbH ihre Steuererklärung abzugeben?*

1 Fristen

Tz 314 **Abgabenerklärungen** für die Einkommensteuer, die Körperschaftsteuer, die Umsatzsteuer sowie für die Feststellung von Einkünften gemäß § 188 BAO sind bis zum Ende des Monats April des Folgejahres einzureichen. Bei elektronischer Übertragung verlängert sich diese Frist bis Ende Juni (§ 134 Abs 1 BAO). Zusätzlich kann die Abgabenbehörde die Frist im Einzelfall auf begründeten Antrag verlängern (§ 134 Abs 2 BAO). Eine allgemeine Erstreckung der Frist erfolgt regelmäßig im Erlasswege für jene Steuerpflichtigen, die von berufsmäßigen Parteienvertretern vertreten werden (Quotenregelung).

2 Voraussetzungen

Tz 315 Der **unbeschränkt Steuerpflichtige** hat eine **Einkommensteuererklärung** für das abgelaufene Kalenderjahr (Veranlagungszeitraum) abzugeben (§ 42 Abs 1 EStG), wenn insbesondere

- er vom Finanzamt dazu aufgefordert wird oder
- das Einkommen ganz oder teilweise aus Einkünften im Sinne des § 2 Abs 3 Z 1 bis 3 EStG bestanden hat und der Gewinn aufgrund eines Betriebsvermögensvergleichs zu ermitteln war oder ermittelt worden ist oder
- das Einkommen, in dem keine lohnsteuerpflichtigen Einkünfte enthalten sind, mehr als 11.000 Euro betragen hat; sofern lohnsteuerpflichtige Einkünfte vorliegen, besteht eine Erklärungspflicht, wenn das zu veranlagende Einkommen mehr als 12.000 Euro betragen hat und die Voraussetzungen des § 41 Abs 1 Z 1, 2, 5, 6 oder 7 EStG gegeben sind (§ 42 Abs 1 Z 3 EStG). Dies ist der Fall, wenn der Steuerpflichtige andere Einkünfte bezogen hat, deren Gesamtbetrag 730 Euro überstiegen hat (§ 41 Abs 1 Z 1 EStG), im Kalenderjahr zumindest zeitweise gleichzeitig zwei oder mehrere lohnsteuerpflichtige Einkünfte bezogen worden sind (§ 41 Abs 1 Z 2 EStG), der Alleinverdiener- oder Alleinerzieherabsetzbetrag berücksichtigt wurde, ohne dass die Voraussetzungen dafür vorlagen (§ 41 Abs 1 Z 5 EStG) oder der Arbeitnehmer eine unrichtige Erklärung abgegeben hat (§ 41 Abs 1 Z 6 und 7 EStG) oder
- Einkünfte im Sinne des § 27a Abs 1 oder § 30 EStG bezogen werden, aber keine KESt oder Immo-ESt abgezogen wurde (§ 42 Abs 1 Z 4 und 5 EStG).

Tz 316 Der **beschränkt Steuerpflichtige** hat eine **Steuererklärung** über die inländischen Einkünfte für das abgelaufene Kalenderjahr (Veranlagungszeitraum) abzugeben (§ 42 Abs 2 EStG), wenn

- er vom Finanzamt dazu aufgefordert wird oder
- wenn die gesamten inländischen Einkünfte, die gemäß § 102 EStG zur Einkommensteuer zu veranlagen sind, mehr als 2.000 Euro betragen.

Tz 317 Für **Umsatzsteuerzwecke** sind Umsatzsteuervoranmeldungen (§ 21 Abs 1 UStG) und die jährliche Umsatzsteuererklärung (§ 21 Abs 4 UStG) einzureichen (vgl Tz 150 f).

Auch in anderen – hier beispielhaft erwähnten – Einzelsteuergesetzen sind **Erklärungspflichten** vorgesehen:

Über Erwerbsvorgänge, die dem **Grunderwerbsteuergesetz** unterliegen, ist bis zum 15. Tag des auf den Kalendermonat, in dem die Steuerschuld entstanden ist, zweitfolgenden Monats beim Finanzamt eine Abgabenerklärung vorzulegen. Zur Vorlage der Abgabenerklärung sind in aller Regel der bisherige Eigentümer, der Erwerber sowie die Notare, Rechtsanwälte und sonstigen Bevollmächtigten, die beim Erwerb des Grundstücks oder bei Errichtung der Vertragsurkunde über den Erwerb mitgewirkt haben, zur ungeteilten Hand verpflichtet (§ 10 Abs 1 GrEStG; zur Selbstberechnung durch Parteienvertreter vgl § 10 Abs 2 und § 11 ff GrEStG sowie Tz 162).

Rechtsgeschäfte, für die eine **Hundertsatzgebühr** mit Bescheid festzusetzen ist, sind bis zum 15. Tag des auf den Kalendermonat, in dem die Gebührenschuld entstanden ist, zweitfolgenden Monats anzuzeigen (§ 31 Abs 1 GebG).

Tz 318 *Da die Taxa Österreich GmbH ihre Körperschaftsteuererklärung elektronisch übermittelt, hat sie diese bis Ende Juni einzureichen, es sei denn, es kommen in ihrem Fall individuell oder generell vorgenommene Fristerstreckungen zum Tragen (vgl Tz 314). Zuständig ist das Finanzamt für Großbetriebe (vgl Tz 311).*

III VON DER STEUERERKLÄRUNG BIS ZUM BESCHEID

Tz 319 *Die Taxa Österreich GmbH hat ihre Körperschaftsteuererklärung fristgerecht beim zuständigen Finanzamt abgegeben. Wie wird diese Steuererklärung seitens des Finanzamtes weiter bearbeitet?*

1 Die Bearbeitung der Steuererklärung durch das Finanzamt

Tz 320 Die Ermittlung der Abgaben beginnt mit der **Prüfung der eingereichten Erklärung**. Gemäß § 42 Abs 1 letzter UA EStG und § 24 Abs 3 Z 1 KStG ist die Einkommen- oder Körperschaftsteuererklärung elektronisch zu übermitteln, es sei denn, dem Steuerpflichtigen ist dies unzumutbar. Rund 80% der eingereichten Einkommen- und Körperschaftsteuererklärungen werden in der Praxis der Finanzämter ohne weitere inhaltliche Kontrolle EDV-mäßig weiterverarbeitet. Fälle, die inhaltlich einer näheren Prüfung bedürfen, werden aufgrund EDV-mäßig standardisierter Kriterien – wie zB der absoluten Höhe des Einkommens, wesentlicher Veränderungen zu den Vorjahren etc – ausgesondert. Daneben kann das Finanzamt noch bestimmte (Verdachts-)Fälle individuell mit einem Überprüfungshinweis kennzeichnen, die dann genauer geprüft werden.

Tz 321 Soweit nötig hat die Abgabenbehörde durch schriftliche Aufforderung zu veranlassen, dass die Abgabepflichtigen unvollständige Angaben ergänzen und Zweifel beseitigen (**Ergänzungsauftrag** - § 161 Abs 1 BAO). Wenn die Abgabenbehörde Bedenken gegen die Richtigkeit der Abgabenerklärung hegt, hat sie jene Ermittlungen vorzunehmen, die sie zur Erforschung des Sachverhalts für nötig hält. Sie hat dazu ein – später näher behandeltes – Ermittlungsverfahren durchzuführen. In dessen Rahmen kann sie den Abgabepflichtigen unter Bekanntgabe der Bedenken zur Aufklärung bestimmter Angaben auffordern (**Bedenkenvorhalt** - § 161 Abs 2 BAO). Erforderliche Beweise sind aufzunehmen. Wenn von der Abgabenerklärung abgewichen werden soll, sind dem Abgabepflichtigen die Punkte, in denen eine wesentliche Abweichung zu seinen Ungunsten in Frage kommt, zur vorherigen Äußerung mitzuteilen (§ 161 Abs 3 BAO).

2 Die Festsetzung der Abgaben

Tz 322 Nach Abschluss des Ermittlungsverfahrens erfolgt die Festsetzung der Abgabe mit **Bescheid**. Hinsichtlich der Bestandteile des Abgabenbescheides (§§ 93, 96 und 198 BAO) unterscheidet man zwischen den für seine Qualifikation als Bescheid unverzichtbaren und verzichtbaren Bestandteilen. Das Fehlen eines der im Folgenden genannten **unverzichtbaren** Erfordernisse hat zur Folge, dass es sich bei dem Schriftstück um keinen Bescheid handelt und es folglich auch keine Rechtswirkungen gegenüber dem Normadressaten entfaltet. Eine Anfechtung eines solchen Nichtbescheides kommt daher nicht in Betracht und eine Beschwerde dagegen ist gemäß § 260 BAO mit Beschwerdevorentscheidung (§ 262 BAO) oder Beschluss (§ 278 BAO) zurückzuweisen. Die **Mindesterfordernisse** sind:

- die bescheiderlassende Behörde, die zB aus der Überschrift, dem Spruch des Bescheides oder aus dem Beglaubigungsvermerk ersichtlich ist (§ 96 BAO),
- der Spruch des Bescheides, der aus Bescheidadressat, Art und Höhe der Abgabe, Bemessungsgrundlage und gegebenenfalls Zeitpunkt der Fälligkeit besteht (§ 93 Abs 2 und § 198 Abs 2 BAO),
- die Unterschrift desjenigen, der die Erledigung genehmigt hat (dieses Erfordernis kann durch Beglaubigung ersetzt werden oder bei automationsunterstützten Verfahren entfallen, vgl § 96 BAO).

Tz 323 Fehlt einer der folgenden Bestandteile, liegt trotzdem ein Bescheid vor, sofern die oben genannten unverzichtbaren Bestandteile vorhanden sind:

- die Bezeichnung als Bescheid (§ 93 Abs 2 BAO),
- das Datum der Erledigung (§ 96 BAO),

- die Begründung, wenn der Erklärung nicht vollinhaltlich Rechnung getragen wird oder wenn der Bescheid von Amts wegen, also ohne Antrag, ergeht (§ 93 Abs 3 lit a BAO),
- die Rechtsmittelbelehrung, das heißt innerhalb welcher Frist und bei welcher Behörde das Rechtsmittel einzubringen ist; ferner, dass das Rechtsmittel begründet werden muss und dass ihm keine aufschiebende Wirkung zukommt (§ 93 Abs 3 lit b BAO).

Tz 324 Fehlt die Begründung, kann ein Antrag auf Begründung gestellt werden, der den Lauf der Beschwerdefrist zwar nicht unterbricht, aber hemmt (§ 245 Abs 2 BAO). Fehlt die Rechtsmittelbelehrung, die Rechtsmittelfrist oder wird zu Unrecht ein Rechtsmittel für unzulässig erklärt, so wird die Rechtsmittelfrist nicht in Lauf gesetzt (§ 93 Abs 4 BAO). Ist in einem Bescheid eine kürzere oder längere als die gesetzliche Frist angegeben, so gilt das innerhalb der gesetzlichen oder der angegebenen längeren Frist eingebrachte Rechtsmittel als rechtzeitig erhoben (§ 93 Abs 5 BAO).

> **Beispiel:** Enthält ein Bescheid keine Begründung, kann innerhalb der Rechtsmittelfrist ein Antrag auf Mitteilung der fehlenden Begründung gestellt werden. Dieser Antrag hemmt die Rechtsmittelfrist. Dies bedeutet, dass der Fristlauf mit dem Tag der Einbringung des Antrags gestoppt wird. Mit dem auf die Zustellung der Begründung folgenden Tag wird der Ablauf der Frist fortgesetzt. Wird beispielsweise ein Antrag auf Begründung drei Tage vor Ablauf der Beschwerdefrist eingebracht, so hat der Steuerpflichtige nach Nachreichung der Begründung durch die Behörde noch drei Tage, um das Rechtsmittel fristgerecht zu erheben. Die Beschwerdefrist beträgt nach § 245 Abs 1 BAO einen Monat. Ist in der Rechtsmittelbelehrung des Bescheides irrtümlich davon die Rede, dass die Beschwerdefrist zwei Wochen beträgt, kann die Beschwerde dennoch innerhalb eines Monats eingebracht werden. Ist in der Rechtsmittelbelehrung irrtümlich davon die Rede, dass die Beschwerdefrist ein Jahr beträgt, kann die Beschwerde tatsächlich innerhalb eines Jahres eingebracht werden.

Tz 325 Darüber hinaus gibt es auch Bescheide außerhalb des Verfahrens der Abgabenfestsetzung. Es kann sich dabei um **gesonderte Feststellungen** handeln, die für mehrere Personen von Bedeutung sein können.

> **Beispiel:** An einer OG sind mehrere Gesellschafter beteiligt. Die Einkünfte der OG werden mit Bescheid gemäß § 188 BAO festgestellt. An diesen Feststellungsbescheid ist das für die Erhebung der Einkommen- oder Körperschaftsteuer zuständige Finanzamt der jeweiligen Gesellschafter gebunden. Der jeweilige Einkommen- oder Körperschaftsteuerbescheid ist von der Feststellung der Einkünfte der Mitunternehmerschaft abgeleitet. Abgeleitete Bescheide können nicht mehr mit der Begründung angefochten werden, dass der zugrundeliegende Feststellungs-

bescheid (Grundlagenbescheid) rechtswidrig ist. Solche Einwendungen können nur gegen den Grundlagenbescheid selbst vorgebracht werden (§ 252 BAO).

Tz 326 § 118 BAO regelt die **Auskunftsbescheide** („Advance Ruling"). Unternehmen sollen dadurch eine verbindliche Auskunft zu Rechtsfragen aus den Bereichen Unternehmensgruppe, Umgründungen, internationales Steuerrecht und Umsatzsteuerrecht bereits vor Verwirklichung einer konkreten Transaktion erhalten. Außerdem kann per Auskunftsbescheid auch geklärt werden, ob eine Gestaltung missbräuchlich im Sinne des § 22 BAO ist (siehe näher *Lang*, in *Fraberger/Plott/Walter* [Hrsg] FS Zöchling, 603). Dadurch sollen die Planungssicherheit für Unternehmen erhöht und Verwaltungskosten eingespart werden. Voraussetzung für die Erteilung einer verbindlichen Auskunft ist ein Antrag, der den Sachverhalt genau beschreibt, die Rechtsansicht und das besondere Interesse des Antragstellers an einer Auskunft darlegt und begründet, sowie konkrete Rechtsfragen formuliert (§ 118 Abs 4 BAO). Die Bindungswirkung eines Auskunftsbescheides setzt voraus, dass der zugrundeliegende Sachverhalt auch tatsächlich (unwesentliche Änderungen schaden nicht) innerhalb der vom Finanzamt angegebenen Frist verwirklicht wird, außer es tritt inzwischen eine Änderung der dem Bescheid zugrunde gelegten Rechtsvorschriften ein. Der für den Antrag zu leistende Verwaltungskostenbeitrag richtet sich nach den Umsatzerlösen des Antragstellers und beträgt zwischen 1.500 und 20.000 Euro (§ 118 Abs 10 BAO). Zuständig für die Erlassung des Auskunftsbescheides ist das für die betroffene Angelegenheit zuständige Finanzamt. Mittels Beschwerde kann der Bescheid angefochten werden.

Tz 327 Bei jenen Abgaben, die der Steuerpflichtige selbst zu ermitteln und zu bemessen hat (**Selbstbemessungsabgaben**), ist im Regelfall kein Bescheid zu erlassen. Dies ist zB bei Umsatzsteuervorauszahlungen der Fall. In bestimmten Fällen kann die Behörde über Antrag des Abgabepflichtigen oder von Amts wegen dennoch einen Bescheid erlassen (vgl näher § 201 BAO).

Tz 328 *Die Taxa Österreich GmbH wird aufgrund der von ihr abgegebenen Körperschaftsteuererklärung einen Körperschaftsteuerbescheid erhalten. Dieser Bescheid muss jedenfalls anhand der Mindesterfordernisse erkennen lassen, dass es sich um einen Bescheid handelt (und nicht um einen bloßen Brief des Finanzamtes): Es muss ersichtlich sein von welcher Behörde er erlassen wurde und an wen er gerichtet ist. Er hat weiters die körperschaftsteuerliche Bemessungsgrundlage sowie die Höhe der Körperschaftsteuer und ihre Fälligkeit festzusetzen, eine Rechtsmittelbelehrung zu enthalten und er muss nach Maßgabe des § 96 BAO unterschrieben sein. Insoweit das Finanzamt von der von der Taxa Österreich GmbH abgegebenen Erklärung abweicht, hat der Bescheid auch eine Begründung zu enthalten.*

IV DAS VON DER BEHÖRDE DURCHZUFÜHRENDE ERMITTLUNGSVERFAHREN

Tz 329 *Das Finanzamt erlässt vorerst keinen Bescheid, vielmehr kommen dem zuständigen Sachbearbeiter bei der Prüfung der von der Taxa Österreich GmbH abgegebenen*

Steuererklärung Zweifel, ob die Einkünfte aus der Beratung österreichischer Klienten im entsprechenden Veranlagungsjahr tatsächlich so niedrig ausgefallen sind, wie dies die Taxa Österreich GmbH in der Steuererklärung angegeben hat. Wie ist in der Folge vorzugehen?

1 Amtswegigkeit und Mitwirkungspflicht des Steuerpflichtigen

Tz 330 Grundsätzlich gilt im Abgabenermittlungsverfahren der **Grundsatz der Amtswegigkeit** (Offizialmaxime, vgl § 115 BAO). Es liegt primär an der Behörde, den „tatsächlichen" Sachverhalt zu ermitteln. Die Abgabenbehörden haben darauf zu achten, dass alle Abgabepflichtigen nach den Abgabevorschriften erfasst und gleichmäßig behandelt werden. Sie haben alles, was für die Bemessung der Abgaben relevant ist, sorgfältig zu erheben (§ 114 BAO). Die Abgabenbehörden haben die abgabepflichtigen Fälle zu erforschen und von Amts wegen die tatsächlichen und rechtlichen Verhältnisse zu ermitteln, die für die Abgabepflicht und die Erhebung der Abgaben wesentlich sind. Angaben des Abgabepflichtigen und amtsbekannte Umstände sind auch zugunsten des Steuerpflichtigen zu würdigen. Dieser Grundsatz der Amtswegigkeit bedeutet jedoch grundsätzlich keine Anleitungspflicht der Behörde. Auf Verlangen der Partei hat sie jedoch die zur Vornahme von Verfahrenshandlungen notwendigen Anleitungen zu geben, sofern die Partei nicht von einem berufsmäßigen Parteienvertreter vertreten ist (Manuduktionspflicht, § 113 BAO).

Tz 331 Der Amtswegigkeitsgrundsatz befreit den Steuerpflichtigen nicht von seiner grundsätzlichen **Verpflichtung zur Mitwirkung**: Die für den Bestand und Umfang einer Abgabepflicht oder für die Erlangung abgabenrechtlicher Begünstigungen bedeutsamen Umstände sind vom Abgabepflichtigen nach Maßgabe der Abgabenvorschriften offenzulegen. Die Offenlegung muss vollständig und wahrheitsgemäß erfolgen (§ 119 BAO). Zu diesen Mitwirkungspflichten gehören beispielsweise

- die Anzeigepflicht über Umstände, die die persönliche Abgabepflicht begründen, zB Eröffnung und Aufgabe eines Betriebes (§§ 120 ff BAO),
- Aufzeichnungspflichten (§§ 124 ff BAO),
- die Verpflichtung zur Abgabe von Steuererklärungen (§§ 133 ff BAO),
- die Verpflichtung zur Hilfeleistung bei Amtshandlungen wie insbesondere bei Außenprüfungen (§§ 141 f BAO).

Tz 332 Die Pflicht zur amtswegigen Ermittlung des entscheidungswesentlichen Sachverhalts findet dort ihre Grenze, wo nach Lage des Falles nur die Partei Angaben zum Sachverhalt machen kann (vgl VwGH 25.10.1995, 94/15/0131, 0181 mwN). Eine **erhöhte Mitwirkungspflicht des Steuerpflichtigen** besteht, wenn die Ermittlungsmöglichkeiten der Behörde eingeschränkt sind. Dies ist insbesondere dann der Fall, wenn Sachverhaltselemente ihre Wurzeln im Ausland haben (§ 115 Abs 1 letzter Satz BAO). Daraus wird gelegentlich auch eine Beweisbeschaffungspflicht und eine Beweisvorsorgepflicht des Steuerpflichtigen abgeleitet. Nach der Rechtsprechung (vgl VwGH 19.10.2006, 2006/14/0109; EuGH 27.1.2009, Rs C-318/07, *Persche*) besteht auch dann eine erhöhte Mitwirkungspflicht, wenn internationale Amtshilfemöglichkeiten bestehen (zB zwischen den EU-Staaten und auf Grundlage der

Informationsaustauschregelungen der DBA). Keinesfalls kann die erhöhte Mitwirkungspflicht aber als generelle Beweislastumkehr verstanden werden.

Tz 333 Soweit die Abgabenbehörde die Grundlagen für die Abgabenerhebung nicht ermitteln oder berechnen kann – zB weil der Steuerpflichtige seinen Mitwirkungspflichten nicht oder nur mangelhaft nachkommt und Bücher und Aufzeichnungen nicht ordnungsgemäß führt – hat die Abgabenbehörde diese zu schätzen. Bei der **Schätzung** sind alle Umstände zu berücksichtigen, die von Bedeutung sind, sowohl zugunsten als auch zulasten des Steuerpflichtigen (§ 184 BAO). Ziel der Schätzung ist, den wahren Besteuerungsgrundlagen möglichst nahe zu kommen (vgl ua VwGH 02.07.2002, 2002/14/0003). Die Schätzung darf daher nicht den Charakter einer Strafbesteuerung haben (vgl *Ritz/Koran*, BAO Kommentar[7], § 184 Tz 3).

2 *Das Beweisverfahren*

Tz 334 Ist der Sachverhalt unklar, sind entsprechende Beweise in einem Beweisverfahren zu erheben. Als Beweismittel kommt im Abgabenverfahren alles in Betracht, was zur Feststellung des maßgebenden Sachverhaltes geeignet und nach der Lage des einzelnen Falles zweckdienlich ist (Grundsatz der **Unbeschränktheit der Beweismittel**, § 166 BAO). Die Aufzählung der Beweismittel in den §§ 168 bis 182 (zB öffentliche und private Urkunden, Zeugen, Sachverständige, Augenschein) ist bloß beispielhafter Natur. Weitere Beweismittel sind daher zB Aussagen von Auskunftspersonen, Aktenvermerke, von der Partei vorgelegte Gutachten, Aussagen einer Partei bei der Parteienvernehmung, telefonische Auskünfte, Gerichtsakten, Fotos, Tonbänder, Videobänder etc (ausführlich *Ritz/Koran*, BAO Kommentar[7], § 166 Tz 6). Sogar gesetzwidrig der Behörde zugekommene Beweismittel können, anders als im Finanzstrafverfahren, verwertet werden (VwGH 20.02.2008, 2005/15/0161, 0162). Beweise sind von Amts wegen oder auf Antrag einer Partei aufzunehmen (§ 183 BAO). Die Beweismittel müssen aber den Parteien zugänglich gemacht werden können, was zB bei Steuerakten Dritter aufgrund des Steuergeheimnisses im Regelfall nicht möglich ist.

> **Beispiel:** Will die Abgabenbehörde im Falle eines ihrer Meinung nach überhöhten Gehalts eines Gesellschafter-Geschäftsführers eine verdeckte Gewinnausschüttung der GmbH an den Gesellschafter annehmen, kann sie sich nicht darauf stützen, dass sie aus den Steuerakten des unmittelbaren Konkurrenten der GmbH weiß, dass Geschäftsführer in dieser Branche niedrigere Gehälter haben, wenn dem Steuerpflichtigen selbst diese Informationen aufgrund des Steuergeheimnisses nicht zugänglich gemacht werden können (vgl Tz 104).

Tz 335 Im Abgabenverfahren gilt der **Grundsatz der freien Beweiswürdigung**. Dies bedeutet, dass alle Beweise grundsätzlich gleichwertig sind und es keine formalen Beweisregeln gibt (§ 167 Abs 2 BAO). Die Abgabenbehörde muss jedoch, wenn eine Partei eine für sie nachteilige Tatsache bestreitet, den Bestand dieser Tatsache nicht „im naturwissenschaftlich-mathematisch exakten Sinn" nachweisen (VwGH 23.2.1994, 92/15/0159). Sie kann von mehreren Möglichkeiten, wie sich ein Sachverhalt tatsächlich abgespielt haben kann, jene als erwiesen annehmen, die gegenüber allen anderen

Möglichkeiten eine überragende Wahrscheinlichkeit für sich hat und alle anderen Möglichkeiten zumindest weniger wahrscheinlich erscheinen lässt (VwGH 23.9.2010, 2010/15/0078). Der Sachverhalt muss ausreichend erhoben sein und die bei der Beweiswürdigung vorgenommenen Erwägungen müssen schlüssig sein. Die Erwägungen müssen also den Denkgesetzen und dem allgemeinen menschlichen Erfahrungsgut (VwGH 8.10.1998, 97/15/0205) sowie den Erfahrungen des täglichen Lebens entsprechen (VwGH 29.10.1998, 98/16/0134).

Tz 336 Die Abgabenbehörde hat den Grundsatz des **Parteiengehörs** zu beachten, der zu den fundamentalen Grundsätzen eines Rechtsstaats gehört (VwGH 27.2.1995, 94/16/0275). Dem Steuerpflichtigen ist Gelegenheit zur Äußerung zu behördlichen Sachverhaltsannahmen zu geben. Ergebnisse des Beweisverfahrens sind ihm zur Kenntnis zu bringen und zur Stellungnahme vorzulegen. Den Parteien ist vor Erlassung des abschließenden Sachbescheides Gelegenheit zu geben, von den durchgeführten Beweisen und vom Ergebnis der Beweisaufnahme Kenntnis zu nehmen und sich dazu zu äußern (§ 183 Abs 4 BAO). Die Verletzung des Parteiengehörs ist kein absoluter Verfahrensmangel. Das bedeutet, dass nur in jenen Fällen, in denen die Gewährung des Parteiengehörs zu einem anderen Bescheid geführt hätte, die Verfahrensverletzung zu einer Aufhebung des Bescheides führt (vgl VwGH 21.12.1990, 86/17/0106). Weiters ist zu beachten, dass die Verletzung des Parteiengehörs im Beschwerdeverfahren sanierbar ist (vgl VwGH 19.3.1998, 96/15/0005).

Tz 337 *Bezweifelt das Finanzamt die Höhe der angegebenen Einkünfte aus der Beratung österreichischer Klienten, muss es von Amts wegen ermitteln. Es kann dazu auch die Taxa Österreich GmbH um Mitwirkung ersuchen. Die Taxa Österreich GmbH trifft dabei keine erhöhte Mitwirkungspflicht, da es sich nicht um einen Auslandssachverhalt handelt. Kommt die Abgabenbehörde in freier Beweiswürdigung zum Ergebnis, dass die Einkünfte doch höher waren, müssen die von ihr herangezogenen Beweise der Taxa Österreich GmbH vor der Bescheiderlassung zur Stellungnahme zugeleitet werden. Die Beweiswürdigung der Behörde muss schlüssig sein und mit den Denkgesetzen in Einklang stehen.*

3 Verjährung

Tz 338 Eine Steuerschuld **verjährt**, wenn sie eine bestimmte Zeit lang nicht geltend gemacht wird. Die Verjährung im Abgabeverfahren ist von Amts wegen wahrzunehmen. Wird eine unrichtige, weil bereits verjährte, Steuerschuld festgesetzt, so ist sie relativ nichtig und kann bekämpft werden. Im Steuerrecht wird zwischen **Festsetzungsverjährung** (auch Bemessungsverjährung) und **Einhebungsverjährung** unterschieden.

Tz 339 Gemäß § 208 Abs 1 BAO beginnt mit Ablauf des Jahres, in dem eine Abgabenschuld gemäß § 4 BAO entstanden ist, die Verjährungsfrist für die bescheidmäßige **Festsetzung** dieser Abgabenschuld zu laufen. Sie beträgt gemäß § 207 Abs 2 BAO grundsätzlich **fünf Jahre**, für hinterzogene Abgaben zehn Jahre und für Verbrauchsteuern drei Jahre. Die USt gilt nicht als Verbrauchsteuer. Sie kann daher, ebenso wie die ESt oder die KöSt, bis zu fünf Jahre lang ab Ablauf des Jahres ihrer Entstehung festgesetzt werden. Gemäß § 209 Abs 3 BAO darf eine Schuld nicht mehr festgesetzt werden, wenn seit ihrer Entstehung **zehn Jahre** vergangen sind (**absolute Verjährung**). Werden innerhalb der Verjährungsfrist nach außen erkennbare Amtshandlungen (zB Zustellung eines

Abgabenbescheides, Betriebsprüfung) zur Geltendmachung des Abgabenanspruches oder zur Feststellung des Abgabepflichtigen von der Abgabenbehörde unternommen (**Verlängerungshandlungen**), so verlängert sich gemäß § 209 Abs 1 BAO die Verjährungsfrist um ein Jahr. Werden innerhalb der Verjährungsfrist mehrere Verlängerungshandlungen unternommen, so verlängert sich die Verjährungsfrist dennoch nur um ein Jahr. Bei Vornahme von Amtshandlungen im Sinne des § 209 Abs 1 BAO innerhalb eines Jahres, in dem die Verjährungsfrist bereits verlängert wurde, verlängert sich die Verjährungsfrist noch um ein zusätzliches Jahr. Verlängerungshandlungen können die Verjährungsfrist jedoch nur bis zur maximalen Verjährungsfrist von zehn Jahren verlängern.

Beispiel: Herr A bezieht Einkünfte aus nichtselbständiger Arbeit und aus Gewerbebetrieb. Das zuständige Finanzamt erlässt am 28.5.2008 den Einkommensteuerbescheid für das Jahr 2007. Aufgrund einer Beschwerde des Steuerpflichtigen fühlt sich das Finanzamt dazu veranlasst, den Einkommensteuerbescheid für das Jahr 2007 zum Nachteil von Herrn A mit Bescheid vom 20.3.2013 zu berichtigen. Erbost erhebt Herr A mit der Begründung, die Bescheidberichtigung sei wegen Verjährung unzulässig, Beschwerde gegen diesen geänderten Einkommensteuerbescheid. Im Spruch des berichtigten Einkommensteuerbescheides wird auf den Bescheid vom 28.5.2008 ausdrücklich Bezug genommen. Der UFS hat in einem vergleichbaren Fall entschieden, dass ein Einkommensteuerbescheid eine die Verjährungsfrist verlängernde Amtshandlung ist, sodass sich die Verjährungsfrist gemäß § 209 Abs 1 BAO um ein Jahr – also von fünf auf sechs Jahre – verlängert (vgl UFS 19.9.2007, RV/0127-W/07). Der Einkommensteuerbescheid vom 28.5.2008 verlängert somit die Verjährungsfrist betreffend die Einkommensteuer 2007 gemäß § 209 Abs 1 BAO bis zum 31.12.2013. Der Bescheid vom 20.3.2013 ergeht damit rechtzeitig innerhalb der verlängerten Verjährungsfrist. Wenn das zuständige Finanzamt im Jahr 2013 noch eine Amtshandlung setzt, so verlängert sich die Verjährungsfrist um ein weiteres Jahr, weil die Amtshandlung diesfalls in einem Jahr unternommen wird, bis zu dessen Ablauf die Verjährungsfrist verlängert ist.

Tz 340 Das Recht der Behörde, eine bereits festgesetzte Abgabe einzubringen, verjährt gemäß § 238 Abs 1 BAO fünf Jahre nach Ablauf des Kalenderjahres, indem die Abgabe fällig geworden ist (Einhebungsverjährung). Werden nach außen erkennbare Amtshandlungen wie beispielsweise Mahnungen oder Vollstreckungsmaßnahmen zur Durchsetzung des Anspruches unternommen, so wird die **Einhebungsverjährungsfrist** unterbrochen. Nach Ablauf des Jahres der Unterbrechung beginnt die Verjährungsfrist wieder neu zu laufen. § 238 Abs 3 BAO nennt jene **Tatbestände**, denen zufolge die Verjährungsfrist für die Einhebung nur **gehemmt** ist, was bedeutet, dass nur die Restfrist nach Unwirksamwerden des Hemmungstatbestands weiterläuft.

V FÄLLIGKEIT UND LEISTUNGSSTÖRUNGEN

Tz 341 *Die Taxa Österreich GmbH bekommt den Körperschaftsteuerbescheid am 4.2. zugestellt. Bis wann muss sie die Körperschaftsteuer zahlen? Kann sie die Zahlung hinauszögern?*

1 Fälligkeit

Tz 342 Soweit keine Sonderregeln bestehen (zB § 45 EStG), werden die Abgaben einen Monat nach Bekanntgabe des Abgabenbescheides **fällig** (§ 210 Abs 1 BAO). Die Fälligkeit ist somit in der Regel von der Festsetzung der Abgabe abhängig.

Tz 343 Bei **Abzugsteuern** ergibt sich die Fälligkeit unmittelbar aus dem Gesetz. Gleiches gilt für **Selbstbemessungsabgaben**. Die Umsatzsteuervorauszahlungen sind zB im Regelfall einen Monat und 15 Tage nach Ablauf des jeweiligen Monats fällig (siehe § 21 Abs 1 UStG „15. Tag des auf einen Kalendermonat zweitfolgenden Kalendermonats").

Tz 344 Auf die **Einkommensteuer** sind ebenfalls Vorauszahlungen zu entrichten, die sich auf Basis der Einkommensteuerschuld für das letztveranlagte Kalenderjahr berechnen lassen (näher § 45 EStG). Die Vorauszahlungen sind je zu einem Viertel am 15.2., 15.5., 15.8. und 15.11. zu leisten. Bei Begründung einer Einkunftsquelle sind die Vorauszahlungen durch das Finanzamt bescheidmäßig in der zu erwartenden Höhe der Einkommensteuer festzusetzen. Individuelle Anpassungen (Erhöhungen und Herabsetzungen) sind möglich. Die Vorauszahlungen sind auf die Einkommensteuerschuld anzurechnen, sodass nur die Abschlusszahlungen fällig werden oder die Differenz gutzuschreiben ist (§ 46 EStG). Für die **Körperschaftsteuer** gelten diese Regelungen sinngemäß (§ 24 KStG).

Tz 345 Differenzbeträge an Einkommen- und Körperschaftsteuer, die sich aus Abgabenbescheiden nach Gegenüberstellung mit Vorauszahlungen oder mit der bisher festgesetzten Abgabe ergeben, sind für den Zeitraum ab dem 1.10. des dem Jahr des Entstehens des Abgabenanspruchs folgenden Jahres bis zum Zeitpunkt der Bekanntgabe dieser Bescheide zu verzinsen (**Anspruchsverzinsung**). Die Anspruchszinsen betragen pro Jahr 2 Prozentpunkte über dem Basiszinssatz (Veröffentlichung OeNB). Der Basiszinssatz beträgt seit dem 27.7.2022 -0,12% p.a. Anspruchszinsen sind für einen Zeitraum von höchstens 48 Monaten festzusetzen und werden bis zu einem Betrag von 50 Euro überhaupt nicht erhoben (§ 205 Abs 2 BAO). Für Differenzbeträge zugunsten des Steuerpflichtigen gilt Entsprechendes (**Gutschriftzinsen**, § 205 Abs 5 BAO). Auch Unterschiedsbeträge an Umsatzsteuer (Gutschriften oder Nachforderungen) sind seit dem AbgÄG 2022 zu verzinsen (§ 205c BAO).

Tz 346 Die Fälligkeit einer Abgabe wird durch eine Beschwerde nicht berührt. Die Beschwerde hat **keine aufschiebende Wirkung** (§ 254 BAO). Allerdings sind nach Auffassung des VfGH die Vorgaben des rechtsstaatlichen Prinzips der Bundesverfassung zu beachten (VfSlg 11.196/1986): Rechtsschutzeinrichtungen müssen ein Mindestmaß an faktischer Effizienz für den Rechtsschutzwerber aufweisen. Es geht nicht „den Rechtsschutzsuchenden generell einseitig mit allen Folgen einer potenziell rechtswidrigen behördlichen Entscheidung solange zu belasten, bis sein Rechtsschutzgesuch endgültig erledigt ist." Daher hat der Gesetzgeber die Möglichkeit geschaffen, die **Einhebung der Abgabe auszusetzen** (§ 212a BAO). Dies ist nicht zu bewilligen,

- insoweit die Beschwerde nach Lage des Falles wenig erfolgsversprechend erscheint, oder
- insoweit mit der Beschwerde ein Bescheid in Punkten angefochten wird, in denen er nicht von einem Anbringen des Abgabepflichtigen abweicht, oder
- wenn das Verhalten des Abgabepflichtigen auf eine Gefährdung der Einbringlichkeit der Abgabe gerichtet ist.

2 *Aufschub der Entrichtung*

Tz 347 Wer die **Aussetzung der Einhebung** beantragt, muss **Aussetzungszinsen** in der Höhe von 2 Prozentpunkten über dem jeweils geltenden Basiszinssatz pro Jahr entrichten (§ 212a Abs 9 BAO, seit dem 27.7.2022 betragen die Aussetzungszinsen 1,88% p.a.). Soweit der Beschwerde stattgegeben wird, fallen letztlich keine Aussetzungszinsen an. Entrichtet der Steuerpflichtige hingegen vor Erledigung der Beschwerde den strittigen Abgabenbetrag, und wird dieser in Folge der Beschwerde zumindest teilweise herabgesetzt, wird die Abgabengutschrift mit 1,88% verzinst (Beschwerdezinsen gemäß § 205a BAO).

Tz 348 Der Steuerpflichtige hat weiters die Möglichkeit, – auch ohne Erhebung einer Beschwerde gegen den die Fälligkeit auslösenden Bescheid – **Zahlungserleichterung** zu beantragen. Der Abgabepflichtige hat die Möglichkeit einen Antrag auf Stundung oder ratenweise Entrichtung der Abgabe zu stellen. Dies kann bewilligt werden, wenn die sofortige Entrichtung für den Abgabepflichtigen mit erheblichen Härten verbunden wäre und die Einbringlichkeit der Abgaben durch den Aufschub nicht gefährdet wird (§ 212 BAO). Die **Stundungszinsen** sind in der Höhe von 4,5 Prozentpunkten über dem jeweils geltenden Basiszinssatz pro Jahr zu entrichten (§ 212 Abs 2 BAO, seit dem 27.7.2022 betragen die Stundungszinsen 4,38% p.a.). Aufgrund der COVID-19 Pandemie sieht § 323c Abs 13 BAO Sonderregelungen für die Entrichtung von Stundungszinsen vor. Abweichend von § 212 Abs 2 BAO betragen die Stundungszinsen befristet bis 30.6.2024 nur 2% über dem Basiszinssatz.

Tz 349 **Säumnis** tritt ein, wenn die Abgabe nicht spätestens am Fälligkeitstag entrichtet wird. Dadurch entsteht die Verpflichtung zur Entrichtung eines Säumniszuschlags (§ 217 Abs 1 BAO). Der erste Säumniszuschlag beträgt 2% des nicht zeitgerecht entrichteten Abgabenbetrages (näher § 217 Abs 2 BAO). Ein zweiter Säumniszuschlag in Höhe von 1% ist zu zahlen, wenn die Abgabe nicht spätestens drei Monate nach dem Eintritt der Vollstreckbarkeit (§ 226 BAO) entrichtet ist. Schließlich wird nach weiteren drei Monaten ein dritter Säumniszuschlag von ebenfalls 1% eingehoben. Die Säumnis hat die Vollstreckbarkeit der Abgabenschuld zur Folge (§ 226 BAO). Dies ist Voraussetzung dafür, dass die Abgabenbehörden Exekution führen können. Abgabenrechtliche Ansprüche werden entweder im zivilgerichtlichen Exekutionsverfahren nach der Exekutionsordnung oder im finanzbehördlichen Exekutionsverfahren nach der Abgabenexekutionsordnung zwangsweise eingebracht. Vollstreckungsbehörde im finanzbehördlichen Exekutionsverfahren ist grundsätzlich das für die Einhebung der Abgabe zuständige Finanzamt. Dieses kann jedoch nur auf das bewegliche Vermögen des

Abgabeschuldners greifen. Sollen zur Befriedigung andere Vermögenswerte des Verpflichteten (zB Liegenschaften) herangezogen werden, ist nur das gerichtliche Vollstreckungsverfahren zulässig (§ 3 Abs 3 AbgEO).

Tz 350 *Die Taxa Österreich GmbH muss die verbleibende Abschlusszahlung an Körperschaftsteuer binnen eines Monats nach Bekanntgabe des Körperschaftsteuerbescheides zahlen. Wenn sie gegen den Bescheid Beschwerde erhebt, ändert dies nichts an der Fälligkeit. Die Taxa Österreich GmbH kann die Aussetzung der Einhebung beantragen, muss aber dann Aussetzungszinsen in der Höhe von 2 Prozentpunkten über dem Basiszinssatz tragen, soweit sie nicht im Rechtsmittelverfahren gewinnt. Weiters kann die Taxa Österreich GmbH Zahlungserleichterung beantragen, wodurch aber Stundungszinsen in der Höhe von 4,5 Prozentpunkten über dem Basiszinssatz ausgelöst werden. Wenn die Taxa Österreich GmbH die Abgabe nicht pünktlich bezahlt ohne zuvor Aussetzung oder Stundung beantragt zu haben, löst dies einen Säumniszuschlag in der Höhe von zunächst 2% des nicht zeitgerecht entrichteten Abgabenbetrages aus.*

VI FINANZSTRAFRECHT

Tz 351 *Der Steuerberater der Taxa Österreich GmbH macht für seine Klientin Sonderausgaben im Höchstausmaß geltend. Im Folgejahr macht er aus Unachtsamkeit die selben Ausgaben aus dem Vorjahr erneut geltend.*

1 Das FinStrG

Tz 352 Das Finanzstrafrecht wird durch das **Finanzstrafgesetz** (FinStrG) geregelt. Es gliedert sich in einen Allgemeinen Teil, einen Besonderen Teil sowie einen Verfahrensrechtlichen Teil für den verwaltungsbehördlichen Zuständigkeitsbereich und jenen der Gerichte. Die Anwendbarkeit des FinStrG beschränkt sich auf den Abgabenbereich des Bundes (§ 2 FinStrG). Für die Verkürzung von Gebühren, Landes- und Gemeindeabgaben bestehen eigene Gesetze und Strafvorschriften (siehe dazu näher § 9 GebG und VStG).

Tz 353 Der Allgemeine Teil des FinStrG ist in den §§ 1 bis 32 geregelt. Dieser Teil des FinStrG ist eigenständig und abschließend geregelt, weshalb ein Rückgriff auf den Allgemeinen Teil des Strafgesetzbuches (StGB) nur hinsichtlich expliziter Verweise in Betracht kommt (vgl *Tannert/Kotschnigg*, FinStrG, § 3 Rz 5; OGH B 23.4.2008, 13 Os 16/08 i und 16. 12. 2010, 13 Os 119/10i). Wichtige **Prinzipien des FinStrG** – die den Prinzipien des StGB entsprechen – sind:

- „Keine Strafe ohne Gesetz“ (nulla poena sine lege) (§ 1 FinStrG; § 1 StGB)
- Rückwirkungsverbot (§ 4 FinStrG; § 1 StGB)
- „Keine Strafe ohne Schuld“ (nulla poena sine culpa) (§ 6 FinStrG; § 4 StGB)
- Zurechnungsfähigkeit (§ 7 FinStrG; § 11 StGB)
- Vorsatz und Fahrlässigkeit (§ 8 FinStrG; §§ 5 und 6 StGB)
- Entschuldbarer Irrtum (§ 9 FinStrG; §§ 8 und 9 StGB)
- Notstand (§ 10 FinStrG; § 10 StGB)

- Beteiligung (§§ 11 f FinStrG; § 12 StGB)
- Der Versuch (§§ 13 f FinStrG; §§ 15 f StGB)

2 *Finanzvergehen*

Tz 354 § 1 FinStrG erläutert den Begriff des **Finanzvergehens**. Als Finanzvergehen gelten die im Besonderen Teil (§§ 33 bis 52 FinStrG) mit Strafe bedrohten Handlungen natürlicher Personen sowie auch andere ausdrücklich mit Strafe bedrohte Taten, wenn sie in einem Bundesgesetz als Finanzvergehen oder als Finanzordnungswidrigkeiten bezeichnet sind (siehe zB § 85 Außenwirtschaftsgesetz, § 11 Mineralölsteuergesetz 2022, § 42 Tabakmonopolgesetz). Ein Finanzvergehen ist strafbar, wenn es im **Inland** begangen worden ist (§ 5 Abs 1 FinStrG). Ein Vergehen gilt als im Inland begangen, wenn der Täter im Inland gehandelt hat oder hätte handeln sollen. Ebenso ist eine Tat im Inland begangen, wenn der Erfolg im Inland eingetreten ist oder nach der Vorstellung des Täters hätte eintreten sollen (§ 5 Abs 2 FinStrG). Des Weiteren erstreckt Abs 2 des § 5 FinStrG seinen Anwendungsbereich unter bestimmten Voraussetzungen auch auf Taten, die innerhalb des Zollgebietes der Europäischen Union begangen wurden. Demnach ist eine Tat auch dann im Inland begangen, wenn sie im Inland entdeckt oder von einem österreichischen Staatsbürger begangen wurde.

Tz 355 Die wesentlichen Finanzvergehen des FinStrG sind die Abgabenhinterziehung (§ 33 FinStrG), die grob fahrlässige Abgabenverkürzung (§ 34 FinStrG), der Abgabenbetrug (§ 39 FinStrG) und die Finanzordnungswidrigkeiten (§ 49 ff FinStrG).

Tz 356 Der **Abgabenhinterziehung** macht sich schuldig, wer vorsätzlich unter Verletzung einer abgabenrechtlichen Anzeige-, Offenlegungs- oder Wahrheitspflicht eine Abgabenverkürzung bewirkt (§ 33 Abs 1 FinStrG). Anzeige-, Offenlegungs- oder Wahrheitspflichten werden vor allem in den §§ 119 ff BAO geregelt. Diese umfassen insbesondere die Pflicht zur Anzeige aller Umstände, die hinsichtlich der Einkommensteuer, Körperschaftsteuer, Umsatzsteuer oder Abgaben vom Vermögen die die persönliche Abgabenpflicht begründen, ändern oder beenden (§ 120 Abs 1 BAO). Eine solche Pflicht kann beispielsweise durch die Abgabe einer unrichtigen Einkommen-, Körperschaft- oder Umsatzsteuererklärung verletzt werden. Weiters wird eine Abgabenhinterziehung auch dann begangen, wenn eine Abgabenverkürzung unter Verletzung der Verpflichtung zur Abgabe von Umsatzsteuer-Vorauszahlungen gemäß § 21 UStG oder der Verpflichtung zur Führung von Lohnkonten gemäß § 76 EStG erfolgt (§ 33 Abs 2 lit a und Abs 2 lit b FinStrG). Für die Erfüllung der in § 33 Abs 2 lit a und Abs 2 lit b FinStrG genannten Tatbestände muss Eventualvorsatz bezüglich der Pflichtverletzung vorliegen und Wissentlichkeit in Bezug auf die Abgabenverkürzung (§ 33 Abs 2 letzter Satz FinStrG). Der Täter muss den Eintritt der Abgabenverkürzung demnach nicht nur für ernsthaft möglich, sondern für gewiss halten. Dadurch unterscheiden sich diese Tatbestände auch von jenen, die unter die mit weitaus milderen Strafen bedrohten Finanzordnungswidrigkeiten fallen (siehe Tz 360).

Tz 357 Die Abgabenhinterziehung ist mit Bewirken der Abgabenverkürzung vollendet. Der Zeitpunkt des Bewirkens einer Abgabenverkürzung wird in § 33 Abs 3 FinStrG festgelegt. Je nach Fallkonstellation kann eine Abgabenverkürzung etwa mit

Bekanntgabe des Bescheides, mit dem die festzusetzenden Abgaben zu niedrig festgesetzt wurden, bewirkt sein (§ 33 Abs 3 lit a FinStrG). Sofern infolge Unkenntnis der Abgabenbehörde von der Entstehung des Abgabenanspruches keine bescheidmäßige Festsetzung erfolgen konnte, ist die Abgabenverkürzung mit Ablauf der gesetzlichen Erklärungsfrist bewirkt (§ 33 Abs 3 lit a FinStrG). Bei Selbstberechnungsabgaben ist die Abgabenverkürzung in dem Zeitpunkt bewirkt, in dem die Abgaben ganz oder teilweise nicht entrichtet wurden (§ 33 Abs 3 lit b FinStrG). Für den Fall, dass eine Abgabenverkürzung durch eine Abgabengutschrift bewirkt wird, sind § 33 Abs 3 lit c und d FinStrG für den Zeitpunkt des Bewirkens maßgeblich. Eine solche unrichtige Abgabengutschrift stellt insbesondere ein zu hoher Vorsteuerabzug dar.

Geahndet wird ein Verstoß gegen § 33 FinStrG mit einer Geldstrafe bis zum Zweifachen des Verkürzungsbetrags. Zusätzlich kann eine Freiheitsstrafe von bis zu vier Jahren verhängt werden (§ 33 Abs 5 FinStrG).

> **Beispiel:** Ein Abgabepflichtiger hat am 15. Mai vorsätzlich eine unrichtige USt-Voranmeldung abgegeben und entrichtet in der Folge eine zu niedrige USt-Vorauszahlung. Ebenso gibt er eine unrichtige USt-Jahreserklärung ab. Die unrichtige USt-Voranmeldung erfüllt den Tatbestand des § 33 Abs 2 lit a FinStrG. Hinsichtlich des Zeitpunkts des Bewirkens der Abgabenverkürzung durch die unrichtige USt-Voranmeldung ist § 33 Abs 3 lit a nicht anwendbar, da bei der USt-Voranmeldung keine bescheidmäßige Feststellung erfolgt. Stattdessen ist die Abgabenverkürzung gemäß § 33 Abs 3 lit b mit dem Zeitpunkt der ganz oder teilweisen Nichtentrichtung der Abgabe bewirkt, das heißt mit 15 Mai. Auch bezüglich der unrichtigen USt-Jahreserklärung liegt eine Abgabenhinterziehung vor, jedoch gemäß § 33 Abs 1 FinStrG. Da die USt-Jahreserklärung bescheidmäßig festgesetzt wird, kommt § 33 Abs 3 lit a FinStrG zur Anwendung. Demnach ist die Abgabenverkürzung mit Bekanntgabe des unrichtigen Abgabenbescheides gemäß § 33 Abs 3 lit a FinStrG bewirkt.

Tz 358 § 34 FinStrG sanktioniert die **grob fahrlässige Begehung** der in § 33 Abs 1 und 4 FinStrG genannten Tatbestände. Die grob fahrlässige Abgabenverkürzung wird mit einer Geldstrafe bis zum Einfachen des Verkürzungsbetrages geahndet (§ 34 Abs 3 FinStrG).

> **Beispiel:** Ein Betriebsinhaber weiß wie nachlässig sein Mitarbeiter G ist und überlässt ihm dennoch die Erledigung seiner steuerlichen Angelegenheiten ohne jegliche Kontrolle. G macht eine fehlerhafte Einkommensteuererklärung, aufgrund derer das Finanzamt einen unrichtigen Abgabenbescheid erstellt. Im gegebenen Fall handelt der Betriebsinhaber objektiv sorgfaltswidrig, da er sich nicht überzeugt, dass der Mitarbeiter seine steuerlichen Aufgaben im Sinne des Gesetzes erfüllt. Der Betriebsinhaber begeht somit eine grob fahrlässige Abgabenverkürzung im Sinne des § 34 FinStrG.

Tz 359 Der Finanzstraftatbestand des **Abgabenbetrugs** dient der Bekämpfung der organisierten Wirtschafts- und Finanzkriminalität und richtet sich daher typischerweise gegen Umsatzsteuerbetrug und Verschleierungshandlungen durch undurchsichtige Gesellschaftskonstruktionen (vergleichbar mit schwerem Betrug im Sinne des § 147 StGB). Des Abgabenbetrugs nach § 39 FinStrG macht sich schuldig, wer den Tatbestand eines darin genannten Finanzvergehens, das ausschließlich durch ein Gericht zu ahnden ist (vgl § 53 Abs 1, 1a und 2 FinStrG), unter Verwendung,

- einer falschen oder verfälschten Urkunde, falscher oder verfälschter Daten oder sonstiger Beweismittel (§ 39 Abs 1 lit a FinStrG), oder
- von Scheingeschäften und anderen Scheinhandlungen (§ 39 Abs 1 lit b FinStrG), oder
- automatisationsunterstützt erstellter, aufgrund abgaben- oder monopolrechtlicher Vorschriften zu führender Bücher oder Aufzeichnungen, welche durch Gestaltung oder Einsatz eines Programms, mit dessen Hilfe Daten verändert, gelöscht oder unterdrückt werden können, beeinflusst wurden (§ 39 Abs 1 lit c FinStrG) begeht.

Außerdem begeht einen Abgabenbetrug, wer Vorsteuerbeträge geltend macht, denen keine Lieferungen oder sonstigen Leistungen zugrunde liegen, um dadurch eine Abgabenverkürzung zu bewirken (§ 39 Abs 2 FinStrG).

> **Beispiel:** Ein Unternehmer verschleiert den Lieferweg seiner Waren um in den Genuss des Vorsteuerabzugs zu gelangen, ohne die in der Lieferkette entstehende Umsatzsteuer zu entrichten.

Tz 360 **Finanzordnungswidrigkeiten** werden gemäß § 49 ff FinStrG bestraft. Einer Finanzordnungswidrigkeit macht sich insbesondere schuldig, wer vorsätzlich:

- Selbstbemessungsabgaben nicht spätestens am fünften Tag nach Fälligkeit entrichtet oder durch Abgabe unrichtiger Voranmeldungen (§ 21 UStG) ungerechtfertigte Abgabengutschriften geltend macht (§ 49 Abs 1 lit a und b FinStrG) oder
- unter Verletzung der abgabenrechtlichen Offenlegungs- oder Wahrheitspflicht für die Entrichtung von Abgabenschuldigkeiten ungerechtfertigt Zahlungserleichterungen erwirkt (§ 50 FinStrG) oder
- eine abgabenrechtliche Anzeige-, Offenlegungs- oder Wahrheitspflicht verletzt, jedoch nicht bereits den Tatbestand eines anderen Finanzvergehens erfüllt (§ 51 FinStrG) oder
- abgaben- oder monopolrechtlich zu führende Bücher, Aufzeichnungen oder Aufzeichnungssysteme, die automatisationsunterstützt geführt werden, durch Gestaltung oder Einsatz eines Programms, mit dessen Hilfe Daten verändert, gelöscht oder unterdrückt werden können, verfälscht, ohne hierdurch den Tatbestand eines anderen Finanzvergehens zu erfüllen (§ 51a FinStrG).

Finanzordnungswidrigkeiten gemäß § 49 Abs 1 FinStrG werden mit einer Geldstrafe geahndet, deren Höchstmaß die Hälfte des nicht oder verspätet entrichteten oder abgeführten Abgabenbetrages oder der geltend gemachten Abgabengutschrift beträgt

(§ 49 Abs 2 FinStrG). Vergehen gemäß § 50 und § 51 FinStrG werden mit einer Geldstrafe bis zu 5.000 Euro geahndet. Die Finanzordnungswidrigkeit nach § 51a Abs 1 FinStrG wird gemäß Abs 2 leg cit mit einer Geldstrafe bis zu 25.000 Euro geahndet.

> **Beispiel:** Der Abgabepflichtige A unterlässt es, eine Betriebseröffnung (vgl § 120 Abs 2 BAO) anzumelden, obwohl er weiß, dass er dazu verpflichtet ist. Diese wissentlich vorsätzliche Verletzung der Anzeigepflicht stellt eine Finanzordnungswidrigkeit gemäß § 51 Abs 1 lit a FinStrG dar, sofern durch die unterlassene Anzeige der Betriebseröffnung kein Tatbestand eines anderen Finanzvergehens erfüllt ist. Dies ist insbesondere der Fall, als bloß eine Offenlegungspflicht verletzt wurde, jedoch keine Abgabenverkürzung oder Zahlungserleichterung erwirkt wurde. Die Finanzordnungswidrigkeit wird gemäß § 51 Abs 2 FinStrG mit einer Geldstrafe von bis zu 5.000 Euro geahndet.

3 Selbstanzeige

Tz 361 Gemäß § 29 FinStrG kann unter bestimmten Voraussetzungen durch **Selbstanzeige** Strafbefreiung erwirkt werden. Dabei ist zwischen solchen Finanzvergehen, die keine Abgabenverkürzung oder einen sonstigen Einnahmeausfall zur Folge haben und jenen, im Zuge derer eine solche bewirkt wird, zu unterscheiden.

Tz 362 Wird ein Finanzvergehen begangen, mit dem keine Abgabenverkürzung oder sonstiger Einnahmeausfall verbunden ist, so bedarf eine wirksame Selbstanzeige lediglich der Darlegung der Verfehlung gegenüber dem Finanzamt oder dem Amt für Betrugsbekämpfung. Die Straffreiheit ist jedoch bei Betretung auf frischer Tat ausgeschlossen (§ 29 Abs 1 FinStrG). Steht das Finanzvergehen hingegen in Zusammenhang mit einer Abgabenverkürzung oder einem sonstigen Einnahmeausfall, so bedarf es zusätzlich zur Darlegung der Verfehlung noch der Offenlegung aller bedeutsamen Umstände und der Entrichtung der verkürzten Beträge binnen einer Frist von einem Monat (§ 29 Abs 2 FinStrG). Eine Selbstanzeige hat die Bezeichnung der Person, für die die Selbstanzeige erstattet wird zu enthalten (§ 29 Abs 5 FinStrG). Die Selbstanzeige kann auch durch Dritte erstattet werden, gilt aber nur für die Personen, die in der Anzeige genannt sind. Bei bestimmten Finanzordnungswidrigkeiten ist eine Selbstanzeige allerdings ausgeschlossen (siehe zB §§ 49b Abs 3 und 49c Abs 4 FinStrG).

Tz 363 Ungeachtet des Vorliegens der Voraussetzungen nach § 29 Abs 1 und 2 FinStrG, tritt die Straffreiheit nicht ein, wenn die Anzeige nicht rechtzeitig erfolgt. Die Rechtzeitigkeit der Selbstanzeige ist gemäß Abs 3 nicht gewahrt, wenn

- zum Zeitpunkt der Selbstanzeige bereits Verfolgungshandlungen gesetzt waren (§ 29 Abs 3 lit a FinStrG) oder
- zum Zeitpunkt der Selbstanzeige die Tat hinsichtlich ihrer objektiven Tatbestandsmerkmale bereits ganz oder zum Teil entdeckt war und dies dem Täter bekannt war (§ 29 Abs 3 lit b FinStrG) oder
- bei einem vorsätzlich begangenen Finanzvergehen die Selbstanzeige anlässlich einer finanzbehördlichen Prüfung nicht schon bei Beginn erstattet wird (§ 29 Abs 3 lit c FinStrG) oder

- hinsichtlich desselben Abgabenanspruchs, ausgenommen Vorauszahlungen, bereits Selbstanzeige erstattet worden ist (§ 29 Abs 3 lit d FinStrG).

Erfolgt die Selbstanzeige erst nach Ankündigung einer finanzbehördlichen Überprüfung (zB Nachschau, Buchprüfung, etc.), werden bei vorsätzlich oder grob fahrlässig begangenen Finanzdelikten Strafzuschläge zwischen 5% und 30% des sich aus der Selbstanzeige ergebenden Mehrbetrags verhängt (§ 29 Abs 6 FinStrG).

> **Beispiel:** Beim Abgabepflichtigen findet eine routinemäßige Abgabenprüfung statt. Für eine vermietete Wohnung hat der Abgabepflichtige weder ESt noch USt abgeführt, weil er Steuern „sparen" wollte. Während der Prüfung bekommt der Abgabepflichtige Angst und gesteht alles der Prüferin. Im gegebenen Fall begeht der Abgabepflichtige zunächst Abgabenhinterziehungen nach § 33 Abs 1 FinStrG. Die Abgabenhinterziehung wird mit dem Ablauf der Erklärungsfrist bewirkt, zu dem die bescheidmäßig festzusetzenden Abgaben durch Unkenntnis der Behörde nicht festgesetzt werden konnten (§ 33 Abs 3 lit a FinStrG). Der Abgabepflichtige versucht sodann, mittels Selbstanzeige gemäß § 29 FinStrG straffrei zu werden. Ungeachtet dessen, ob eine Darlegung, Offenlegung und rechtzeigige Entrichtung erfolgte, tritt die Straffreiheit mangels Rechtzeitigkeit nicht ein. Bei einem vorsätzlich begangenen Finanzvergehen muss die Selbstanzeige spätestens bei Beginn der finanzbehördlichen Prüfung erstattet werden (§ 29 Abs 3 lit c FinStrG). Hier hat der Abgabepflichtige aber erst während der Prüfung alles „gestanden". Die Selbstanzeige war damit nicht mehr rechtzeitig, es tritt keine Strafbefreiung ein. Die Selbstanzeige ist in diesem Fall lediglich ein Geständnis und somit ein Strafmilderungsgrund (vgl § 23 Abs 2 FinStrG).

4 *Finanzstrafverfahren*

Tz 364 Das Finanzstrafverfahren ist als **gerichtliches Finanzstrafverfahren** oder als **verwaltungsbehördliches Finanzstrafverfahren** konzipiert. Das **Gericht** ist gemäß § 53 FinStrG zuständig bei:

- vorsätzlichen Finanzvergehen mit einem strafbestimmenden Wertbetrag von über 100.000 Euro
- mehreren zusammentreffenden vorsätzlichen Finanzvergehen, die in die (örtliche und sachliche) Zuständigkeit derselben Finanzstrafbehörde fallen, wenn die Summe der strafbestimmenden Wertbeträge 100.000 Euro übersteigt
- zur Ahndung des grenzüberschreitenden Umsatzsteuerbetrugs (§ 40 FinStrG)
- Schmuggel, Hinterziehung von Eingangs- oder Ausgangsabgaben sowie Abgabenhehlerei wenn der strafbestimmende Wertbetrag 50.000 Euro übersteigt

Für das gerichtliche Finanzstrafverfahren gilt die StPO unter besonderer Berücksichtigung der Vorschriften der §§ 195 bis 245 FinStrG.

Tz 365 Finanzvergehen, deren Ahndung nicht dem Gericht zukommt, fallen ebenso wie Finanzordnungswidrigkeiten in den Zuständigkeitsbereich der **Finanzstrafbehörden** (§ 53 Abs 6 FinStrG). Finanzstrafbehörde ist gemäß § 58 Abs 1 lit b FinStrG grundsätzlich das Amt für Betrugsbekämpfung. Für einige in § 58 Abs 1 lit a FinStrG genannte Finanzvergehen (zB Finanzvergehen in Zusammenhang mit der Ein-, Aus- oder Durchfuhr von Waren) ist hingegen das Zollamt Österreich zuständig. Im Falle der selbstverschuldeten Berauschung (§ 52 FinStrG) ist jene Finanzstrafbehörde zuständig, die für die Verfolgung des dem Berauschten nicht zurechenbaren Finanzvergehens zuständig wäre (§ 58 Abs 1 lit c FinStrG).

Tz 366 Ordentliches **Rechtsmittel** im verwaltungsbehördlichen Finanzstrafverfahren ist die Beschwerde, über die das BFG entscheidet (§ 62 Abs 1 FinStrG). Die Rechtsmittelfrist beträgt einen Monat. Die Beschwerde kann sich gegen Straferkenntnisse, gegen alle sonstigen im Finanzstrafverfahren ergehenden Bescheide sowie gegen die Ausübung unmittelbarer finanzstrafbehördlicher Befehls- und Zwangsgewalt (zB Beschlagnahme von Beweismittel) richten (§§ 150 ff FinStrG).

Tz 367 *Dadurch, dass der Steuerberater der Taxa Österreich GmbH die nicht zustehenden Sonderausgaben erneut geltend gemacht hat, kommt es zu einer Verkürzung der zu entrichtenden Abgaben im Sinne des § 33 Abs 1 FinStrG. Der Steuerberater handelt jedoch nicht vorsätzlich, sondern macht die Sonderausgaben nur versehentlich nochmals geltend. Dadurch hat er eine grob fahrlässige Abgabenverkürzung im Sinne des § 34 FinStrG begangen. Die Abgabenverkürzung wird daher mit einer Geldstrafe bis zum Einfachen des Verkürzungsbetrages geahndet (§ 34 Abs 3 FinStrG) und obliegt mangels Vorsatz dem Zuständigkeitsbereich der Finanzstrafbehörden (§ 53 Abs 6 FinStrG).*

VII WEITERFÜHRENDE LITERATUR

- *Beiser*, Steuern – Ein systematischer Grundriss, 20. Auflage, 2022, 493-530.
- *Doralt*, Steuerrecht 2022, 23. Auflage, 2022, 252-263.
- *Doralt/Ruppe*, Grundriss des österreichischen Steuerrechts, Band II, 8. Auflage, 2019, 141-157, 611-686, 747-791.
- *Leitner/Toifl/Brandl*, Österreichisches Finanzstrafrecht, 3. Auflage, 2008.
- *Leitner/Plückhahn/Brandl,* Finanzstrafrecht kompakt, 5. Auflage 2020.
- *Ritz/Koran*, Bundesabgabenordnung – Kommentar, 7. Auflage, 2021.
- *Tannert/Kotschnigg/Twardosz*, FinStrG – Kommentar, 2021.
- *Tanzer/Unger*, BAO 2020/2021, 7. Auflage, 2021.

VIII WIEDERHOLUNGSFRAGEN

1. Welche der folgenden Aussagen treffen/trifft in Bezug auf Finanzämter zu?

- ○ Für die Erhebung von Gebühren nach dem GebG ist das Finanzamt Österreich zuständig.

- Die Erhebung der Umsatzsteuer fällt immer in die Zuständigkeit des Finanzamts Österreich
- Die Rückerstattung der KESt bei beschränkt Steuerpflichtigen fällt in die Kompetenz des Finanzamts für Großbetriebe.
- Die Zuständigkeiten des Finanzamts Österreich und des Finanzamts für Großbetriebe überschneiden sich zum Teil. In diesen Fällen bestimmt der Bundesminister für Finanzen das zuständige Finanzamt.
- Finanzämter sind nicht an Weisungen des Bundesministers für Finanzen gebunden.

2. Was sind die verzichtbaren und die unverzichtbaren Bestandteile eines Bescheides?

3. Unter welchen Voraussetzungen hat der unbeschränkt Steuerpflichtige eine Einkommensteuererklärung für das abgelaufene Kalenderjahr abzugeben?

4. Welche der folgenden Aussagen in Bezug auf die Fälligkeit der Steuer und der Vorauszahlungen (VZ) auf die Steuer treffen/trifft zu?

- Umsatzsteuer-VZ sind 3 Monate nach Ablauf des den Umsatz betreffenden Monats fällig.
- VZ auf die Einkommensteuer sind zu je einem Viertel am 15.2., 15.5., 15.8. und 15.11. zu leisten.
- VZ auf die Körperschaftsteuer sind zu je einem Viertel am 28.2., 31.5., 31.8. und 30.11. zu leisten.
- Abgaben werden einen Monat nach Bekanntgabe des Abgabenbescheides fällig.
- Im Falle einer Beschwerde gegen die Festsetzung einer Abgabe wird die Fälligkeit dieser Abgabe automatisch ausgesetzt.

5. Welche der folgenden Aussagen zu den Grundsätze des Abgabenverfahrens treffen/trifft zu?

- Für die Abgabenbehörde gilt, dass sie im Hinblick auf die Beweiswürdigung frei ist.
- Der Steuerpflichtige ist gegenüber den Abgabenbehörden nicht verpflichtet, bei der Ermittlung seiner Abgabenpflicht mitzuwirken.
- Die Behörde leitet ein Ermittlungsverfahren niemals von Amts wegen ein.
- Im Abgabenverfahren herrscht der Grundsatz der Unbeschränktheit der Beweismittel.
- Die Abgabenbehörde muss den Grundsatz des Parteiengehörs beachten.

6. Welche Beweismittel kommen im Abgabenverfahren in Betracht?

7. Was sind Aussetzungs-, Stundungs- und Anspruchszinsen?

8. Durch welche Grundsätze ist das abgabenrechtliche Ermittlungsverfahren gekennzeichnet? Kreuzen Sie die richtige(n) Aussage(n) an!

- Durch das Amtswegigkeitsprinzip.
- Durch den Grundsatz des Parteiengehörs.

- o Durch den Grundsatz der Beschränkung der Beweismittel.
- o Durch das Prinzip der freien Steuerbemessung.
- o Durch den Grundsatz der freien Beweiswürdigung.

9. Welche Zeitspanne muss zwischen Entstehung der Abgabenschuld und deren Festsetzung verstreichen, damit eine Verjährung der Abgabenschuld eintritt?

10. Welche Voraussetzungen müssen erfüllt sein, damit Strafbefreiung mittels Selbstanzeige bewirkt werden kann?

MODUL 10: RECHTSSCHUTZ

Die zentralen Fragen dieses Moduls sind:

- ***Wie ist der Rechtsschutz im Abgabenverfahren ausgestaltet?***
- ***Welche Befugnisse hat die Abgabenbehörde im Beschwerdeverfahren?***
- ***Welchen Rechtsschutz gewähren VwGH und VfGH?***
- ***Wie kann Unionsrecht durchgesetzt werden?***
- ***Welcher Schutz besteht bei Säumnis der Abgabenbehörde?***
- ***Was bedeutet „Rechtskraft des Bescheides"?***

I DIE BESCHWERDE

Tz 368 *Die Taxa Österreich GmbH spendet an eine deutsche außeruniversitäre Forschungseinrichtung 10.000 Euro zur Förderung der Erforschung der Lebensweise der Pandabären. Diese Spende beträgt weniger als 10% des Gewinns des unmittelbar vorangegangenen und laufenden Wirtschaftsjahres der GmbH. Das Finanzamt hat im Körperschaftsteuerbescheid der Taxa Österreich GmbH diese Spende nicht zum Abzug als Betriebsausgabe gemäß § 4a Abs 2 Z 1 EStG zugelassen. Begründet wird diese Entscheidung damit, dass kein Beweis für den Bezug der Forschungsarbeit der Spendenempfängerin zur österreichischen Wirtschaft oder Wissenschaft erbracht wurde, was jedoch gemäß § 4a Abs 3 Z 5 EStG Voraussetzung für den Spendenabzug ist. Die GmbH ist damit nicht einverstanden: Sie vertritt die Auffassung, dass eine solche Interpretation von § 4a Abs 3 Z 5 EStG ausländische Forschungseinrichtungen de facto vom Spendenabzug ausschließt, was der unionsrechtlich verankerten Kapitalverkehrsfreiheit widerspricht. Was kann die Taxa Österreich GmbH tun?*

1 Beschwerdefrist

Tz 369 Das ordentliche Rechtsmittel gegen Bescheide, die eine Abgabenbehörde erlassen hat, ist die Beschwerde (Bescheidbeschwerde). Die **Beschwerdefrist** beträgt **einen Monat** (auf Antrag verlängerbar) ab Bekanntgabe des anzufechtenden Bescheides (§ 245 Abs 1 BAO). Die Beschwerde ist bei der Abgabenbehörde einzubringen, die den angefochtenen Bescheid erlassen hat (im Regelfall also beim Finanzamt). Sie kann jedoch auch beim Bundesfinanzgericht (BFG) oder im Fall der Änderung einer Zuständigkeit bei der neu zuständigen Abgabenbehörde eingebracht werden (§ 249 Abs 1 BAO).

2 Inhalt der Beschwerde

Tz 370 Gemäß § 250 Abs 1 BAO muss die **Beschwerde** enthalten

- die Bezeichnung des Bescheides, gegen den sie sich richtet,
- die Erklärung, in welchen Punkten der Bescheid angefochten wird (Beschwerdeerklärung),
- die Erklärung, welche Änderungen beantragt werden (Beschwerdeantrag),
- eine Begründung.

Tz 371 *Die Taxa Österreich GmbH wird gegen den Körperschaftsteuerbescheid fristgerecht beim Finanzamt Beschwerde erheben, sich gegen die Versagung der*

Anerkennung als Betriebsausgaben wenden, die Berücksichtigung als Betriebsausgaben beantragen und erläutern, warum dies die Kapitalverkehrsfreiheit gebietet.

II DIE BESCHWERDEVORENTSCHEIDUNG, DIE VORLAGE DER BESCHWERDE UND DER VORLAGEANTRAG

1 Die Beschwerdevorentscheidung

Tz 372 Die Abgabenbehörde (im Regelfall das Finanzamt) überprüft die Beschwerde auf ihre Zulässigkeit und hat sie durch Beschwerdevorentscheidung oder mit Beschluss **zurückzuweisen**, wenn sie nicht zulässig ist oder nicht fristgerecht eingebracht wurde (§ 260 BAO). Gegebenenfalls ist dem Beschwerdeführer die Behebung inhaltlicher oder formeller Mängel (Mängelbehebungsauftrag nach § 85 Abs 2 BAO) aufzutragen. Ist die Beschwerde zulässig und wurden allfällige inhaltliche und formelle Mängel vom Beschwerdeführer behoben, so hat die Abgabenbehörde die Beschwerde nach Durchführung von noch erforderlichen Ermittlungen durch **Beschwerdevorentscheidung** zu erledigen und kann dabei den Bescheid in jede Richtung abändern, aufheben oder die Beschwerde als unbegründet abweisen (§ 262 Abs 1 iVm § 263 Abs 1 BAO).

Tz 373 Die Beschwerdevorentscheidung wirkt genauso wie eine Entscheidung über die Beschwerde durch Beschluss oder Erkenntnis (§ 263 Abs 3 BAO). Die Möglichkeit der Abgabenbehörde, im Wege einer Beschwerdevorentscheidung nochmals zu entscheiden, hat vor allem prozessökonomische Gründe und trägt dem Umstand Rechnung, dass Steuerverfahren Massenverfahren sind und daher der erstmaligen Erlassung des Abgabenbescheides nicht immer ein fehlerfreies Ermittlungsverfahren vorangeht. Die Abgabenbehörde soll daher die Möglichkeit haben, Fehler selbst zu korrigieren. Nur im Ausnahmefall, bspw wenn der Beschwerdeführer die sofortige Vorlage an das BFG beantragt, kann eine Beschwerdevorentscheidung entfallen (vgl § 262 Abs 2 bis 4 BAO).

Tz 374 *Der Kapitalverkehrsfreiheit kommt Anwendungsvorrang vor entgegenstehendem nationalen Recht zu. Sie ist daher von allen Behörden – und damit auch vom Finanzamt – zu beachten. Gelingt es der Taxa Österreich GmbH, das Finanzamt davon zu überzeugen, dass jene österreichische Vorschrift, die den Abzug von Spenden als Betriebsausgabe regelt, durch das Unionsrecht verdrängt ist, wird das Finanzamt selbst im Rahmen einer Beschwerdevorentscheidung der Beschwerde stattgeben. Gelingt es nicht, das Finanzamt von ihrer Rechtsauffassung zu überzeugen, wird das Finanzamt die Beschwerde im Wege der Beschwerdevorentscheidung abweisen oder aber bei Erfüllung der Voraussetzungen des § 262 Abs 2 BAO sogleich dem BFG vorlegen.*

2 Der Vorlageantrag

Tz 375 Gegen eine Beschwerdevorentscheidung kann innerhalb eines Monats ab Zustellung der Antrag auf Entscheidung über die Beschwerde durch das BFG gestellt werden (**Vorlageantrag** gemäß § 264 Abs 1 BAO). Die Wirksamkeit der

Beschwerdevorentscheidung wird durch diesen Antrag nicht berührt. Die Beschwerde gilt allerdings wiederum als unerledigt (§ 264 Abs 3 BAO).

Tz 376 *Im Falle einer abweisenden Beschwerdevorentscheidung wird die Taxa Österreich GmbH einen Vorlageantrag stellen, um eine Entscheidung durch das BFG zu erreichen.*

III DAS VERFAHREN VOR DEM BUNDESFINANZGERICHT (BFG)

1 Die Organisation

Tz 377 Erlässt die Abgabenbehörde (im Regelfall das Finanzamt) ausnahmsweise keine Beschwerdevorentscheidung oder hat der Steuerpflichtige einen Vorlageantrag gestellt, so hat die Abgabenbehörde die Beschwerde unverzüglich dem BFG vorzulegen (§ 265 Abs 1 BAO). Das BFG mit Zuständigkeit für ganz Österreich ist zur Entscheidung in Angelegenheiten öffentlicher Abgaben befugt (Art 131 Abs 3 B-VG und § 1 BFGG).

Tz 378 Das BFG ist ein unabhängiges Gericht mit Sitz in Wien und Außenstellen in Feldkirch, Graz, Innsbruck, Klagenfurt, Linz und Salzburg (§ 2 Abs 1 und 2 BFGG). Die Mitglieder des BFG sind Richter und damit unabhängig (Art 134 Abs 7 B-VG iVm Art 87 B-VG). Organe des BFG sind in Abgabensachen Einzelrichter oder Senate, die aus vier Mitgliedern bestehen (§ 12 Abs 2 BFGG): Dem Senatsvorsitzenden, einem weiteren hauptberuflichen Mitglied und zwei fachkundigen Laienrichtern, die von den gesetzlichen Berufsvertretungen entsendet werden (zB Arbeiterkammern, Wirtschaftskammern, Landarbeiterkammern, Apothekerkammern, Dentistenkammern etc), nicht aber von den Berufsvertretungen der rechtsberatenden Berufe (Wirtschaftstreuhänder, Rechtsanwälte, Notare). Bei Stimmengleichheit entscheidet die Stimme des Senatsvorsitzenden (Dirimierungsrecht, § 277 Abs 2 BAO), sodass die beiden hauptberuflichen Mitglieder die beiden Laienrichter jederzeit überstimmen können, wenn sie sich einig sind.

2 Geschäftsordnung, Zuständigkeit des Senats und der Einzelrichter

Tz 379 Die vom BFG zu besorgenden Geschäfte sind durch den Geschäftsverteilungsausschuss (§ 9 BFGG) auf die Einzelrichter und Senate für jeweils ein Kalenderjahr im Voraus zu verteilen (**Prinzip der festen Geschäftsverteilung** gemäß § 13 Abs 1 und 2 BFGG). Dabei ist auf eine möglichst gleichmäßige Auslastung aller Einzelrichter und Senate des BFG Bedacht zu nehmen. Zur Ermöglichung einer einheitlichen Entscheidungspraxis sollen Rechtssachen, soweit dies zweckmäßig ist, nach fachlichen Bezügen zusammengefasst werden (§ 13 Abs 5 BFGG).

Tz 380 Der **Senat** entscheidet nur in Ausnahmefällen. Will der Beschwerdeführer, dass der Senat entscheidet, muss er dies bereits in der Beschwerde, im Vorlageantrag oder in der Beitrittserklärung beantragen (§ 272 Abs 2 Z 1 BAO). Tut er dies nicht, entscheidet ein **Einzelrichter** (Art 135 Abs 1 B-VG). Der Einzelrichter hat allerdings auch von sich aus die Möglichkeit, die Entscheidung durch den gesamten Senat zu verlangen, wenn der

Entscheidung grundsätzliche Bedeutung zukommt, insbesondere bei uneinheitlicher oder fehlender Judikatur, wenn ein Normenprüfungsantrag beim Verfassungsgerichtshof gestellt werden soll oder bei Annahme einer Verdrängung nationalen Rechts durch Unionsrecht (§ 272 Abs 3 BAO).

3 Das Verfahren

Tz 381 Im Beschwerdeverfahren hat die Abgabenbehörde Parteistellung (§ 265 Abs 5 BAO). Dadurch wird ein kontradiktorisches Verfahren gewährleistet. Sowohl vor dem gesamten Senat als auch vor dem Einzelrichter kann eine **mündliche Verhandlung** stattfinden, wenn – im Falle der Entscheidung durch den gesamten Senat – der Vorsitzende es für erforderlich hält, der Senat über Antrag eines Mitglieds dies beschließt, oder – im Falle der Entscheidung durch den Einzelrichter – wenn es der Einzelrichter für erforderlich hält (§ 274 BAO). Der Beschwerdeführer kann ebenfalls eine mündliche Verhandlung beantragen. Dieser Antrag muss bereits in der Beschwerde, im Vorlageantrag oder in der Beitrittserklärung gestellt werden.

Tz 382 *Die Organe der Taxa Österreich GmbH müssen abwägen, ob ihr Anliegen besser durchsetzbar ist, wenn nicht bloß der Einzelrichter, sondern der gesamte Senat darüber entscheidet. Sind sie letzterer Auffassung, werden sie dies schon in der Beschwerde beantragen. Sollte die Taxa Österreich GmbH weiters der Meinung sein, dass es sinnvoll wäre, ihre Argumente auch mündlich vorzutragen oder möchte sie Beweisanträge stellen, sollte sie bereits in der Beschwerde eine mündliche Verhandlung beantragen.*

Tz 383 Im Beschwerdeverfahren hat das **BFG** die **Obliegenheiten und Befugnisse, die den Abgabenbehörden auferlegt und eingeräumt sind** (§ 269 Abs 1 BAO). Es besteht **kein Neuerungsverbot**, das heißt auf neue Tatsachen, Beweise und Anträge, die der Abgabenbehörde oder dem BFG im Laufe des Beschwerdeverfahren zur Kenntnis gelangen, ist Bedacht zu nehmen, auch wenn dadurch das Beschwerdebegehren geändert oder ergänzt wird (§ 270 BAO). Das BFG entscheidet in der Regel in der Sache selbst. Es ist berechtigt, sowohl im Spruch als auch hinsichtlich der Begründung seine Anschauung an die Stelle jener der Abgabenbehörde zu setzen und demgemäß den angefochtenen Bescheid in jede Richtung abzuändern, aufzuheben oder die Beschwerde als unbegründet abzuweisen (§ 279 Abs 1 BAO).

Tz 384 *Jeder Beschwerdeführer riskiert, dass im Rahmen der Beschwerdeentscheidung der angefochtene Bescheid auch zu seinem Nachteil abgeändert wird. Es könnte daher sein, dass die Taxa Österreich GmbH auch das BFG nicht von ihrer Rechtsauffassung überzeugt, sich aber im Rahmen des vom BFG durchgeführten Ermittlungsverfahrens zeigt, dass zB Provisionseinkünfte in der Höhe von 1 Mio Euro im Bescheid des Finanzamts nicht erfasst sind. Die Beschwerdeentscheidung wird dann zu einer Besteuerung der Provisionseinkünfte führen, ohne dass dem Beschwerdebegehren der Taxa Österreich GmbH Rechnung getragen wurde. Im abgabenrechtlichen Beschwerdeverfahren gilt nämlich ebenso wie im Beschwerdeverfahren nach dem VwGVG kein Verbot der „reformatio in peius“ (Verschlechterungsverbot).*

4 *Die Entscheidung*

Tz 385 Die das Beschwerdeverfahren abschließende Erledigung des BFG erfolgt mit Beschluss oder Erkenntnis (§ 278 f BAO) und hat gemäß § 280 Abs 1 BAO zu enthalten:

- Die Bezeichnung des Verwaltungsgerichtes und den Namen des Richters,
- die Namen der Parteien des Beschwerdeverfahrens und ihrer Vertreter,
- die Bezeichnung des angefochtenen Bescheides,
- den Spruch einschließlich der Entscheidung, ob eine Revision beim VwGH nach Art 133 Abs 4 B-VG zulässig ist (vgl dazu auch Tz 392),
- die Begründung,
- die Unterschrift des Einzelrichters oder des Senatsvorsitzenden,
- das Datum der mündlichen Verkündung, sonst das Datum der Unterfertigung.

Tz 386 Neben den in § 279 Abs 1 BAO eingeräumten meritorischen Entscheidungsbefugnissen (eine inhaltliche Entscheidung „in der Sache selbst") hat das BFG gemäß § 278 Abs 1 BAO die Möglichkeit, die Beschwerde durch Aufhebung des angefochtenen Abgabenbescheides oder allfälliger Beschwerdevorentscheidungen mit Beschluss und **Zurückverweisung** der Sache an die Abgabenbehörde zu erledigen (kassatorische Erledigung), wenn Ermittlungen (§ 115 Abs 1 BAO) unterlassen wurden, bei deren Durchführung ein anders lautender Bescheid hätte erlassen werden oder eine Bescheiderteilung hätte unterbleiben können. Im weiteren Verfahren sind die Abgabenbehörden an die für die Aufhebung maßgebliche, im aufhebenden Beschluss dargelegte Rechtsanschauung gebunden (§ 278 Abs 3 BAO).

Tz 387 Nach § 271 BAO können die Abgabenbehörde oder das BFG auch die Entscheidung über eine Beschwerde aussetzen, wenn wegen einer gleichen oder ähnlichen Rechtsfrage eine andere Beschwerde anhängig ist oder wenn sonst vor einem Gericht oder einer Verwaltungsbehörde ein Verfahren schwebt, dessen Ausgang von wesentlicher Bedeutung für die Entscheidung über die Beschwerde ist. Die jeweils maßgebenden Gründe sind den Parteien mitzuteilen. Weiters dürfen keine überwiegenden Interessen der Partei entgegenstehen. Derartige **Aussetzungsbescheide** der Abgabenbehörde verlieren ihre Wirksamkeit, sobald die Partei die Fortsetzung des Verfahrens beantragt (§ 271 Abs 3 BAO). Das Verfahren ist von Amts wegen fortzusetzen, sobald das Verfahren, das Anlass zur Aussetzung gegeben hat, rechtskräftig beendet wurde (§ 271 Abs 2 BAO).

Tz 388 Das BFG ist ein Gericht im Sinne des Art 267 AEUV. Zur Auslegung des Unionsrechts kann es daher den EuGH anrufen. Ein derartiges **Vorabentscheidungsverfahren** kann sowohl vom gesamten Senat als auch vom Einzelrichter eingeleitet werden. Das BFG ist aber kein Höchstgericht und ist daher – bei Zweifeln über die *Auslegung* einer unionsrechtlichen Vorschrift – zur Anrufung des EuGH nur berechtigt, aber nicht dazu verpflichtet (vgl auch Tz 198). Dagegen ist das BFG wie jedes nationale Gericht verpflichtet, den EuGH anzurufen, wenn es Zweifel an der *Gültigkeit* von Unionsrecht hat. Nach Vorlage dürfen bis zum Einlangen der Vorabentscheidung nur solche Amtshandlungen vorgenommen werden, die durch die Vorabentscheidung nicht beeinflusst werden können oder die Frage nicht abschließend regeln und keinen Aufschub gestatten (§ 290 Abs 2 BAO). Die Entscheidung in der Sache selbst bleibt aber auch nach Anrufung des EuGH beim BFG, das dann seine Beschwerdeentscheidung zu erlassen hat, wobei es aber an das Urteil des EuGH gebunden ist.

Tz 389 *Da die Taxa Österreich GmbH ihre Beschwerde auf unionsrechtliche Argumente gestützt hat, wird sie zweckmäßigerweise bereits in der Beschwerde angeregt haben, dass gegebenenfalls das BFG nach Art 267 AEUV den EuGH anruft, wenn das BFG nicht bereits selbst davon überzeugt ist, dass die Unionsrechtswidrigkeit der Versagung des Betriebsausgabenabzugs der Spende feststeht. Als Partei im Verfahren vor dem BFG kommt der Taxa Österreich GmbH allerdings kein Rechtsanspruch auf Vorlage an den EuGH zu. Das BFG kann auch von sich aus – ohne konkrete Anregung des Beschwerdeführers – ein Vorabentscheidungsersuchen an den EuGH richten.*

IV DAS VERFAHREN VOR DEM VWGH UND DEM VFGH

Tz 390 *Gehen wir davon aus, dass das BFG nicht den EuGH anruft, sondern die Beschwerde der Taxa Österreich GmbH mittels Erkenntnis als unbegründet abweist. Was kann die Taxa Österreich GmbH tun, um ihren Rechtsstandpunkt durchzusetzen?*

1 Revisionsantrag an den VwGH und Beschwerde an den VfGH

Tz 391 Gegen ein Erkenntnis oder einen Beschluss des BFG kann innerhalb von **sechs Wochen** (§ 26 VwGG; § 82 VfGG) wegen Rechtswidrigkeit des Inhaltes, wegen Unzuständigkeit der Behörde oder wegen Verletzung von Verfahrensvorschriften **Revision an den VwGH** oder wegen Verfassungswidrigkeit des Erkenntnisses oder des Beschlusses **Beschwerde an den VfGH** erhoben werden. Beschwerde und Revision müssen von einem Rechtsanwalt abgefasst und eingebracht werden (§ 24 Abs 2 VwGG; § 17 Abs 2 VfGG). In Abgabensachen vor dem VwGH können sie auch von einem Steuerberater oder Wirtschaftsprüfer abgefasst und eingebracht werden. Der Steuerpflichtige hat die Möglichkeit, parallel bei beiden Höchstgerichten Beschwerde und Revision einzubringen (Parallelbeschwerde). Denkbar ist auch, zunächst den VfGH anzurufen und dies mit einem Abtretungsantrag an den VwGH zu verbinden, für den Fall, dass der VfGH die Beschwerde abweist oder ihre Behandlung ablehnt (Art 144 Abs 3 B-VG; Sukzessivbeschwerde).

Tz 392 Mit der Einführung des BFG wurde auch die Entlastung des VwGH angestrebt. Daher hat das BFG in seinem Erkenntnis oder Beschluss darüber abzusprechen, ob eine **Revision an den VwGH zulässig** ist (§ 25a VwGG). Dies ist der Fall, wenn die Revision von der Lösung einer Rechtsfrage von grundsätzlicher Bedeutung abhängt (Art 133 Abs 4 B-VG). Eine solche Rechtsfrage liegt insbesondere dann vor, wenn das Erkenntnis oder der Beschluss von der Rechtsprechung des VwGH abweicht, eine solche Rechtsprechung fehlt oder die Rechtsfrage in der bisherigen Rechtsprechung des VwGH nicht einheitlich beantwortet wird. Hat das BFG ausgesprochen, dass die Revision nach Art 133 Abs 4 B-VG nicht zulässig ist, kann von der Partei eine außerordentliche Revision (§ 28 Abs 3 VwGG) erhoben werden.

Tz 393 Höchstgerichtliche Beschwerden und Revisionen haben grundsätzlich keine aufschiebende Wirkung. § 212a BAO (Aussetzung der Einhebung) ist im höchstgerichtlichen Verfahren nicht anwendbar. BFG, VwGH und VfGH können aber über Antrag einer Beschwerde oder einer Revision **aufschiebende Wirkung zuerkennen**, wenn dem keine zwingenden öffentlichen Interessen entgegenstehen und nach Abwägung aller berührten Interessen mit dem Vollzug für den Beschwerdeführer ein unverhältnismäßiger Nachteil verbunden wäre (§ 30 Abs 2 VwGG; § 85 Abs 2 VfGG). Die Praxis der beiden Gerichtshöfe ist jedoch sehr zurückhaltend, was die Zuerkennung aufschiebender Wirkung bei Beschwerden gegen abgabenrechtliche Bescheide betrifft. In Abgabenangelegenheiten hängt nach Ansicht des VfGH die Gewährung der aufschiebenden Wirkung von zwei Gesichtspunkten ab: Einerseits von der Höhe der nach dem angefochtenen Bescheid geschuldeten Steuer im Verhältnis zum Vermögen des Beschwerdeführers und andererseits von der Wahrscheinlichkeit der Einbringlichkeit der Steuerschuld nach Entscheidung über die Beschwerde.

Tz 394 Im Verfahren vor dem VwGH besteht grundsätzlich ein **Neuerungsverbot**. Der VwGH kann das angefochtene Erkenntnis oder den angefochtenen Beschluss aber nicht nur auf Grund des vom BFG angenommenen Sachverhaltes überprüfen (§ 41 VwGG iVm § 42 Abs 2 VwGG), sondern ist unter gewissen Umständen auch zur Feststellung des maßgeblichen Sachverhalts und zur Entscheidung in der Sache selbst befugt (s sogleich Tz 397).

2 *Die Entscheidung des VwGH*

Tz 395 Abgesehen von einer Zurückweisung (Beschluss) hat der Verwaltungsgerichtshof Rechtssachen gemäß § 42 Abs 1 VwGG mit Erkenntnis zu erledigen. Dabei hat der VwGH drei Entscheidungsmöglichkeiten: Mit dem Erkenntnis ist entweder die Revision als unbegründet abzuweisen, das angefochtene Erkenntnis oder der angefochtene Beschluss des BFG aufzuheben oder in der Sache selbst zu entscheiden.

Tz 396 Durch die **Aufhebung des angefochtenen Erkenntnisses** oder Beschlusses des BFG **wegen inhaltlicher Rechtswidrigkeit, Unzuständigkeit des Verwaltungsgerichts (BFG) oder Verletzung wesentlicher Verfahrensvorschriften** tritt die Rechtssache in die Lage zurück, in der sie sich vor Erlassung des angefochtenen Erkenntnisses oder Beschlusses befunden hat (**kassatorische Entscheidung des VwGH** gemäß § 42 Abs 2 iVm Abs 3 VwGG). Dies bedeutet, dass das BFG nach der Aufhebung über die Beschwerde neu zu entscheiden hat. Das **BFG** ist im fortgesetzten Verfahren an die **Rechtsanschauung des VwGH gebunden.** Auch wenn der Steuerpflichtige die Aufhebung des angefochtenen Bescheides beim VwGH erreicht, heißt dies nicht, dass er im fortgesetzten Verfahren auch unbedingt obsiegen muss.

Tz 397 Der Verwaltungsgerichtshof kann aber auch gemäß § 42 Abs 4 VwGG in der **Sache selbst entscheiden**, wenn sie entscheidungsreif ist und eine Entscheidung in der Sache selbst im Interesse der Einfachheit, Zweckmäßigkeit und Kostenersparnis liegt. In diesem Fall hat er den maßgeblichen Sachverhalt festzustellen und kann zu diesem Zweck auch das BFG mit der Ergänzung des Ermittlungsverfahrens beauftragen (**meritorische Entscheidungsbefugnis des VwGH**).

Tz 398 *Falls die Taxa Österreich GmbH bereits in ihrer Beschwerde die Entscheidung durch den gesamten Senat beantragt hat (§ 272 BAO), aber dennoch ein Einzelrichter das Erkenntnis trifft und die Beschwerde als unbegründet abweist, wird der VwGH – falls er von der Taxa Österreich GmbH angerufen wurde – das Erkenntnis des BFG wegen „Rechtswidrigkeit infolge Unzuständigkeit des Verwaltungsgerichtes" (§ 42 Abs 2 Z 2 VwGG) aufheben. Das Erkenntnis des BFG scheidet damit aus dem Rechtsbestand aus und die Beschwerde gilt folglich wieder als unerledigt. Der Senat, der als zuständiges Organ des BFG im fortgesetzten Verfahren nun über die Beschwerde zu entscheiden hat, ist aber nicht daran gehindert, die Beschwerde neuerlich als unbegründet abzuweisen und damit dem Beschwerdeantrag nicht Rechnung zu tragen. Die Taxa Österreich GmbH müsste dann das neue BFG-Erkenntnis wiederum bei den Höchstgerichten bekämpfen.*

Tz 399 Der VwGH ist als **letztinstanzliches** Gericht nach Art 267 AEUV verpflichtet, den EuGH anzurufen, wenn er im Rahmen einer von ihm zu treffenden Entscheidung Zweifel über die Gültigkeit oder die Auslegung des Unionsrechts hat (**Vorabentscheidungsverfahren**).

3 Die Amtsrevision

Tz 400 Neben dem Steuerpflichtigen hat auch die Abgabenbehörde (in der Regel das Finanzamt) Parteistellung (§ 21 Abs 1 Z 2 VwGG) und damit das Recht, gegen die Entscheidung des BFG Revision an den VwGH zu erheben (**Amtsrevision**). Die Abgabenbehörde kann diese etwa auf die Rechtswidrigkeit des Inhalts oder die Verletzung von Verfahrensvorschriften stützen (Art 133 Abs 6 Z 2 B-VG).

Tz 401 *Sollte das BFG – entgegen der in Tz 390 getroffenen Annahme – dem Beschwerdebegehren entsprechen und in seinem Erkenntnis aussprechen, dass die Spende in unmittelbarer Anwendung des Unionsrechts als Betriebsausgabe abzugsfähig ist, hat das Finanzamt als die beim BFG unterlegene Partei die Möglichkeit, selbst Revision an den VwGH zu erheben, um zu versuchen, die Aufhebung des BFG-Erkenntnisses zu erreichen (Amtsrevision).*
Zum Spendenabzug aus unionsrechtlicher Sicht siehe EuGH 16.6.2011, C-10/10, Kommission/Österreich, Slg 2011, I-05389.

4 Die Zuständigkeit des VfGH im Abgabenrecht

Tz 402 Gegen ein Erkenntnis oder einen Beschluss des BFG kann auch in Abgabensachen der VfGH angerufen werden. Der Beschwerdeführer kann **gemäß Art 144 Abs 1 B-VG beim VfGH Beschwerde erheben (Erkenntnisbeschwerde)**, wenn er sich durch das Erkenntnis oder den Beschluss

- in einem verfassungsgesetzlich gewährleisteten Recht (also zB dem Gleichheitssatz nach Art 7 B-VG) oder

- wegen Anwendung einer gesetzwidrigen Verordnung, einer gesetzwidrigen Kundmachung der Wiederverlautbarung eines Gesetzes (oder Staatsvertrages), eines verfassungswidrigen Gesetzes oder eines rechtswidrigen Staatsvertrages

in seinen Rechten verletzt erachtet.

In der Praxis hat wohl der Gleichheitssatz gemäß Art 7 Abs 1 B-VG die größte Bedeutung im Verfahren vor dem VfGH. Der VfGH hat bezüglich der gleichheitsrechtlichen Prüfung von Entscheidungen eine spezifische Formel entwickelt. Ein Erkenntnis oder Beschluss des BFG verletzt den Gleichheitssatz dann, wenn

- er sich auf ein gleichheitswidriges Gesetz stützt,
- das BFG dem anzuwendenden Gesetz einen gleichheitswidrigen Inhalt unterstellt
- oder wenn das BFG Willkür übt.

Willkürlich geht ein Verwaltungsgericht nach Ansicht des VfGH dann vor, wenn es zB die Rechtslage in „*besonderem Maße*", „*gehäuft*" oder „*völlig verkannt*" hat. Auch eine gravierende Verletzung von Verfahrensvorschriften (zB das Verwaltungsgericht unterlässt jegliche Ermittlungstätigkeit) wird vom VfGH als Willkür gedeutet. Um eine Entlastung des VfGH herbeizuführen, hat der VfGH die Möglichkeit, die Behandlung einer Beschwerde durch Beschluss abzulehnen, wenn sie keine hinreichende Aussicht auf Erfolg hat oder von der Entscheidung die Klärung einer verfassungsrechtlichen Frage nicht zu erwarten ist (Art 144 Abs 2 B-VG). Die Behandlung der meisten an den VfGH auf dem Gebiet des Steuerrechts gerichteten Beschwerden wird unter Berufung auf diese Vorschrift abgelehnt.

Tz 403 Als letztinstanzliches Gericht ist der VfGH nach Art 267 AEUV zur Einholung einer **Vorabentscheidung durch den EuGH** verpflichtet, wenn er Zweifel an der Gültigkeit oder Auslegung des von ihm anzuwendenden Unionsrechts hat.

Tz 404 *Eine Beschwerdeerhebung beim VfGH macht für die Taxa Österreich GmbH Sinn, wenn sie sich Chancen ausrechnet, dass der VfGH die Nachweispflicht eines Bezugs zur österreichischen Wirtschaft oder Wissenschaft als verfassungswidrig (zB Verstoß gegen den Gleichheitssatz des Art 7 B-VG) erachten könnte. Die vorgetragenen unionsrechtlichen Bedenken würden vom VfGH wohl nur aufgegriffen werden, wenn er den Widerspruch zum Unionsrecht als offenkundig erachtet (vgl aber zu neuesten Entwicklungen in der Rechtsprechung VfSlg 19.632/2012 zur EU-Grundrechtecharta).*

V SCHUTZ VOR SÄUMNIS DER BEHÖRDEN UND DES BFG

Tz 405 *Angenommen, der VwGH hat das Erkenntnis des BFG wegen Unzuständigkeit der belangten Behörde aufgehoben (Entscheidung war trotz Antrags der Taxa Österreich GmbH auf Entscheidung durch den gesamten Senat bloß durch einen Einzelrichter alleine erfolgt): Nachdem bereits neun Monate seit dem aufhebenden Erkenntnis des VwGH vergangen sind und das BFG noch immer nicht neuerlich über die Beschwerde entschieden hat, möchte die Taxa Österreich GmbH nicht länger warten, sondern die Entscheidung durch das BFG erzwingen. Welche Rechtsbehelfe stehen ihr offen?*

1 Säumnisbeschwerde

Tz 406 Abgabenbehörden sind verpflichtet, über Anbringen der Parteien „*ohne unnötigen Aufschub*" zu entscheiden (§ 85a BAO). Gemäß § 284 Abs 1 BAO kann die Partei Säumnisbeschwerde wegen Verletzung dieser Entscheidungspflicht beim BFG erheben, wenn ihr Bescheide der Abgabenbehörde (im Regelfall also des Finanzamts) nicht innerhalb von sechs Monaten nach Einlangen der Anbringen oder nach Eintritt der Verpflichtung zu ihrer amtswegigen Erlassung bekanntgegeben werden. Das **BFG** hat im Falle einer **berechtigten Säumnisbeschwerde** der **Abgabenbehörde aufzutragen, innerhalb einer Frist von bis zu drei Monaten** ab Einlangen der Säumnisbeschwerde zu entscheiden und gegebenenfalls eine Abschrift des **Bescheides vorzulegen** oder anzugeben, warum eine Verletzung der Entscheidungspflicht nicht oder nicht mehr vorliegt. Die Frist kann einmal verlängert werden, wenn die Abgabenbehörde das Vorliegen von in der Sache gelegenen Gründen nachzuweisen vermag, die eine fristgerechte Entscheidung unmöglich machen. Wird der Bescheid erlassen oder wurde er vor Einleitung des Verfahrens erlassen, so ist das Verfahren einzustellen (§ 284 Abs 2 BAO). Die Zuständigkeit zur Entscheidung geht erst auf das BFG über, wenn die dreimonatige Frist abgelaufen ist oder wenn die Abgabenbehörde vor Ablauf der Frist mitteilt, dass keine Verletzung ihrer Entscheidungspflicht vorliegt (§ 284 Abs 3 BAO). Das BFG kann sein Erkenntnis vorerst auf die Entscheidung einzelner maßgeblicher Rechtsfragen beschränken und der Abgabenbehörde auftragen, den versäumten Bescheid unter Zugrundelegung der hiermit festgelegten Rechtsanschauung binnen bestimmter, acht Wochen nicht übersteigender Frist zu erlassen. Kommt die Abgabenbehörde dem Auftrag nicht nach, so entscheidet das BFG über die Beschwerde durch Erkenntnis in der Sache selbst (§ 284 Abs 5 BAO). Säumnisbeschwerden sind mit **Erkenntnis abzuweisen**, wenn die Verspätung nicht auf ein überwiegendes Verschulden der Abgabenbehörde zurückzuführen ist (§ 284 Abs 4 BAO).

2 Fristsetzungsantrag

Tz 407 Ist das BFG für eine Entscheidung zuständig und entscheidet es nicht binnen sechs Monaten, so hat ihm der **VwGH** auf Antrag der Partei **aufzutragen**, das **Erkenntnis oder den Beschluss innerhalb einer Frist von drei Monaten nachzuholen** oder anzugeben, warum eine Verletzung der Entscheidungspflicht nicht vorliegt (Art 133 Abs 1 Z 2 B-VG und § 38 Abs 4 VwGG). Die Frist kann einmal verlängert werden, wenn das BFG das Vorliegen von in der Sache gelegenen Gründen nachzuweisen vermag, die eine fristgerechte Erlassung des Erkenntnisses oder Beschlusses unmöglich machen. Selbst wenn das BFG dieser Entscheidungspflicht nicht nachkommt, ist eine ersatzweise Sachentscheidung durch den VwGH nicht vorgesehen. Vielmehr hat der VwGH dem BFG gemäß § 42a VwGG aufzutragen, das Erkenntnis oder den Beschluss innerhalb einer von ihm festzusetzenden angemessenen Frist nachzuholen.

Tz 408 *Die Taxa Österreich GmbH kann nach Ablauf der sechsmonatigen Frist einen Fristsetzungsantrag beim VwGH stellen. Der VwGH wird dem BFG auftragen, das Erkentnis oder den Beschluss binnen drei Monaten nachzuholen. Die Frist kann einmal verlängert werden, wenn das Gericht in der Sache gelegene Gründe nachweist, die eine fristgerechte Entscheidung unmöglich machen.*

VI DIE RECHTSKRAFT UND IHRE DURCHBRECHUNGEN

Tz 409 *Die Taxa Österreich GmbH bestand schon in früheren Jahren als selbständige Unternehmensberatung und bezog Einkünfte aus der Beratung Münchner Klienten. Sie gab fristgerecht ihre Körperschaftsteuererklärung ab und ging bei Erstellung ihrer Körperschaftsteuererklärung davon aus, dass die Einkünfte aus der Beratung von Klienten in München auch ohne Betriebsstätte in Deutschland nicht der österreichischen Körperschaftsteuer unterliegen würden. Sie wurde antragsgemäß veranlagt und legte daher gegen den Körperschaftsteuerbescheid kein Rechtsmittel ein. Drei Jahre danach erfolgt eine Außenprüfung (§§ 147 ff BAO), bei der das Finanzamt feststellt, dass die Münchner Einkünfte der Taxa Österreich GmbH mangels abkommensrechtlicher Betriebsstätte in Österreich zu besteuern seien. Kann das Finanzamt nachträglich die Körperschaftsteuer erhöhen?*

1 Die Rechtskraft

Tz 410 Unanfechtbarkeit und Unwiderrufbarkeit gehören zu den wesentlichen Wirkungen eines Bescheides (formelle und materielle Rechtskraft; dazu *Doralt/Ruppe*, Grundriss des österreichischen Steuerrechts, Band II, 8. Auflage, 2019, Rz 1352). Aus Gründen der **Rechtssicherheit** soll ein einmal abgeschlossenes Verfahren nicht noch einmal neu aufgerollt werden. Der Rechtsfriede gilt dem Gesetzgeber als schützenswertes Gut. In bestimmten Fällen räumt der Gesetzgeber allerdings der Rechtssicherheit und der Endgültigkeit der Entscheidung keinen so hohen Stellenwert ein, sondern gibt dem Grundsatz der Rechtsrichtigkeit und der Gleichmäßigkeit der Besteuerung Vorrang. Die für Bescheide geltenden Bestimmungen zur Durchbrechung der Rechtskraft sind gemäß § 93a BAO auf Erkenntnisse und Beschlüsse des BFG sowie auf die in der Sache selbst ergangenen Entscheidung des VwGH sinngemäß anzuwenden.

2 Die Durchbrechungen der Rechtskraft

Tz 411 Gemäß § 293 BAO kann die Behörde zB in einem Bescheid unterlaufene **Schreib- und Rechenfehler** oder andere offenbar auf einem ähnlichen Versehen beruhende tatsächliche oder ausschließlich auf dem Einsatz einer automationsunterstützten Datenverarbeitungsanlage beruhende Unrichtigkeiten korrigieren. Weiters kann die Abgabenbehörde einen Bescheid insoweit berichtigen, als seine Rechtswidrigkeit auf der Übernahme offensichtlicher Unrichtigkeiten aus Abgabenerklärungen beruht (§ 293b BAO). Auch Begünstigungsbescheide können unter erleichterten Bedingungen geändert werden (näher § 294 BAO). Weiters sind **abgeleitete Bescheide**, die auf Grundlagenbescheiden (zB §§ 185 bis 188 BAO) beruhen, bei Änderung des Grundlagenbescheides ebenfalls zu ändern (§ 295 BAO).

> **Beispiel:** Gegen die Feststellung von Einkünften einer OG gemäß § 188 BAO wird erfolgreich Beschwerde erhoben und die Höhe der Einkünfte der OG von der Abgabenbehörde herabgesetzt. Dies löst bei den Einkommensteuerbescheiden der Gesellschafter eine Folgeberichtigung gemäß § 295 BAO aus: Die Höhe des

Einkommens der Gesellschafter sinkt entsprechend. Die Rechtskraft der Einkommensteuerbescheide der Gesellschafter wird durchbrochen.

Tz 412 **§ 295a BAO** regelt die Vorgehensweise in jenen Fällen, in denen ein Ereignis eintritt, das auf den Bestand oder Umfang eines Abgabenanspruches abgabenrechtliche Wirkung für die Vergangenheit entfaltet. Der Bescheid kann dann auf Antrag der Partei oder auch von Amts wegen abgeändert werden. Dabei ist die Abänderung jedoch auf das rückwirkende Ereignis eingeschränkt und liegt im Ermessen der Abgabenbehörde. Zuständig für die Abänderung ist die Abgabenbehörde.

Beispiele: 1. Werden ausländische Steuern, die auf Grund eines Doppelbesteuerungsabkommens oder einer Maßnahme nach § 48 BAO auf inländische Steuern angerechnet werden können, erst bezahlt, nachdem die Veranlagung für das Jahr, für das sie anzurechnen wären, bereits erfolgt ist, stellt deren tatsächliche Entrichtung ebenso wie eine etwaige spätere Gutschrift oder Nachsicht ein rückwirkendes Ereignis im Sinne des § 295a BAO dar.

2. Hat der Steuerpflichtige in einem vorangegangenen Veranlagungsjahr eine außergewöhnliche Belastung geltend gemacht und wurde diese bei der Veranlagung der Einkommensteuer berücksichtigt, stellt die in einem Folgejahr für diese Aufwendungen erhaltene Ersatzleistung (zB Krankenkassenersatz, Versicherungsleistung) ein rückwirkendes Ereignis im Sinne des § 295a BAO dar. Gleiches gilt auch für die gegenteilige Fallkonstellation, wenn ein bereits geleisteter und steuerlich berücksichtigter Kostenersatz zurückbezahlt werden muss.

Tz 413 Eine weitgehende Durchbrechung der Rechtskraft enthält § 299 BAO: Die **Abgabenbehörde** kann auf Antrag oder von Amts wegen einen Bescheid aufheben, wenn der Spruch des Bescheides sich als **inhaltlich nicht richtig** erweist. Diese Aufhebungen von Bescheiden durch die Abgabenbehörde selbst sind **innerhalb eines Jahres** ab Zustellung möglich (§ 302 Abs 1 iVm § 97 Abs 1 lit a BAO). Durch diese Regelung ist die Rechtskraft im Abgabenrecht weitgehend durchlöchert. Innerhalb eines Jahres nach Bekanntgabe muss jeder Steuerpflichtige mit einer Aufhebung des Bescheides rechnen und zwar ohne nennenswerte Voraussetzungen (für Ausführungen zum Ermessen siehe auch Tz 416).

Tz 414 *Im Fall der Taxa Österreich GmbH kommt eine Aufhebung nach § 299 BAO nicht in Betracht, da die Frist von einem Jahr ab Bekanntgabe schon abgelaufen ist.*

Tz 415 Ein weiterer Fall der Durchbrechung der Rechtskraft ist die **Wiederaufnahme des Verfahrens**, die über Antrag des Steuerpflichtigen oder von Amts wegen erfolgen kann (§ 303 BAO; vgl auch § 69 AVG). Eine Wiederaufnahme ist innerhalb der Verjährungsfrist (§ 304 BAO) unter einer der folgenden Voraussetzungen möglich (§ 303 Abs 1 BAO), wenn:

- der Bescheid durch eine gerichtlich strafbare Tat herbeigeführt oder sonstwie erschlichen worden ist (lit a) oder

- Tatsachen oder Beweismittel im abgeschlossenen Verfahren neu hervorgekommen sind (*nova reperta*) (lit b) oder
- der Bescheid von Vorfragen abhängig war und über eine solche Vorfrage von der hierfür zuständigen Behörde (oder dem Gericht) in wesentlichen Punkten anders entschieden wurde (lit c) und
- die Kenntnis dieser Umstände allein oder in Verbindung mit dem sonstigen Ergebnis des Verfahrens einen im Spruch anderslautenden Bescheid herbeigeführt hätte.

Tz 416 Dem Gesetzeswortlaut nach würde für die Wiederaufnahme schon reichen, dass nur irgendwelche Tatsachen oder Beweismittel neu hervorgekommen sind, welche im Verfahren nicht geltend gemacht worden sind und die einen anderen Spruch herbeigeführt hätten. Jeder noch so geringfügige Wiederaufnahmegrund würde es zulassen, das Verfahren in jede Richtung hin neu durchzuführen und es daher auch der Behörde ermöglichen, in ganz anderen Fragen andere Rechtsauffassungen als im früheren Verfahren zu vertreten. Allerdings ist zu beachten, dass § 303 Abs 1 iVm Abs 3 BAO eine **Ermessensnorm** ist. Wie bei allen Ermessensübungen kommt daher dem Normzweck, prozessökonomischen Argumenten sowie Zweckmäßigkeits- und Billigkeitsüberlegungen (vgl § 20 BAO) Bedeutung zu. Es darf daher nicht zu einem Missverhältnis zwischen dem Wiederaufnahmegrund und der steuerlichen Auswirkung der Wiederaufnahme kommen.

> **Beispiel:** Nach der Rechtsprechung des VwGH ist eine Wiederaufnahme des Verfahrens nicht gerechtfertigt, wenn der Wiederaufnahmegrund – eine neu hervorgekommene Tatsache – sowohl absolut als auch relativ lediglich ein geringfügig anderes Ergebnis bewirken würde. Relative Geringfügigkeit hat der VwGH bei einer Änderung der im Bescheid erklärten Gewinne von weniger als 1% anerkannt (vgl VwGH 12.04.1994, 90/14/0044).

Tz 417 Die **Entscheidung über die Wiederaufnahme** steht der Abgabenbehörde zu, die für die Erlassung des aufzuhebenden Bescheides zuständig war oder vor Übergang der Zuständigkeit als Folge einer Bescheidbeschwerde oder einer Säumnisbeschwerde (§ 284 Abs 3 BAO, s auch Tz 406) zuständig gewesen wäre. Ist die diesbezügliche Zuständigkeit auf eine andere Abgabenbehörde übergegangen, so steht die Entscheidung der zuletzt zuständig gewordenen Abgabenbehörde zu (§ 305 BAO). Dies gilt sowohl für eine Entscheidung einer Verwaltungsbehörde als auch für Entscheidungen des BFG und des VwGH (vgl § 93a BAO).

Tz 418 Mit dem die **Wiederaufnahme** des Verfahrens bewilligenden oder verfügenden Bescheid ist die **Sachentscheidung** zu verbinden, mit der das wiederaufgenommene Verfahren abgeschlossen wird (§ 307 Abs 1 BAO). Es handelt sich dennoch um zwei getrennte Bescheide, weshalb der Wiederaufnahmebescheid und der neue Sachbescheid gesondert bekämpft werden können. Wird allerdings der Wiederaufnahmebescheid aufgehoben, scheidet der neue Sachbescheid aus dem Rechtsbestand aus (§ 307 Abs 3 BAO).

Tz 419 *Ob im Falle der Taxa Österreich GmbH das Finanzamt die Wiederaufnahme verfügen kann, hängt einerseits davon ab, ob aus der seinerzeit eingereichten Körperschaftsteuererklärung klar hervorging, dass die Taxa Österreich GmbH* *zwar Münchner Klienten beraten hat, aber keine Betriebsstätte in München gehabt hat. Ist dies der Fall, so sind keine neuen Tatsachen hervorgekommen und dem Finanzamt war bereits zum Zeitpunkt der Bescheiderlassung der komplette rechtlich relevante Sachverhalt bekannt. Andererseits ist aber auch von Bedeutung, dass sonst keine neuen Tatsachen oder Beweismittel hervorgekommen sind, die die Behörde aus ganz anderen Gründen zu einer Wiederaufnahme berechtigen. In solchen Fällen hätte das Finanzamt nämlich auch die Möglichkeit, die rechtliche Qualifikation der Münchner Einkünfte nochmals und anders als im seinerzeitigen Bescheid zu würdigen. Auch dann ist allerdings das Ermessen im Sinne des Gesetzes zu üben: Wenn die neu hervorgekommene Tatsache für sich betrachtet nur völlig geringfügige Auswirkungen auf die körperschaftsteuerrechtliche Bemessungsgrundlage hätte, die neue rechtliche Würdigung der Münchner Einkünfte aber unverhältnismäßig große Auswirkungen hätte, wäre die Wiederaufnahme versagt.*

Tz 420 **Steuerliche Bilanzberichtigungen** sind gemäß § 4 Abs 2 Z 2 EStG verpflichtend, wenn die Vermögensübersicht allgemeinen Grundsätzen ordnungsmäßiger Buchführung oder zwingenden Vorschriften des Einkommensteuerrechts widerspricht. Nach der Rsp des VwGH hat eine Bilanzberichtigung für steuerliche Zwecke im ursprünglichen Fehlerjahr zu erfolgen. Damit eine solche Berichtigung **steuerliche Auswirkungen** entfaltet, muss einer der eben genannten verfahrensrechtlichen Titel vorliegen, der eine Durchbrechung der Rechtskraft der Veranlagungsbescheide bereits veranlagter Wirtschaftsjahre ermöglicht. Kann ein Fehler nur auf Grund der bereits eingetretenen Verjährung nicht mehr steuerwirksam berichtigt werden, gilt gemäß § 4 Abs 2 Z 2 EStG Folgendes: Zur Erreichung des richtigen Totalgewinnes kann von Amts wegen oder auf Antrag des Steuerpflichtigen eine Fehlerberichtigung durch Ansatz von Zu- oder Abschlägen vorgenommen werden (Ermessensnorm, vgl auch Tz 416). Die Fehlerberichtigung ist im ersten zum Zeitpunkt der Bescheiderlassung noch nicht verjährten Veranlagungszeitraum vorzunehmen. Die Nichtberücksichtigung von Zu- oder Abschlägen gilt als offensichtliche Unrichtigkeit im Sinne des § 293b BAO.

Tz 421 Gegen die Versäumung einer Frist oder einer mündlichen Verhandlung ist auf Antrag der Partei, die durch die Versäumung einen Rechtsnachteil erleidet, die **Wiedereinsetzung in den vorigen Stand** zu bewilligen, wenn die Partei glaubhaft macht, dass sie durch ein unvorhergesehenes oder unabwendbares Ereignis verhindert war, die Frist einzuhalten oder zur Verhandlung zu erscheinen. Dass der Partei ein Verschulden an der Versäumung zur Last liegt, hindert die Bewilligung der Wiedereinsetzung nicht, wenn es sich nur um einen minderen Grad des Versehens handelt (§ 308 Abs 1 BAO). Nach der VwGH-Rechtsprechung darf der Wiedereinsetzungswerber jedoch keinesfalls „auffallend sorglos" gehandelt haben (VwGH 15.06.1993, 93/14/0011). Der Antrag auf Wiedereinsetzung muss binnen einer Frist von drei Monaten nach Aufhören des Hindernisses eingebracht werden. Spätestens gleichzeitig mit dem Wiedereinsetzungsantrag hat der Antragsteller die versäumte Handlung nachzuholen (§ 308 Abs 3 BAO). Nach Ablauf von fünf Jahren, vom Ende der versäumten Frist an gerechnet, ist ein Antrag auf Wiedereinsetzung in den vorigen Stand keinesfalls mehr zulässig (§ 309 BAO).

Beispiel: Für den Fall, dass eine Steuerberaterin eine Beschwerde nicht rechtzeitig einbringt, weil ihre Sekretärin vergessen hat, die Frist dafür vorzumerken, hat die Rechtsprechung des VwGH die Voraussetzungen für einen Wiedereinsetzungsantrag (den die Steuerberaterin namens des von ihr vertretenen Klienten gleichzeitig mit der nachgeholten Beschwerde stellt) anerkannt. Das Verschulden eines Kanzleibediensteten stellt allerdings nur dann einen Wiedereinsetzungsgrund dar, wenn der Parteienvertreter der ihm zumutbaren und nach der Sachlage gebotenen Überwachungspflicht nachgekommen ist (VwGH 24.06.1997, 97/14/0019). Der Parteienvertreter hat die Organisation seines Kanzleibetriebes so einzurichten, dass die richtige Vormerkung von Fristen sichergestellt ist (VwGH 21.10.1993, 92/15/0100). Zur Kanzleiorganisation gehört auch die Führung eines Fristenvormerks, hinsichtlich dessen eine besondere Überwachungspflicht besteht (VwGH 26.5.1992, 92/05/0082). Im Wiedereinsetzungsantrag muss überzeugend dargelegt werden, dass alle diese Voraussetzungen erfüllt sind.

Tz 422 *Im Fall der Taxa Österreich GmbH bestehen kaum Möglichkeiten für die Behörde, die Rechtskraft zu durchbrechen, es sei denn, es liegen – wie oben dargelegt – Wiederaufnahmegründe vor.*

VII ÜBERSICHT ÜBER DAS VERFAHREN IN ABGABENSACHEN

Tz 423 Der Instanzenzug im Abgabenverfahren lässt sich zusammenfassend wie folgt darstellen:

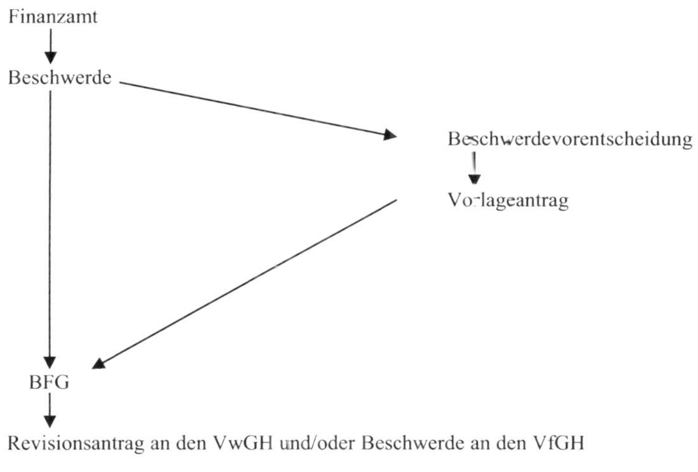

VIII WEITERFÜHRENDE LITERATUR

- *Beiser*, Steuern – Ein systematischer Grundriss, 19. Auflage, 2020, 502-539.
- *Doralt*, Steuerrecht 2022, 23. Auflage, 2022, 235-251.

- *Doralt/Ruppe*, Grundriss des österreichischen Steuerrechts, Band II, 8. Auflage, 2019, 611-720.
- *Holoubek/Lang*, Das EuGH-Verfahren in Steuersachen, 2000.
- *Holoubek/Lang*, Das verfassungsgerichtliche Verfahren in Steuersachen, 2010.
- *Tanzer/Unger*, BAO 2020/2021, Einführung in das Recht der Bundesabgabenordnung, 7. Auflage, 2021, 267-321.
- *Holoubek/Lang*, Die Verwaltungsgerichtsbarkeit erster Instanz, 2013.

IX WIEDERHOLUNGSFRAGEN

1. Welche der folgenden Merkmale hat eine Beschwerde zu enthalten?

- o Die Überschrift „Beschwerde“.
- o Der/die Sachbearbeiter/in des Bescheides.
- o Eine allgemein gehaltene Erklärung, dass der Bescheid bekämpft wird.
- o Die konkrete Bezeichnung der angefochtenen Bescheidpunkte und die beantragten Änderungen.
- o Eine Begründung.

2. Welche Wirkung hat eine kassatorische Entscheidung durch den VwGH?

3. Wer kann Mitglied eines Senates des BFG sein?

- o Ein Steuerberater.
- o Ein Notar.
- o Ein hauptberufliches Mitglied des BFG.
- o Ein Apotheker.
- o Ein Finanzamtsvorstand.

4. Unter welchen Voraussetzungen kann im Abgabenverfahren gegen ein Erkenntnis oder einen Beschluss des BFG der VfGH angerufen werden?

5. Welche Rechtsbehelfe bietet die BAO zum Schutz der Abgabepflichtigen vor Säumnis der Behörden?

6. Welche der folgenden Möglichkeiten stehen gegen die Entscheidung des BFG offen?

- o Der Steuerpflichtige kann eine Beschwerde an den OGH richten.
- o Der Steuerpflichtige kann eine Revision an den VwGH richten.
- o Die Abgabenbehörde kann eine Amtsrevision an den VwGH richten.
- o Der Steuerpflichtige kann unmittelbar eine Beschwerde an den EuGH richten.
- o Es kann ausnahmslos keine Beschwerde an den VfGH gerichtet werden.

7. Welche der folgenden Aussagen in Bezug auf Beschwerdevorentscheidungen treffen/trifft zu?

- Sinn einer Beschwerdevorentscheidung ist es, Abgabenbehörden die Möglichkeit zu geben, Fehler selbst zu korrigieren, ohne dass das BFG damit belastet werden muss.
- Mit einer Beschwerdevorentscheidung kann die Abgabenbehörde die Beschwerde zurückweisen, wenn sie nicht fristgerecht eingereicht wurde.
- Mit einer Beschwerdevorentscheidung ist die Abgabenbehörde an ihren ursprünglichen Spruch gebunden, sie kann diesen nur erweitern und näher konkretisieren.
- Mit einer Beschwerdevorentscheidung kann die Abgabenbehörde den Bescheid in jede Richtung abändern.
- Mit einer Beschwerdevorentscheidung kann die Abgabenbehörde die Beschwerde zurückweisen, wenn diese unzulässig ist.

8. Worin besteht der Unterschied zwischen einer Wiederaufnahme des Verfahrens und der Wiedereinsetzung in den vorigen Stand?

9. Was ist ein Fristsetzungsantrag?

10. Welche der folgenden Aussagen treffen/trifft in Bezug auf eine Beschwerde im Abgabenverfahren zu?

- Die Beschwerdefrist beträgt 45 Tage.
- Die Beschwerde ist beim Bundesminister für Finanzen einzubringen.
- Die Beschwerde ist bei der Abgabenbehörde einzubringen, die den angefochtenen Bescheid erlassen hat.
- Die Beschwerde kann beim BFG eingebracht werden.
- Die Beschwerde kann beim OGH eingebracht werden.

GLOSSAR

A

Abgabenerklärung
siehe Steuererklärung

Abgabenrecht
siehe Steuerrecht

Abzugsposten
Ausgaben/Aufwendungen, die die Bemessungsgrundlage für die Besteuerung vermindern.

Abzugsteuer
Bei Auszahlung des Entgelts wird die Steuer an der Quelle auf Rechnung des Zahlungsempfängers (Steuerpflichtigen) einbehalten und an den Fiskus abgeführt (insb Lohnsteuer, Kapitalertragsteuer).

Absetzbetrag
Der Absetzbetrag wird von dem sich nach Anwendung des Tarifs errechneten Steuerbetrag abgezogen.

Anlaufverluste
Verluste, die bei der Errichtung, Wiederaufnahme oder Erweiterung eines Unternehmens oder einer Tätigkeit entstehen (insbesondere bei Betriebseröffnungen).

Anrechnungsmethode
Methode zur Vermeidung der Doppelbesteuerung durch Anrechnung der im Quellenstaat gezahlten Steuer auf die Steuerschuld im Ansässigkeitsstaat.

Außergewöhnliche Belastungen
Außergewöhnliche Belastungen sind private Ausgaben, denen sich der Steuerpflichtige nicht entziehen kann. Sie treffen seine Leistungsfähigkeit besonders hart und sind daher meist abzugsfähig.

B

Befreiungsmethode
Methode zur Vermeidung der Doppelbesteuerung durch Steuerfreistellung der im Quellenstaat besteuerten Einkünfte.

Bemessungsgrundlage
Das zahlenmäßige Merkmal auf dessen Basis die Steuer berechnet wird.

Bescheid
Auf Grund eines Verfahrens erlassene, individuelle und konkrete Regelung einer Verwaltungsbehörde, die sich ihrem Inhalt nach an die Rechtsunterworfenen richtet. Verbindliche Auskünfte zu Rechtsfragen aus den Bereichen Gruppenbesteuerung, Umsatz und internationales Steuerrecht, Missbrauch und Umgründungen bereits vor

Verwirklichung einer konkreten Transaktion werden im Rahmen von Auskunftsbescheiden erteilt.

Besteuerungsperiode / Besteuerungszeitraum
Zeitabschnitt, für den die Steuer erhoben wird.

Beteiligung
Kapitalanteile und -einlagen bei anderen Gesellschaften, die nicht nur kurzfristig dem Unternehmen dienen sollen.

Betriebsausgaben
Betriebsausgaben sind Aufwendungen oder Ausgaben, die durch den Betrieb veranlasst sind.

Betriebsprüfung
Maßnahme im Steueraufsichtsverfahren, durch die dem Finanzamt Entscheidungshilfen für die Steuerfestsetzung beschafft werden. Das Ziel ist, die den Steuerpflichtigen auferlegten Pflichten auf ihre Erfüllung hin zu überprüfen.

Betriebsvermögen
Wirtschaftsgüter, die dem Betrieb zuzuordnen sind.

Betriebsvermögensvergleich
Gegenüberstellung des Betriebsvermögens am Schluss des Wirtschaftsjahres und des Betriebsvermögens am Schluss des vorangegangenen Wirtschaftsjahres.

Binnenmarkt
Raum ohne Binnengrenzen, in dem der freie Verkehr von Waren, Personen, Dienstleistungen und Kapital gewährleistet ist (Artikel 26 AEUV).

Bruttoertrag
Ertrag ohne Abzug von Ausgaben und Steuern.

Bundesabgabenordnung (BAO)
Österreichisches Gesetz über das Verfahren zur Erhebung der Steuern. Neben dem Verfahren regelt es auch materiellrechtliche Fragen.

D

Dualismus der Einkünfteermittlung
Dualismus der Einkünfteermittlung bedeuet, dass Gewinneinkünfte (betriebliche Einkünfte) und Überschusseinkünfte (außerbetriebliche Einkünfte) unterschiedlich ermittelt werden. Während Gewinneinkünfte im Wege des Betriebsvermögensvergleichs (Bilanzierung) ermittelt werden, werden die Überschusseinkünfte durch die Gegenüberstelltung von Einnahmen und Werbungskosten im Wege der Überschussrechnung nach dem Zu- und Abflussprinzip errechnet.

E

Einkommensteuerbescheid
Entscheidung der Finanzbehörde über die Höhe des Einkommens und die zu entrichtende Steuer für einen Veranlagungszeitraum. Er kann mit Rechtsmitteln bekämpft werden.

Einkommensverwendung
Die Verwendung des Gewinns für außerbetriebliche Zwecke. Einkommensverwendung beeinflusst den Gewinn nicht, das heißt Ausgaben, die Einkommensverwendung darstellen, dürfen vom Gewinn nicht abgezogen werden.

Entnahmen
Alle Wirtschaftsgüter, die der Steuerpflichtige dem Betrieb für sich, für seinen Haushalt, oder für andere betriebsfremde Zwecke im Laufe des Wirtschaftsjahres entnommen hat.

Einlagen
Alle Wirtschaftsgüter, die der Steuerpflichtige dem Betrieb im Laufe des Wirtschaftsjahres zugeführt hat.

Erfolgsneutralität, erfolgsneutral
Erfolgsneutral ist ein betrieblicher Vorgang, der den Gewinn nicht beeinflusst.

Ertragsteuerrecht
Normen des Steuerrechts, die die Besteuerung des Ertrags, Gewinns oder Einkommens regeln (Einkommen-, Körperschaft- und Umgründungssteuerrecht).

F

Fälligkeit
Eintritt des Zeitpunkts, in dem die Schuld zu entrichten ist.

Finanzstrafrecht
Alle gesetzlichen Normen, die Finanzvergehen mit Strafe bedrohen.

Freibetrag
Betrag, der bei der Ermittlung der Bemessungsgrundlage abgezogen wird. Er muss in jedem Fall steuerfrei bleiben.

Freigrenze
Betrag, bis zu dem eine Steuer nicht erhoben wird. Bei Überschreitung der Freigrenze erfasst die Besteuerung die gesamte Bemessungsgrundlage.

G

Gesellschafter-Geschäftsführer
Gesellschafter einer Kapitalgesellschaft, der auch Geschäftsführer ist.

Gewinn
Unterschiedsbetrag zwischen dem Betriebsvermögen am Schluss des Wirtschaftsjahres und dem Betriebsvermögen am Schluss des vorangegangenen Wirtschaftsjahres, vermehrt um Entnahmen und vermindert um Einlagen. Der Gewinn wird bei den betrieblichen Einkunftsarten ermittelt.

Gewinnermittlungszeitraum
Zeitraum, für den der steuerliche Gewinn ermittelt wird.

I

Internationale Schachtelbeteiligung
Beteiligung an einer ausländischen Tochtergesellschaft zu mindestens 10%, wobei die Beteiligung mindestens ein Jahr bestanden haben muss.

Internationale Schachtelerträge
Gewinnanteile aus einer internationalen Schachtelbeteiligung.

L

Liquidationsgewinn
Gewinn, der bei der Beendigung eines Unternehmens entsteht.

M

Mitunternehmerschaft
Betrieblich tätige Personengesellschaften, also der Zusammenschluss mehrerer Personen (Mitunternehmer) zur gemeinsamen Erzielung von Einkünften aus Land- und Forstwirtschaft, selbständiger Tätigkeit oder Gewerbebetrieb.

N

Nettoertrag
Ertrag nach Abzug von Ausgaben und Steuern.

P

Passivierungspflicht, passivierungspflichtig
Der zwingende Ausweis der Schulden eines Unternehmens auf der Passiv-/Habenseite der Bilanz.

Progression
Durch steigende Steuersätze wird bewirkt, dass der Steuerbetrag rascher wächst als die Bemessungsgrundlage, das heißt die prozentuelle Steuerbelastung steigt.

R

Rumpfwirtschaftsjahr
Wirtschaftsjahr, das weniger als 12 Monate umfasst.

S

Schedulensystem
siehe Synthetik des Einkommensbegriffs

Selbstbemessung
Der Steuerpflichtige berechnet die zu entrichtende Steuer selbst und führt sie ab.

Spekulationsgeschäft
§ 31 EStG; Veräußerungsgeschäfte, bei denen zwischen Anschaffung und Veräußerung eines Wirtschaftsgutes ein Jahr nicht überschritten wird. Auf das Motiv der Veräußerung kommt es dabei nicht an.

Steuersubjekt
Steuersubjekt ist, wer nach den einzelnen Steuergesetzen als Steuerschuldner in Betracht kommt, das heißt Träger steuerlicher Rechte und Pflichten sein kann.

Steuerbefreiung
Ausnahmen vom Steuertatbestand. Wird der Tatbestand erfüllt, entsteht keine Steuerschuld.

Steuererklärung
Vorgeschriebene Form, in der der Steuerpflichtige seine Besteuerungsgrundlagen seinem zuständigen Finanzamt anzugeben hat. Sie dient als Grundlage für die Feststellung der Bemessungsgrundlage und für die Festsetzung der Steuer.

Steuergegenstand
Das Wirtschaftsgut oder der wirtschaftliche Vorgang, der von den steuerlichen Normen zur Grundlage der Besteuerung gemacht wird.

Steuerpflicht
Die Steuerpflicht bestimmt, welche Personen zur Steuerleistung herangezogen werden.

Steuerpflichtiger
Person, die eine Steuer schuldet, oder für eine Steuerschuld in Frage kommt.

Steuerrecht
Jener Teil des geltenden Rechts, der die Ordnung schafft, nach der Steuern eingehoben werden.

Steuersatz
Der auf die Steuereinheit entfallende Steuerbetrag. Er wird meist in Prozenten ausgedrückt.

Steuerschuldner
Steuerschuldner ist derjenige, der den Tatbestand verwirklicht, an den das Gesetz die Steuer knüpft.

Steuerträger
Steuerträger ist derjenige, der mit der Steuer tatsächlich belastet wird und der sie aus eigenem Einkommen und Vermögen trägt.

Steuerstundung
Aufschiebung des Zeitpunkts, an dem die Steuer entrichtet werden muss.

Steuertarif
Besteht aus drei Elementen: der Besteuerungseinheit, das heißt der Teil der Bemessungsgrundlage, auf den der Steuersatz jeweils angewandt wird; den Freibeträgen, Absetzbeträgen etc und dem Steuersatz, der auf die Besteuerungseinheit anzuwenden ist.

Subsidiarität
Subsidiarität einer Rechtsnorm liegt vor, wenn diese Rechtsnorm nach Wortlaut oder Auslegung entsprechend Sinn und Zweck der Vorschrift nur zur Anwendung kommt, wenn eine andere Rechtsnorm nicht anwendbar ist. Im Steuerrecht sind Einkünfte nur dann den Nebeneinkünften zuzurechen, wenn sie nicht zu einer Haupteinkunftsart gehören.

Synthetik des Einkommensbegriffs
Die Einkünfte des Steuerpflichtigen werden nicht separat nach verschiedenen Vorschriften und Tarifsätzen besteuert (analytische Einkommensteuer, Schedulensystem), sondern zusammengerechnet. Von diesem Gesamtbetrag der Einkünfte sind Verluste, Sonderausgaben, außergewöhnliche Belastungen und der Freibetrag nach § 105 EStG abzuziehen, um das Einkommen des Steuerpflichtigen zu ermitteln, welches der Einkommensteuer zugrundeliegt.

T

Tarif
siehe Steuertarif

taxativ
abschließend, vollständig

Territorialitätsprinzip
Bei natürlichen Personen, die im Inland weder einen Wohnsitz noch ihren gewöhnlichen Aufenthalt haben, erstreckt sich die Steuerpflicht nicht auf die gesamten Einkünfte (Welteinkommensprinzip), sondern nur auf die inländischen Einkünfte im Sinne des § 98 EStG.

Trennungsprinzip
Körperschaft und Gesellschafter werden steuerlich als getrennte Rechtsträger und Steuersubjekte behandelt.

U

Überschuss der Einnahmen über die Werbungskosten
Ergibt sich aus der Differenz von Einnahmen und Werbungskosten und wird bei den außerbetrieblichen Einkunftsarten ermittelt.

Umgründung
Änderungen im Bereich des Rechtsträgers einer Unternehmung bei prinzipiellem Fortbestand des Unternehmens (des Betriebes) selbst. Dabei kommt es immer zur Übertragung und/oder zum Übergang von Vermögen gegen Gewährung oder Aufgabe von Gesellschaftsrechten.

Umgründungssteuerrecht
Normen, die die steuerlichen Auswirkungen von Umgründungsvorgängen regeln.

Umsatzsteuererklärung
Nach Ablauf eines Kalenderjahres oder eines abweichenden Wirtschaftsjahres gibt der Unternehmer eine Steuererklärung über die im Veranlagungszeitraum getätigten Umsätze und die abzugsfähige Vorsteuer ab. Die Umsatzsteuererklärung stellt eine Zusammenfassung der Umsatzsteuervoranmeldungen dar, auf deren Basis der Unternehmer zur Umsatzsteuer veranlagt wird.

Universalitätsprinzip
Bei Vorliegen von gewissen persönlichen Anknüpfungspunkten im Inland (zB Wohnsitz, gewöhnlicher Aufenthalt) entsteht ein universeller Steueranspruch des jeweiligen Staates auf das Welteinkommen des Steuerpflichtigen.

Unternehmenssteuerrecht
Alle Normen des Steuerrechts, die die Ordnung schaffen, nach der Unternehmen besteuert werden.

Urkunde
Dokument mit Text und Unterschrift in dem (auch formlos) das Zustandekommen eines Rechtsgeschäftes festgehalten ist.

V

Veranlagungszeitraum
siehe Besteuerungszeitraum

Veräußerungsgewinn
Gewinn, der bei der Veräußerung von Vermögensgegenständen entsteht.

Verjährung
Verlust des Rechts auf Geltendmachung eines Anspruchs durch Zeitablauf; im Steuerrecht wird zwischen Festsetzungsverjährung (§§ 207 ff BAO) und Einhebungsverjährung (§ 238 BAO) unterschieden.

Verteilungsbegünstigung
Verhindert, dass zusammengeballte Einkünfte infolge der Einkommensteuerprogression wesentlich höher besteuert werden müssen, als bei ihrer Verteilung auf die Jahre der ihnen zugrundeliegenden Tätigkeit der Fall wäre.

W

Werbungskosten
Aufwendungen zur Erwerbung, Sicherung und Erhaltung der Einnahmen.

Wirtschaftsgut
Alle im wirtschaftlichen Verkehr nach der Verkehrsauffassung selbständig bewertbaren Güter jeder Art.

Wirtschaftsjahr
Zeitraum, für den der Gewinn ermittelt wird. Es deckt sich meist mit dem Kalenderjahr. Buchführende Land- und Forstwirte und rechnungslegungspflichtige Gewerbetreibende dürfen ein vom Kalenderjahr abweichendes Wirtschaftsjahr wählen.

Z

Zahllast
Differenzbetrag zwischen der USt für Ausgangsleistungen und der abzugsfähigen Vorsteuer für Eingangsleistungen eines Besteuerungszeitraums. Die Zahllast stellt den an das Finanzamt abzuführenden Steuerbetrag dar.

STICHWORTVERZEICHNIS

Den Stichwörtern beigefügte Zahlen beziehen sich auf die entsprechende Teilziffer.

A

B

F

Finanzamt für Großbetriebe .... Tz 311
Finanzamt Österreich .... Tz 310
Finanzordnungswidrigkeit .... Tz 360
Finanzstrafgesetz .... Tz 352
Finanzstrafverfahren .... Tz 364
Finanzvergehen .... Tz 354
Freibetrag .... Tz 78, Tz 38, Tz 12
Freigrenze .... Tz 12
Freistellungsmethode .... Tz 246
Fremdvergleich .... Tz 104
Fristsetzungsantrag .... Tz 407

G

Gebührengesetz .... Tz 166
gemischte Nutzung .... Tz 62
geringwertige Wirtschaftsgüter .... Tz 82
Gerritse .... Tz 195
Gesamtbetrag der Einkünfte .... Tz 15
gewillkürtes Betriebsvermögen .... Tz 74, Tz 61
Gewinn .... Tz 54
Gewinneinkünfte .... Tz 18
Gewinnermittlungsarten .... Tz 54
Gewinnerzielungsabsicht .... Tz 9
Gewinnfreibetrag .... Tz 79
gewöhnlicher Aufenthalt .... Tz 188
Grenzsteuersatz .... Tz 30
grob fahrlässige Abgabenverkürzung .... Tz 358
Grunderwerbsteuer .... Tz 155, Tz 155
Grundfreiheiten .... Tz 192
Grundsatz der Amtswegigkeit .... Tz 330
Grundsatz der freien Beweiswürdigung .... Tz 335
Grundsatz der Unbeschränktheit der Beweismittel .... Tz 334
Grundsatz der Unternehmenseinheit .... Tz 131
Grundstückswert .... Tz 159
Gruppenbesteuerung .... Tz 110
Gutschriftzinsen .... Tz 345

H

halber Durchschnittssteuersatz .... Tz 32
Haribo und Österreichische Salinen .... Tz 247
Haupteinkunftsarten .... Tz 13
Haupttatbestand .... Tz 179
Hinzurechnungsbesteuerung .... Tz 250

I

Immobilienertragsteuer .... Tz 49
indirekte Steuer .... Tz 117
Informationsaustausch .... Tz 221
Inlandsanknüpfung .... Tz 279
Innenumsatz .... Tz 132
innergemeinschaftliche Lieferung .... Tz 136
innergemeinschaftlicher Erwerb .... Tz 137
Instanzenzug .... Tz 423
internationale Schachtelbeteiligung .... Tz 267, Tz 259, Tz 246
Investitionsbegünstigungen .... Tz 76
Investitionsfreibetrag .... Tz 80
Isolationstheorie .... Tz 283
Istbesteuerung .... Tz 149

K

Kalenderjahr .... Tz 57
kalte Progression .... Tz 30
Kapital- und Zahlungsverkehrsfreiheit .... Tz 196, Tz 193
Kapitalertragsteuer .... Tz 44
Kapitalertragsteuerabzug .... Tz 293
Katalogleistung .... Tz 127
Kleinunternehmer .... Tz 140
Körperschaften .... Tz 91
Körperschaften des öffentlichen Rechts .... Tz 92
Körperschaftsteuersatz .... Tz 101
Kostenneutralität .... Tz 117
Kürzungsvorschrift .... Tz 157

L

Leistungsaustausch .... Tz 121
Leistungsbegriff im Umsatzsteuerrecht .... Tz 121
Leistungsfähigkeitsprinzip .... Tz 2
Leistungsort .... Tz 122
Lenz .... Tz 196
Lidl Belgium .... Tz 255
Liebhaberei .... Tz 130, Tz 99, Tz 9
Lieferung .... Tz 123, Tz 121
Lohnsteuer .... Tz 41
Lohnsteuerabzug .... Tz 292
Lotteriegewinne .... Tz 11

M

Mängelbehebungsauftrag .... Tz 372
Manuduktionspflicht .... Tz 330
Maßgeblichkeitsgrundsatz .... Tz 72
Mehrwertsteuerrichtlinie .... Tz 115
Methodenartikel .... Tz 216
Mindesterfordernisse .... Tz 322
Mindestkörperschaftsteuer .... Tz 101
Mitunternehmerschaft .... Tz 87
Mitwirkungspflicht .... Tz 331
mündliche Verhandlung .... Tz 381
Mutter-Tochter-Richtlinie .... Tz 269, Tz 245, Tz 240

N

Nachhaltigkeit .... Tz 130, Tz 9
Nebeneinkunftsarten .... Tz 13
Neuerungsverbot .... Tz 394
nicht abnutzbares Anlagevermögen .... Tz 67
nichtabzugsfähige Aufwendungen .... Tz 23
Niederlassungsfreiheit .... Tz 194, Tz 193
Niederstwertprinzip .... Tz 73
Normenkontrollverfahren .... Tz 198
Notwendiges Betriebsvermögen .... Tz 61
Notwendiges Privatvermögen .... Tz 61

O

Objektsteuer .... Tz 117
OECD-Musterabkommen .... Tz 204
Offizialmaxime .... Tz 330
Ort der Geschäftsleitung .... Tz 229

P

Papillon .... Tz 260

T

U

V